21 世纪高等院校教材

人口、资源与环境经济学

何爱平　任保平　主编

教育部教育质量工程项目“理论经济学创新人才培养模式实验区”
核心课程教材

教育部教育质量工程项目“教育部高等学校特色专业建设点”
核心课程教材

陕西省重点学科建设项目

西北大学研究生重点课程建设项目

科学出版社
北　京

内 容 简 介

本书对人口、资源与环境经济学的学科性质、研究对象、研究内容与研究方法进行探讨，力图全面反映当代人口、资源与环境经济学理论研究的最新进展，介绍现代主流经济学有关环境问题的研究方法及分析工具，使读者能够全面了解人口、资源与环境经济学的理论体系，能够运用现代研究方法和分析工具对经济发展中的人口、资源与环境问题进行理论和经验分析，并作为实际部门制定政策的基础。本书特点如下：一是借鉴国外相关研究成果，内容丰富、信息量大；二是内容表现形式多样，除正文外，采用专栏、相关链接和案例等形式，基本理论的深化或最新进展采取专栏形式，而与主题相关的国内外人口、资源与环境经济学的现实变化则采取相关链接或案例的形式；三是紧密联系中国实际，对中国的现实问题展开分析，做出理论解释；四是涵盖内容广泛，有一定理论深度，是一部中级的人口、资源与环境经济学教科书。

本书可作为经济学、人口学、资源科学和环境科学等专业的高年级本科生、研究生的教材，也可供相关研究人员阅读、参考。

图书在版编目（CIP）数据

人口、资源与环境经济学/何爱平，任保平主编. —北京：科学出版社，2010

21世纪高等院校教材

ISBN 978-7-03-029632-0

Ⅰ.①人… Ⅱ.①何…②任… Ⅲ.①人口经济学-高等学校-教材②资源经济学-高等学校-教材③环境经济学-高等学校-教材 Ⅳ.①X196

中国版本图书馆CIP数据核字（2010）第225106号

责任编辑：方小丽/责任校对：刘小梅
责任印制：张 伟/封面设计：耕者设计工作室

科学出版社出版
北京东黄城根北街16号
邮政编码：100717
http://www.sciencep.com
固安县铭成印刷有限公司 印刷
科学出版社发行 各地新华书店经销
*
2010年12月第 一 版 开本：B5（720×1000）
2023年 8 月第十次印刷 印张：20 3/4
字数：410 000

定价：58.00元

（如有印装质量问题，我社负责调换）

前言

人口、资源与环境经济学是一门新兴的融合多学科的交叉性或边缘性经济学学科，它是1997年国务院学位委员会在调整研究生专业目录时，在理论经济学的一级学科下设立的二级学科。作为一门独立的、年轻的经济学科，人口、资源与环境经济学近些年来发展迅速。从该学科的研究现状来看，国外对人口经济学、资源经济学、环境经济学等理论研究开展较早，相关著作较多，但未见有以人口、资源与环境经济学命名的教材；国内以人口、资源与环境经济学命名的教材也较少，学术界在该学科的学科性质、研究对象和研究内容等问题上存在争议。与国外同类教材相比，国内教材缺乏对现代主流经济学有关环境问题的研究方法及分析工具的运用，理论深度不够，对国外相关问题研究的最新进展介绍的较少。与国内外同类教材比较，本书的特点是：

(1) 梳理了经济学说史中关于资源环境经济的思想，并总结了传统增长理论的缺陷。作为经济学的一个分支，人口、资源与环境经济学在兴起之前，在西方经济学说史中就有论述资源环境经济的思想，这些思想构成了人口、资源与环境经济学这门学科的理论渊源。无论是古典经济增长理论，还是现代经济增长理论，均以物质资本积累、人力资本和技术进步等作为研究重点。在经济增长过程中，环境仅仅被当做一个提供资源、容纳生产废弃物的载体，未被纳入决定经济增长的关键因素体系。因此，面对环境的恶化问题，现有的经济增长理论无法做出合理的解释。

(2) 系统阐述了人口、资源与环境经济学和诸多相关学科的关系，如人口经济学、资源经济学、环境经济学、生态经济学、灾害经济学和可持续发展经济学等，并指出人口、资源与环境经济学是在人口经济学、资源与环境经济学、生态经济学、灾害经济学等学科的基础上发展起来的，这些分支学科构成了人口、资源与环境经济学的重要思想和理论来源。但是，单一学科的研究存在很大的局限性。一方面，从目前人类社会出现的各种“人类困境”问题来看，单一学科的研究已远远不能满足现实需要。另一方面，各种问题的产生也存在相互联系：环境恶化在很大程度上是由于资源的不可持续利用造成的，生态失衡则源于人类行为超出了自然环境的阈值，资源与环境是人口经济过程的基础或前提，人口爆炸则加大了生态环境和资源利用的压力，而在现代社会里发生的各种严重灾害中又都能找到人类不当行为的影子……

(3) 明确提出了只有综合各个学科的优势，把它们有机地联系起来，对学科进行整合，实行跨学科研究，才能对各种问题进行综合分析，进而解决各种“人类困境”问题。人口、资源与环境经济学的研究，可以综合运用有关学科的理论与研究成果来深化与拓宽各学科的研究领域，如人口、资源与环境经济学对资源经济问题的研究不仅关注如何提高资源利用效率，而且要强调在一定的人口和环境条件下资源的科学利用与代际公平，从而使对资源利用的研究更具有现实性，也更加全面。总之，人口、资源与环境经济学的建立和发展，不仅可以从整体上深入探讨人口、资源、环境、灾害等各种因素之间的相互关系，而且能够深化和拓宽各分支学科的研究领域，丰富经济学研究内容，具有重要的理论意义。

(4) 全面论述了人口、资源与环境经济学的研究内容。本书内容可分为 6 部分：第 1 部分是第 1 章导论，这部分全面梳理了有关人口经济、资源经济、环境经济、生态经济、灾害经济等理论的研究及其和人口、资源与环境经济学的关系，阐述了该学科的演进过程，揭示了人口、资源与环境经济学的学科性质与研究对象；第 2 部分包括第 2～4 章，阐述了人口经济思想及人口与经济之间关系的主要研究内容及最新进展；第 3 部分包括第 5～7 章，论述了自然资源与经济发展之间的关系、可再生资源和不可再生资源的最优利用问题；第 4 部分包括第 8～10 章，讲述了经济发展与环境，包括环境问题产生的原因的现代经济学解析、环境价值评价、污染控制等重要专题；第 5 部分是第 11 章，研究了灾害经济问题，阐述了灾害及其社会经济特性、灾害产生背景成因及灾害风险最小化等；第 6 部分是第 12 章，将人口、资源、环境、灾害等问题纳入可持续发展的框架中，分析人口、资源、环境与经济社会的协调发展，提出可持续发展的人口、资源与环境战略，形成人口、资源、环境与经济发展相结合的完整的理论体系。

(5) 借鉴国外相关教材的安排，突出了现代主流经济学对人口、资源与环境经济问题的解释和论证。本书力图全面反映当代人口、资源与环境经济学理论研究的最新进展，介绍现代主流经济学有关环境问题的研究方法及分析工具，其涵盖内容广泛，有一定理论深度，使读者能够全面了解人口、资源与环境经济学的理论体系，能够运用现代研究方法和分析工具对经济发展中的人口、资源与环境问题进行理论和经验分析，并作为实际部门制定政策的基础。

(6) 紧密联系中国实际，且采用多样化的表现形式，对现实问题做出了理论解释。本书反映了中国的一些现实问题、政策与解决思路，如分析了中国自然资源的供给与需求状况、生态环境问题、灾害的严重性及其成因等，体现了中央提出的“科学发展观”、“发展方式转变”和“生态文明”等新理念，对现实问题做出了理论解释。本书的内容表现形式多样，除正文外，采用专栏、相关链接、案例等形式。其中，基本理论的深化或最新进展采用专栏形式，而与主题相关的国内外人口、资源与环境经济的现实变化则采用相关链接或案例的形式。

本书由西北大学经济管理学院经济系主任何爱平教授和经济管理学院常务副院长任保平教授主编，经济管理学院从事人口、资源与环境经济学教学和研究的教授、副教授及一些博士和硕士研究生参加了编写小组。全书分工如下：第 1 章，何爱平；第 2 章，刘冠男；第 3 章，徐鑫；第 4 章，曹笑笑、张志敏；第 5 章，王凤；第 6 章，吴振磊；第 7 章，王凤、白云朴；第 8 章，王聪；第 9 章，岳莉萍；第 10 章，赵勇；第 11 章，何爱平；第 12 章，任保平。教材的提纲和初稿经过多次讨论与修改，最后由何爱平教授和任保平教授统稿并定稿。

在本书的写作过程中，作者查阅了几百种中外文献，凡直接引用思想、观点和数据的文献均在文中注明并列入了参考文献，在此对这些学者深表感谢，如有疏漏，敬请谅解。科学出版社的林建先生为本书的出版做了大量的工作，提出了许多中肯的意见，在此表示衷心的感谢。本书不足之处在所难免，恳请读者批评指正。

作　者

2010 年 8 月

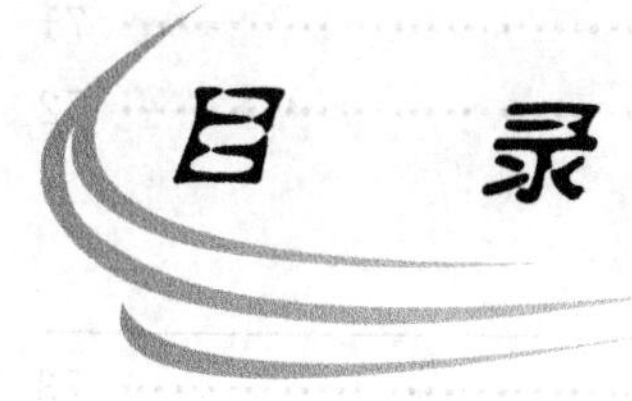

目录

第7章

可再生资源的可持续利用

第8章

经济发展与环境

第9章

环境价值的经济评价

第1章 导论

人口、资源与环境经济学是1997年国务院学位委员会调整研究生专业目录时，在理论经济学的一级学科下设立的二级学科。随着资源耗竭、环境恶化和人口膨胀压力的不断增加，作为一门独立的、年轻的经济学科，人口、资源与环境经济学近年来发展迅速。但作为经济学的一个分支，它在兴起之前，在西方经济学说史中就有论述资源环境经济的思想，这些思想构成了人口、资源与环境经济学的理论渊源。

1.1 经济学说史中的资源环境经济思想

1.1.1 古典经济学中的资源环境经济思想

现代西方关于资源可持续利用的最早研究源于18世纪后期的古典经济理论和自然保护学说。古典经济学主要考察了资源，尤其是土地、资本、人口等因素的作用，并由此形成了研究资源稀缺的现代经济学的基础。特别是关于经济增长状态及前景的分析，成为20世纪60年代探讨增长极限问题的直接思想渊源。古典经济学同时也探讨了人口、资源、环境与经济社会之间的可持续发展萌芽。

亚当·斯密处在第一次工业革命的发端时期，作为政治经济学的奠基人，他的《国富论》是第一部系统地研究国民财富增长的经典著作。他将国民财富的性质和来源及国民财富增长的决定要素等问题作为论证中心，就整个国民经济运动的过程做了全面的论述。斯密认为，国民财富的增长取决于两个因素：一是专业分工促进劳动生产率的提高；二是人口和资本的增加引起从事生产劳动的人数的增加，而劳动者人数的增加和劳动生产率的提高，又取决于人口数量和质量的变动及资本积累的增加。国民财富的增长与人口的增长相互促进，但一国财富的水平和增长的速度，会给人口的发展规定一个限度，而经济增长是一个不稳定的动态过程，如果一国所获的国民财富已达到土壤气候和地理条件所允许的限度，并且人口达到其自然所能维持的限度时，增长便达到极限。由此可见，斯密提出了人口要与生存资源成比例，以保持人与自然环境的协调发展。

大卫·李嘉图关于自然资源利用的理论主要集中体现在他的《政治经济学及赋税原理》一书中。他对经济增长因素的看法与斯密基本一致，不同之处在于他把研究的重点从生产转向分配，认为合理的分配制度和激励能够提高人们的生产积极性，进而促进经济增长。李嘉图论述了自然资源的相对稀缺问题。他认为，自然资源不存在均质性，土地资源存在自然肥力的差异，矿产资源也有品位的差异。随着需求或人口的增加，这些资源将按照从高到低的质量系列逐步得到开发和利用。较高质量的自然资源在数量上不存在绝对稀缺，只存在相对稀缺，而且这种相对稀缺并不构成对经济发展不可逾越的制约。因为土地资源存在自然肥力的差异且数量固定，所以土地报酬递减规律将发生作用。虽然工业生产中由于分工的发展和技术的进步存在报酬递增规律，但是，在所有土地资源都被利用以后，农业中报酬递减的趋势会压倒工业中报酬递增的趋势，于是经济增长的速度将会放慢，直至进入人口和资本的增长停止及社会的静止状态。

托马斯·罗伯特·马尔萨斯在《人口原理》中表述的思想被后人概括为“资源的绝对稀缺论”[①]。他把国民财富看成物质财富，认为财富是有用或合意的物质的东西，一个国家是富裕还是贫穷就要看这些物质的供应。他认为人口增长以几何级数进行，呈加速之势，在数量上可以是无限的；人类自然资源的数量是一定的、有限的，且增长缓慢。静态地看，现时的人口与资源矛盾并不十分突出；动态地看，在经过一段时间后，人口数量将超过自然资源所能承受的水平。如果人类不能认识到自然资源的有限性，不能控制人口的增长，不仅自然环境与资源将遭到破坏，而且人类将面临一个黑色的未来，人口数量将以灾难性的形式，如饥荒、战争、瘟疫等而减少。他竭力主张人口生产应服从于自然环境和资源的生产，只有二者和谐，社会才会进步和发展。他还认为资源绝对稀缺性不会因为技术进步和社会发展而有所改变。

约翰·穆勒对资源稀缺与否的探讨体现在他的《政治经济学原理》一书中。他把自然和气候条件当做经济增长的原因，首次将自然环境纳入经济学分析的视野。他认为经济中的土地资源除了具有生产功能外，还具有人类生活空间和自然

---

① 潘家华．1997．持续发展途径的经济学分析．北京：中国人民大学出版社：91～94．

景观美的功能，而且生活空间的博大和自然景观的美妙是人类文明生活所不可缺少的。人们的思想源泉和激励动因均与大自然密切相关。他对单纯追求经济增长的观点提出了批评，呼吁社会要重视经济利益的分配和人口的控制。同时，他还认为生产的增加会面临资本和土地不足的困难。穆勒承认在制造业中存在着规模报酬递增，即在一定的限度内，企业规模越大，就越有效率。他认为农业表现出规模报酬递减，较大的农场规模没有与之相配的农场产出的增长。他说："有限的土地数量及有限的土地生产力，是对生产增加的真正限制。"① 但由于存在技术进步，这种极限只存在于无限的未来，社会进步和技术革新不仅会拓展这一极限，而且可以无限推延这一极限。但如果这种增长只是为了人们的纸醉金迷，那是没有意义的。这一思想对20世纪60年代产生的增长价值怀疑论有着重要的影响。他反对无止境地开发自然资源，并从哲学伦理的角度提出了"静态经济"的思想。他认为自然环境、人口和财富均应保持在一个稳定的水平，而且这一水平要远离自然资源的极限水平，以防出现食物缺乏和自然优美的环境大量消失的恶果。同时，人们还要为子孙后代着想，维护自然生态环境，保证人类健康地发展。"静态经济"的思想已超出了稀缺的范畴，它将环境保护及其影响的时间跨度拓展到了更为长远的未来。穆勒的这一思想，已将人口、资源与环境和社会发展等因素协调起来，它实际上是可持续发展的雏形。

总之，在古典经济学阶段，人口、资源及环境等因素已经进入经济学分析视野，这些观点为人口、资源与环境经济学的形成提供了丰富的思想素材，对研究可持续发展问题具有积极的意义。

专栏1-1 中国古代朴素的可持续性思想

可持续发展的概念虽然是由当代西方人提出来的，但可持续性思想在中国却源远流长。中国悠久的文化中有许多朴素的可持续性的思想火花，如"竭泽而渔"、"杀鸡取卵"这样典型的资源利用方式的不可取，已成为人们接受并遵循的哲理信条。应该说，它们包含着丰富的资源经济内涵，与当前国际上倡导的资源持续利用的思想是相一致的。综合起来，中国古代朴素的可持续性思想体现在两个方面。

一是体现在我国古代的一些政治家和先哲的思想里。例如，春秋伟大思想家孔子就主张"钓而不纲，弋不射宿"（《论语·述而》），意指只用一个钩而不用多钩的渔竿钓鱼，只射飞鸟而不射巢中的鸟。他还说："山林非时不升

① 约翰·穆勒.1991.政治经济学原理（上册）.北京：商务印书馆：201.

斤斧，以成草木之长。；川泽非时不入网罟，以成鱼鳖之长。”（《逸周书·文传解》）就是说，不是恰当的时候不要进入山林砍伐，以免影响草木的成长；同样，不是恰当的时候不要进入川泽网鱼，以免影响鱼鳖的成长。春秋时期在齐国为相的管仲，从发展经济、富国强兵的目标出发，十分注意保护山林川泽及其生物资源，反对过度采伐。他说：“为人君而不能谨守其山林菹泽草莱，不可以为天下王。”（《管子·地数》）意思是说，如果作为国王却不能保护好山林、川泽，就不能为国王。战国时期的荀子也把自然资源的保护视做治国安邦之策，特别注重遵从生态学的季节规律（时令），重视自然资源的持续保存和永续利用。

二是体现在我国古代的一些政策和法律条款中。西周时的法律规定，严禁肆意猎杀幼小的动物，严禁对林木进行滥砍滥伐。《礼记》载：“孟春之月，禁止伐木，毋杀虫胎，夭飞鸟，毋弭毋卵，仲春之月，毋竭川泽，毋漉波池，毋焚山林。”可见当时不仅专设环境保护的职位，还有“禁猎期”、“禁渔期”、“禁伐期”之规定。秦时的《田律》规定：“春二月，毋敢伐树木山林及雍堤水，不复月，毋敢业草为灰，取生荔，麛［卵］鷇，毋……毒鱼鳖，置陷罔，到七月而纵之。……邑之近皂及它禁苑者，麛时毋敢将犬以田。”至唐代，立法模式已经基本固定下来。《唐律疏议》中专门的环境保护条款已非常之多，如《杂律》一章，便具体且详细地对保护自然环境和生活环境做了规定，如：“诸弃毁官私器物及毁伐树木，稼穑者，准盗论。”又如：“诸不修堤防，及修而失时者，主司杖七十。”

资料来源：洪银兴．1998．可持续发展经济学．北京：商务印书馆；刘志松．2009．中国古代生态伦理及可持续发展思想探析．天津大学学报，(4)．

1.1.2 新古典经济学后经济增长理论中的资源环境经济思想

“边际革命”之后形成的以马歇尔、庇古为代表的新古典经济学，其研究重心已经偏离了传统的古典经济学研究。他们主要关注的是在资源稀缺或资源数量一定的条件下，如何在不同的用途中配置资源，使其达到帕累托最优状态。这种研究重心的转移降低了资源稀缺程度对经济增长的影响在新古典经济学体系中的作用。从总体上看，新古典经济学在“经济增长前景”的问题上持乐观态度，认为经济发展是渐进的、和谐的和经济利益逐步分配到社会全体的过程，他们相信人类的能力能够克服物质环境对经济增长设定的限制，技术进步和劳动力质量的提高会形成报酬渐增的历史趋势，从而经济能够持续不断地发展。新古典经济学家们认为，价格会对资源的稀缺程度做出灵敏的反应，使用稀缺资源成本的提高会促使人们创新技术及寻找替代品。因此，市场机制的自发运行可以解决资源与可持续发展的矛盾，从而避免马尔萨斯陷阱。马歇尔认为，人类作用（如知识的进步、教育的普及和科学技术的发展）所表现出的报酬渐增趋势会压倒农业方面的报酬渐减趋势，因此不会出现增长的障碍。他相信人类依靠机械和化学的方法可以改变土壤的性质，从而“把土壤肥力置于人类的控制之下”。同穆勒一样，马歇尔认为自然资源除作为生产性投入外，还向人类提供休闲和生产性服务，这样的环境服务功能具有直接的经济价值。但是，由于生产的外部性影响，环境的服务价值常在市场之外，从而加重了环境资源的相对稀缺性。在此问题上，庇古首先对污染等外部性问题进行了分析和研究，认为为了消除外部性，政府要进行干预，以征税的形式将污染成本加到产品的价格上去，使外部成本内部化，从而减少污染物的排放，保持人类的生存环境。

凯恩斯于1936年出版的《就业、利息和货币通论》一书是当代西方经济学产生的标志。经济大萧条之后，凯恩斯从宏观的角度出发，分析了经济增长的原因。他从资源配置的微观经济学分析转向了“有效需求原理”和“总量分析”的研究。在分析和研究经济增长的过程中，他认为，通过刺激有效的消费需求，能够促进经济增长。凯恩斯主义经济学主要关注的是如何将一个国家的经济由非充分就业水平提高到充分就业水平的短期分析，而长期的、动态的经济问题不是他们研究的重点，这就使得凯恩斯主义经济学不太关注可持续发展问题。

第二次世界大战后至20世纪60年代，围绕经济增长和发展的问题形成了哈罗德-多马模式、索洛-斯旺的新古典经济增长理论、卡尔多-罗宾逊的新剑桥经济增长理论及罗斯托的经济成长阶段论等。在这些作为主流经济学的理论中，自然资源及可持续发展问题并没有被纳入他们的研究范围。哈罗德-多马模式强调了资本积累在经济增长中的决定作用，认为资本稀缺是经济发展的主要约束，其他因素都只是起副作用；新古典经济增长理论则认为技术进步是经济增长的主要决定因素；新剑桥经济增长理论论述了收入分配关系对经济增长的影响；罗斯托考察了经济增长的历史过程，强调了主导部门劳动经济增长的作用，以及资本积累的重要性。库兹涅茨指出增长的能力是建立在先进技术及其所需要的制度和思想意识的相应调整基础上的，且增长不可能受到自然资源绝对缺乏的阻碍。20世纪80年代中期，以罗默、卢卡斯等为代表的一批经济学家，在对新古典增长理论重新思考的基础上，提出了以“内生技术变化”为核心的新增长理论。这一理论克服了新古典经济增长理论将经济增长的动力归为无法解释的外在技术进步的不足，通过运用边干边学模型、人力资本积累、R&D理论等将技术进步内生化，从而很好地刻画了经济增长的内生机制。但是，在有限的资源存量的约束下，如何将经济增长势头继续保持下去，资源的可持续利用前景、环境与经济增长如何相协调等问题的研究并未在新经济增长理论中找到一席之地。

可以说，第二次世界大战结束以后相当长的一段时间里，宏观经济运行理论和经济增长理论成为西方主流经济学的主旋律，人口、资源、环境与经济发展的关系问题没有成为西方主流经济学研究的正题。

1.1.3 经济增长理论中资源环境经济思想的特点

第一，经济增长理论视自然资源为可替代品，而没有认识到自然资源的特性。在几乎所有的经济增长理论中，经济增长被认为只是资本、技术、储蓄率、就业等的函数，资源能够相互替代或被"其他生产要素"所替代。库兹涅茨在接受1971年度诺贝尔经济学奖时所做的演说（题为《现代经济增长：发现和反应》）中提到，"一个国家的经济增长，可以定义为为居民提供种类日益繁多的经济产品的能力长期上升，这种不断增长的能力是建立在先进技术及所需要的制度和思想意识的相应调整基础上的"①。也就是说，经济增长是物质产品生产能力的提高，即增长国民生产总值能力的提高；经济增长以技术进步为基础和源泉，以制度（政治与法律制度、经济体制、经济结构等）和思想意识的不断调整为必要条件。萨缪尔森在其著名的教材《经济学》一书中将人力资源（劳动力的供给、教育、纪律、激励）、自然资源（土地、矿产、燃料、环境质量）、资本（机器、工厂、道路）、技术（科学、工程、管理、企业家才能）作为"经济增长的四个轮子"。他认为，"在当今世界上，自然资源的拥有量并不是经济发展取得成功的必要条件"②。在以发展中国家的经济发展问题为研究对象的发展经济学中，发展经济学家认为，在现有的资源条件下，通过技术进步和资源替代范围的扩大，可以弥补自然资源的不足③。

对于自然资源能否被其他要素所替代，一些经济学家提出了疑问。美国著名资源经济学家戴利区分了自然资本（产出自然资源流的存量）和人造资本（包括生产品和消费品的存量）的概念，他认为自然资本和人造资本的基本关系是互补性的而不是替代性的。他说："我们可以用砖来替代原木，但是那只是一种资源代替另一种资源，而不是用资本来代替资源。在建造一幢砖房时，我们会面临一个类似的'不可能'，即用铲子和泥瓦匠来代替砖头"④。由于二者的互补性，自然资本已经代替人造资本成为了最稀缺的限制性因素。戴利认为，越来越多的人造资本远非代替自然资本，而是对自然资本有越来越大的互补性要求。若快速地消耗自然资本以暂时地支撑人造资本的价值，则在不远的将来，整个自然资本就会变得更具有限制性。

---

① 库兹涅茨．1981．现代经济增长：发现和反应//外国经济学说研究会．现代国外经济学论文选．第1辑．北京：商务印书馆：21.

② 保罗·萨缪尔森，威廉·诺德豪斯．1999．经济学．16版．北京：华夏出版社：165.

③ 查尔斯·P. 金德尔伯格．1986．经济发展．上海：上海译文出版社：81～82.

④ 赫尔曼·E. 戴利．2001．超越增长——可持续发展的经济学．上海：上海译文出版社：110.

自然资源与其他生产要素一样参与生产过程，经济活动中的“资源问题”就是生产成本问题，这是所有经济增长模型的前提。经济学原理把自然资源看做是从自然环境中提取出的“独立的生产要素”，即随着资源的不断开采和利用，资源利用的成本不断增加。对经济发展而言，资源数量的减少，结果只能是成本的增加。随着技术和知识的进步，“成本问题”相对于增长、资本积累、收益等，不足以成为经济增长和社会发展的障碍，因为技术进步可以提高资源的利用效率，从而相对降低成本。由此可知，经济增长依然是技术、资本和制度问题。环境被认为没有价值，是可以免费获得的资源。

从物理学意义对自然资源进行分析，我们可以得出两个规则：①资源一经使用，熵必定增长（从经济学意义上讲，资源的价值便有所损失）；②虽然是消费物质和能量，但物质和能量并没有消失，它们是守恒的。由此可知，资源一经消费，就变成熵增的废热和废物。因此，讨论资源的枯竭问题时，首先应该考虑废热和废物堆放场地的枯竭或污染问题。目前的经济学只研究资源的枯竭问题和替代资源的开发问题，对使用资源之后所产生的废热与废物却毫不关心，忽视了资源的其他特性。经济学对经济活动是否经济的核算，主要是从经济活动本身直接形成的成本和收益进行的。所谓的“不经济”是指一种事物不能赢得足够的现金利益。把资源特性看做与劳动力、资本的特性完全一样，就可能出现这样一种情况：一种活动尽管消耗自然资源、有害于环境，却可能是经济的；而一种活动尽管付出一些代价去保护环境和保存资源，却可能是不经济的。这种忽视人对自然界的依赖性，即无视自然资源特性的思想，是以市场为主要研究对象的现代经济学的方法论所固有的缺陷①。

第二，增长理论把经济系统看做孤立的系统，未考虑其与环境的相互影响。美国著名资源经济学家戴利对传统增长理论进行了尖锐的批判，提出了著名的“稳态经济”理论。他也被誉为“可以改变人类生活的当代100位有远见的思想家之一”。戴利指出，传统发展观的根本错误在于，它的核心理念或前分析观念把经济看做是不依赖外部环境的孤立系统，因而是可以无限制增长的；而可持续发展的核心理念或前分析观念是把宏观经济看做一个更大的、有限的和非增长的生态系统的子系统，经济子系统的增长规模绝对不能超出生态系统可以永久持续或支撑的容纳范围②。戴利在其《超越增长——可持续发展的经济学》一书中深刻地论证了人类经济的演化已经从人造资本是经济发展限制因素的时代，进入了剩余的自然资本是限制因素的时代，揭示了可持续发展的时代特征，建立了由“空的世界”到“满的世界”转变的理论模型，这就是“作为生态系统的开放子

① 周海林．2001．经济增长理论与自然资源的可持续利用．经济评论，(2)：35～38．

② 赫尔曼·E．戴利．2001．超越增长——可持续发展的经济学．上海：上海译文出版社：37～38．

系统的经济”的模型[1]。

在这一模型中，所有的经济系统都是有限的自然生态系统（环境）的一个子系统。由于生态系统的规模保持不变，而经济系统的规模却在不断增加，戴利认为，目前人类经济的演化已经从人造资本是经济发展限制因素的时代进入了剩余的自然资本是限制因素的时代。因此，所有经济系统都必须受到生态环境系统的约束。经济系统的运行须臾离不开环境系统的支持，二者之间一直进行着错综复杂的物质和能量交换，但是传统经济学却把经济系统看成是一个独立于生态环境以外的封闭系统，很少甚至没有考虑环境因素的影响与作用，只在孤立的经济体系内寻求解释经济增长的最佳答案。由于长期以来人们的忽视或对环境与经济关系的片面理解，造成了当今环境问题的积重难返。生态环境灾变问题，从本质上说是自然资源利用方式不当、效率低下、废物堆弃超过环境承载能力等造成的。

由于人类的经济活动总是在环境中进行的，经济系统应作为更大的但有限的而且是非增长的生态环境系统的一部分。增长理论却假定，环境资源是无穷尽的，环境吸纳废弃物的能力也是无穷尽的，环境系统根据个人支付意愿原则为经济系统提供生产所需的物质与能量。因而，经济不依赖物质的环境，仅依赖不断流动的货币收入，而货币收入在理论上可以无穷大。经济学家承认普遍稀缺原理，但他们认为世界相对于人类行动的范围而言足够大，因此，在有限环境中是不可能产生的经济增长的后果。人类的智慧和技术的进步为人类提供了“无限的资源”，这种资源将解决“世界是有限的”这个问题，即技术进步的速率将超过资源和环境净化能力衰竭的速率，从而世界经济在所能预见的将来，能够持续增长而不会发生任何灾难。因此，在现代经济增长理论中，规模生产函数一般不考虑自然和自然资源。

热力学第二定律告诉我们：能量是不可能回收利用的，所有的能量最终都将转化为废热。同样，物质100％的回收利用也是不可能的，在每一次循环中，总有一些物质不可避免地损失掉，因此，美国著名资源经济学家罗根认为，经济过程仅仅是把有价值的自然资源（低熵）转化为废弃物（高熵）。从熵的角度来说，任何生物的或者经济的行为，其成本总是高于产出，即导致“赤字”[2]。从目前经济发展对资源开发利用的趋势看，我们留给后代的可能不只是高成本开采的自然资源，而且是整个资源环境系统的破坏乃至坍塌。因此，资源环境的问题不只是“经济发展的成本”问题。自然资源被开发利用，数量不断减少，自然资源在生态系统中的总体特性也会发生相应的变化，进而经济系统所处的自然环境系统

---

① 赫尔曼·E. 戴利．2001．超越增长——可持续发展的经济学．上海：上海译文出版社：67～68.

② 尼古拉斯·乔治斯库-罗根．2001．熵定律和经济问题//赫尔曼·E. 戴利，肯尼思·N. 杨森．珍惜地球——经济学、生态学、伦理学．北京：商务印书馆：92～93.

变得脆弱，从而动摇了整个“经济增长、发展”的基础。

第三，增长理论未全面认识到经济增长的成本与代价，在其理论指导下建立起来的国民经济核算体系也存在重大缺陷。从增长理论中可以看出，经济增长的最终目标是实现产出的长期增长。对经济增长的研究暗含以下假定：产出就是收益，生产除了消耗投入的要素外，不付出任何代价。这个假定前提是脱离实际的，因为产出不一定是有益的，有些产出甚至是有害的；影响经济增长的各个要素既能带来物质财富的增加，也会产生一些负面效应，如浪费资源、破坏生态环境、造成人为灾害、放大自然灾害的效应等，所有这些都应被看做人们追求经济增长的代价。例如，2004 年底发生了震惊世界的印度洋地震、海啸灾害，据世界环境保护联盟（IUCN）的初步研究，人类在沿海地带建造度假胜地，掠夺性地开发海洋资源，破坏了海洋植物等自然保护设施，使本来可以防御海啸的许多海洋树木、植物和珊瑚礁石，随着人类活动的加剧而逐步退化或消失。因此，是不恰当的人类活动使这次印度洋海啸灾害效应被放大，造成了超过 15 万人死亡的空前灾难。增长价值怀疑论的代表人物经济学家米香指出，“由于人类认识的有限性、技术进步的相对性等多种因素，任何形式的经济发展都需要付出一定的代价”[①]。经济增长理论忽视影响经济增长的负面影响，以及由此引起的经济增长的代价，对经济发展成本缺乏全面的认识，把产出简单地看做是各种要素投入的结果，这可以说是各种经济增长理论的共同缺陷。

经济增长理论的这一缺陷反映在现行的国民经济核算体系中，就表现为只核算产出部分，而不考虑经济发展的成本与代价。代表一个国家或一个地区总产出水平的指标 GNP 或 GDP 既没有真实地反映出环境污染所带来的损失，也没有考虑到自然资源存量的消耗与折旧，以及环境退化的损失费用，更没有考虑到生态平衡被破坏所带来的损失。因此，建立在经济增长理论基础上的国民经济核算体系对产出的片面衡量，导致了各国对 GNP 的过度追求，成为“对各国社会经济发展产生错误导向的一个根源，直接导致了以生态环境、资源存量和质量迅速恶化为代价的虚假繁荣：国民经济虽然不断增长，但经济发展成本不断提高，环境资源基础和承载力在不断削弱；虽然以货币衡量的 GNP 在增长，真实的 GNP 却在下降，而且，达到一定程度以后环境经济指数趋向于零，真实的 GNP 也将出现迅速下降”[②]。

---

① Mishan E J. 1967. The Costs of Economic Growth. London: Stoples Press.

② 任保平 . 2003. 低成本经济发展的制度阐释 . 北京：中国社会科学出版社：72、74.

专栏 1-2　赫尔曼·E. 戴利的稳态经济理论

美国生态经济学家赫尔曼·E. 戴利于 1971 年出版了《走向稳态的经济学》一书，他在吸取古典经济学家约翰·穆勒的静态经济思想的基础上，提出了稳态经济学概念。戴利 1996 年出版的《超越增长：可持续发展的经济学》一书，进一步系统地论述稳态经济论。所谓稳态经济是指通过低水平且相等的人口出生率和人口死亡率使人口维持在某个合意的常数，同时通过低水平且相等的物质资本生产率和折旧率来支撑恒定的、足够的人造物质财富存量，从而使人类的累计生命和物质资本存量的持久利用最大化的经济。后来可能是受生态中心主义思想的影响，戴利将定义中人类的累计生命的最大化改为所有物种的累计生命的最大化，如果承认经济是生态的子系统，这一点无关宏旨。在戴利看来，人类的经济系统是通过利用资源/能量流量形成物质资本存量，最终向人类提供服务来满足其需要的系统。他认为经济系统最根本的效率可用以下公式表示：

$$\text{UE} = \underset{(1)}{\text{服务/流量}} = \underset{(2)}{\text{服务/存量}} \times \underset{(3)}{\text{存量/流量}}$$

其中，比率（2）被称为服务效率，比率（3）被称为维持效率。通过这个公式我们可以发现，资源流量实际上是维持物质资本存量的成本。因此，对于任何一个既定的存量，流量都应该最小化，这样才能提高维持效率。维持效率在短期内可以通过科技进步等手段提高，但从长期来说，由于热力学定律的限制逐渐趋于下降，比率（2）表示服务是资本存量的函数，要提高服务效率，对于任何一个既定的存量，都要让它产生的服务最大化，而它的实现必然依赖于技术进步和人类道德的改善。因此，稳态经济的前提是将流量控制在生态可持续的范围内，然后提高经济系统的效率。稳态经济的实质是保持人口和物质资本存量零增长，主要通过没有数量增加的质量改进来实现。零增长通常给人一个误区，即社会似乎定格在某一点而静止了。事实上，戴利主张的稳态经济既不是指流量恒定（但一定要在生态系统的承载能力之内），也不是指技术止步不前，更不是指经济可以永久持续下去而没有终点，而是指一种最好的“护理工作”战略，以使人类社会可以长久发展，最终“自然死亡”，而不是猝死于增长狂热导致的癌症（Daly　1974）。

稳态经济学的核心问题是确定经济规模。戴利以海事制度中最佳载重量为例，认为“宏观环境经济学的主要任务是设计出一个与装载线相类似的制度，用以确定重量即经济的绝对规模，使经济之船不在生物圈中沉没”①。戴利提出要限制经济产量的规模，确保生态安全。他还提出了最大规模与最佳规模的区别，并且把最佳规模与可持续发展联系起来，使其对可持续发展的分析具有了全新的意义。他指出，可持续发展是经济规模增长没有超越生态环境承载能力的发展。可持续发展的整个理念就是经济子系统的增长规模绝对不能超出生态系统可以永久持续或支撑的容纳范围。

稳态经济需要完善的制度保障，这些制度能够保证：①稳定人口数量；②稳定物质财富存量并将流量保持在生态系统的限制之内；③限制恒定的资本存量在恒定人口中分配的不公平程度，因为增长不再是消灭贫困的灵丹妙药。戴利仍然赞同利用价格机制和私有产权的积极作用，但必须附加一个前提，那就是在市场配置之前，必须首先通过有效的社会契约解决规模和分配的问题。也就是说，稳态经济主要控制的是经济的输入端，将社会的资源损耗首先确定一个可持续的规模，然后进入市场进行有效配置。

资料来源：赫尔曼·E. 戴利. 2001. 超越增长——可持续发展的经济学. 上海：上海译文出版社；李涛等. 2006. 赫尔曼·E. 戴利及其生态经济理论评述. 中国人口·资源与环境，(2).

1.2 现代人口、资源与环境经济理论的演进

1.2.1 人口经济问题的研究

在人口、资源与环境经济学体系中，人口与经济的相互关系问题最早被关注，学说史中也有较为丰富的人口经济思想。随着经济的不断发展，人口经济问题变得更加重要，人口经济学逐渐从人口学和经济学的交叉融合中独立出来，形成一门独立学科。

20世纪30年代末到40年代是人口经济学的创建时期。1939年英国经济学家W. 布赖恩·雷德韦出版的《减少人口经济学》一书，对人口增长率下降所产生的经济效果进行了分析，首次提出了人口经济学的命题。1943年穆克琪出版的《人口政治经济学》，探讨了人口与经济福利的相互关系。1947年美国经济学家约瑟夫·J. 斯彭格勒发表了“人口增长经济学概论”一文，也正式使用了人口经济学的命题，并论述了人口经济学的内容梗概。1952年法国人口学家索维出版的《人口通论》一书，系统论述了适度人口的理论，从动态角度分析了人口

① 赫尔曼·E. 戴利. 2001. 超越增长——可持续发展的经济学. 上海：上海译文出版社：70.

增长与经济增长之间的关系，说明了人口增长可能给经济增长带来的不利和有利影响，以及如何在二者之间寻求一种最适宜的关系，从而寻求适度的人口增长率。《人口通论》的出版被看做是人口经济学发展史上的一个里程碑。

20世纪六七十年代是人口经济学发展的成熟时期。美国、英国、法国、日本、澳大利亚等许多国家的学者相继推出了有关人口经济学的著作和论文。1972年，斯彭格勒《人口经济学》的出版被看做是西方人口经济学成熟的标志。随后，澳大利亚出版了皮奇福德的《人口经济学导论》(1974)，英国出版了柯尔的《人口发展中的经济因素》(1976)、波文的《经济学与人口学》(1976)，美国出版了西蒙的《人口增长经济学》(1977)，日本出版了安川正彬的《人口经济学》(1978)。与此同时，欧美一些大学开设了有关人口经济学的课程。这一时期，人口经济理论的研究进一步深化，宏观人口经济理论和微观人口经济理论的研究框架基本确立。

在人口经济学的形成过程中，许多经济学家从宏观经济学角度考察人口和经济的相互关系。西蒙·库兹涅茨在1952年撰写的“人口增长及有关经济变量的长期波动”一文，把人口变动和经济增长的波动联系起来加以考察，创立了人口增长与经济增长长波理论。后来美国人口学家伊斯特林用该理论来研究美国的人口经济增长长波，通过分析人口总量和经济总量变动的长期趋势，寻找人口波动的经济根源，将人口经济增长长波理论建立在生育率变动的基础上。20世纪60年代，西奥多·W. 舒尔茨创立的人力资本理论是人口经济学发展史上的又一个里程碑。他认为，人力资本的提高对经济增长的贡献远比物资资本、劳动力数量的增加重要。此外，以罗马俱乐部“增长的极限”为代表的悲观人口经济理论、以西蒙为代表的乐观人口经济理论，都标志着宏观人口经济理论的诞生。

在微观人口经济学研究方面，哈维·莱宾斯坦在1957年出版的《经济落后和经济增长》一书中，首先提出了家庭规模的成本-效益理论，建立了生育的微观经济模型，并考察了家庭生育决策，把人口经济学的研究领域从传统的宏观领域拓展到了微观单位——家庭。此后，这方面进一步的研究成果包括：加里·贝克尔的《生育率的经济分析》(1960)、《时间分配理论》(1963)，贝克尔与刘易斯合作的《论孩子数量与质量的相互关系》(1973)，西蒙的《收入对生育率的影响》(1974)，伊斯特林的《生育率革命》(1985) 等。

20世纪七八十年代是人口经济学的进一步发展时期，表现在其内容不断深化和系统化，研究方法从定性分析向定量分析转变。1972年，斯彭格勒的《人口经济学》一书全面系统地论述了人口经济学的概念和内容，使其成为较完整的理论体系。1977年，西蒙的《人口增长经济学》一书阐述了人口经济学的理论与方法，并对发达国家和发展中国家人口与经济诸方面的关系，如人口与工农业发展、国民收入、自然资源等进行了定量分析，使人口经济学理论进一步系统化。这一时期，随着电子计算机技术和数学理论的发展，许多经济学家运用多元分析方法建立各种人口经济模型，使人口经济学的研究方法从定性分析向定量分析转变，如伊斯特林建立了生育率决定的供给-需求模型（1985），芝加哥派学者威利斯用家庭效用函数建立了孩子需求——数量质量替代模型（1974），保罗·舒尔茨提出了经济因素是死亡率的决定因素的理论分析模型（1985）等。20世纪80年代以来，人口经济学的研究领域不断拓展，涉及人口迁移、人口结构、人口数量、人口质量及人力资本等诸多方面，包括以卢卡斯、罗默为代表的人力资本理论与新经济增长理论、以诺斯、拉坦为代表的人口与制度变迁的理论、加里·贝克尔从人力资本角度论述人力资本、生育率和经济增长的理论，以及在传统推拉理论基础上对发展中国家人口流动展开分析的托达罗模式等。

人口经济学自20世纪三四十年代正式提出，经过几十年的发展，已经成为具有较为完整理论体系的、独立的边缘性社会科学。

中国对于人口经济学的研究始于20世纪80年代，张纯元主编的《人口经济学》(1983)是现代中国第一部人口经济学著作。此后，有关人口经济学的研究成果不断涌现，如彭松建的《西方人口经济学概论》(1987)、蒋正华的《中国家庭生育行为转变的经济学解释理论模型》(1993)、田雪原的《人口、经济、环境的可持续发展》(1996)、李竞能的《中国现阶段人口经济问题研究》(1998)、刘家强的《人口经济学新论》(2004)、李通屏的《人口经济学》(2008)、李仲生的《人口经济学》(2009）等。与西方人口经济学研究相比，我国学者的研究起步较晚、发展较快，但仍存在较大的差距，处于发展初期阶段。

1.2.2 资源与环境经济问题的研究

工业革命以来，生产力突飞猛进的发展在给人们带来巨大财富的同时，也逐渐产生了资源耗竭和环境污染问题。结束于20世纪初的第二次工业革命，开辟了人类电气化的新纪元，使全球的生产力得到更加高速的发展，自然资源尤其是地下矿产资源得到大规模的开发利用，但同时也导致资源短缺、环境污染和生态破坏等问题进一步加剧。人们越来越重视资源环境问题的研究，并且在第二次世界大战以后，逐渐产生了两个新学科——资源经济学与环境经济学。

1924年美国经济学家伊力和莫而豪斯合著出版了《土地经济学原理》，1931年哈罗德·霍特林出版了《可耗尽资源的经济学》，它们被认为是资源经济学产生的标志。在中国，第一部土地经济学研究专著——《土地经济学》（章植）于1930年问世，随后张丕介的《土地经济学导论》（1944）、朱剑农的《土地经济学原理》(1946）等著作相继出版。这一阶段，国内外建立的资源经济学还限于单种资源（如土地）和单门类资源（如可耗竭性资源）的经济学。

20世纪50年代以后，全球经济和社会的发展进入了快速增长阶段，呈现人口高增长、经济高增长、资源高消耗、生活高消费及城市化高速发展的特点，导致了从自然界获取的资源大大超过自然界的再生增殖能力，排入环境的废弃物大大超过环境容量，从而出现了全球性的资源耗竭和严重的环境问题。这一时期，资源经济学进一步发展，其关注和研究的重心主要是资源短缺或危机问题。与此同时，为探讨防治污染和保护环境的对策、比较防治污染的费用和效益，污染经济学或公害经济学的著作应运而生。

20 世纪 50 年代以后，人们开始对这种盲目追求经济增长的发展观进行反思，并提出了一些新的理论和思想，如 50 年代，美国一些科学家首次提出“资源科学”的概念；60 年代，日本经济学家都留重人提出“公害政治经济学理论”；科斯在“社会成本问题”中提出了科斯定理；美国博尔丁提出了“太空飞船地球经济”论；戴利则推荐穆勒的静态经济思想——“稳态经济”，他认为经济的增长会耗尽自然资源，产生污染，因此要使人口和资本投资保持在一定水平上，只需要满足人类的基本需要即可。此外，泰勒（G. Taylor）、米香(E. J. Mishan）等也对经济增长和人口、资源等问题进行了探讨，他们从价值判断的角度对经济增长的价值提出怀疑；罗马俱乐部则提出了“反增长”或“零增长”理论等。20 世纪六七十年代还出版了不少有影响的论著，如卡逊的《寂静的春天》(1962)、梅多斯的《增长的极限》(1972)、明茨的《自然资源的经济评价》(1972)、法国科学家论文集《全球 2000 年》(1972)、戈德史密斯的《生存的蓝图》(1972)、史密斯的《自然与环境资源经济学》(1979)，以及以 58 个国家的一百多位科学界、政界和实业界的知名人士为顾问，以资源学家和经济学家为主编的《只有一个地球》(1972) 等。这一时期，环境经济学也迅速发展，其研究从较为单纯的工程技术分析转向环境破坏和污染的系统经济学分析，并逐步建立了环境经济学理论体系、研究方法和环境经济手段的应用框架。环境经济学的研究与资源经济学的研究也逐渐走向交叉与融合（唐咸正，任海平 2005)。

20 世纪 80 年代以来，可持续发展问题成为研究的核心。由于可持续发展涉及人口、资源、环境和发展四大问题，从而使资源与环境经济学得到了前所未有的蓬勃发展。这一期间，世界各国先后出版了一大批论著，如西蒙的《最后的资源》(1981)、克如提拉的《自然资源经济学》(1985)、哈维克的《自然资源利用经济学》(1986)、丹尼尔的《自然资源经济学》(1986)、彼得和斯维德的《自然资源与宏观经济学》(1986)、罗德尔的《资源经济学》(1981)、珀曼的《自然资源与环境经济学》(1995) 等。在此期间，不少国家的大学纷纷增设资源经济学学科和增开资源经济学课程，如到 1993 年美国就有 13 所大学，英国、德国、加拿大、日本、巴西等二十几个国家共有几十所大学开设此类课程（唐咸正，任海平 2005)。

中国开展大规模的资源经济研究始于 20 世纪 50 年代。为了适应国民经济发展的需要，各个部门都开展了大规模的资源调查、评价、区划和开发利用规划及资源保证程度分析等研究工作。这些基础性工作所取得的大量成果，为我国资源经济学的研究、产生和发展奠定了坚实的基础。改革开放以来，尤其是1992年的里约热内卢世界环境与发展大会后，我国的资源经济研究和资源经济学科的发展更是取得了前所未有的进展。许多高等院校竞相建立了资源环境学院（系），资源经济或资源与环境经济的研究机构更是如雨后春笋般涌现，一大批资源经济和生态、环境经济方面的论著相继出版，如许涤新的《生态经济学探索》(1985)、甘泽广的《环境经济学概论》(1987)、李金昌等的《资源经济新论》(1995)、厉以宁的《环境经济学》(1995)、刘文等的《资源价格》(1996)、张帆的《环境与自然资源经济学》(1998)、杨云彦的《人口、资源与环境经济学》(1999)、朱启贵的《可持续发展评估》(1999)、严茂超的《生态经济学新论》(2001)等，以及一批单种资源或部门资源经济学，如廖士义的《林业经济学导论》(1987)、周城的《土地经济学》(1989)、贾芝锡的《矿产资源经济学》(1992)、万建中的《农业自然资源经济学》(1992)等。

1.2.3 生态经济问题研究

生态经济问题研究是基于工业革命以来出现的人类与自然、生态与经济的不协调现象，以及全球性的生态问题日益突出的背景之下产生的。20世纪20年代中期，美国科学家麦肯齐首次运用生态学概念对人类群落和社会予以研究，提出了经济生态学的名词。第二次世界大战后，环境污染、生态退化、生物多样性减少、土地荒漠化、水土流失、地下水位下降、温室气体增加、全球气温升高等一系列社会公害不断恶化，越来越多的经济学家意识到传统经济学的局限性。1962年美国生物学家莱切尔·卡逊的《寂静的春天》一书第一次揭示了近代工业带来的环境污染对自然生态系统的巨大破坏，引起人们的广泛关注，促使人们开始思考近代工业对自然生态的影响。而后，经济学和生态学交叉发展，各种论述生态经济问题的著作相继问世，如《污染经济学》、《环境经济学》、《资源经济学》等。1968年，美国经济学家肯尼斯·鲍尔丁在“一门新兴科学——生态经济学”一文中首次正式提出“生态经济学”的概念，明确阐述了生态经济学的研究对象，并对人口控制、资源利用、环境污染及国民经济与福利核算等问题做了有创见性的研究，并在随后提出了“宇宙飞船经济学”，其简要含义是：人类赖以生存的最大生态系统就是地球，而地球只不过是茫茫无垠的太空中的一艘小小的宇宙飞船。人口和经济的不断增长，最终将使这艘小小的飞船内有限的资源被开发完毕，到那时，整个人类社会就会崩溃，因此必须建立“循环式经济”以代替传统的“单程式经济”。肯尼斯·鲍尔丁的理论思想标志着生态经济学作为一门独立的学科真正形成。

20世纪六七十年代，人类社会面临着很多经济发展与生态环境方面的严重问题。这一时期，世界范围内涌现出了大批关于全球资源、环境与发展方面的论著，同时还引起了全球范围内的大辩论。在这场大辩论中，西方的经济学家、社会学家、环境学家和生态学家都广泛参与进来，对人类与自然，以及对世界和人类社会的未来做出了各种论述与预测。后来的学者将他们划分为三个学派：悲观派、乐观派和中间派。悲观派以“罗马俱乐部”为主要代表，其主要观点是：经济和人口的增长是生态环境恶化的主要原因，如不立即采取全球性的坚决措施来减缓或制止人口和经济增长的速度，则在一百年内的某一个时刻，人类社会的增长是会达到极限的，此后人类社会便会陷入崩溃，因此他们主张限制增长；乐观派以美国未来研究所所长卡恩为代表，其主要观点是：人类正处于从贫困的过去过渡到富裕而有潜力的未来的四百年的“伟大转变”的中期，这个过渡只有在经济不断增长的情况下才能实现，因此他主张必须保持经济持续增长的势头；中间派以柯尼什的《环境经济学》和阿尔温·托夫勒的《未来的震荡》、《第三次浪潮》为主要代表，其观点介于以上两者之间，既不悲观也不乐观，而是现实地对待和分析人类面临的问题，认为人类只要清醒地认识存在的问题，并采取谨慎而坚决的行动，就一定有希望。

我国生态经济学的提出和建立始于1980年。1980年8月，我国经济学家许涤新首先提出了进行生态经济研究和建立生态经济学科的建议。同年9月，以许涤新为代表的经济学家和以马世骏为代表的生态学家，发起召开了第一次生态经济座谈会，会议明确提出了在我国创建生态经济学的任务和需要研究的一些重大课题。1982年11月，由许涤新倡议，中国社会科学院联合城乡建设环保部、中国生态学会和中国“人与生物圈”国家委员会，在江西省南昌市共同举办了“全国第一次生态经济科学讨论会”。1984年2月，中国生态经济学会正式成立。1987年，中国生态经济学会和云南省生态经济学会联合主办的《生态经济》正式创刊，这是世界上第一份公开发行的生态经济学术刊物。

从生态经济研究的发展历程来看，无论是国外还是国内的研究，大体可以划分为两个阶段：20世纪90年代以前，生态经济学理论强调生态系统与经济系统的矛盾运动，关注的焦点是经济活动对生态平衡的影响、环境容量与资源承载力及如何解决“人类困境”；20世纪90年代至今，生态经济学研究则强调可持续发展战略与模式，关注的焦点是如何实现生态系统与经济系统的协调发展。

1.2.4 灾害经济问题研究

西方灾害经济问题的研究始于20世纪50年代。一些学者的研究[①]成果发

---

① 张显东，梅广清．1998．西方灾害经济学研究的历史回顾．灾害学，(4)：81～87.

现，最早研究自然灾害经济影响的文献是*Economic Aspects of the Waco，Texas Disaster of May* 11，1953（Brannen and Ted　1954）。20世纪发生了两次世界大战，因此关于人为灾害的经济学研究，特别是战争灾害的研究则更早一些。在文献中较早使用“灾害经济学”一词的是Howard Kunreuther和E. S. Fiore（1966），当时发表的文章题目为*The Alaskan Earthquake：a Case Study in the Economics of Disaster*。1984年美国佛罗里达大学召开了一次“自然灾害及减灾的经济学学术会议”（Conference on the Economics of Natural Hazards and Mitigation）。经过近60年的研究，灾害与经济发展相互影响的大多数方面都已有文献论及，研究方法也在不断的更新和发展之中。

西方灾害经济学的研究主要包括以下几方面：第一，灾害对经济系统的影响。主要研究灾害对生产投入要素（土地、劳动力、资本、能源及其他物质因素）的影响及其间接后果，包括对国民经济系统和区域经济的影响及工业部门受灾的分析，并涉及灾害发生后经济系统恢复的必要条件研究、灾后经济运行状况的评估、各类不同的灾后政策效果的分析、各类不同的灾前预防措施效果的研究等。第二，通过建立各种经济学模型对灾害经济进行分析。较为常用的模型分析有投入产出与线性规划相结合的模型、投入产出与生产函数相结合的模型、一般均衡模型、系统动力学模型、社会核算矩阵模型等。第三，减灾防灾的制度分析，包括政治、社会和经济各方面的制度，其中经济制度主要包括货币制度、财政制度、经济组织等。此外，还涉及政府在灾后经济恢复中的作用及灾后加速经济发展的政策、灾后紧急阶段实行什么样的货币政策、灾后税收政策的调整及灾害损失补偿等问题的研究。

总的来说，西方灾害经济学的研究具有三个特点：其一是研究范围的广泛性。灾害经济学的研究几乎涉及经济学的各个领域，包括宏观经济学、微观经济学、区域经济学、数理经济学、产业经济学、福利经济学等，因此，对灾害经济学深入地探讨需要研究者具备全面的经济学素养。其二是研究方法的演进性。由于灾害经济学是一门应用经济学科，经济学方法的不断创新必然导致灾害经济学研究方法的更替，每次方法的更新都有助于对灾害经济行为理解的深入。其三是研究问题的实用性。西方灾害经济学的研究大部分是针对可能发生的灾害，通过研究的常提出一些可操作性的建议，为减灾管理提供帮助。

值得提出的是，1998年度诺贝尔经济学奖获得者阿玛蒂亚·森用交换权利理论（exchange entitlements）对发展中国家灾荒问题的成因与对策进行了深入细致地研究。在不否定粮食匮乏会触发饥荒的前提下，他认为由旱灾、洪灾等自然灾害引起的粮食供应较少不是引起饥荒的唯一因素，起决定作用的是由于各种制度的缺陷而导致的一些社会经济群体丧失了获得食品的权利。因此，森认为，当灾荒发生时，不能只采取发放救济食品、迁徙灾民等一般措施，而更应该采取特殊的政策来使灾民取得他们期望得到食品的权利。他的专著《贫困与饥荒——论权利与剥夺》(*Poverty and Famines: an Essay Entitlement and Deprivation*)可看成是西方灾害经济实证研究的开篇巨著。

中国灾害经济学的研究始于20世纪80年代。著名经济学家于光远先生是中国灾害经济学研究的首倡者，他首先提出了建立灾害经济学的观点，并发表了多篇论及灾害经济问题的文章，为灾害经济问题的研究奠定了理论基础。1985年9月25日，于光远在北京主持召开了中国有史以来的第一次灾害经济学座谈会，明确提出要建立灾害经济学。1987年5月，在北京举行了第一次全国性的灾害经济学学术讨论会。1986年8月，全国第一家专门研究灾害问题的科学季刊《灾害学》杂志在西安创办。之后，许多学者进一步探讨了灾害经济学的学科性质与研究的重要课题。灾害经济方面的研究成果不断涌现，如杜一的《灾害与灾害经济》(论文集)(1988)、马宗晋等的《灾害与社会》(论文集)(1990)、申曙光的《灾害生态经济研究》(1992)、胡鞍钢的《中国自然灾害与经济发展》(1997)等。郑功成教授于1998年出版的国内第一部《灾害经济学》专著，系统地阐述了灾害经济学研究的基本规律和基本原理，标志着灾害经济学的研究进入了新的发展阶段。此后，灾害经济问题的研究成果不断增多，如出版了张晓等的《中国水旱灾害的经济学分析》(2000)、陈文科的《农业灾害经济学原理》(2000)、谢永刚的《水灾害经济学》(2003)、何爱平的《区域灾害经济研究》(2006)等。同时，还涌现了一批灾害经济方面的学术论文，在一些领域，如灾害损失的评估、防灾政策的制度分析、环境灾害的转移机制等，取得了重要的成果。

1.2.5 可持续发展经济学

现代可持续发展思想的产生背景是人类赖以生存和发展的环境与资源遭到越来越严重的破坏，人类已不同程度地尝到了环境被破坏的苦果——能源短缺、生态失衡、环境污染、灾害加剧、贫富差距扩大、人口急速增加等。针对这些问题，经济学家们从不同的角度对增长、发展、环境、资源与人口因素进行了理论上的反思，并在20世纪六七十年代逐步形成了经济学的不同分支学科：人口经济学、资源与环境经济学、生态经济学、灾害经济学等。

在专家学者积极研究与探索的同时，联合国及其相关组织也在全力以赴地探讨发展与资源环境的关系问题。1972年6月，联合国在瑞典首都斯德哥尔摩举办的人类环境会议所形成的文件，体现了可持续发展的基本思想。在这次会议中，人类环境问题第一次被纳入国际政治的议事日程，由世界各国政府的代表共同考虑和协调环境的不断恶化对我们赖以生存的脆弱地球的未来的影响。会议通过的《联合国人类环境宣言》(简称《宣言》)呼吁各国政府和人民为维护和改善人类环境、造福全体人民、造福后代而共同努力，并确定了环境管理应该“促进综合的规划，考虑人类活动的副作用，并为当代和后代保护环境”①。这次会议虽然没有直接提出可持续发展的问题，但从其《宣言》中能够看到其已迸发出可持续发展思想的火花。

1980 年，在联合国环境规划署（UNEP）委托世界自然保护联盟（IUCN）起草的《世界自然保护战略》中，首次提出了“可持续发展”及“持续性”的概念。该文件从植物资源保护的角度提出了要实行可持续发展，即资源保护与经济发展相结合的方针，并认为可持续发展要强调人类利用生物圈的管理，使生物圈既能满足当代人的最大持续利益，又能保护其满足后代人需求与欲望的潜力。从此，有关可持续发展的讨论日渐增多，人们开始大量使用诸如可持续发展、可持续增长、可持续利用等术语。但当时它们的含义仍不很明确，人们往往根据自己的理解来使用这些名词和术语。

1987 年，世界环境与发展委员会主席、挪威前首相布伦特兰夫人主持的世界环境与发展委员会（WCED）向联合国提交了一份划时代的纲领性文件——《我们共同的未来》，自此可持续发展才有了为人们广泛接受和引用的定义。它把可持续发展定义为“既满足当代人的需要，又不对后代人满足其需要的能力构成危害的发展”。② 同时，《我们共同的未来》还提出了可持续发展的原则、要求、目标和策略，从而奠定了可持续发展思想及战略的基础。这是人类社会有关环境与发展思想从一般地考虑环境保护到强调把环境保护与人类发展结合起来的认识的重要飞跃。各国的经济与社会发展都必须从可持续性原则出发，注重维持全面的生活质量，保持对自然资源的可持续利用，避免人类生存环境的持续恶化。

1991 年，世界自然保护联盟（IUCN）、紧急部队（UNEP）和世界自然基金会（WWF）共同发表了题为《保护地球》的报告，提出了可持续发展的概念是在不超出支持它的生态系统的承载能力的情况下改善生活质量，并区分了“可持续利用”、“可持续经济”和“可持续社会”的含义：可持续利用只用于可再生资源；可持续经济是可持续发展的产物；可持续社会则要遵循报告所提出的可持续原则、创新原则与合作原则等。

1992 年 6 月，联合国环境与发展大会在巴西的里约热内卢召开。大会围绕的是环境与发展及当今国际社会普遍关注的重大问题，即由单纯重视环境保护问题转移到了环境与发展的大课题。会议最后达成共识：为实现人类的持续发展，为保护发展的基本条件和自己的家园——地球，要彻底改变传统的发展观念，努力建立起人与自然和谐的持续发展的新观念和新战略。在此基础上，会议通过了

---

① UN. 1972. Report of the United Nations Conference on the Human Environment. Stockholm：28.

② WCED. 1987. Our Common Future. London：Oxford University Press：43.

《里约热内卢环境与发展宣言》，制定了《21世纪议程》，第一次把可持续发展由概念和理论推向行动。

总的来看，20世纪80年代末，可持续发展的问题日益受到国际组织、各国政府和学术界的广泛关注，可持续发展理论也正式登上西方经济学和其他学科的舞台。随着各类有关可持续发展的研究和实践的不断深入，各国、各地区已达成共识，制定计划和采取对策，以推进可持续发展战略的实施，如欧美极力推行清洁生产，中国制定了《中国21世纪议程》等。由此可见，可持续发展是人类未来发展道路的唯一选择。

在国际上，有关"可持续发展经济学"方面的著作主要有美国著名的生态经济学家、研究环境经济与可持续发展的专家赫尔曼·E. 戴利的《超越增长——可持续发展的经济学》（1996）。他强调，增长是一种物理上的数量性扩展，发展则是一种质量上和功能上的改善，而可持续发展就是一种超越增长的发展；强调可持续发展需要对当前以增长为中心原则的数量性发展观进行清理，建立以福利为中心原则的质量性发展观。他指出："可持续发展的整个理念就是经济子系统的增长规模绝对不能超出生态系统可以永久持续或支撑的容纳范围。"①该论点准确地揭示了生态可持续性这个可持续发展的根本问题，即人类的经济社会活动必须保持在生态系统容许的限度之内，在考虑到其他非人类生命物种对资源与环境的需求的条件下，绝对不能超出可供人类利用的资源与环境的承载能力，只有这样才能保证实现可持续发展。国内有关"可持续发展经济学"方面的著作主要有贾华强的《可持续发展经济学导论》（1996）、潘家华的《持续发展的经济学分析》、刘思华的《可持续发展经济学》（1997）和洪银兴的《可持续发展经济学》（2000）等。

可持续发展经济学的产生与形成，是对传统经济学理论的一种突破与创新，标志着工业经济时代的传统经济学向知识经济与可持续发展经济时代的根本转变，它具有划时代的革命意义。

1.3 人口、资源与环境经济学的研究对象和研究内容

1.3.1 人口、资源与环境经济学学科的提出及其学科意义

1997年国务院学位委员会在调整研究生专业目录时，在理论经济学的一级学科下设立了人口、资源与环境经济学的二级学科，中国的人口、资源与环境经济学研究从此进入了蓬勃发展的新阶段。人口、资源与环境经济学专业自设立以

① 赫尔曼·E. 戴利. 2001. 超越增长——可持续发展的经济学. 上海：上海译文出版社：38.

来，在学科建设、基础理论、应用研究和人才培养等方面取得了长足的发展。高校和学术界对人口、资源与环境经济学的教学与研究蓬勃开展，《人口、资源与环境经济学》教材不断涌现，主要有杨云彦的《人口、资源与环境经济学》(1999)、杨昌明的《人口、资源与环境经济学》(2002)、张象枢的《人口、资源与环境经济学》(2004)、钟水映的《人口、资源与环境经济学》(2005)、邓宏兵的《人口、资源与环境经济学》(2005)、麻彦春的《人口、资源与环境经济学》(2007)等。人口、资源与环境经济学的学科发展呈现出前所未有的繁荣景象。

人口、资源与环境经济学是在人口经济学、资源与环境经济学、生态经济学、灾害经济学等学科的基础上发展起来的，这些分支学科都属于现代经济学的范畴，构成了人口、资源与环境经济学重要的思想与理论来源。但是，它们之间也存在着研究对象和学科体系的差别：人口经济学的研究对象是人口经济关系，主要研究人口变动的经济因素及人口现象和经济现象的相互关系；资源经济学的研究对象是资源经济活动，主要研究如何合理地配置资源、提高资源使用效率及资源的可持续利用问题；环境经济学主要研究环境问题的经济原因及预防和治理自然环境污染的经济活动；生态经济学以生态经济系统作为研究对象，探讨人类经济活动和自然生态系统之间的关系；灾害经济学以灾害经济关系为研究对象，主要考察灾害系统与经济系统的相互联系和相互作用，其着眼点是“灾害损失的最小化”。这些分支学科研究的发展有助于解决人类社会出现的资源耗竭、人口爆炸、环境恶化、生态失衡、灾害频发等“人类困境”问题，如资源经济学有助于改变人们对资源供求关系的认识，强化资源稀缺观念和意识，优化资源配置；环境经济学有助于人们认识环境问题产生的经济原因并采取经济措施；生态经济学有助于评价人类活动的经济效益、生态效益和社会效益，为制定有关保护和改进生态环境法令和方针政策提供基础；灾害经济学有助于评价灾害给人类社会造成的经济损失及人类减灾防灾的经济活动，从而寻求减少灾害损失的经济规律与方法。但是，单一学科的研究存在很大的局限性：一方面，从目前人类社会出现的各种“人类困境”问题来看，单一学科的研究已远远不能满足现实的需要；另一方面，各种问题的产生也存在着相互联系。环境恶化问题在很大程度上是资源的不可持续利用造成的，生态失衡则源于人类的行为超出了自然环境的阈值，资源与环境是人口经济过程的基础或前提，人口爆炸则加大了对生态环境和资源利用的压力，而在现代社会里发生的各种严重灾害又都能找到人类不当行为的影子。

由此可见，只有综合各个学科的优势，把它们有机地联系起来，对学科进行整合，实行跨学科研究，才能对各种问题进行综合分析，进而解决各种“人类困境”问题。一方面，人口、资源与环境经济学就是在这个背景下，在人口经济学、资源经济学、环境经济学、生态经济学、灾害经济学等相对成熟的学科体系上，以可持续发展理论为主线逐渐形成的一门交叉性的新兴经济学学科；另一方面，人口、资源与环境经济学的建立又对上述各学科体系的丰富和发展起到积极的推动作用。人口、资源与环境经济学的研究，可以综合运用有关学科的理论与研究成果，来加深与拓宽各学科的研究领域，如人口、资源与环境经济学对资源经济问题的研究不仅关注如何提高资源的利用效率，而且强调在一定的人口和环境条件下资源的科学利用与代际公平，从而使对资源利用的研究更具有现实性，也更加全面；又如，人口、资源与环境经济学研究人口对环境的影响、资源利用与环境之间的联系及环境的经济价值，这无疑会深化环境经济学的研究，有助于更全面地认识和解决环境问题；再如，在经济发展和资源利用中，如果能够充分地考虑到人类行为的致灾效应和生态环境的特点，就能够有效地避免灾害的发生，或在很大程度上减轻灾害发生的后果。总之，人口、资源与环境经济学的建立和发展，可以从整体上深入地探讨人口、资源、环境、灾害等各种因素之间的相互关系，而且能够深化和拓宽各分支学科的研究领域，丰富经济学研究内容，从而具有重要的理论意义。

人口、资源与环境经济学的建立还具有重要的现实意义。中国是世界上人口、资源和环境问题比较严重的国家之一。中国人口基数大，近些年伴随着经济的快速增长，人们的收入水平迅速提高，而庞大的人口数量对粮食和燃料的巨大需求，迫使人们采取毁林开荒、围湖造田、乱采滥挖、过度放牧等一系列不合理的行为，导致生态失衡和环境恶化，由此造成了自然因子的异常变化，加剧了灾害发生的可能性。植被、水面和土壤是自然过程的巨大调节系统，对维护自然界生态平衡和环境系统的稳定有着重要的作用。破坏植被、缩小水面、土壤退化会削弱生态环境系统的稳定性，进而降低调节和抵御自然灾害的能力。例如，森林和草原的破坏，造成水土流失、山洪暴发和泥石流的发生，而水土流失、泥石流又造成江、河、库、渠的淤积，再加上围湖造田使湖泊面积大幅度地减少，导致蓄洪能力大幅度地下降，使洪涝灾害大大加重了。我国是世界上生物多样性最丰富的国家之一，但目前破坏很严重，珍奇物种处于濒危状态，甚至有些已经绝迹，品种资源锐减，野生种源大量流失，外来物种危害加剧。

目前，中国以占世界总量不到7%的耕地养活着世界上约22%的人口。中国在相当长时期内都将处于人口负荷过重的临界状态，并有可能超过资源承载极限。巨大的人口压力对生态环境造成的压力可表现在两个方面：一是生态系统的良性循环受到干扰和破坏；二是环境污染的加剧。一方面，随着人口的急剧增长，人们对土地、淡水、森林和矿产等自然资源进行了掠夺性的开发，造成了森林萎缩、草原退化、土壤侵蚀、土地沙化、生态失调、自然灾害加剧、野生动植物灭绝等一系列问题；另一方面，人类生产和生活活动所排放的大量废弃物也造成了严重的环境污染。面对人口的膨胀与经济高速增长对资源的需求日益增加的压力，中国正处于历史上最严峻的资源状况，承载着历史上最大的人口数的危急时刻。面对巨大的人口重负和极为有限的人均资源，协调人口、资源和环境的平衡，制定可持续的社会经济发展政策，是摆在我们面前的紧迫问题。当前，我国正在以科学发展观为指导，以建设和谐社会为目标，全面建设小康社会，实现经济发展方式转变。现实的发展提出了许多新的问题，迫切需要理论的解释与指导，也为人口、资源与环境经济学学科的发展，提供了新的、重要的机遇。

1.3.2 人口、资源与环境经济学的学科性质与研究方法

人口、资源与环境经济学是一门融合多学科的、新兴的交叉性或边缘性经济学学科，其目的是走出一条经济、人口、资源、环境、生态、社会协调发展的道路。人口、资源与环境经济学涉及人口经济学、资源经济学、环境经济学、生态经济学、灾害经济学等多个学科领域，它不仅涵盖了这些学科的主要理论，而且以可持续发展理论为主线，将人口经济、资源经济、环境经济、生态经济、灾害经济等内容紧密结合起来，以此形成人口、资源与环境经济学的基本理论和分析框架。

人口、资源与环境经济学是多种学科的渗透与综合，具有综合性的特点。作为一门新的学科，人口、资源与环境经济学既涉及人口经济学、资源经济学、环境经济学等学科，也涉及社会学、生态学、管理学等其他学科的内容。但它绝不是人口经济学、资源经济学、环境经济学等学科的简单相加，而是经过综合之后形成的一门全新的学科，是由以上诸学科有机组合而成的整体。此外，该学科兼具理论性和应用性的特点。人口、资源与环境经济学属于理论经济学范畴，因为本学科研究的人口经济、资源经济和环境经济具有很强的理论性，其对可持续发展机理及其实现的制度保障等的分析，为理解人口资源和环境现象及实现可持续发展提供了理论解释。与其他经济学科相比，人口、资源与环境经济学是适应综合解决人口膨胀、资源耗竭、环境恶化、灾害频发等制约社会经济发展的重大问题的需要而产生的，其主要目的就是指导可持续发展战略的实施。此外，它不仅要为可持续发展提供理论依据，而且要对行动方案做出具体的设计与论证，使其研究结果形成实际的政策建议，可直接应用于可持续发展的实践，因此又具有较强的应用性。

关于人口、资源与环境经济学的研究方法。首先，主流经济学的研究方法完全适用于人口、资源与环境经济学。由于人口、资源与环境经济学是一门新兴的边缘性经济学科，其学科性质决定了该学科必须纳入主流经济学的分析框架，用主流经济学的方法和范式进行研究。美国的资源经济学家阿兰·兰德尔在他的《资源经济学》一书中指出资源经济学是微观经济学的一个分支，是研究自然资源和环境政策的一门应用经济学，它利用经济学理论和定量分析方法来揭示、分析、评价和指导制定关于自然资源和环境方面的政策。其次，因为人口、资源与环境经济学是人口经济学、资源经济学、环境经济学、灾害经济学及经济学、人

口学、生态学、环境管理学等诸多学科的综合，它把人口、资源、环境、经济看做是一个大系统。所以，系统科学方法是最适宜的研究方法。所谓系统科学方法，就是把研究对象作为系统加以考察的方法，即从系统内部及系统与外部的联系性出发，采取行之有效的方法，对系统的功能、必要条件、费用等进行分析，进而导出系统的特征，掌握构成系统的信息，以便选择适当的系统构成成分及结合方式，使之满足系统的必要条件，以实现系统目标最大化。

人口、资源、环境、经济系统是一个复杂的大系统。其中，人口、资源、环境和经济都是这个大系统中的子系统，各子系统又由若干要素构成，如人口子系统包括人口数量、人口结构、人口素质、人口分布等若干要素。系统结构的优化，既包括子系统内诸要素结构的优化，也包括各子系统之间的均衡与协调。因此，运用系统科学方法能够从一个新的视角开展研究，也就是说，在研究过程中确立系统论的思想，在分析人口问题时要结合资源和环境，分析资源和环境问题时也不能脱离人口，要通盘考虑，在经济过程与经济发展的大框架内对这些问题进行综合分析，以寻求人口、资源和环境在经济过程和经济发展中发生作用的机制、路径及程度，并提出系统解决问题的方法，避免将人口经济学、资源经济学和环境经济学进行简单地组合，以此促进该学科的进一步发展。

1.3.3 人口、资源与环境经济学的研究对象和研究内容

关于人口、资源与环境经济学的研究对象，目前还没有形成一致的和成熟的意见。其代表性观点主要有五种：

第一种观点认为，人口、资源与环境经济学的研究对象包括广义和狭义两个范围，从广义上看，人口、资源与环境经济学不仅覆盖人口经济学、资源与环境经济学的内容，也包含了研究人口、资源与环境协调发展的可持续发展经济学的内容，由此形成四个分支学科，即人口经济学、资源经济学、环境经济学与可持续发展经济学。其中，可持续发展经济学构成这个学科的核心，是狭义的人口、资源与环境经济学①。

第二种观点认为，人们在分别认识人口与资源、人口与环境的关系时，总是要与经济过程和经济发展联系在一起。从理论上说，人口、资源和环境之间的内在联系只能通过经济过程来实现，所以，人口、资源与环境经济学的研究对象应该是经济过程和经济发展中的人口、资源和环境三大要素之间的内在联系及它们各自所起的作用②。

第三种观点认为，人口、资源与环境经济学的研究对象是研究人口、资源、

---

① 杨云彦．1999. 人口、资源与环境经济学．北京：中国经济出版社：23.

② 吕红平，王金营．2001. 关于人口资源与环境经济学的思考．人口研究，(5)：28～34.

环境与经济之间的内在联系。人口经济学、资源经济学和环境经济学是人口、资源与环境经济学的直接理论源泉，人口、资源与环境经济学研究的是它们的交叉部分。

第四种观点认为，人口、资源与环境经济学的研究对象就是可持续发展，人口、资源与环境经济学就是可持续发展经济学[①]。

第五种观点认为，从研究人口、资源与环境经济学旨在实现人口、资源、环境和经济系统的可持续发展的角度，可视其为可持续发展经济学。将人口、资源与环境经济学原来被视为经济系统外生变量，甚至外生恒量的人口和环境作为经济系统的内生变量，从而扩大经济学的视野，拓展经济学研究领域的角度。这也可视为广义经济学[②]。

从人口、资源与环境经济学这门学科的产生和发展过程来看，作为经济学的一门分支学科，它是在人口经济学、资源经济学、环境经济学、生态经济学、灾害经济学等相对成熟的学科体系上，以可持续发展理论为主线逐渐形成的一门交叉性的新兴经济学学科，其目的是要实现经济、人口、资源、环境、生态和社会的可持续发展。从这个意义上讲，人口、资源与环境经济学就是可持续发展经济学，是可持续发展经济学的具体化。人口、资源与环境经济学虽然在人口、资源、环境等问题上与其他学科存在一定的重叠，但不能被看做是人口经济学、资源经济学、环境经济学等学科的简单叠加，它有效地整合了原来独立、分散的人口经济学、资源经济学和环境经济学，是上述学科在可持续发展观下的进一步升华和发展。具体来讲，人口、资源与环境经济学不仅要研究人口、资源、环境与经济之间的内在联系，还要研究人口经济学、环境经济学、资源经济学所不考察的与经济可持续发展有关的许多问题，如生态破坏、灾害频发等。

总之，人口、资源与环境经济学作为一门新兴学科首先在我国被提出，正是适应我国经济和社会的持续发展的需要，它的发展必定为包括中国在内的世界各国现代与未来的经济发展起到重要的理论指导作用。同时，其理论体系与理论内涵将会随着经济实践的发展而不断地完善、提高与发展，其必将成长为新经济时代的主流经济学科之一。

本书研究内容可分为 6 部分：第 1 部分就是第 1 章导论，这部分全面梳理了有关人口经济、资源经济、环境经济、生态经济、灾害经济等理论的研究及其和人口、资源与环境经济学的关系，阐述了该学科的演进过程，揭示了人口、资源与环境经济学的学科性质与研究对象；第 2 部分包括第 2～4 章，阐述了人口经济思想及人口与经济之间关系的主要研究内容及其最新进展；第 3 部分包括第

---

① 钟水映，简新华．2005. 人口、资源与环境经济学．北京：科学出版社：11.

② 张象枢．2004. 人口、资源与环境经济学．北京：化学工业出版社：5～6.

5～7章，论述了自然资源与经济发展之间的关系、可再生资源和不可再生资源的最优利用问题；第4部分包括第8～10章，讲述了经济发展与环境，包括环境问题产生的原因的现代经济学解析、环境价值评价、污染控制等重要专题；第5部分就是第11章，研究了灾害经济问题，阐述了灾害及其社会经济特性、灾害产生背景成因及灾害风险最小化等；第6部分是第12章，将人口、资源、环境、灾害等问题纳入可持续发展框架下，分析了人口、资源、环境与经济社会的协调发展，提出了可持续发展的人口、资源与环境战略，形成了人口、资源、环境与经济发展相结合的完整理论体系。

本章小结

西方经济学说史中有关资源环境经济的思想构成了人口、资源与环境经济学这门学科的理论渊源。在古典经济学阶段，自然环境、人口及资源等因素已经进入经济学的分析视野，这些观点为人口、资源与环境经济学的形成提供了丰富的思想素材，对研究可持续发展问题具有积极的意义。

在新古典经济学阶段，资源稀缺程度对经济增长的影响在新古典经济学体系中被降低了。他们认为，价格会对资源的稀缺程度做出灵敏的反应，稀缺资源使用成本的提高会促使人们创新技术及寻找替代品。经济增长理论中对资源、环境与经济之间关系的思想具有以下特征：一是将自然资源视为可替代品，没有认识到自然资源的特性；二是把经济系统看做是孤立的系统，未考虑其与环境的相互影响；三是未全面认识到经济增长的成本与代价，在其理论指导下建立起来的国民经济核算体系也存在重大的缺陷。

人口、资源与环境经济学是在人口经济学、资源经济学、环境经济学、生态经济学、灾害经济学等相对成熟的学科体系上，以可持续发展理论为主线逐渐形成的一门交叉性的新兴经济学学科。它有效地整合了原来独立、分散的人口经济学、资源经济学和环境经济学，是上述学科在可持续发展观下的进一步升华和发展。具体来讲，人口、资源与环境经济学不仅要研究人口、资源、环境与经济之间的内在联系，还要研究人口经济学、环境经济学和资源经济学所不考察的与经济可持续发展有关的许多问题，如生态破坏、灾害频发等。

➢关键概念

古典经济学　新古典经济学　经济增长　内生增长理论　外生增长理论　稳态经济　国民经济核算体系　人口经济学　资源经济学　环境经济学　生态经济学　灾害经济学　可持续发展

➤思考题

1. 简述古典经济学中的资源环境经济思想。
2. 新古典经济学以后的经济增长理论中的资源环境经济思想具有什么特点？
3. 怎样看待人口、资源与环境经济学的研究对象？
4. 试述人口、资源与环境经济学的学科性质与研究方法。

第2章 人口经济思想

在人口、资源与环境经济学的思想体系中，人口与经济发展之间的关系最早受到经济学家的关注，在不同时期的许多经济学家的著述当中都包含着丰富的人口经济思想。尽管人口因素一直被看做是经济发展的外生变量，但和资源、环境要素所发挥的作用相比，在人口、资源、环境和经济的巨大系统中，人口因素居于主动地位，资源利用、环境质量及经济发展水平都取决于人类的行为。因此，不同时期的人口经济思想构成了人口、资源与环境经济学的理论基础。

2.1 早期的人口经济思想

2.1.1 重商主义及重农学派的人口经济思想

1. 重商主义学派的人口经济思想

重商主义经济学说产生于15世纪，衰落于18世纪下半叶，在16、17世纪达到强盛。当时，自给自足的封建社会正逐渐被新兴的商业资本主义所取代，世界主要的经济强国在积极地扩张势力范围，以期扩大本国的对外贸易，从而聚集大量财富，在国家竞争中处于有利地位。因此，兴盛于这一时代背景下的重商主义者重视商业和对外贸易，强调货币财富积累，主要从流通领域探讨人口问题。人口众多符合重商主义者坚持的民族主义乃至军国主义的要求：一方面，众多的人口可以为军队提供大量的士兵，这将有利于国家在对外扩张时增强实力，从而占据更多的海外殖民地，获得大量的资源和市场；另一方面，众多的人口可以保证劳动力的充足供给，使工资维持在一个较低的水平上，以便降低出口商品的价格，增加黄金的流入。他们认为，一个国家的人口增加，则财富增多，人口是国力强盛的表现，因为人口多，则国家征收的贡税多；人口多，国内生产的产品就多，因此可以输出的商品也越多，能换回的外国货币也就越多；人口多，兵源丰富，可以用武力去占领殖民地，从殖民地获得更多的金银，掠夺更多的财富。托马斯·孟就认为，人口众多是国家富强的源泉。他说："在人口众多和技艺高超的地方，一定是商业和国家富庶的。"① 他从人口众多有利于增强军事实力入手，认为英国人如果夺走荷兰的渔业，就会大大增加人口的繁衍，增强抗击敌人的实力，使得外国人迁入本国，振兴本国的城市，人口同时也得到更大的增殖。塞缪尔·杜加尔在其发表的一篇论文中，认为孩子的理想数目应该是 14 个，同时认为国家的富足在于其居民的众多，贸易的增加和土地的改良都将有利于人口的繁洐。这些观点都反映出重商主义经济学家对于人口增殖的热情和支持。在这一时期，一些重商主义者还初步探讨了人口与生活资料的关系。出生于意大利的保泰罗在其《城市论》一书中讨论了城市人口与食物供养之间的关系，他指出食物的多少，即生活资料的多少是影响人口增长的首要因素，认为人类增长到了一定数量之后就不再增长的理由是地球的生产和食物的数量不足以养活更多的人口。

在经济学说史中，重商主义者由于对财富及其来源的狭隘认识而受到其后的古典经济学的否定，但其人口经济的思想对后来经济学家的人口理论产生了较大的影响。

2. 重农学派的人口经济思想

重农学派出现于重商主义时代后的法国，在反对重商主义和法国旧政权的过程中产生。该学派重视自然规律，重视农业，提倡自由放任。重农主义者把人口众多看成是国家强盛的重要因素之一。作为重农学派的代表人物，魁奈在《人口论》中开宗明义地说："构成国家强大的因素是人。"② 他论述了人口与财富、收入、生产及消费之间关系，特别强调了为了国家经济强盛，应该增加人口，特别是增加从事农业的人口数量。他认为，"人口增长完全取决于财富增长，取决于劳动、人力和这些财富本身的使用方式"③。一国的人口是随着该国收入的增长而增加的，收入增长的国家不但可以刺激本国人口的增加，而且能吸引大量的移民。但是，魁奈同时强调人口与财富之间必须保持一个比例，当一国生产的产品超出本国人口消费时，可以通过对外贸易的手段获得利益，而如果本国人口过多，超过了生产所能提供的产品，则对国家发展不利；当土地所有者的收入减少

① 托马斯·孟．1982. 英国得自对外贸易的财富．北京：商务印书馆：12.

② 魁奈．1983. 魁奈经济著作选集．北京：商务印书馆：103.

③ 魁奈．1983. 魁奈经济著作选集．北京：商务印书馆：132.

时，消费降低，各种从业人员的工资就会减少，最后导致人口减少。他还较早地论述了人口与生活资料之间的关系，指出人口增长有超过生活资料增长的倾向，他说："促使财富和人口增长的是财富，然而人口的繁殖经常是超过财富而扩大。"[①] 魁奈以是否生产"纯产品"即剩余价值为标准将人口划分为生产性人口和非生产性人口。他又将人口分成三个阶级：生产阶级、不生产阶级和土地所有者阶级。魁奈把资本主义社会的人口划分为三个阶级，即从经济学的角度来分析社会人口的构成，被认为是人口经济思想史上的重大贡献（杨坚白 2007）。

另一个重要的重农学派代表人物理查德·坎蒂隆在其出版的《商业性质概论》一书中认为收入与人口之间有正相关的因果关系。土地能够供养多少人口取决于人们的生活方式和土地被使用的方式，只要有足够的土地同时又能生产出供人类生活的食物，则人口的增长是没有限制的，生活资料增加则人口增多。"如果人类拥有无限的生活资料，他们就会像仓廪里的老鼠那样迅速地繁殖起来"[②]。坎蒂隆认为如果农产品主要用于满足本国居民的生存，则人口会增长到"土地所能最大限度供给的程度"；如果农产品用于与消费品交换或出口，则人口会减少。

2.1.2 古典经济学家的人口经济思想

威廉·配第（1623～1687）是重商主义解体和古典政治经济学产生时期的经济学家。他把一个国家的人口和财富等同起来，在他看来人口增长是解决国家经济问题的办法。配第认为一国的人口增加对社会财富具有积极的作用：一国的人口增加，财富也会随之增多。配第曾说过"土地是财富之母，而劳动则为财富之父和能动的要素"[③]，"人口稀少，是真正的贫困。一个 800 万人口的国家所拥有的财富，将是有着相同国土面积但人口却只有 400 万的国家所拥有的财富的两倍。而对于统一统治者来说，他们统治较多人口与较少人口的花费是相差无几的"[④]。人口和土地是财富的必要条件，只有通过人的劳动与生产资料的结合，才能生产出产品。配第认为如果一国的人口少，则"仅靠大自然盗取生活手段"就可以生活下去，但这样会使国民变得"麻木不仁、怠惰生活"。相反，如果一国的人口增加，则对于工作和学习技巧是一种鼓励，使受过良好培训的人对脑力任务有了准备。从政府管理和移民的角度出发，配第认为人口的增加对于一个国家具有重大的作用：一方面，人口的增长伴随着报酬递增，人口众多可以增加政府的财政收入，但管理费用即政府支出不会增加的那么快；另一方面，配第通过

---

① 彭松建．1987．西方人口经济学概论．北京：北京大学出版社：56．

② 理查德·坎蒂隆．1986．商业性质概论．北京：商务印书馆：40．

③ 威廉·配第．1981．配第经济著作选．北京：商务印书馆：66．

④ 威廉·配第．1981．配第经济著作选．北京：商务印书馆：32～33．

观察荷兰、英国、法国等国的人口迁移及移民就业等问题，认为经济发展与人口流动有关系。经济强大的国家，因为可以提供更高水平的生活，所以吸引更多的人口向该国流入，而迁入的移民也对经济的发展产生影响。配第认为不应只关注一国人口的自然数量，社会数量才能代表一国人口的价值。所谓人口的自然数量，就是指单纯的人口数目；而所谓社会数量，是指人口能够创造财富的能力。配第在这里提出的人口的社会数量，相当于人力资本的概念。在此基础上，配第把人口分为生产人口和非生产人口，认为对于游手好闲的人要进行强制劳动。在论述生产人口和非生产人口时，配第以英国和法国为例，认为法国人口虽然超过英国，但因为法国只消费不生产的神职人员大大超过了英国，所以英国能获取盈余收入的人要多过法国。

亚当·斯密（1723～1790）是古典经济学的创始人，他的《国富论》中存在着大量关于人口的经济理论。斯密对于人口增长持积极的态度，认为“一国繁荣最明确的标志，就是居民人数的增加”①。斯密认为一国财富的增加主要有两条途径，即提高劳动生产率和增加从事生产劳动的人口数量。人口的增加一方面有利于分工的扩大，另一方面有利于市场的开拓。在此基础上，斯密将人口划分为从事有用劳动的人口和不从事有用劳动的人口。同时，两种人口必须保持一定的比例，如果后者的比例过高则不利于一国财富的积累。斯密分析了人口数量与收入、资本积累及劳动报酬之间存在的相互影响的关系，认为收入和资本的积累使社会对劳动者的需求增加，同时决定了对人口的需求增加；但人口的增加往往使得劳动力的增加超过资本的需求，以致劳动者可能过剩。在探讨人口数量和劳动报酬的相互影响时，斯密认为由劳动报酬显示的劳动需求对人口数量产生影响：当劳动需求加大、劳动报酬较高时，生育数量提高，人口增多；当人口增加使得劳动力的供给超过需求时，劳动报酬又会下降，由于劳动报酬低而导致的贫穷虽然不能阻止生育，但会使抚养儿童变得困难，使儿童在未成年时死去，从而对人口的数量造成影响。斯密以人们在社会经济中的地位和收入为依据将资本主义人口划分为工人阶级、资本家阶级和地主阶级。这是人口经济学说史上第一次揭示资本主义社会的人口阶级构成。

斯密还注意到了人口质量对经济增长的影响，分析了教育的重要作用，指出一国的人民所受教育越多，越不容易受狂热和迷信的影响，而是更知礼节，更有利于“国泰民安”，从而能为国民财富的增长提供良好的环境。相反，国家如果不重视教育，则会造成劳动生产力的智力下降，从而有害于国民经济增长。

李嘉图否定了把人口与财富等同起来的重商主义观点，认为“只要实际纯收

---

① 亚当·斯密.1972.国民财富的性质和原因的研究.上卷.北京：商务印书馆：64.

入不变，地租和利润不变，人口究竟是一千万还是一千二百万是无关紧要的”①。在其代表作《政治经济学及赋税原理》一书中，李嘉图探讨了人口与地租、工资之间的关系，同时也就马尔萨斯的人口过剩问题发表了自己的看法。他认为人口增长是地租产生和上涨的重要原因。“土地在生产力方面的质量不同，且因为在人口增长过程中，质量和位置较差的土地也被耕种，所以使用土地要付地租”②。地租上涨被李嘉图称为是“一国财富增加和向增长的人口提供食物发生困难的结果”③。他认为，人口的增长会对粮食供给产生压力，但一国的肥沃土地毕竟有限，因此要迫使质量较差的土地增加其粮食供给。与此同时，较为肥沃的土地的地租就会增长。

李嘉图接受人口增长倾向于使劳动工资保持在维持生存的水平，同时收入的增加使得工人阶级倾向于增加家庭人口。他认为劳动力的价格有市场价格和自然价格之分。所谓自然价格就是获得生活必需品的价格，而市场价格就是实际支付的工资。人口与工资之间具有相互作用、相互影响的关系：一方面，较高的工资使得劳动力的市场价格高于自然价格，因而刺激人口的增长；另一方面，伴随着人口的增长，劳动者数量增加，又会使工资下降至自然价格水平。李嘉图认为“正是在劳动的市场价格超过其自然价格时，劳动者才处于幸福的状态，他才有能力获得更多的生活必需品和享受品，才能供养一个健康并且人丁兴旺的家庭。然而，由于高工资刺激了人口增长，劳动者的数量增加，工资再次跌落至自然价格的水平，有时甚至受一种反作用因素的影响，它会跌到自然价格以下”④。

李嘉图分析了资本主义社会的人口过剩问题。他指出，固定资本和流动资本的增加对人口的变化产生不同的影响。总资本增加时，用于购买机器设备等项的固定资本比用于购买劳动力的流动资本增加得快，从而导致流动资本在总资本中所占比例相对减少，因此，机器的应用造成了资本主义过剩人口。李嘉图的这一观点构成了马克思关于资本主义社会的相对过剩人口理论的思想渊源。他对于人口过剩问题的态度与马尔萨斯相比更为乐观。他一方面同意马尔萨斯的观点，认为土地肥力递减，人口的增加会加大对生活资料的需求，从而使人口的增长率快于土地的生产力和资本积累率。但另一方面，李嘉图认为人口过剩应分为两种情况。在存在大量肥沃土地的国家中，由于居民愚昧、懒惰和不开化而导致的贫困和饥荒，是由不良政府和不安全的财产权及人民教育的缺失造成的，只要通过更新政府和改进教育，必然使资本增加超过人口增长，“人口无论怎样增长都不为

---

① 李嘉图. 1981. 李嘉图著作和通信集. 第一卷. 北京：商务印书馆：298.

② 李嘉图. 2005. 政治经济学及赋税原理. 北京：华夏出版社：45.

③ 李嘉图. 2005. 政治经济学及赋税原理. 北京：华夏出版社：50.

④ 李嘉图. 2005. 政治经济学及赋税原理. 北京：华夏出版社：66.

过，因为生产力会更大”[①]。在久已定居的国家，由于农产品的供应率递减，人们体验了人口过密的一切灾难。同时，人口增长速度超过维持人口所需的资金的增加速度。“每一份辛劳，如不伴随着递减的人口繁殖率，都会增添一份灾难，因为生产赶不上人口繁殖”[②]。对于人口过剩的解决办法，李嘉图认为应更迅速地积累资本，而不是减少人口，因为加快资本积累，可以增加雇佣资料，减少过剩人口，减轻人口压力。

西蒙·德·西斯蒙第（1773～1842）是法国古典政治经济学的完成者，他辩证地提出了人既是生产者又是消费者的观点。他一方面看到人进行生产，为社会提供生活和生产资料，提供财富，另一方面也看到人是这些财富和生产生活资料的消费者。因此，他认为不能片面地支持或者反对人口增长，应该使人口与消费、生产、资本、财富、收入等一系列经济变量保持一定的比例。西斯蒙第在观察了资本主义社会大量使用机器替代工人劳动从而造成工人失业的现象后，提出了人口过剩问题。他认为原先需要多人进行的劳动改由机器进行后，大量的劳动力被解雇，造成失业问题。西斯蒙第已经看到了资本主义社会的人口过剩问题，但是他没有将人口过剩的根本原因归为资本主义的生产方式，因此在寻求解决办法时，他提出的要复归宗法式的经营是一种思想上的倒退。

古典经济学家的人口经济思想，主要是从生产领域入手，考察了包括经济增长、收入、工资、地租和资本积累在内的一系列经济变量与人口之间的关系。一方面，古典经济学家将人口作为投入要素，看到了人口增长对于经济增长的促进作用；另一方面也认识到人口增长必须控制在一定的范围内。与重商主义对人口增长的乐观态度和马尔萨斯对人口增长的悲观预测相比较，古典经济学家更注重经济变量与人口之间的理论分析。

专栏 2-1　中国古代思想家的人口经济思想

墨子根据其所处时代地广人稀的客观条件，提出了“然则土地者，所有余也，王民者，所不足也”的问题。针对解决这个地多民少的矛盾，墨子提出富人在衣食上奢侈的用费，如节约下来，就等于增加了几倍于穷人所需要的财物。另外，墨子毕竟是重视劳动者的思想家，所以仍提出了一些增加人口的措施。他主张男女都能有婚配机会就可增加人口；坚决反对战争以减少人口的伤亡，停止官府的横征暴敛，缩短丧期。墨子的人口思想的特点是他

①② 李嘉图．2005．政治经济学及赋税原理．北京：华夏出版社：69.

第一次对人口问题做了理论性的阐述。西欧最早接触人口问题的柏拉图也较墨子晚约三四十年。再就是他提出了人口增长与财富增长的对比关系，尽管其论断不一定正确，却是世界历史上最早的关于人口与财富对比关系的论述。

商鞅提出“凡世主之患，用兵者不量力，治莱者不度地。故有地狭而民众者，民胜其地；地广而民少者，地胜其民。民胜其地务开，地胜其民务徕”。商鞅的这一观点虽是在一种特殊条件下所形成的，但将人口多寡与土地广狭结合起来考虑，就比单独地论述人口多寡更有意义。

韩非认为“古者丈夫不耕，草木之实足食也妇女不织，禽兽之皮足衣也。不事力而养足，人民少而财有余，故民不争。……今人有五子不为多，子又有五子，大父未死而有二十五孙，是以人民众而财货寡，事力劳而供养薄，故民争，虽倍赏累罚而不免于乱”。韩非的人口概念具有几个不同于他的前人的观点。韩非是我国古代第一位为人口多而焦虑的思想家。韩非已意识到人口每一代将成倍增加，即所谓“大父未死而有二十五孙”。另外，他认为古代财货有余而他自己生活的时代财货不足的看法是错误的。

徐干的人口思想将掌握人口数量看做是一个国家最根本的要务。他指出“故民数者，庶事之所自出也，莫不取正焉。以分田里，以令贡赋，以造器用，以制禄食，以起田役，以作军旅。国以之建典，家以之立度，五礼用修，九刑用措，其惟审民数乎”。

苏轼第一次公开批评民数多寡决定一国盛衰的传统人口观点，他指出“古者以民之多寡为国之贫富。故管仲以阴谋倾鲁梁之民，而商软亦招徕三晋之人以并诸侯。当周盛之时，其民物之数登于王府者，盖拜而受之。……国家承平百年，户口之盛有过于隋。然以今之法观之，特便于摇役而已，国之贫富何与焉非徒无益于富，又且以多为患。生之者寡，食之者众，涅以公私格然而百弊并生”。苏轼是第一次提出人口“以多为患”的观点的人。而且他也约略地体会到人多不一定是“手”多而必然是“口”多这一问题。

明末的科学家徐光启明确指出“夫谓古民多，后世之民少，必不然也。生人之率大抵三十年而加一倍，自非有大兵革则不得减”。为什么人口在三十年会增加一倍，他未提出科学证据，显然也是主观臆断。这一人口增殖率自他提出之后，明清之际的启蒙思想家王夫之也接受他的这一观点。

洪亮吉以户为基础的人口分析所得出结论和比他的著作晚问世五年的马尔萨斯《人口论》所得出的结论极为相似。他提出了类似于几何级数和算术级数的说法。洪亮吉提出了两种补救办法，即“天地调剂法”与“君相调剂法”。所谓“天地调剂法”是指“水旱疾疫”之使人口减少，与马尔萨斯所调

"积极的限制"相类似，只是不如马氏的"限制之"更为残酷而已；所谓"君相调剂法"不外是移民、垦荒、减税、娠济之类，也较马氏所谓"预防的限制"，如独身、节欲更为人道些。洪亮吉不像马尔萨斯那样一味强调绝对人口过剩之可怕，而是更注意因人口增加所引起的另一种不幸。所以，两种人口论在形式上似乎很相似，而其主观意向却大不相同。

资料来源：胡寄窗．1981．中国古代的人口政策与人口思想．经济研究，(1)：72～78．

2.2　马尔萨斯的人口经济思想

2.2.1　马尔萨斯人口经济理论产生的时代背景及理论渊源

托马斯·罗伯特·马尔萨斯（1766～1834）是古典经济学家中争议最大的一位，其人口理论引起的争论直到今天还没有结束。马尔萨斯所处时代的英国正值产业革命之际，大量农民的土地因圈地运动被掠夺，手工业者大量破产，大批工人失业。社会上存在的过剩人口虽然使得社会生产力发展、国民收入剧增，但下层阶级的生活状况却急剧恶化。与此同时，美国独立战争的爆发、法国大革命等一系列重大事件使英国的知识界展开了激烈的讨论。

面对英国严酷的社会现实，一批学者对工人的悲惨境况表示同情，其中最著名的是孔多赛和葛德文。孔多赛出版了《论人类精神进化的过程》一书，他呼吁更多的经济平等和社会保障。葛德文的观点则更为激进，他尖锐地指出了导致资本主义制度的罪恶和不幸的正是资本主义社会与经济体制，特别是私人财产关系，因为资产阶级政府处在这样一个制度中，所以不可能去纠正，只能依靠人的"理性"，使得政府、法律、私人财产和社会阶级都消亡，从而建立经济、社会和政治的平等。这两位学者的观点对马尔萨斯人口观点的产生有着重要的影响，因为马尔萨斯《人口原理》第一版的原名其实是《论影响与社会将来进步的人口原理，反对葛德文、孔多赛和其他作家思想的评论》。《人口原理》的第一版共有十九章，马尔萨斯在前八章中表述了自己的观点，而后十一章基本都是以批评和辩论的方式抨击葛德文和孔多赛的观点，因此有学者认为马尔萨斯出版该书的最初目的并不是研究人口原理，而是出于政治斗争的需要（李宗正　1964）。

早在马尔萨斯之前，就已经有大量的学者论述了人口问题。无论是马尔萨斯对于人口增长与生活资料关系的论述，对于人口过度增长超过生活资料的担忧，还是马尔萨斯预测的人口增长数量，都可以在其之前的一些经济学家那里找到类似的论述，可以说马尔萨斯有许多先驱者。例如，马斯林在 1622 年认为"因为若不是世界上的三种祸害，即战争、饥馑和瘟疫净化这个巨大的躯体，各个王国和各个国家就会变得人口非常众多，人就很难平静地或者无危险地生活”[①]；斯图亚特（1712～1780）认为人口增长就像一根弹簧，生活资料像砝码一样施压其上，疾病会抑制人口增长超过食物供给的趋势。因此，马尔萨斯并不是最先发现了《人口原理》，而是在前人研究的基础上进行了系统化的论证，而且其在人口预测方面无人能及的悲观性也被认为是他之所以最为著名的重要原因。

2.2.2 马尔萨斯人口经济理论的主要内容

马尔萨斯的人口经济理论主要体现在其著作《人口原理》当中，该书自第一版面世以来，共再版六次。六版的内容均有不同，其中第一、二版内容差异较大：在第一版中，马尔萨斯主张通过提高死亡率的方法来控制人口增长，结论较为严酷；在第二版中，马尔萨斯主张通过降低出生率的方法来控制人口增长，结论有所缓和，这使得研究学者普遍认为再版后的《人口原理》与第一版相比显得“不再仅仅是阴暗和压抑”（斯皮格尔 1971）。第一版基本上包含了马尔萨斯主要的人口观点，其基本思想可以概括为两条公理、两个级数、三个命题及两种抑制。

两条公理即食物为人类生存所必需；两性间的情欲是必然的，且几乎会保持现状。马尔萨斯认为这两条公理是“自从我们对人类有所了解以来，似乎一直是有关人类本性的固定法则”[②]。马尔萨斯反对葛德文认为的提高人的理性就可以抑制人的情欲的看法。

两个级数即人口按几何级数增长（1、2、4、8、…），生活资料按算术级数增长（1、2、3、4、…）（表 2-1）。马尔萨斯以美国的人口为依据，不考虑移民，认为“人口若不受到抑制，将会每 25 年增加一倍”[③]，得出人口按几何级数增加；根据英国的食物情况，得出生活资料按算术级数增加。不少学者批评马尔萨斯两个级数的得出根本就是将两个具有不同国情和资源禀赋的国家捏在一起拼凑出来的，难以令人信服，因此两个级数被称为马尔萨斯最有创建却又最脆弱的理论。

表 2-1 马尔萨斯的两个级数

年数	1	25	50	75	100	125	150	175	200
人口	1	2	4	8	16	32	64	128	356
生活资料	1	2	3	4	5	6	7	8	9

三个命题，即人口没有生活资料便无法增加；只要有生活资料，人口便会增加；占优势的人口增殖力若不产生贫困与罪恶，便不会受到抑制。以上三个命题分别被称为“制约原理”、“增殖原理”和“均衡原理”。三个原理互相作用，当

① 亨利·威廉·斯皮格尔．1999．经济思想的成长．北京：中国社会科学出版社：128．

② 马尔萨斯．1992．人口原理．北京：商务印书馆：7．

③ 马尔萨斯．1992．人口原理．北京：商务印书馆：11．

人口与生活资料的旧平衡被占优势的人口增殖力打破时，它们就会向新的平衡发展。

马尔萨斯认为必须采取一定的人口抑制措施。马尔萨斯的人口抑制措施分为积极抑制（positive checks）和预防性抑制（preventive checks）。所谓积极抑制就是通过其所谓的“贫穷和罪恶”来提高人口死亡率，包括“以任何方式过早地缩短人的寿命的一切原因”，如战争、流行病、杀婴、饥荒等。所谓积极抑制，主要是借助其所谓的“道德”，使人们不结婚或严守道德规范，以达到减少出生率的目的。在后来的改版中，马尔萨斯又提出了一种所谓的“道德抑制”，它其实是对积极抑制的一种补充。现代人口发展的现状证明，通过避孕的方法，人口可以得到有效地抑制，但由于马尔萨斯的宗教立场，他反对用避孕的方式进行人口抑制。

在《人口原理》一书中，马尔萨斯反对英国的《济贫法》，认为《济贫法》在“产生它所养活的穷人”，使人口趋于增长，同时享受《济贫法》的人不是最有价值的社会成员，却占用了其他更有价值的社会成员的食物份额。他尖锐地说出了“从最人道、最慈爱的观点来看，人们应该对丧失自立能力、陷于贫困状态有羞耻感”，批评了《济贫法》“有助于增加人口，却不增加养活人口的生活资料，从而使不靠救济为生的那部分人的生活景况恶化，造成更多的穷人”[①]。马尔萨斯提出了维持劳动基金的概念，认为工资的高低取决于劳动力的供求。由于人口的增加使得劳动力市场上劳动力的供给超过需求，此时工资下降至最低水平。同时，因为人口会一直增加，而生活资料并不增加，所以物价上涨，使得工人生活贫困。此时，只有通过贫困和罪恶提高死亡率，或让工人自觉地认识到生活贫困而无法养育后代从而推迟结婚，进而降低出生率这两种途径使人口与生活资料重新趋于平衡。

2.2.3 思想评价及影响

1. 对于马尔萨斯人口经济思想的评价

马尔萨斯的《人口原理》自出版以来一直广受争议，褒贬不一。其同时代及以后的许多经济学家对其人口理论都有评价：古典经济学的集大成者、马尔萨斯的密友李嘉图评价马尔萨斯的人口理论时，认为其“没有考虑到使人口普遍增加的是资本的增加以及因之而来的劳动需求的增加和工资的上涨。食物的生产不过是这种需求的结果”[②]；法国古典政治经济学的完成者西斯蒙第认为马尔萨斯的级数理论是“彻头彻尾的谬论”。马克思和恩格斯更是多次评价马尔萨斯的人口

① 马尔萨斯．1992．人口原理．北京：商务印书馆：35.

② 李嘉图．1962．李嘉图著作和书信集．北京：商务印书馆：348.

理论，在肯定其理论“是推进我们前进的、绝对必要的转折点”的同时，也对其理论中的错误进行了批判。例如，恩格斯在《政治经济学批判大纲》中明确指出马尔萨斯断言人口生来就有一种超过生活资源的倾向，并把它说成是一切贫穷和罪恶的原因，是一种为私有制辩护的行为。马克思则称马尔萨斯所认为的“绝对过剩人口”是不存在的，且马尔萨斯是自相矛盾的：一方面主张减少人口，另一方面又因资本积累的需要而赞成增加工人人口。

马尔萨斯的人口理论有其局限性。首先，他将人口原理上升到了一个自然规律的高度，这显然是错误的，人除了受到自然规律的制约、具有自然属性之外，还具有社会属性，懂得运用理性，因此人口规律是受当时生产力的发展水平制约的。其次，《人口原理》作为马尔萨斯人口理论的主要代表，其中部分结论的得出不是建立在严格的统计资料和数学分析基础上的。例如，他所做出的关于生活资料和人口增长的两个级数的结论选取的研究对象都不一致，这使得许多西方学者认为其结论站不住脚。另外，马尔萨斯也没有看到生产力的不断进步使得食物的增长不一定落后于人口的增长，而且现代人口增长的趋势充分证明了是否生育子女进行人口繁殖并不能仅仅基于食物温饱的考虑。同时，世界人口发展的数据表明，人口增长并没有像马尔萨斯所预测的那样，与生活资料的比例达到不可预测的地步。马尔萨斯广受批评的原因还在于其提出通过战争、疾病等积极措施来降低人口和反对英国的《济贫法》，因此马尔萨斯被冠以“战争贩子”的头衔。其实在《人口原理》当中，马尔萨斯只是把积极抑制看成是一种自然的、客观的结果，并不是鼓吹要发动战争或引发疾病去减少人口。

从人口经济学角度来说，马尔萨斯的人口理论具有一定的学术价值。他是正式研究人口经济关系的第一人。不同于重商主义学派从流通领域研究人口问题和古典学派从生产领域研究人口问题，马尔萨斯选择从消费入手进行研究，具有其独到之处。马尔萨斯看到了人口过度膨胀可能带来的危害，为后世人口增长可能超过食物增长从而导致饥饿和贫困敲响了警钟，这对当今世界控制人口数量和提高人口质量仍然具有现实意义。

2. 马尔萨斯人口经济思想的影响

马尔萨斯的《人口原理》对后世的一些理论具有重要的启示作用，其中不乏像达尔文的进化论和凯恩斯的宏观经济理论这种在人类历史上具有重要地位的研究成果和学术思想。达尔文在形成自己的进化论理论时，曾表示自己受益于马尔萨斯。达尔文说自己乘坐“间谍号”回到英国时，虽然收集了大量的资料，但是并未形成自然选择理论，直到为了消遣的目的偶然读了马尔萨斯的人口理论才豁然开朗，最终形成了对人类产生重大影响的进化论。凯恩斯早期信奉马尔萨斯的人口理论，认为人口增长对一国的经济不利，其后期的人口经济思想虽然发生了转变，但仍然提出了两个马尔萨斯魔鬼。20 世纪以后，发展中国家的一些人口理论，如来宾斯坦的临界最小努力理论和纳尔逊的低水平均衡思想理论都被认为是“复兴马尔萨斯主义”的理论代表。

3. 马尔萨斯人口理论与中国

马尔萨斯早在其《人口原理》第一版中，就论述过中国的人口问题。他认为中国各个阶层都普遍早婚，土地每年平均产量不可能有很大的增长，因此盛行早婚必然造成的人口过剩，受到不时发生的饥荒和弃婴习惯的抑制。在《人口原理》的再版中，马尔萨斯也一再谈到中国是一个现实性一直占主导地位而实际上毫无预防机制的社会的典型例子。对于马尔萨斯的这一论述，李中清和王丰所著的《人类的四分之一：马尔萨斯的神话与中国的现实（1700～2000）》专门考察和检验了马尔萨斯关于中国人口问题的假说。他们认为中国男性较高的独身概率和较低的已婚生育率及采用的婚内抑制的生育模式证明了马尔萨斯假说在中国并不成立。中国的人口迅猛增长却没有发生人口过剩的原因在于人们的勤奋工作导致效率的提高及个人对人口死亡率的实际干预（通过注重卫生习惯、养生之道来干预死亡率或父母选择子女的数量和性别从而控制婴儿的存活率），而非马尔萨斯所认为的饥荒。况且中国的饥荒往往是由于政治的原因而非人口过剩造成的。

马尔萨斯的人口理论自传入中国以来，始终是学术界争论的一个焦点。它经历了由最初传入时的大力推崇到 20 世纪 50 年代的全盘否定，再到改革开放以后的部分肯定，直至今天在学术界得到广泛的重新认识和解释。马尔萨斯在中国的传播初期，虽然有李大钊、陈独秀、梁启超、孙中山、廖仲恺等学者和政治家对其进行过批评，但新中国成立前中国人民生活状况的极端恶化使得马尔萨斯的人口理论具有很大的市场，它得到不少学者和政府官员的肯定。20 世纪 50 年代中期以来，由于国际环境的变化及一切从政治立场出发的态度使得马尔萨斯人口理论受到了大批判，其人口理论被全盘否定，连带马寅初先生在其《新人口论》中提出的正确思想和建议也一并被打倒，致使我国人口学的发展陷于停滞状态，并误导了人们对中国人口问题的认识。改革开放之后，中国的学术界逐渐对马尔萨斯的人口理论做出了一些肯定，但仍然是以批判为主。目前的学术界开始了重新解释和研究马尔萨斯的人口理论的工作，澄清了一些不准确的看法，从而更客观、公正地评价马尔萨斯的人口经济思想。

2.3　马克思主义的人口经济理论

2.3.1　相对过剩的人口理论

马克思认为不存在普遍的人口法则，“每种特殊的历史生产方法，都有它自己在历史上适用的特殊的人口法则。抽象的人口法则，只存在于不受人类干涉限度内的动植物界”[①]。马克思在考察了资本积累的一般规律以后，认为相对过剩人口就是资本主义生产特有的人口法则。

马克思的相对过剩人口理论是建立在资本积累的一般规律之上的。马克思认为资本的构成分为两种：一种是资本的技术构成，另一种是资本的价值构成。所谓资本的技术构成，是从资本在生产过程内部发生技能的物质方面说，将资本分为生产手段和活的劳动力。所谓资本的价值构成，是从价值方面说，由资本分割为不变资本（即生产手段的价值）与可变资本（即劳动力的价值，也即工资总额）的比例而定。这两种构成有密切的相互关系，“取决于资本技术构成而又反映那种技术构成的变化的资本价值构成”[②] 被马克思称为资本的有机构成。马克思认为伴随着资本主义经济的不断发展，资本的有机构成将不断提高，可变资本部分将相对减少，劳动者将不断被驱逐出生产过程，从而产生相对过剩人口。

马克思认为剩余的劳动人口与资本主义经济是互相作用的关系：一方面剩余的劳动人口是资本主义蓄积的必然产物，是资本主义基础上财富发达的必然产物；另一方面，人口过剩还是“资本主义蓄积的杠杆”，是资本主义生产方式存在的条件之一。资本主义的生产方式使得劳动者处于一种被动和恶性循环的地位，就业者和失业者被迫恶化彼此的处境：就业者由于大量产业预备军带来的强大就业压力而不得不过度劳动，服从资本的支配；而就业者进行的过度劳动使得游离于劳动力大军的产业预备军的就业难度更大。正如马克思所说：“由劳动者阶级中一部分人的过度劳动，强使其他劳动者陷于游惰，又由其中一部分人的游惰，强使其他劳动者陷于过度劳动。”[③] 这一切使得对劳动的需求不随着资本的增加而增加，劳动的供给也不与劳动者阶级的壮大相一致。

马克思将相对过剩人口分为三种存在形式：流动形态、潜伏形态和停滞形态。流动形态的过剩人口主要产生于近代产业部门，如工厂、制造所等，虽然雇用人数在增加，但与生产规模的扩大相比，实际增加率却在不断下降，再加上童工、女工因为工资低而被雇用，加剧了流动形态的过剩人口。潜伏形态的过剩人口主要指那些由于资本主义的生产方式侵入了农村，等待时机从农村向城市转移的人口。这些人的工资非常低，处于马克思所说的“经常以一只脚站立在被救恤的贫困的泥坑中”[④]。停滞形态的过剩人口，属于现役劳动者中的一部分，他们有最高限度的劳动时间和最低限度的工资。

① 马克思 . 2009. 资本论 . 第一卷 . 上海：上海三联书店：462.
② 马克思 . 2009. 资本论 . 第一卷 . 上海：上海三联书店：447.
③ 马克思 . 2009. 资本论 . 第一卷 . 上海：上海三联书店：465.
④ 马克思 . 2009. 资本论 . 第一卷 . 上海：上海三联书店：471.

2.3.2　两种生产理论

两种生产理论是马克思晚年对人类历史发展的动力问题做出的新阐释。马克思早在《德意志意识形态》一书当中就提出了两种生产的概念，认为所谓两种生产是物质资料生产和人类自身生产。马克思后来在《〈政治经济学批判〉导言》中，又进一步论述了两种生产理论，认为经济学原来意义上的生产是第一种生产，原来意义上的消费是第二种生产。"在第一种生产中，生产者物化，在第二种生产中，生产者所创造的物人化"①。但两种生产理论的最终完成者却是恩格斯，他在《家庭、私有制和国家的起源》的"第一版序言"中给予两种生产理论以明确的解释："根据唯物主义观点，历史中的决定性因素，归根结蒂是直接生活的生产和再生产。但是，生产本身又有两种：一方面是生活资料即食物、衣服、住房以及为此所必需的工具的生产；另一方面是人自身的生产，即种的繁衍。一定历史时代和一定地区内的人们生活于其下的社会制度，受着两种生产的制约：一方面受劳动的发展阶段的制约，另一方面受家庭的发展阶段的制约。劳动越不发展，劳动产品的数量、从而社会的财富越受限制，社会制度就越在较大程度上受血族关系的支配。"②

两种生产理论认为，物质生产和人口生产是结合在一起的。物质资料生产就是人类改造自然、征服自然，创造物质财富的生产活动。它通过劳动的加工使自然界原有的物品适合于人类的需要。人类自身生产是指人类为了世代延续，即为了自身的增殖或种的繁衍所进行的生产。它是原有人口生命的生产和新一代人口生命的生产的统一。

两种生产即物质资料生产和人类自身生产之间存在着对立统一的辩证关系。二者互为存在和发展的条件：没有物质资料的生产就不会有人类的存在和发展，但物质资料的生产又依赖于人类自身的生产。两种生产相互渗透：物质资料生产中有人的因素，人类自身生产中有物的因素。人类生产出的劳动力，不但参与到物质资料的生产中，还进入生产、分配、交换和消费的四个环节。物质资料生产出的消费品，满足了人的物质和精神生活。两种生产相互制约：人类自身的生产归根结底还是受到物质资料的生产力发展水平的制约，物质资料的生产方式决定着人口发展、变化、自身生产的社会形式及不同阶段的特征。人不可能抛开生产力发展状况进行生产。人类自身生产的质量也会反作用于物质资料生产，对其发

---

① 中共中央马克思恩格斯列宁斯大林著作编译局．1979．马克思恩格斯选集．第二卷．北京：人民出版社：93.

② 中共中央马克思恩格斯列宁斯大林著作编译局．1979．马克思恩格斯选集．第四卷．北京：人民出版社：72.

展起促进或阻碍的作用。

2.4 当代人口经济思想

2.4.1 凯恩斯学派人口经济思想

1. 凯恩斯的人口经济思想

凯恩斯被公认为20世纪最伟大的经济学家，他开创了宏观经济学的分析，其影响力使其之后的整个经济学界都围绕着完善、求证或批判其经济理论展开研究。凯恩斯的人口经济思想可以划分为两个时期：前期凯恩斯信奉马尔萨斯的人口理论，认为人口的增长超过了生活资料的供给，导致人口过剩，阻碍了经济的发展。但是1929年爆发的资本主义经济危机使凯恩斯的思想发生了重大转变，他由对人口过多的担忧转为对人口过少可能引起有效需求不足的担忧。

凯恩斯的人口经济思想体现在其代表作《就业、利息和货币通论》中，与其有效需求原理紧密相连。总需求函数与总供给函数相交的那一点的总需求函数之值即为有效需求，也就是总需求。凯恩斯所定义的总需求函数是指“雇主们预期由雇佣 N 人所能获得之收益”，总供给函数是指“雇佣 N 人所产产品之总供给价格”，因此，有效需求决定实际就业量，有效需求的大小决定就业水平的高低。

凯恩斯将有效需求分为投资需求和消费需求，因此投资需求不足和消费需求不足导致了有效需求不足。在分析有效需求不足的原因时，凯恩斯提出了著名的“三大心理因素”——心理上的消费倾向、心理上的流动偏好和心理上的资产未来收益预期。心理上的消费倾向是指当收入增加时，人们会增加自己的消费，但消费的增加没有收入增加的多，也就是消费倾向递减。这一心理因素导致消费不足。心理上的流动偏好是指公众愿意用货币形式持有收入和财富的欲望和心理。造成这一心理因素的原因是三种动机：交易动机（为应付日常交易而偏好持有现金）、谨慎动机（为防止意外发生而偏好持有现金）和投机动机（为抓住有利的投资机遇而偏好持有现金）。心理上的流动偏好造成了投资需求不足。心理上的资产未来收益预期是对资本未来收益的预期，只有预期资本未来收益超过其重置成本时，人们才会进行投资，而在实际操作中人们会将资本边际效率（预期增加一个单位投资可以得到的利润率）和利率进行比较。凯恩斯认为大多数投资的发生都基于一种临时的乐观情绪，因此这一心理因素是造成投资不足的主要原因。凯恩斯认为要刺激投资，就要进行投资诱导，因此，他将人的心理因素、就业、人口与收入、投资、消费等一系列经济变量联系在一起，希望通过增加有效投资来增加就业。

1937年2月，凯恩斯发表了题为“人口减少的若干经济后果”的文章。在这篇文章中，凯恩斯对人口问题做了更为清晰地阐述，有助于更好地理解《就业、利息和货币通论》当中的思想。凯恩斯在考察人口增长、技术变化、生活水平和资本技术时认为资本系数的变化对资本需求的影响不大，人口增长才是刺激资本边际效率并起诱发性投资作用的因素。人口的减少会导致投资的萎缩，造成有效需求不足，从而出现大量的失业人口，长期发展下去，经济就会处于停滞状态。凯恩斯还提出了两个马尔萨斯魔鬼：一个是马尔萨斯的人口过剩魔鬼(devil of over-population)，另一个是马尔萨斯的失业魔鬼（devil U of unemployed resources)。他认为一个魔鬼被锁了起来，另一个魔鬼却破门而出。

2. 汉森的人口经济思想

汉森作为凯恩斯的追随者和理论解释者，其人口思想与凯恩斯有相同之处，他探讨了人口增长与有效需求的关系，并以此解释资本主义经济周期。

汉森认为资本主义经济增长取决于投资，而投资又取决于人口增长、疆土扩张和技术进步。人口增长对于投资的影响可以概括为三方面：首先，人口增长会影响技术进步，这是对投资的间接影响。其次，人口增长会导致人口结构发生变化，从而影响需求结构，进而影响投资。汉森在这里举例说明：如果一国拥有不断增加的人口，则总人口中年轻人所占的比重较大，对于住宅建设等具有拉动力，从而导致大量的投资；如果一国人口不增长，则总人口中老年人所占的比重会逐渐增大，这时主要产生的是对个人服务的需求，而个人服务的需求与住宅建设的需求相比，拉动的投资较小。因此，汉森认为“人口从迅速增长变为静止或甚至下降，会造成投资乃至总需求的迅速下降”。另外，人口增长会减少未来的不确定性和风险，因此可以刺激投资，用汉森的话来说是“一个迅速扩张的经济能够也愿意冒险”。

汉森将 19 世纪经济高速增长的原因归结为人口的激增、疆土的扩张和新技术的诞生。但是到了 20 世纪，人口增长放缓，疆土扩张基本结束，出现了经济的停滞。但汉森并不是一个悲观主义者，他认为通过政府财政政策的支持可以克服经济萧条。

2.4.2　适度人口理论

无论是对人口增长持积极乐观态度的古典经济学家，还是对人口增长持悲观态度的马尔萨斯，都没有回答“怎样的人口规模才是合意的”这个问题。从经济学的角度出发，关注适度人口也许要比关注最大人口规模更具有现实意义。人口规模应保持在一个怎样的水平才对经济和社会的发展最为有利，这是一个更为现实的和亟须解答的问题。这个问题对于一个国家调整人口政策和确定适度人口规模具有重要的意义。在经济学发展的历史上，一直都有关于适度人口的经济思想，但作为一种独立的人口经济理论，它产生于 19 世纪末。纵观发展至今的适度人口理论，可以将其概括为早期适度人口理论和现代适度人口理论。前者产生于 19 世纪后期和 20 世纪初，主要研究静态的经济适度人口问题，其代表人物为埃德文·

坎南、纳特·威克赛尔；后者主要指20世纪中叶以来的经济适度人口论，主要研究动态的经济适度人口问题，其代表人物为阿尔费雷得·索维和J.O.赫茨勒。

1. 早期适度人口理论

英国经济学家坎南是早期经济适度人口理论的代表人物，其主要观点体现在他于1928年出版的《财富论》一书中。坎南认为衡量适度人口的标准是产业是否获得最大收益。坎南利用“报酬递减规律”来解释人口与产业的关系：人口过少，全部产业总收入达不到最大值，此时就应当适当增加人口；反之，如果人口规模过大，会造成产业收益减少，此时要适当减少人口。产业获得最大收益时的人口就是经济适度人口。关于适度人口是否变化这个问题，坎南在《财富论》中首先阐明了产业收益点的变动问题，认为无论是整个产业还是一种产业的最大收益点，都不会保持长久不变。随着知识的进步和其他条件的变化，产业最大收益点的位置是经常变动的。坎南认为由于产业最大收益与适度人口之间存在着对应关系，所以适度人口的规模也是变化的。

威克赛尔也是早期经济适度人口的主要代表人物，他在《论适度人口》中最先使用了“适度人口”这一概念。威克赛尔扩展了适度人口决定因素的范围，认为应该从国家的经济发展水平和科学技术进步的程度来考察，特别要考察工农业的生产能力和供养能力。在一定时期内，能为一个国家的工农业生产潜力允许达到的最大生产率所容纳的人口，就是经济适度人口规模。威克赛尔认为，人口增长会对经济起到两种相反的作用：一方面，人口增长，数量过多，会使土地和资源数量减少，同时摊薄人均劳动生产力，使人均收益下降；另一方面，人口增长是社会分工的前提，分工的细化有助于提高社会生产力，也会提高人均收益。可以看出，威克赛尔是将悲观派和乐观派的观点进行了一个综合，对后来的低水平均衡陷阱理论产生了一定的影响。

坎南和威克赛尔的适度人口理论，对人口学说的发展产生了深远的影响，但他们都假定人的知识和科学技术等条件不变，因此主要的立足点还是一种静态的适度人口分析。

2. 现代适度人口理论

与早期适度人口理论相比，现代适度人口理论的领域更加广泛，确定的经济适度的标准不断扩展，从原来的“收益”变为人均产量或人均收入，而且将适度人口理论从静态转向了动态。这使得现代适度人口理论有了更好的解释力。

法国人口经济学家索维是现代经济适度人口理论的代表人物，其观点主要反映在其著作《人口通论》当中。他首先为适度人口下了一个定义：适度人口就是一个以最令人满意的方式达到某项特定目标的人口。而这个所谓的特定目标，是一个包括个人福利、增加财富、就业、健康、知识等在内的多重目标的集合。所谓动态适度人口，是指技术变革、经济结构变革、就业变动等条件下适度人口量所发生的变化。索维在考察动态经济适度人口时，主要是从技术进步和生产率提高对适度人口的影响这两个角度进行的。他认为伴随着技术的进步，最高人口量和适度人口量都会提高。索维还提出了适度人口增长率的概念，从短期、中期、长期和超长期四个时间维度出发考察了适度人口增长率与经济指标的关系：短期内，人口规模处于静态适度时的增长率即为适度人口增长率；中期内，假定人口的年龄结构不变，此时的适度人口增长率与人口密度无关；长期内，人口增长率会保持较低的增长；超长期内，人口最终会趋向于零增长，达到稳定状态。

赫茨勒在考察适度人口问题时，将人口与现有的资源、技术及文化状况结合起来，为现实情况下确定人口规模提供了一个更具操作性的指标。赫茨勒认为，与现有的资源、技术及文化状况相平衡的人口要素，不仅和人口数量有关，而且和人口的年龄结构、性别结构及人口的素质有关。因此，"凡是能够最有效地达到按人口计算的最佳经济生活水平的人口，就是适度人口"。

2.4.3 发展中国家人口经济理论

20 世纪 50 年代以后，工业化国家已经进入了人口出生率和死亡率都比较低的成熟阶段，世界人口的迅速增长主要是发展中国家的人口爆炸性增长的结果。发展中国家人口占世界人口的 85%左右，其人口增长率远远高于世界人口增长率。表 2-2 反映了 1980 年以后世界人口按收入水平划分的数量和增长率。

表 2-2　按收入划分的世界人口发展变化情况

	总人口（百万）				人口增长率（%）		
年份	1980	1990	2000	2008	1980～1990	1990～2000	2000～2008
低收入国家	502	647	820	973	2.6	2.5	2.2
中低收入国家	2 382	2 884	3 360	3 702	2.0	1.6	1.2
中高收入国家	680	796	888	948	1.6	1.1	0.8
中、低收入国家	3 265	4 327	5 068	5 624	2.0	1.6	1.3
其中：中国	981	1 135	1 263	1 326	1.3	1.1	0.6
高收入国家	875	940	1 010	1 069	0.7	0.7	0.7
全世界	4 440	5 267	6 078	6 692	1.7	1.5	1.2

数据来源：世界银行网站数据库 . http://databank.worldbank.org/ddp/home.do? Step=2&id=4&hActive Dimension Id=WDI _ SERIES [2009-12-25].

表 2-2 中的数据显示，世界人口在 1980～1990 年间保持 1.7%的平均增长率，之后下降到目前的 1.2%。低收入国家的人口增长率虽然有所下降，但仍然保持在 2%以上。中国的人口增长率下降较快，而且维持在低于世界平均水平以下，21 世纪以来更是低于高收入国家的人口增长率，因此中国对世界人口增长率的下降作出了突出的贡献。总体来看，发展中国家还是以较高的人口增长率贡献了世界的大部分人口。基于发展中国家人口激增的现实，经济学家开始关注发展中国家人口增长的特点，并结合发展中国家的具体情况来研究人口增长的原因

和后果，其中的一些理论因较为符合现实而具有一定的影响力。

1. 低水平均衡陷阱理论与临界最小努力理论

低水平均衡陷阱理论与临界最小努力理论存在一定的关联性，表现为低水平均衡陷阱理论是临界最小努力理论的前提，而后者又是摆脱前者所谓“陷阱”的方法和手段。

纳尔逊在其于1956年发表的“不发达国家的一种低水平均衡陷阱”一文中，利用数学模型考察了发展中国家人均收入、人口增长和国民收入增长之间的关系，认为人均收入的增长率与人口的增长率互相牵制、互相影响，由此提出了低水平均衡陷阱（low-level equilibrium trap）理论。由于这一理论符合马尔萨斯的人口观点，故又被称为马尔萨斯人口陷阱。纳尔逊指出，当收入水平较低、生活贫困的时候，死亡率较高，人口的增长受到抑制；当人均收入的增长率快于人口的增长率，人们的生活得到改善时，人口开始快速增长，从而将刚刚上升的人均收入拉回原来的水平。二者的相互牵制产生了所谓的“低水平均衡陷阱”，即只要人均收入处在一个较低的水平上，人口增长就会将其拉入陷阱之中。摆脱陷阱的方法是从控制人口增长本身和提高收入水平两方面着手。新马尔萨斯理论认为：穷国永远不能超越人均收入的维持生计水平，因此主张通过预防性措施（计划生育）来控制人口，从而实现经济的增长。另一种摆脱陷阱的方法就是通过大规模的投资，使提高人均收入的力量超过人口增长对人均收入的降低力量，从而使国民收入得到增长，之后国民收入的增长又会逐步下降直至与人口增长率相等，但此时是一种高水平的、稳定的均衡。这种方法就是所谓的“临界最小努力”。

临界最小努力理论是经济学家利本斯坦于1957年提出的。在纳尔逊研究的基础之上，利本斯坦进一步分析了造成贫困陷阱的原因及解决的方法。利本斯坦提出了落后经济是准稳定均衡体系的假设，因为这种准稳定均衡体系表现在人口上，所以利本斯坦将人口作为内生变量纳入经济体系。利本斯坦认为：如果外力刺激和内部努力达不到临界努力，就不能打破稳定。在发展中国家发展经济的过程中，有两种力量影响着收入的增长。从性质上看，可以分为提高收入的力量（income-raising forces）和压低收入的力量（income-depressing forces）。其中，上一期的收入水平和投资水平构成了提高收入的力量，而上一期的投资规模和人口增长速度构成了压低收入的力量。两种力量相对比的结果决定了收入的均衡状态。如果人均收入的增长被人口增长拉低，那么收入就会回到低水平均衡的状态中去。此时需要增强提高收入的力量，使人均收入大幅提升，从而脱离低水平均衡，达到高水平均衡。

纳尔逊和利本斯坦的理论在本质上存在相似性，前者揭示了一种现象，后者则分析了造成这种现象的具体原因和解决思路。同时两者的理论也都存在一定的缺陷：首先，两种理论都过分强调资本积累对于发展中国家的重要性。发展中国家的实际表明，资本积累并不是决定经济发展的决定性因素，科技进步、教育等因素对于经济发展的影响也很大。其次，收入的增长并不必然带来人口的增长。事实表明，发展中国家的人口增长并不与人均收入增长呈正相关关系，通过生育观念的调整和计划生育措施的实施，不少发展中国家的人口增长率也处于不断下降的过程。针对临界最小努力理论，有经济学家提出并不需要“最小努力”，经济的发展是一个渐进的过程，即使人口的增长可能会导致人均收入水平的降低，也不至于退回到原始的水平，人均收入完全可以通过一种退少进多的迂回路径来走出“低水平陷阱”，达到经济发展的目标。

专栏 2-2　人口增长的过去、现状与前景

从人类开始在地球上生存，已有 200 多万年的历史，在这 200 多万年的大多数时候，人口数量都维持在一个较低的水平。人类开始采用耕种的方式获得食物大约是在 12 000 年前，人类从那时开始逐渐获得了生存繁衍的最基础条件，当时的世界人口大约是 500 万。公元元年时，世界人口为 2.5 亿左右。从公元初年到工业革命开始（1750 年左右），世界人口约为 7.28 亿，以 0.05%的速度增加了将近 2 倍。工业革命后的仅仅 200 年间，世界人口新增了 17 亿，人口总数在 1900 年达到 16 亿，1950 年后达到 25 亿。1950～1990 年的 50 年间，世界人口继续急剧攀升，1980 年世界人口达到 44 亿，1987 年突破 50 亿。在 20 世纪的最后 10 年中，1997 年的世界人口数达到 58 亿，1999 年人口突破 60 亿大关。截至 2008 年，世界人口总数已经达到了 66 亿之多。据估计，2050 年世界人口数量将达到 90 亿。图 2-1 和表 2-3 分别从人口增长的绝对规模和新增 10 亿人口所用时间两个角度描述世界人口的增长情况。

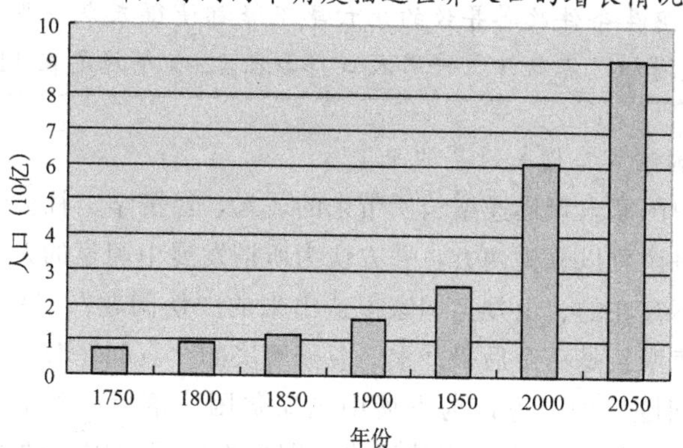

图 2-1　工业革命以来世界人口增长情况

资料来源：根据世界银行数据库整理所得：http://databank. worldbank. org/ddp/home. do? Step=2&id=4&hActiveDimensionId=WDI _ SERIES [2009-11-25].

表 2-3 世界人口新增 10 亿情况

时间	人口总量（亿）	所用时间（年）
1830	10	100
1930	20	100
1960	30	30
1974	40	14
1998	50	13
1999	60	12

资料来源：黄海霞.1999.世界人口每增加 10 亿人所用时间.了望，(42)：56.

世界人口在工业革命之后开始以较快的速度增长，1950 年之后的增长速度达到最大。世界每增加 10 亿人口所需要的时间也不断缩短，从达到第一个 10 亿人口的 300 万年而迅速缩短为 100 年，之后减少到 30 年、14 年、13 年和 12 年。

人口增长率虽然在 20 世纪 70 年代以来就一直呈回落的状态，但是人口的增长势头还会继续。造成这一现象的原因有两个：首先是人口惯性。影响生育率的因素非常复杂，是社会、经济、制度、文化等多重因素共同作用的结果，这些制度不是短时间就可以改变的。其次是人口的年龄构成问题。高速的人口增长特别是发展中国家的人口增长都具有少年和儿童所占比重较大的特点，即使人们的生育观念有所改变，人口增长的速度也至少需要两代人才能减慢下来。

世界人口的增长速度虽然在 1970 年之后开始有所回落，但由于庞大的人口基数、医疗卫生条件改善导致的死亡率下降都使得未来一段时间内世界人口仍然会迅速增加。据估计，世界人口将会在 2200 年稳定在 110 亿。

2. 发展中国家人口增长后果的争论

围绕发展中国家人口迅速增长所带来的后果，经济学、社会学及人口学一直存在着争议。争议可以分为两方：一方认为所谓发展中国家的人口增长问题其实是一个根本就不存在的、由发达国家捏造出来的“伪问题”；另一方则认为发展中国家人口迅速增长是一个后果严重、急需解决的“真问题”。

坚持“伪问题”的一方认为发展中国家贫困、落后的根源不是人口过多，发展才是问题的根源及解决一切的思路，即如果发展中国家的经济得到充分发展，社会充分进步，人口增长便可以得到自动控制。鉴于发展中国家目前贫困、落后的现状，多生孩子、组建大的家庭其实是一种个人在社会不稳定的大背景下寻求庇护的必然选择。针对发达国家提出的由于发展中国家人口过多对资源和环境造成的损害，坚持“伪问题”说的学者认为造成目前资源枯竭、环境污染的罪魁祸首应该是发达国家过高的消费水平，只占不足世界人口 25% 的发达国家人口却消费了世界上 80% 左右的资源，因此解决的方法应该是降低发达国家的消费水平而非控制发展中国家的人口。同时，该方学者认为人口增长能够为本国的经济发展提供丰富而廉价的劳动力，还有助于利用土地、森林等未被开发利用的资源；从政治立场出发，人口众多还有助于增强国防军事实力。此外，一些学者认为人口与创新有关，因为更多的人口意味着更多的人使用思维，暗含更大量的知识。因此，坚持“人口增长是伪问题”的学者认为发展中国家的人口增长问题是发达国家刻意捏造出来的，实质上是限制发展中国家的经济和社会进步，从而避免发展中国家对自身的威胁。它实际上是一种阴谋。

人口增长有害论的盛行主要是在 20 世纪五六十年代坚持认为发展中国家人口增长后果严重的一方，其主要依据是人口-贫困循环理论，他们认为人口增长会导致一系列经济、社会及心理问题。人口增长意味着沉重的抚养负担、较低的储蓄率和投资率、停滞的经济增长，它们如同恶性循环一样，导致“一国穷是因为穷”。该理论的主张者还从一系列经验研究结果出发，认为人口增长会对经济增长、贫困和社会公平、教育普及、医疗健康、粮食安全、资源环境及国际移民造成负面影响，因此呼吁发展中国家通过一系列措施来控制人口的过度增长。

基于上述两方针锋相对的观点，罗伯特·卡森在其著作《人口政策：一个新的共识》中，提出了一个为争论双方所能接受的共识：“如果人口增长得更慢一些，个人、国家以及世界都将会过得更好一些。人口迅速增长的影响既不应当夸大，也不应当缩小。”托达罗在其发展经济学著作中，概括了三点共识：第一，人口问题不是数量问题，而是生活质量和福利问题；第二，人口增长不是导致发展中国家贫困和不平等的主要原因；第三，人口问题虽然不是导致发展中国家贫困、欠发达的首要原因，但必须承认人口的迅速增长强化了贫困。同时，目前的争论焦点也开始转变到以下问题：快速增长的人口其负面效应是否已经尽可能的小？抛开人口增长对于整个宏观经济的影响，转而分析人口增长与具体的宏观经济因素之间的关系，如人口对宏观政策的影响，以及人口对财政税收的影响等。

因此，无论是发展中国家还是发达国家，都应该有所作为。对发展中国家而言，一方面应该通过教育、计划生育、经济激励等手段来改变人们的生育观念，控制生育率；另一方面要通过发展经济、提高生活水平等手段使人口增长得到自然地控制。相较而言，后者的作用要比前者更为重要和根本，因为前者只是针对人口变量本身，后者却能够解决人口迅速增长的社会和经济根源。对发达国家而言，一方面应该通过简化生活方式和改变消费习惯的方法来减轻对资源和环境的压力；另一方面可以通过技术转移、国际援助等方式对发展中国家提供帮助。

本章小结

早期对人口经济思想论述的包括重商主义、重农学派和古典学派几大流派。重商主义和重农学派都强调人口与财富增长之间的关系，重点从流通领域论述了人口增长对财富积累和国家强盛的重要性。古典学派经济学家主要从经济增长、收入、工资、地租等经济变量入手分别分析这些变量与人口之间的关系。其中，马尔萨斯对于人口经济思想进行了专门的论述，因其著名的两条公理、两个级数、三个命题及两种抑制使后来的经济学家对其理论的争论一直持续至今。

马克思的人口经济理论主要包括相对过剩人口理论和两种生产理论。相对人口过剩理论是资本主义生产特有的人口法则。两种生产理论主要阐释人类历史发展的动力问题。

当代人口经济思想主要包括凯恩斯学派人口经济思想、适度人口理论及发展中国家人口经济理论。凯恩斯的人口经济思想分为早期和后期两个阶段，受马尔萨斯影响较大，且与其宏观经济思想联系紧密。汉森利用人口增长与有效需求的关系解释了资本主义经济周期问题。适度人口理论包括静态适度人口理论和动态适度人口理论两个部分，主要研究人口规模应该保持在怎样一个水平才会对经济和社会最为有利。

由于发展中国家的人口问题较为突出，经济学家开始结合发展中国家的人口特点和具体情况研究发展中国家的人口经济问题，其中低水平均衡陷阱和临界最小努力理论最具有代表性。同时，经济学家还就发展中国家迅速增长带来的后果进行了讨论。

➤关键概念

重商主义　重农学派　相对过剩人口　两种生产理论　适度人口理论　低水平均衡陷阱　临界最小努力理论

➤思考题

1. 简述马尔萨斯人口经济理论并思考其对于当代人口控制的借鉴意义。
2. 对比马尔萨斯人口经济理论与马克思过剩人口思想的异同。
3. 简评适度人口理论。
4. 简述发展中国家人口经济理论，并结合中国人口现状进行简要评价。

第3章 微观人口经济理论

微观经济学家将家庭看做是追求效用最大化的理性经济组织，广义的家庭经济行为除了消费、储蓄和投资行为，还包括生育行为、人力资本投资行为及迁移行为等。生育率差异、不同人力投资形成的人力资本质量差异和人口迁移产生不同的经济效应对实现人口、资源、环境和经济的可持续发展产生了重大影响。微观经济学家用微观经济学的方法研究人口经济问题，强调家庭作为人口再生产基本单位的重要性，推动了对人口研究的不断深入。它标志着人口研究从宏观向微观的转变，最终形成了微观人口经济理论。

3.1 生育率的经济分析

3.1.1 莱宾斯坦的成本-效用分析

美国人口经济学教授哈维·莱宾斯坦最早运用西方微观经济学的理论来考察家庭的生产决策，并进行孩子生产的成本-收益分析，建立了生育率研究的微观人口经济学理论模型。其最有代表性的是提出了“边际孩子合理选择理论”，即用经济学的“边际效用理论”来解释家庭决定生育孩子的理想数量。

莱宾斯坦把孩子生产的成本分为直接成本和间接成本两部分：直接成本是指从怀一个孩子到孩子生活自立这段时间，父母所花费的种种抚养费用，包括衣食住行的生活费用支出、教育费用、医疗费用及其他支出；间接成本即机会成本，是指父母抚养一个新增孩子所损失的受教育和带来收入的机会。而增加孩子所得到的效用分为三类：第一，消费效用，即把孩子看做“消费品”，亦即父母的一种快乐源泉而从其本身直接得到的效用；第二，经济效用，即把孩子看做生产力而从中可以预期的劳动力收入所带来的效用；第三，潜在的保障效用，是指父母进入老年阶段期望孩子能给予生活保障而得到的效用。

莱宾斯坦认为，父母对边际孩子的选择主要是建立在对其成本-收益分析的基础上。随着经济的发展，家庭人均收入不断增加，孩子生产的成本也随之增加，而孩子的边际效用或边际孩子的效用却随之下降。这种随收入增长而带来的孩子成本上升与效用下降，必然导致家庭期望的孩子数量减少。

图 3-1 中，假设第 n 个孩子的效用小于第 $n-1$ 个孩子，负效用则相反，因为孩子的效用是依次递减的，位次（胎次）越高，孩子的效用越低，所以父母必然先减少对高位孩子的需求。随着人均收入的上升，孩子的边际效用随之下降，而孩子的边际负效用随之增大。这一假设的根据是：首先，孩子的消费效用与收入水平无关；其次，经济效用随着经济的发展而明显减少；最后，随着收入水平的提高，父母会更多地为年老后的储蓄做准备，使得孩子潜在的保障效用减弱。由此可以认为，人均收入的增长会减少其对孩子效用的作用。从成本的角度看，孩子的养育费用、教育费用等直接成本都随收入的增加而增长。家庭经济变好会使父母或子女产生不就业倾向，因而机会成本增加，负效用上升。

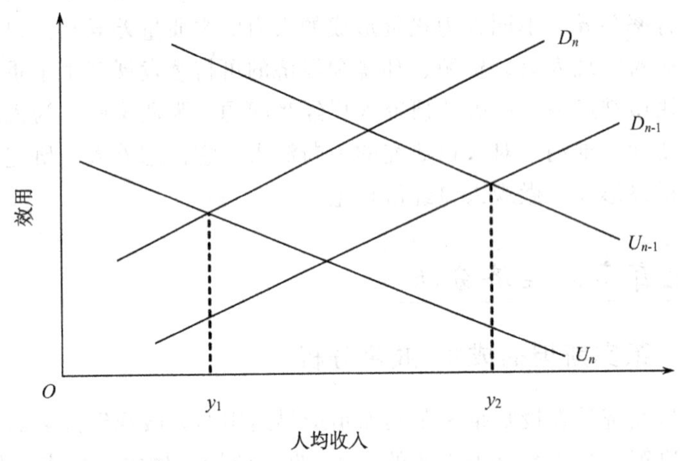

图 3-1 不同位次边际孩子的效用与家庭收入

图 3-1 中，U_n 表示第 n 个孩子的效用，U_{n-1} 表示第 $n-1$ 个孩子所产生的效用；D_n 表示第 n 个孩子所产生的负效用，D_{n-1} 表示第 $n-1$ 个孩子所产生的负效用；y_1 表示高于此收入时夫妇决定不生育第 n 个孩子，y_2 表示高于此收入时夫妇决定不生育第 $n-1$ 个孩子。

如图 3-1 所示，当人均收入水平低于 y_1 时，效用 U_n 高于负效用 D_n，夫妇愿意生育第 n 个孩子；当人均收入水平超过 y_1 时，第 n 个孩子所产生的负效用高于其效用，因而夫妇不会想要生育第 n 个孩子；当人均收入水平超过 y_1 但未超过 y_2 时，第 $n-1$ 个孩子的效用将高于负效用，因而父母愿意要第 $n-1$ 个孩子；当人均收入水平超过 y_2 时，父母最多再要第 $n-2$ 个孩子。以此类推可以得出：随着经济的发展，人均收入水平随之上升，具有代表性的家庭中高顺序的孩子数将随之减少，社会上希望的平均子女数量也将逐渐减少。

从另一个角度来看，人们还会通过判断可否维持家庭的社会经济地位来决定边际孩子的取舍。莱宾斯坦认为，人口可根据社会地位划分为不同的集团，各集团内部存在某些共同的生活标准，各个家庭为了维持其社会地位不得不花费一定的支出，如用于购买家用电器、汽车、住宅等高档耐用消费品或高级礼品的支出。在经济发展的过程中，社会地位高的家庭为了维持其社会地位，就要比社会地位低的家庭花费更多的支出，而在收入一定的约束下，就要减少对孩子这一拘束产品（需要在一定期间内连续支出的产品）的支出。因此，往往社会地位高的家庭的孩子数量要少于社会地位低的家庭。但在同等社会地位的集团内部，经济上相对富裕的家庭因为较少受收入的制约，会比收入在平均线上的家庭拥有更多的孩子。此外，人们总是期望社会地位由低向高移动，这又导致了对孩子偏好的减少和对物品偏好的增加，在这种前提下，人们选择边际孩子的位次必然又被降低。

3.1.2 贝克尔的孩子数量-质量替代理论

美国经济学家加里·斯坦利·贝克尔在其 1960 年出版的《生育率的经济分析》中，运用传统的微观经济学理论和消费者选择理论来分析家庭的生育决策。他首先提出了孩子的“质量”概念。所谓孩子的质量是指孩子的身体健康状况和智力水平，而所谓高质量的孩子是指需要花费更多支出的孩子，父母可以从高质量的孩子身上得到更多的追加效用，因此高质量的孩子也就是效用更大的孩子。他的基本假定是：当家庭经济处于偏好不变时，在一定的收入范围内人们要满足多种消费欲望，其行为总是以获得家庭经济的最大总效用为原则，即消费量越大，总效用越大，而家庭内部影响生育率的决定因素是父母对孩子的数量和质量的选择。他的理论的基本观点是：育龄夫妇以提高孩子的质量替代增加孩子的数量。

在家庭对孩子的需求方面，孩子的数量与质量之间具有可替代性，是一种负相关关系。在收入一定的条件下，对孩子质量的需求增加必然会带来数量需求的减少；而对孩子数量需求的增加导致分配在每一个孩子身上的教育费用和医疗费用减少，从而影响孩子的质量。一般来说，较高收入水平的家庭会增加投入一个孩子质量的费用；父母对高质量的孩子偏好较大，也会相应投入较多的资金和时间来提高孩子的质量。因此，贝克尔建立了父母对孩子数量与质量的选择模型，来解释孩子的生育数量与养育质量的关系（图 3-2）。

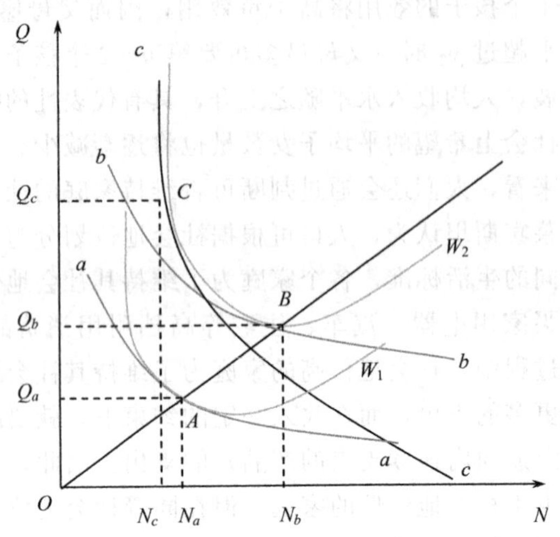

图 3-2 孩子的数量与质量的选择

在图 3-2 中，Q 表示孩子的质量，N 表示孩子的数量，家庭除孩子以外的各种消费资料支出总和为 P，家庭总收入为 I。孩子的质量 Q 是孩子人均支出的函数，家庭内所有的孩子具有相同的质量，因此有

$$I = P + QN$$

如图 3-2 所示，以孩子的数量与质量为坐标轴，收入函数即预算约束线 aa 是非线性的，效用的无差异曲线 W_1 与收入曲线 aa 的交点 A 决定了孩子的数量与质量的最佳组合（N_a，Q_a）。当收入增加时，收入曲线上移至 bb，形成新的最佳组合点 B。如果孩子的数量与质量之间的关系不变，则收入曲线与效用曲线的新交点 B 会位于 OA 的延长线上。但实际上的收入曲线表现为 cc，与效用的无差异曲线交于 C 点，最佳组合为（N_c，Q_c）。这是因为，孩子作为一种耐用消费品，随着收入的增加，花费在孩子的数量与质量上的支出都会增加，但是父母往往会将所增加的大部分支出用于提高孩子的质量，因此孩子的数量的弹性要小于质量的弹性。收入曲线由 bb 移动至 cc，孩子的质量弹性增大，对孩子的数量需求的上升程度小于对孩子的质量需求的上升程度，因此在实际中的切点是向 B 点的左上方移动至 C 点，孩子的数量可能从 N_a 减少到 N_c。

在分析孩子的数量与质量关系时，贝克尔还运用了影子价格的概念。孩子的数量的影子价格是指假定孩子的质量不变时新增加一个孩子的成本，它与孩子的质量相关；孩子的质量的影子价格则是指假定孩子的数量保持不变时，孩子的质量增加一个单位的成本，它与孩子的数量相关。贝克尔用影子价格来对“孩子”这一商品进行估价，认为随着收入的上升，家庭为满足“孩子”商品的消费要付出更高的代价，更倾向于生产高质量的孩子，这将导致孩子的质量替代孩子的数量。

在贝克尔建立的理论模型中，联系孩子的质量来考察孩子的数量变动与生育决策，在一定程度上揭示了父母如何决定对孩子的支出，以及孩子的数量减少与质量提高的替代关系。贝克尔认为，当家庭收入增加时，人们的生育能力会随之提高，应该形成多生育的结果，但在现实中收入水平的提高却往往导致生育率的下降，对这一矛盾的合理解释是因为人们对孩子的质量的需求替代了对孩子的数量的需求。在一定的条件下，这种相对替代关系可以转化为绝对替代关系，转变机制主要是避孕知识变量的加入。

从莱宾斯坦与贝克尔的比较来看，在莱宾斯坦的模型中没有考虑到孩子的数量与质量的替代关系，即认为父母的效用只由孩子的数量来决定，而贝克尔的模型实质是一种家庭受益最大化、孩子效用最大化的理论模型，他引入了孩子的质量这一概念，将孩子的质量作为父母效用最大化的一个选择变量，即在一定的收入水平下，父母不但可以通过选择孩子的数量来最大化自己的效用，而且可以通过选择孩子的质量来最大化自己的效用。由于数量与质量的替代关系，孩子的数量的增加会降低孩子的质量，反之亦然。虽然莱宾斯坦与贝克尔的理论前提已经隐含了一些制度性因素，但并没有对制度性因素在生育率转变或者收入与生育率变化关系中的作用进行理论分析，因此其理论得到了后来的经济学家和人口学家的进一步修正和发展。

从世界各国经济发展的进程来看，发达国家的生育率呈现不断下降的趋势，甚至出现了人口负增长，而发展中国家的生育率却居高不下，这些现象都可以从莱宾斯坦和贝克尔对生育的微观经济分析中得到解释。在发达国家，高度的经济发展和激烈的竞争环境使人们不得不加大对子女教育的投资，从而增加了养育孩子的直接成本。同时，随着经济的发展和妇女受教育水平的提高，妇女就业机会增加，导致了生育孩子的机会成本增加。从效用角度来看，发达国家普遍推行退休、失业救济、社会救济、公共福利等福利制度，社会保障健全，不必再依赖子女的“养儿防老”，成本的增加和效用的降低都会使发达国家的生育率下降。此外，发达国家的人们往往追求生活的质量和自我价值的实现，从而在偏好上减弱了对于孩子的需求。与此不同的是，广大的欠发达地区（主要是一些发展中国家），生育率虽有下降的趋势但仍然很高，这主要是因为大多数发展中国家的产业结构以落后的农业生产和生产率低下的手工业为主，这需要大量的劳动力，人们为了追求家庭的兴旺发达往往追求多生育孩子；教育的落后使得人们对子女的教育投资和健康投资都较少，从而降低了生育孩子的直接成本；社会保障制度不健全，对生育子女以养老的效用高；在传统观念影响下还存在着“多子多福”的观念。因此，发展中国家生育率居高不下。

另外，第 26 届世界人口大会①的研究显示：一方面，欠发达地区人口的高增长幅度若无法得到控制，将导致粮食供应、教育、公共医疗等多方面的沉重负担，同时也会加速全球气候变化，破坏地球生态系统，使一些发展中国家更加贫困。据预测，到 2050 年，全球总人口将从目前的 68 亿增加到 80 亿～105 亿，这将给人类的可持续发展带来严重的挑战。另一方面，世界上约 50%的国家开始出现生育率下降的现象，特别是在欧洲和亚洲一些国家和地区，已经降至每个家庭平均生育两个孩子的低生育水平之下。这将使这些国家面临劳动力短缺、老龄化现象严重等人口危机，给其经济发展和国家安全带来新的挑战。专家们指出，这种非战争情况下出现的生育率下降在人类历史上从未有过，应引起高度重视。

3.2 现代人力资本理论

3.2.1 现代人力资本理论的产生及主要观点

现代人力资本理论研究开始于 20 世纪五六十年代。一方面，第二次世界大战以后，世界各国的经济复苏，科学技术发展迅速，处于主流学派的新古典经济学对很多新经济问题的解释能力开始受到挑战，强调物质资本的传统资本理论无法解释第二次世界大战后遭到重创的一些新兴工业国家的迅速崛起及与传统理论相悖的国民收入增长快于总生产要素增长等一些增长余值现象。经济学一时出现了很多难解的“经济之谜”。一些学者敏锐地感觉到了这种变化，为了求解这些“经济之谜”，他们开始对前人在人力资本领域的思想进行挖掘和发展，开创了现代人力资本理论的研究，形成了人力资本理论。另一方面，个人收入分配不均等的事实也推动了以人力资本为基础的分配理论的研究。一般人们公认的人力资本理论的创始人是两位美国的著名经济学家西奥多·舒尔茨和加里·斯坦利·贝克尔，而对人力资本要素作用的计量分析做出重大贡献的则首推爱德华·丹尼森。

舒尔茨被西方学术界誉为“人力资本之父”，他主要从经济发展特别是农业发展的角度研究人力资本理论，并于 1979 年与刘易斯同时获得了诺贝尔经济学奖。1960 年，他在当选为美国经济学会会长时发表的就职演说“人力资本投资”中，不仅第一次明确地阐述了人力资本投资理论，使其成为经济学一个新的领

① 第 26 届世界人口大会于 2009 年 10 月在摩洛哥的古城马拉喀什召开。

域，而且提出了人力资本形成的方式与途径，并对教育投资的收益率和教育对经济增长的贡献做了定量的研究。他因此成为在经济增长领域构建人力资本理论最重要的代表人物，对人力资本投资理论的发展作出了卓越的贡献。

首先，舒尔茨界定了人力资本的内涵。他将人力资本定义为凝结在劳动者身上的经验、知识、能力和健康，是人们通过有目的的投资（如投资接受教育或培训等）获得的，是资本的一种形式。人力资本投资在货币形态上表现为个人在提高人口质量和提高劳动者时间价值时所支付的各种费用。人力资本投资的途径分为五大类，包括医疗保健、在职培训、正式教育、成人学习项目及就业迁移等，其中人力资本的关键投资就是教育。他批判了传统的资本同质性的假定，认为资本的外延应该扩大，虽然人力资本和物质资本都是经济的动力源泉，都为经济发展作出贡献，但是，“决定性生产要素不是空间、能源和耕地，而是人口质量”。

其次，舒尔茨论证了人力资本投资是经济增长的主要源泉，对许多传统资本理论无法解释的经济现象进行了分析，为经济学研究注入了新思想。他指出在经济发展过程中，人力资本投资收益率要高于物质资本投资收益率。他认为单纯从自然资源、实物资本和劳动力的角度，并不能解释生产力提高的全部原因。他使用人力资本的概念，分析了第二次世界大战后发达国家经济增长（尤其是日本和西德的经济复兴）中出现的用传统资本理论无法解释的三个事实：一是根据传统理论，资本-收入比率将随经济的增长而提高，但是统计资料都表明这个比率在下降。舒尔茨认为，这是因为没有把人力资本因素考虑在内。二是根据传统理论，国民收入的增长与资源消耗的增长将同步提高，但统计资料都表明国民收入远远大于投入的土地、物质资本和劳动等资源的总量。舒尔茨认为，投入与产出的增长速度之差，一部分是因为规模收益，另一部分是因为人力资本带来的技术进步的结果。三是战后工人工资大幅度增长，它反映的内容是传统理论所无法解释的。舒尔茨指出，这个增长正是来自人力资本的投资。这些分析都有力地证明了人力资本在经济增长中所起的决定性作用。

第三，舒尔茨指出了人力资本是社会进步的决定性因素。他认为，一国人力资本的存量越大，人力资源的质量（包括人口受教育程度、科技文化水平和生产能力）越高，其国内的人均产出或劳动生产率就越高。同时，人力资源的取得不是免费的，它的形成是投资的结果。并非一切人力资源都是经济活动中起主导作用的要素，只有那些掌握了知识与技能的人力资源才是一切生产资源中最重要的资源。人力资本除了本身具有收益递增的重要特点外，还能改善物质资本的生产效率。为了进一步论证他的理论，舒尔茨采用收益率法测算出美国 1929～1957 年人力资本投资中最重要的教育投资在经济增长中的贡献比例高达 33%，这一数据显示了人力资本在经济增长中的重要作用。

与舒尔茨一同推动人力资本理论发展的另一位代表人物是美国经济学家加

里·斯坦利·贝克尔。贝克尔于1992年获诺贝尔经济学奖，他的著作《人力资本》被西方学术界认为是“经济思想中人力资本投资革命”的起点。其研究的贡献在于将新古典经济学的基本工具应用于人力投资分析，系统地强化了人力资本理论的微观经济学基础，提出了较为系统的人力资本理论框架。贝克尔以追求效用最大化行为、市场均衡和稳定偏好为基本假设，从微观经济学角度建立了人力资本投资-收益的均衡模型，系统地阐述了形成人力资本的各类投资支出及其产生的收益。他强调，人力资本是通过对人力投资而形成的资本，所有用于增加人力资源并影响其未来货币收入和消费的投资都是人力资本投资，主要包括教育支出、保健支出、国内劳动力流动的支出或移民入境的支出等。人力资本投资具有较长的时效性，因此投资时既要考虑短期收益，又要考虑长期收益。他提出了人力资本的投资-收益均衡模型，即人力资本投资的边际成本的当前值等于未来收益的贴现值。此外，贝克尔还提出了估算人力资本投资量的若干方法，并通过在职培训这种人力资本投资的方式研究了人力资本投资对就业和收入的各种重大影响。1987年贝克尔进一步把时间因素引入人力资本概念。他认为人力资本不仅意味着才干、知识和技术，而且意味着时间、健康和寿命。贝克尔为人力资本理论提供了坚实的微观经济分析基础，并使之数学化、精确化和一般化，填补了人力资本理论的空白，其被视为现代人力资本理论最终确立的标志。至此，一个具有重要影响的新的经济学理论和经济学分析工具——现代人力资本理论形成了。

美国经济学家爱德华·丹尼森对人力资本理论的贡献在于对人力资本要素作用的计量分析。他在《美国经济增长因素和面临的选择》(1962)一书中，对美国经济增长因素进行了详尽的计量和分析，认为在美国的经济发展中投资于“具体”资本的重要性减少了，而对“人力”资本的投资相对来说变得更重要了。他通过精细分解计算，得出美国劳动者教育水平的提高（仅指受正规教育年限增加），对1929～1957年美国经济增长的贡献为23%。这显然是对舒尔茨关于教育对美国经济增长贡献率进行了修正。

丹尼森通过定量分析和令人信服的解释提出了一套分析“残差”的方法，即在用传统经济分析方法估算劳动和资本对国民收入增长所起的作用时，产生了大量的未被认识的、不能由劳动和资本的投入来解释的“残差”，他将“残差”中包含的因素分为规模经济效用、资源配置和组织管理改善、知识上的延时效应及资本和劳动力质量本身的提高等。这不论是在理论上还是在现实上，都有重要意义。

3.2.2 现代人力资本研究的新趋势

20世纪70年代后期，西方学术界关于人力资本的理论研究出现了一个相对萧条期。进入80年代以后，随着知识经济的兴起，西方的人力资本理论研究呈现出不同的发展趋势。

第一，侧重研究人力资本与经济增长的关系，将人力资本作为独立的内生变量纳入经济增长模型。与经典的人力资本理论研究不同，新一轮的人力资本理论的宏观研究在构建“经济增长模型”和“经济发展模型”中把人力资本视为最重要的内生变量，强调人力资本存量和人力资本投资在经济增长和经济转变中的首要作用。这使得“内生经济增长”问题成为西方经济学家研究的热点。20 世纪 60 年代中期，芝加哥学派的日裔教授乌扎华（Uzawa）把只包含单纯生产部门的新古典经济增长模型拓展到包含教育部门和生产部门的两部门模型，这被认为是最早的人力资本增长模型。而以罗默的“收益递增和长期增长”和卢卡斯的“论经济发展机制”的论文为标志，经济增长理论的研究发生了深层变化，即出现了“内生经济增长理论”，学术界称其为“新增长理论”。新增长理论工作的核心在于将人力资本的投入引入古典模型的生产函数，这给人力资本理论增添了新的内容。

保罗·M. 罗默（Paul M. Romer）的内生技术变化模型是将知识作为一个独立要素纳入了经济增长模型。他认为知识的积累是促进现代经济增长的重要因素。他把人力资本区分为具有一般知识的人力资本和具有专业知识的人力资本两类：一般知识可以产生规模经济效益，专业知识可以产生要素的递增收益。由于知识的外溢性，这两种效应的结合不仅使知识、技术和人力资本本身产生递增收益，而且使资本、劳动等其他投入要素的收益递增，从而使整个经济的规模收益递增。这就修正了传统经济增长理论中收益递减或不变的假定，充分解释了世界经济高速增长的原因，同时也从另一个方面说明了发达国家和发展中国家经济水平差距日益扩大的缘由。

1995 年诺贝尔经济学奖获得者罗伯特·卢卡斯（Robert Lucas）从另一角度解释了经济增长的内在机制。卢卡斯以阿罗的“干中学”模型为基础，建立了人力资本积累模型，强调了外部溢出效应对人力资本积累的作用，并把人力资本的获得途径分为学校教育和干中学两类。在“论经济发展的机制”中也，他提出了两个经济增长模型：①两资本模型。它将舒尔茨的人力资本引入索洛模型，视其为索洛模型中技术进步的另一增长动力形式，并具体化为“每个人的”、“专业化的人力资本”；强调劳动者脱离生产而从正规的学校教育中积累的人力资本是经济增长的决定因素，它产生的是内部效应。②两商品模型。它建立在阿罗的人力资本积累模型基础之上，强调劳动者的时间全部用于商品生产，表明人力资本是通过边干边学形成的，它产生的是外部效应。卢卡斯认为人力资本积累内生化是经济长期增长的决定性因素。他将劳动划分为原始劳动和专业化的人力资本，认为专业化的人力资本才是促进经济增长的真正动力。

与罗默、卢卡斯的增长模型不同，英国经济学家斯科特（A. D. Scott）提出了“资本投资决定技术进步”模型，说明产出的增长率由年均投资率与年均生产率所决定。他强调资本投资决定技术进步，但又不是简单地重复古典的资本积累论，而是同时强调了经济增长中知识和技术对劳动力质量和劳动效率的影响。依据对10个国家一百多年经济增长的统计和技术专利史的研究结论，他强调了技术进步对资本投资的依赖关系，即资本投资决定技术进步。除此之外，他还强调了不发达国家发展国际贸易的意义，即国际贸易可以产生一种“赶超效应”，通过贸易来吸引外国的先进技术和管理经验，就会少走弯路，通过捷径赶超发达国家。

总的来说，虽然新增长理论有其局限性，如人力资本因素难以度量、定量分析没有令人满意的结果等，但它提出的思想和观点是不容忽视的：它以人力资本为核心，强调对特殊知识和生产某一产品所需的专业化人力资本进行分析，从而使人力资本的分析更具体，为人们在实践中正确地认识人力资本的作用及调整经济增长速度、预测经济增长趋势等提供了新的方法和工具。

第二，加入了管理学视角的微观研究①。与经典的人力资本理论的研究不同，新一轮的人力资本理论的微观研究将人力资本视做组织智力资本的构成部分，强调人力资本是智力资本的核心，组织在智力资本管理中要特别重视对人力资本尤其是知识型员工的管理。这方面的代表人物是布鲁金和斯图尔特。英国学者布鲁金（Annie Brooking）将组织中的智力资本区分为四个模块：人力资本、市场资本、知识产权资本和基础结构资本。美国学者斯图尔特（Thomas A. Stewart）在布鲁金研究的基础上提出了智力资本的三模块说：人力资本、客户资本和结构资本。

第三，将制度引入人力资本的研究当中，产生制度激励思潮。从20世纪末到21世纪以来，随着知识经济和信息浪潮对现代社会的强烈冲击，人力资本的研究较前期又有所改变。在这一阶段，人力资本的概念得到发展和延伸，知识资本和智力资本在一定程度上成为人力资本的代名词；现实中研究的重心更多地从经济学范畴向管理学范畴倾斜，人力资本核算、定价和会计方法取代单一的统计分析和模型研究而被大量使用；在研究内容方面，从20世纪60年代至80年代研究人力资本对经济增长的关系和作用，到目前研究人力资本的构成及其具体的作用和途径，更多的人主张通过制度激励来增强人力资本的增量和构成水平，如20世纪90年代以来兴起的知识资本理论，其代表人物是加尔布雷恩、埃德文森、沙利文、斯图尔特及斯维比②。知识资本理论是从分析知识资本的结构角度来阐释人力资本理论的，其对人力资本理论的贡献在于揭示出人力资本与结构性

① 郭庆松．2006．人力资本理论研究的最新进展及其现实启示．上海行政学院学报，(11)：83～85.

② 杨明洪．2001．论西方人力资本理论的研究主线与思路．经济评论，(1)：92.

资本之间的互动关系。由于人力资本从所有权上看属于个人，但其使用权是可以让渡的，人力资本的使用者必须尊重其所有者。如果人力资本产权遭到破坏，其价值将立即贬低或荡然无存，因而其价值的实现必须有相应的结构性资本支持，即通过制度安排和组织安排来促进人力资本的积累和价值的实现。在企业经营管理中，重视结构性资本的建设正是人们充分认识到人力资本的特性的结果。

第四，人力资本理论不仅研究发达国家的经济增长，而且研究发展中国家的经济发展，并认为人力资本存量和人力资本投资是造成各国经济增长差异的根本原因，因此，提高人力资本投资是不发达国家走向发达国家的关键所在。这极大地发展了人力资本理论，也使人们在实践中能够正确地认识人力资本在经济增长中的作用。

此外，除了人力资本理论本身的发展，人力资本概念及其分析方法也被广泛运用于经济学的其他一些理论分支，如卫生经济学、教育经济学、人力资源会计学等。人力资本分析还被纳入以制度分析为特征的新的企业理论和劳动力市场研究之中。

3.2.3　国内人力资本理论研究状况

我国的人力资本研究起步较晚，“人力资本”的概念首次出现于中国经济学界是在 20 世纪 80 年代，并于 90 年代得到广泛传播。其先后经历了从介绍引进到概念推广再到理论与实践结合指导实践活动的过程。国内对人力资本理论的研究主要集中在以下几个方面：

第一，对人力资本概念的理解。一是从人力资本存在的层次和阶段角度，认为人力资本是附着在人身上的一种资本，它分为初级和高级两个层次及存量和增量两个变化阶段①。二是从生产力形态的角度，可以分为异质型人力资本和同质型人力资本。前者是指在特定历史阶段中具有边际报酬递增生产力形态的人力资本，后者是指在特定历史阶段中具有边际报酬递减生产力形态的人力资本（丁栋虹　1999）②。三是从个人和群体角度来阐述人力资本的内涵，认为前者指存在于人体之中，以及后天获得的具有经济价值的知识、技术、能力及健康等质量因素之和，后者指存在于一个国家或地区人口群体的每一个个体中，以及后天获得的具有经济价值的知识、技术、能力及健康等质量因素之整合。

第二，对人力资本产权的研究。这是国内人力资本理论研究不同于国外的一个重要方面。国内学者对于人力资本产权的概念范畴主要有三个方面的理解：一是把人力资本产权理解为人力资本所有权，李建民（1999）认为，“所谓人力资

① 周坤．1997．论人力资本的特征及其价值实现．中国科技论坛，(3)：20～23.

② 丁栋虹．1999．从人力资本到异质型人力资本．生产力研究，(3)：7～9.

本产权就是人力资本的所有关系、占有关系、支配关系、利得关系及处置关系，即存在于人体之内，具有经济价值的知识、技能乃至健康水平等的所有权"[①]。二是从企业产权角度理解人力资本产权，如张维迎（1996）认为人力资本产权问题是人力资本所有者能否拥有企业所有权，即企业控制权和剩余所有权。三是从产权的完备性角度看，人力资本产权是市场交易过程中人力资本所有权及其派生的使用权、支配权、收益权等一系列权力的总称，是制约人们行使这些权力的规则，本质上是对人们社会经济关系的反映[②]。对于人力资本的产权归属问题，主要有两种观点：一是周其仁等人认为人力资本的产权天然归属于其承载者即个人，而人力资本的产权具有完备性和关闭功能，一旦产权权利受损，其资产可以立刻贬值或荡然无存。当人力资本产权的一部分被限制或删除时，产权的主人可以将相应的人力资产"关闭"起来以至于这种资产似乎从来就不存在[③]。二是认为人力资本的所有权是多元化的，其承载者可以是所有者，但是如果人力资本被以一定的形式购买，其产权就会部分或全部的属于购买人，这一过程中的购买合约往往具有时效性，且易受外部条件或制度环境的制约。总的来说，后者因为更加符合经济和社会发展的现实情况而被理论界所认同。

第三，人力资本与中国经济增长的研究。一是通过经验研究，对我国人力资本的存量、变化趋势及在我国经济增长中的作用进行实证分析，认为人力资本作为生产要素对经济增长具有决定作用，人力资本投资对我国经济增长具有战略意义，因此我国应加大人力资本投资的力度；二是应用计量经济学的方法，对中国经济增长中不同人力资本投资的贡献率进行实证分析，认为中国的初级人力资本投资对经济增长具有十分显著的作用，中等教育层次的人力资本投资对经济增长的"发动机"作用较为显著，而高等教育层次的人力资本投资对经济增长的作用不是十分显著[④]；还有学者对不同区域的人力资本在经济增长中的作用进行核算，认为西部地区的经济发展水平和增长速度远远落后于东部省份是因为西部地区的经济增长还缺乏人力资本及由此引起的技术进步、制度创新等多方面因素所产生的动力[⑤]。

第四，中国人力资本收益及参与分配的研究。国内学者主要分析了我国收入分配制度的特点，探讨了人力资本参与收入分配的问题。对于研究人力资本价值的度量，有学者从知识要素角度出发，将人力资本区分为显性人力资本和隐性人

---

① 李建民．1999．人力资本通论．上海：上海三联书店，上海三联出版社：51.

② 黄乾．2000．人力资本产权的概念、结构与特征．经济学家，(5)：38～45.

③ 周其仁．1996．市场里的企业：一个人力资本与非人力资本的特别合约．经济研究，(6)：71～80.

④ 储中志．2005．人力资本投资对中国经济增长作用的实证分析．云南社会科学，(3)：61～63.

⑤ 王金营．2005．西部地区人力资本在经济增长中的作用核算．中国人口科学，(3)：63～68.

力资本，并在此基础上提出了我国人力资本价值计量的基本模型，试图获得相对准确的人力资本定价标准①；也有学者探讨了与我国国情相适应的人力资本价值评估理论与方法体系。有学者提出人力资本应当分享企业的剩余索取权和控制权，认为通过企业给拥有强知识的人力资本所有者配置企业的索取权和控制权，能够提高他们的工作效率，补偿人力资本所有者可能承担的风险损失。

我国学者重点研究了人力资本产权的相关理论，对于解释劳动者收入差距扩大的原因、企业家的作用及教育投资的重要性等现实问题有极大的意义。但总的来说，与国外已趋向成熟的人力资本研究相比，我国对人力资本的研究还存在着相当大的差距：在基础理论方面，我国大多是借鉴国外的成熟理念，引用多，探索少，缺乏统一完整的、合乎我国国情的理论体系；在实证研究方面，虽然结合中国的实际进行了有益的探索，相关学者对人力资本与中国经济发展、人力资本现状及其存在的问题、人力资本价值等问题都进行了实证分析，并通过数据验证得出了相对可靠的结论，但在研究内容上还是以宏观阐述居多，微观计量少，研究成果对实践的指导作用有限。特别是由于基础理论上的薄弱，直接导致了应用研究的价值下降。因此，人力资本理论的研究还有很大的空间可以挖掘，还需要我们不断地深入下去，用成熟的理论更好地解决现实中遇到的问题。

总体来看，现代人力资本理论强调了人的因素的重要性，即侧重于人的质量，认为通过对人力资本的大力发展可以推动经济的持续增长。实际上，作为一种不同于物质资本的生产要素，人力资本基于其自身的特点及其在开发利用过程中的性质，不仅对经济增长，而且对可持续发展都能起到巨大的推动作用，能够更有效地实现可持续发展②。首先，人力资本具有可再生性。它是通过人口的更替及个体知识、技能的自生和再生，成为用之不尽、可无限开发的资源，这一特征与经济的持续性增长要求是相适应的。其次，人力资本具有能动性，在经济活动中居于主导地位。人力资本的主观能动性使得它在经济活动中可以大大地提高物质资源特别是不可再生资源的利用程度，寻找到物质资源的替代物，这与经济的可持续性增长要求也是相适应的。再次，人力资本具有无污染性。人力资本的使用过程就是消耗体力和脑力的过程，它不会产生污染物，主要是通过作用于物质资源，提高物质资源的生产效率和利用效率，来促进经济增长。最后，人力资源的开发是可持续发展的核心内容。可持续发展是以人为中心和目的的发展观，而可持续发展的核心在于尽可能地保证人类的生存、发展及社会的全面进步。总之，在经济增长和可持续发展的实现过程中，由重视物质资源的开采和利用向重视人力资源的开发和利用转变，是可持续发展理论的一次丰富和发展，也是得到

---

① 王金凤，纪晓丽．2005．论我国人力资本定价．经济体制改革，(3)：162～163.

② 江永红．2004．可持续发展实现的路径选择与理论丰富．求实，(8)：56～58.

实践证明了的人类社会发展的必然结果。

3.3 人口迁移的经济分析

3.3.1 人口迁移规律

人口迁移是指人们由于经济因素或社会因素离开居住地转移到其他地区，通过地域的移动行为来改变人口规模和结构。人口迁移对于迁出地而言是人口迁出，对于迁入地而言是人口迁入。人口迁移与出生、死亡三者共同构成人口变动的要素。一个国家或地区可以由出生和迁移而增加人口，也可以由死亡和迁移而减少人口。由于迁入人口大于迁出人口而增加的人口称为迁移净增长人口；反之，由于迁出人口大于迁入人口而减少人口，则称为迁移负增长人口。

1. E.G. 雷文斯坦的七大迁移规律

早期在对人口迁移模型的研究中，既没有关于迁移行为的模型，也没有正式的统计分析。较早提出影响人口迁移因素的是人口学家雷文斯坦，他通过对英国和其他 20 个国家国内迁移的细致研究，提出了人口迁移的法则，总结出了自己的“迁移规律”，其主要包括七个方面的内容[①]：第一，人口迁移率与迁移距离成反比。大多数的迁移者是短距离迁移，长距离迁移者倾向迁往工商业中心。第二，迁移具有阶段性。一个国家或地区的居民首先倾向迁往临近的镇，之后再迁入城镇。这也被称为迁移的梯度作用。第三，迁移存在着主流和逆流。每一个在规模上占优势的主迁移流都会产生一个补偿性的逆迁移流，也叫反向迁移流，即两点之间的净迁移总要小于这两点间的总迁移。第四，在迁移方向上，净人口迁移流通常是从农村流向城市。第五，迁移中存在性别差异。在迁移人口中，一般情况下是男性多于女性，但是女性人口在短距离迁移和婚姻迁移中占有优势。第六，技术和交通对迁移具有影响。迁移流随着交通工具的增加和制造业、商业的发展而扩大。第七，经济因素在人们的迁移决策中占有支配地位。雷文斯坦认为就业率和工资水平是迁移的决定性因素，从他的调查中可以看出，迁移者大多是为了寻求比迁出地更高的工资或更优厚的报酬。

2. 推拉理论

唐纳德·J. 博格（D. J. Burge）于 1959 年在“国内迁移”一文中对推力-拉力理论做了比较完整而又简明的概括，提出了“人口推拉理论”（push-pull theory）。这一理论认为，人口迁移之所以发生，是因为迁移者受到原住地的推力或排斥力及迁入地的拉力或吸引力的交互作用，迁移的结果是原住地的推力或排斥

---

① 佟新．2000．人口社会学．北京：北京大学出版社：144．

力和迁入地的拉力或吸引力交互作用后的结果，因此地区之间的经济和社会发展水平差异越大，迁移的可能性就越大，迁移的人口就越多。

推动人口迁移的力量主要包括生存环境和人为因素两个方面：一方面，自然环境和资源的变化是推动人口迁移的基本动力，自然环境的恶劣、自然资源的枯竭和自然灾害会直接促成人口迁移；另一方面，从人为因素来看，就业岗位的丧失、就业歧视、政治迫害及宗教因素等也会推动人口从原住地迁出。

迁入地的拉力主要是指吸引移民迁居别地的引力，包括丰富的就业机会、自由的政治环境、适宜的气候、舒适的生活环境等。工业革命后，迁入地对人口迁移的拉力越来越强，主要原因在于迁入地劳动力需求的增强及迁出地和迁入地间收入水平、生活水平差距的拉大。

1966 年，E. S. 李（E. S. Lee）在“迁移理论”一文中对推拉理论做了相应地拓展，认为尽管存在各种各样的推力和拉力影响着人们的迁移行为，但并非所有感受到这些力量的人都会采取迁移行动，而是存在着“中间障碍”。迁移者在做出迁移决策和实施迁移过程中存在着四类障碍：原居住地的相关因素；迁入地的相关因素；迁移过程的中间障碍；迁移者的个人因素。这些因素对推力和拉力的作用可能会随时间而变化。原住地不仅有推力，而且有反推力的因素作用；同样，迁入地也不仅有拉力，而且有反拉力的因素作用。

人口推拉理论是研究人口迁移最为经典的理论之一，它把迁移过程高度概括为迁出地和迁入地两极，用推力和拉力的作用分析简化了复杂的迁移过程。但这一理论同时也受到了相应的批判：一方面，这一理论是建立在经验观察的基础上的，缺乏科学推断和假设检验；另一方面，这一理论仅适用于地区间的中观层面分析，而对于微观层面及个体迁移内因研究的适用性不强。

3.3.2 发展经济学中人口迁移理论

1. 刘易斯-费-拉尼斯模式

1954 年，刘易斯发表了论文“无限劳动力供给下的经济发展”，文中提出了二元经济结构发展的理论模型，论证了发展中国家农业劳动力向城镇工业部门流动的两部门人口迁移。后来，拉尼斯和费景汉对这一理论进行了更深入地、切合实际地发展。

刘易斯认为，发展中国家一般存在着二元经济结构，即国民经济中有两种性质不同的部门：一个是仅能糊口的、只能维持最低生活水平的、以土著方法进行生产的传统农业部门；一个是以现代化方法进行生产，劳动生产率和工资远比前一部门高的城市工业部门。二者间的工资差异导致了农村剩余劳动力向现代部门的转移。农业部门的边际劳动生产率接近于零，甚至为负值，劳动者在最低工资水平下提供劳动。因此，相对于有限的土地而言，农村存在着填大量剩余劳动力，也就是说传统农业部门存在着无限的剩余劳动力供给，即使他们从农业部门中转移出来也不会影响农业生产。

刘易斯把发展中国家的经济发展分为两个阶段：第一阶段为无限劳动力供给阶段，如图 3-3 中 *WS* 段所示。在这一阶段中资本是稀缺的，劳动力是充足的，产生的利润用于再投资，因此随着资本量的增大，劳动生产率得到提高，劳动边际产品曲线即劳动需求曲线上移，劳动力流向工业部门的规模扩大，工业利润增加；然后资本量又进一步增大，劳动生产率再提高……这一过程不断循环，直到农业部门的剩余劳动力全部流入工业部门为止，也就是到达拐点 *S*，开始进入第二阶段。在第二阶段中，劳动力不再是无限供给的，当剩余劳动力消失后，农业的劳动边际生产率将提高，农业劳动者的收入也随之提高。此时，工业部门必须提高工资水平来与农业部门竞争，再不能得到无限剩余劳动力的供给。如图 3-3 所示，超过 *OL*，劳动供给将不再是一条与横轴平行的直线，而将是向右上方上升，成为 *SS'* 段。在此阶段，农村劳动力的边际生产率由零变为正值，当城乡边际劳动生产率相同时，二元结构逐步走向趋同，从而实现了向现代经济结构的转型。这一模型从本质上看是对人口城市化伴生于工业化的一种解释[①]。

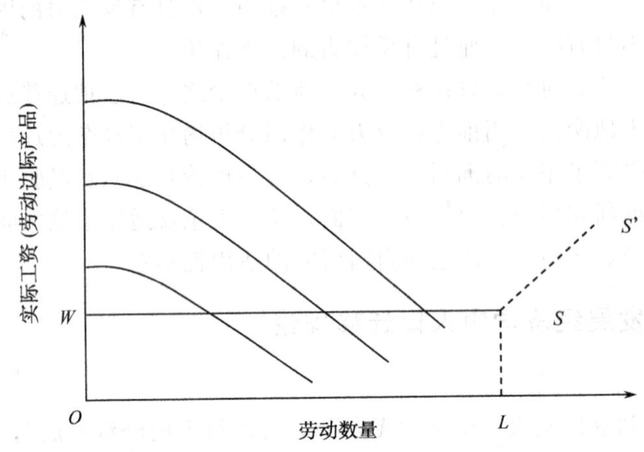

图 3-3　刘易斯的发展中国家的经济发展阶段

费景汉和拉尼斯对刘易斯的模型进行了修正，将传统农业部门与现代工业部门的发展联系起来并加入了时间概念，使刘易斯的模型更具动态性。费-拉尼斯模型把劳动力的转移过程分为三个阶段：第一阶段，传统农业部门存在大量显性失业人口，农业部门的边际生产率为零，此时劳动力供给弹性无限大，农业劳动力的流出不仅不会减少农业生产量，反而会使农业部门生产出剩余，从而保证工

① 李通屏．2008．人口经济学．北京：清华大学出版社：306．

业部门的粮食供应。这一阶段基本与刘易斯的模型相同。第二阶段，农业剩余劳动人口的流出使农业部门的边际劳动生产率上升，但仍然低于制度工资。农业部门不再有显性失业人口，但隐性失业依然存在，农业剩余劳动力仍然会继续流入城市现代工业部门。由于这一阶段农业部门的劳动边际生产率为正，劳动力的流失会引起农业总产量的减少，粮食的短缺引起粮食价格的上涨，从而工业部门的工资上涨，工业部门的继续扩张将受到阻碍。第三阶段，农业剩余劳动力被工业部门完全吸收，农业部门的边际劳动生产率逐渐高于制度工资，农业部门的劳动力收入由农业劳动的边际产值决定，意味着农业部门已经商业化，由此开始进入稳定增长的发达经济。

2. 托达罗的城乡人口迁移模型

托达罗认为人口流动是一种符合理性的经济行为。影响农业劳动者是否迁入城市的预期因素主要有两个：一是城乡间的实际工资差异，二是城市的失业状况。托达罗的人口流动模型是

$$M = f(d),\ f' > 0$$

$$d = pw - r$$

式中，M 表示从农村迁入城市的人口数，d 表示城乡预期收入差异，$f'>0$ 表示人口流动是预期收入差距的增函数，w 表示城市实际工资水平，r 表示农村的实际收入，p 为就业概率。当城市不存在失业时，就业概率 p 为 1，则劳动力迁移的动机就完全取决于城乡实际收入差异，这就与刘易斯-费-拉尼斯模式的假定相一致了。

在任一时期，迁移者在城市现代工业部门找到工作的概率取决于现代工业部门新创造的就业机会和城市的失业人数。就业概率与前者成正比，与后者成反比。用公式表示为

$$P = \gamma N/(S - N)$$

式中，γ 表示现代部门的工作岗位创造率，N 表示现代部门的总就业人数，S 表示城市总劳动力规模。因此，γN 表示现代部门在某一时期创造的工作岗位，$S-N$ 表示城市失业人数。

托达罗的人口流动模型为发展中国家解决失业问题提供了新的思路和方法。由于预期收入的存在，流入城市的农业人口增加，城市的失业率也逐渐上升。在既定的预期收入差异下，随着工业部门的扩张，城镇的就业率上升，流入城镇的农业劳动力也随之增加，失业率反而上升。可以说，这一现象的根源在于城乡经济发展的不平衡和经济机会的不平等，因此大力发展农村经济才是根本的解决途径。

3. 舒尔茨和斯达科的迁移成本-效益分析

舒尔茨在研究人力资本时，将人力资本投资分为五大类，其中的迁移投资是

指个人和家庭为谋求更好的生活或更大的效益，通过迁移以适应不断变化的就业机会的投资。他认为迁移是否发生取决于迁移行为的成本与效益的对比。迁移的效益是指迁移者在迁移以后因为拥有更好的机会而增加的收入。迁移的成本是指为了实现人口迁移而花费的各种直接和间接的费用，包括现金成本和非现金成本。迁入地和迁出地的收入差距必须大于迁移的成本，迁移的发生在经济上才有效益①。

斯达科将舒尔茨的“迁移成本-效益”模型用于解释迁移的动因，并进行了定量化的研究。他认为，人口迁移行为取决于迁入地的平均收入是否超过迁出地的平均收入加上用于迁移过程的花费。如果迁移者在迁移后除去折扣率和实际收入值超过迁出地的实际收入和迁移成本之和，则人们就会选择迁移；否则，这种投资是不经济的，人们不会选择迁移。同时这一理论解释了为什么人们的迁移活动会随着年龄的增加而递减的现象②：青年人在迁移过程中的投资和代价较小，迁移后，他们比中、老年人有更长的工作时间，所获利润和好处的可能性也更大，因此青年人比中、老年人更倾向于迁移和流动。

此外，D. S. 托马斯和S. 库兹涅茨还从经济增长角度分析了人口迁移。在他们的经济增长理论模型中，人口迁移被看做是现代化和经济增长的一个原因或后果，经济的周期性波动和迁移量之间存在着密切的联系。马尔萨斯则是从人口压力角度分析了人口迁移问题，他认为人口增长过快的国家会夺走技术进步的成果，最终迫使人口向外迁移。后来，A. 索维发展了马尔萨斯的这一理论模型，认为迁移可以解释为人口从超过最优规模的国家向低于这一规模的国家转移。

3.3.3 人口迁移效应

人口迁移是人们由于各种经济和社会因素由迁出地向迁入地的大规模人口流动，这种流动必然会影响迁入地和迁出地的人口、资源、环境及经济发展，产生正面的与负面的效应。

人口迁移的正面效应表现在：第一，人口迁移引起了人口分布和人口结构的变化，有助于提高人口素质。在工业社会，人口的自发式迁移以市场为导向，以供求关系决定劳动力的流向，它主要表现在农村人口向城市的迁移。迁移一方面减少了近亲和同族间的通婚，在迁移途中由于优胜劣汰增强了人口的素质；另一方面，迁移者对城市新知识的学习和吸收有助于提高人口的素质。第二，人口迁移会推动工业化的发展。人口迁移为工业化的发展提供了充足的劳动力，劳动力供给的增加造成的工资较低的优势支持了早期的工业化发展。另外，劳动力供给

---

① 李仲生．2006. 人口经济学．北京：清华大学出版社：181.

② 林友苏．1987. 人口迁移理论简介．人口研究，(2)：55～57.

的增加又有利于分工和专业化水平的提高，从而极大地推动工业化发展。第三，人口迁移有助于产业结构的优化。随着经济的发展，产业结构不断优化，第一产业所占比重缩小，第二、三产业所占比重上升，特别是第三产业所占的比重以更高的速度增长。而产业结构的转移很大程度是由劳动力在产业间的转移实现的。经济刺激下的人口迁移，使劳动力从第一产业流向第二产业，再流向第三产业，从而调整了产业结构，加快经济的转型。

人口迁移对迁入地和迁出地也会带来负面效应，表现在：第一，人口迁移改变了劳动力市场的结构，使迁出地的劳动力减少，而对落后地区而言，较高素质劳动力的流出，降低了本地的科技含量和创新能力，从而阻碍了当地经济的发展。此外，需要引起注意的是现代社会的国际迁移。国际迁移对于迁入国和迁出国都各有利弊，最常见的是发展中国家的大量人才向发达国家的迁移形成的“智力外流”，也产生了“技术逆转移”，影响了迁出国经济发展的速度。第二，人口城乡间的迁移会产生相应的社会问题，如城市就业的压力增加、城市贫民窟的出现、城市犯罪问题的加剧，以及交通、住房等方面的压力加大，即出现所谓的“城市病”。第三，人口迁移改变了人口的区域分布，使得迁入地的人口规模急剧扩大，带来环境的不可持续发展。受自然条件和社会经济条件的限制，人口承载力和环境承载力在一定时期内存在一个最优值和一个最大阙值，大量外来人口的迁入有可能会打破人口与环境的平衡甚至突破环境阈值，带来环境和生态问题的恶化，破坏自然生态系统，如中国历史上几次人口南迁，他们的垦荒辟地加重了黄土高原的水土流失。因此，在人口迁移中必须将环境因素置于重要的地位并加以重视，以促使其形成良性循环。

总之，人口迁移效应是社会、经济与环境等因素综合作用的结果，相互间的影响是复杂的多元关系，只有将各环节和各因素作为一个有机联系的整体加以系统分析和研究，才能得出更科学的结论和更客观的评价。

专栏 3-1　20 年农民工迁移史

绝大多数经济学家认为，1989 年发生在中华大地上的农民工大规模的迁徙是当代中国历史上第一波民工潮。

1989 年初春，几百万农民南下爆发性集聚流动，成为“民工潮”爆发的标志性事件，交通部门不堪承受，社会舆论为之哗然。

20 世纪 80 年代中后期，沿海出现了以乡镇企业为主体的工业化浪潮，它们对劳动者的需求量不断上升。一些终年劳作却不得温饱的农民，不甘于低下的土地回报率，开始到城市特别是沿海城市寻找“副业”，贴补家用。

1984年，中央一号文件规定“允许务工、经商、办服务业的农民自理口粮到集镇落户”，20多年苛刻的城乡隔绝体制终于有所松动。1985年，国务院提出允许农民进城开店、设坊和兴办服务业，并提供各种劳务的经济政策，打破了对农民“离土不离乡，进厂不进城”的限制。政策的松动，使地域流动的闸门骤然开启，民工潮迅速兴起。到1989年，全国外出务工人员已达3000多万人，很多地方开始有组织、成规模地向外输送劳动力。

1992年，恰逢邓小平南行讲话后大力发展开发区，加之城市粮食供应制度的取消，突然出现4000万农民工进城务工。到了20世纪90年代中后期，伴随香港回归，港澳台制造业开始向广东大规模转移，廉价的劳动力、优质的基础设施和巨大的消费潜力也使中国沿海地区成为国际制造业转移的重点承接地，这些因素都促使了民工潮再次涌起。农民工流动的数量每年以800万～1000万的速度增加，在城市的农民工的总数最多时有1.2亿。

1998年以后，东南亚的金融危机使周边国家或地区的“世界工厂”地位受到重创。中国不仅没有卷入那场灾难，反而通过出口导向战略的实施，使珠三角和长三角幸运地成为承接产业转移的地带。出口导向战略的实施，改变了整个中国工业的布局和农民参与工业化的进程。短短的几年时间，乡村工业化从遍地开花的“村村点火、户户冒烟”，迅速向珠三角和长三角两大经济带集中。中国农民参与工业化的进程，也变成了沿海地区的农民吃地租、广大中西部地区的农民此起彼伏地流向这两片经济带进入产业大军的进程。

新形势下的民工潮出现了一些新的特征：农民工不再是暂居城市，而是长期居住，居住的时间也在不断地延长，并且有举家迁移的倾向；新生代农民工几乎没有务农经历，对城市的认同超过了对农村的认同；农民工维权意识觉醒，开始诉诸法律和舆论维护自己的权益。

2004年春节之后，由于农副产品价格上涨，导致农民工回流，广东、福建、浙江等东南沿海经济发达地区开始出现“民工荒”；进入下半年，一些一贯是农民工输出地的内陆省份也出现了企业招工难的现象。2005年，民工潮再次兴起。新一轮民工潮一直延续到2008年下半年。

随着金融危机的到来，押宝于出口导向的沿海中小企业纷纷倒闭，民工潮黯然消退。在农民工云集的东莞，昔日的繁华景象不再。2008年11月初的一天，数千名群情激愤的工人冲进韦旭鞋厂的厂房，疯狂而绝望地将任何值钱的东西七零八落地拆卸走，只留下一地的垃圾、杂物和制鞋材料。曾经热火朝天的生活被彻底改变了。2009年春节前，大批农民工因企业倒闭提前返乡。就此，激荡20年的民工潮陷入低潮。如同每年的“民工潮”一样，这个群体每次迁徙都会给人们带来诸多忧虑，习惯了用农民工支撑的中国外向型经济，突然间出现了“无米为炊”的现象，不能不使人忧心忡忡。

资料来源：东润．2009. 20 年农民工迁移图谱及身份演变史．政工研究动态，(4)：20～21.

本章小结

微观人口经济理论是指运用微观经济学的分析方法来研究人口经济问题的理论，本章将其概括为三大部分，即生育率的经济分析、现代人力资本理论和人口迁移的经济分析。首先，从家庭这一微观视角出发，用莱宾斯坦的成本-效用分析和贝克尔的孩子数量-质量替代理论模型分析了影响家庭生育决策的因素；其次，从人的重要性角度出发，对人力资本理论的发展脉络进行了梳理，从其理论的产生，到发展的新趋势，再到对国内学者的研究现状进行了相对系统地论述；最后，从人力资本的流动角度探讨了人口迁移问题，从人口迁移规律的总结出发，然后用推拉理论、刘易斯-费-拉尼斯模式及托达罗模型等经济理论从微观视角解释了人口迁移的原因和特点，最后分析了人口迁移对人口、资源、环境及经济发展产生的正面与负面效应。

这三部分理论各有侧重：生育率的分析侧重于对影响人口数量的因素进行理论上的解释；人力资本理论侧重于人口质量方面的探讨，关注个体；人口迁移理论则是从行为人的理性经济活动角度分析了人口对空间环境的选择。三者同时又彼此相联系，统一于人口理论这一大框架之下，并共同运用微观经济学的分析方法对理论加以阐释。

人口理论的微观研究不仅仅着眼于经济学意义，同时也是与资源、环境等外部因素相互作用的。一方面，随着社会的发展和生产力水平的提高，人具有了改造自然的能力，人口生育率、人力资本的水平和人口迁移行为都会对周围的生态环境产生直接或者间接的影响，人作为能动的主体具有对自然环境、生态系统强大的影响力；另一方面，人的发展又受制于自然生态的约束，人口的生育水平、人力资本的发挥和人口迁移的进行都在很大程度上取决于外部的资源和环境条件。因此，对于人的发展而言，人口问题的研究都必然是跟整体世界相互联系的，必须将这一问题置于整个生态系统中来讨论。人终归是自然界的人，人只有认识自然，遵从自然，与自然相互协调，才能实现更好的和更长远的发展。

➢关键概念

边际孩子合理选择理论　高质量的孩子　人力资本　新增长理论　人口迁移

人口推拉理论　传统部门　人口迁移　人口迁移效应

➢思考题

1. 请用莱宾斯坦和贝克尔的观点解释发达国家和发展中国家的生育现象。
2. 请从人力资本理论的角度分析教育的意义及过度教育的出现说明了什么。
3. 根据我国的实际情况，分析如何制定农村人口流动政策。
4. 简述人口迁移对迁入地和迁出地产生的各种效应。

第4章 宏观人口经济理论

宏观人口经济学从宏观的角度研究人口变量与资源、环境及经济发展变量的多方面直接的或间接的关系。其焦点主要集中在以下几大主题：人口数量增长及质量的提高、城市化、老龄化等诸多变量对资源、环境及经济发展的效应。同时，资源、环境及经济发展也通过各种途径对人口增长、人口素质、人口分布和人口结构产生深刻的影响。

4.1 宏观人口经济分析

4.1.1 人口数量增长的压力

1. 人口数量增长对自然资源的压力

资源是指存在于自然界中，在一定的生产力和技术水平下，能被人类利用于生产和生活的自然物质和能量，它是人类赖以生存和发展的物质基础，是人类生存和发展的支撑保障系统。然而，人口增长的后果是不断给资源增加压力。资源有一个“可持续性界限”，有一定的承载力，它是全世界或一个国家和地区在不降低其未来支持人类生存的能力的情况下，能维持生存的食物水平供养的最大人口规模。

20世纪50年代以后产生的“人口压力”说主要强调了人口数量增长对自然资源和生产能力的压力，它基本上延续了马尔萨斯人口理论中一些引起争论的问题，如人口与土地承载力的关系、人口与经济增长及生活水平提高的关系等。这些理论与西方传统的人口过剩理论有很多共同点：都认为人口过剩是人口生殖力超过经济负荷力的结果；人口数量过快的增长会对经济的发展和社会的进步形成巨大的压力。该理论认为人口压力促使土地的生产能力下降。福各特于 1949 年出版的《生存之路》是当时这种观点的代表。他从农业经济学和农业生态学的角度，论述了人口数量增长和土地负载力之间的关系，认为正是这些关系造成了许多矛盾和困境，而这些矛盾和困境集中在人类滥用土地等方面。他提出一个表示人口与土地资源关系的公式：$C=B/E$，其中，C 代表土地负载的能力，即土地向人类提供生产资料的能力；B 代表生物潜能，即土地上的绿色植物为人类提供住所，尤其是粮食的能力；E 代表环境阻力，包括所有自然环境和人工环境对生产能力施加的限制。通过一系列的论证表明：C 与 B 成正相关的关系，而与 E 成负相关的关系。由此得出，人口和土地压力的增加有可能严重危及人类的生存。

我国土地资源总量丰富但人均占有量贫乏。根据国土资源部公布的数据，我国耕地、林地和牧草地总量在 2006 年分别高达 18.27 亿亩、15.14 亿亩和 47.37 亿亩，分列世界第 4 位、5 位和 2 位，但人均占有量约分别为当前世界平均水平的 38%、31%和 35%。以耕地为例，我国一直以不到世界 7%的耕地养活着世界 22%的人口。从 2004～2006 年，我国的耕地面积由 19.51 亿亩减至 18.27 亿亩，成为世界上耕地资源消耗速度最快的国家之一。而随着人口的不断增加，我国人均耕地面积也在迅速下降。在人口总量持续增加的同时，人们的食物消费结构随着生活质量的提高也有很大的改善，从而加剧了当前并未得到妥善解决的粮食安全问题。以人均 400 千克计算，在当前生产技术未取得重大突破的前提下，农业部门必须保证在 2020 年有 17.7 亿亩耕地用于粮食生产。粮食安全压力长期存在并可能加剧，这对耕地利用提出了更高的要求。因此，要保持人口和土地的平衡，首先要控制人口数量增长的速度。

人口的迅速增长也给淡水资源带来了巨大的压力。随着工农业的发展和城市化的推进，人们对人类赖以生存和发展的淡水资源的需求量不断增加。但是淡水资源是有限的，人口的迅速增长进一步加剧了淡水资源供求关系的不平衡。虽然地球有 70.8%的面积为水所覆盖，但其中 97.5%是咸水，无法直接饮用，而剩下的 2.5%的淡水中，却有 87%是人类难以利用的两极高山冰川。据统计，目前世界上大约有 15 亿人口面临淡水不足的困境，其中 29 个国家的 4.5 亿多人口完全生活在缺水状态中。预计到 2025 年，全世界将有近一半的人口生活在缺水地区。

人口数量增长对自然资源的压力还表现在燃料和能源方面。一方面，消费自然资源的人口数量大大增加；另一方面，生活水平的提高也扩大了自然资源的消费量。而且，人类对自然资源的过度开采与使用，使两者的矛盾更加尖锐。世界性“能源危机”和“人口爆炸”的结合使问题更加复杂化。

2. 人口数量增长对生态环境的压力

人口数量的急剧增长对生态环境造成的压力可表现在两个方面：一是生态系统的良性循环受到干扰和破坏；二是环境污染加剧。在巨大的人口压力下，人们对土地、淡水、森林、矿产等自然资源进行了掠夺性地开发。由于违反了生态经济学法则，造成了森林萎缩、草原退化、土壤侵蚀、土地沙化、生态失调、自然灾害加剧、野生动植物灭绝等一系列问题，使人口本身的消极方面上升到主导地位，成为阻碍人类自身生存和发展的不利因素。人类生产和生活活动所排放的大量废弃物也造成了严重的环境污染。20世纪中叶以后形成的人口生态理论从人口数量增长问题入手，系统地研究人类与其生存环境的关系问题。早期在这方面有影响的著作是美国人口生态学家埃利奇夫妇的《人口·资源·环境》一书。他们指出人类只有一个地球，地球是一个有限的空间，它不仅是人类唯一的生存环境，而且是和其他生物群体共享的。人口数量的过快增长破坏了生态平衡，使人类陷入困境，形成了严重的人口-社会经济问题。危机正逐步演变为世界性的，如大气污染、土地生产力退化等，其原因在于：发展中国家的人口数量无限制的增长已经超过了地球的物质和生态环境的承载力；发达国家则存在全球性的、严重的环境污染和对自然资源掠夺性的过度开采。地球的生态系统已经遭到破坏，大气污染使气候控制系统趋于失灵。更有甚者，人类为争夺自然资源还不断地制造原子弹与生物武器。

人类对生态环境的最大破坏是造成环境污染。热污染、化学污染、噪音污染、流行病蔓延等，都是人类破坏环境和违反生态运行规律的结果。按照生态学的基本原理，动植物和微生物共同构成生物群体和生命系统，同时又和物质环境构成生态系统。在这一系统内部，生命系统和环境系统的联系是通过食物链这一渠道，以能量流和物质流两种循环形式实现的，这种循环在一种缓慢的、和谐的平衡状态下沿着单一的路线行进。人类的一些活动，如建筑、开采等，会改变和破坏一些系统的自然平衡。当人类活动范围小、破坏能力弱时，生态系统的自然平衡还能在一定程度上得到恢复；一旦人类的破坏能力达到一定的强度时，将使生态系统受到彻底的破坏，从而造成生态环境的恶化。例如，我国由于过多的人口数量增长及对自然资源的过度开发和不合理利用，使得在物质财富或服务性的生产和消费中产生的残渣和废弃物日益增多，导致生态系统遭到破坏，环境恶化。近十年来，我国一些主要工业城市的大气污染程度已经比伦敦、东京等国外大城市要严重得多。

对大气的污染和破坏也使“温室效应”增大，从而导致全球气候变暖。“温室效应”是与人口数量的迅速增长相关的。据估计，全球平均气温将以每10年0.3摄氏度的速度升高，平均海平面每10年将会升高6厘米。“温室效应”还会使现有的农业耕地在一定程度上失去作用。总之，随着人口数量的迅速增长，人为增加的温室气体排放的危机是不可逆转的。

3. 人口数量增长对经济发展的压力

关于人口数量增长与经济发展的关系，经济学家和人口学家提出了各种理论。早期的研究都偏重于人口数量增长对经济进步和世界文明的积极作用，认为历代最高的文明是表现在那些人口最稠密的地区。乐观主义的观点是随着发达国家人口问题的转型逐渐形成的，它成熟于20世纪60年代。库茨涅茨认为，人口数量增长是与稳定的或相对提高的人均产品一同实现的；克拉克指出，从长期看，增长着的人口数量可能比非增长的人口数量更能促进经济的发展；舒尔茨认为，人口稠密的西、北欧尽管资源匮乏，但由于重视了人力资本的投资，经济发展仍取得了很大的成就。

但是，随着世界人口数量的加速增长和许多人口众多的文明古国的衰落，人口规模在现代已不再是一个国家富强与繁荣的标志，反而被认为是造成社会动乱和发展停滞的主要因素。悲观主义的观点主要形成于20世纪50～70年代，主要研究人口数量增长对资源、环境的破坏和对经济的阻碍，如纳克斯的“贫困恶性循环理论”、福格特的“资源耗竭论”等，都把人口看做经济持续增长的阻碍力量。美国社会学家赫茨勒是当代较系统地从社会学角度论证人口问题的学者之一，他于1956年出版的《世界人口的危机》一书把人口要素的变化看做是社会文化变化的结果，特别是现代化发展过程影响的结果。他认为“人口危机”是现代化发展水平低的表现，也是阻碍社会稳定与进步的重要因素。他还分析了一个国家社会经济不发达和人口压力之间的内在联系，认为对于还处在现代化初级阶段的或者现代化刚刚起步的国家来说，不发达和人口压力是并存的。现代的人口压力已经不同于传统农业社会的人口压力，农业社会可以用粗人口密度表示人口过剩，而现代人口过剩则包括多种含义，它包括特定国家、特定时期的人口与资源、利用资源的手段，以及分配之间的种种关系。因此，人口过剩主要以经济发展的需要为标准，以人均收入和人均产量的最大值，即经济适度人口为测量尺度，同时考虑其他社会福利因素。

现在绝大多数经济学家都认为过快的人口数量增长阻碍了不发达国家自身的发展和现代化进程。由于人口压力过大，科技进步和经济发展的成果几乎被新增的人口消耗掉，使经济上绝大部分的努力只能用于消费，而不能用于发展生产；人口数量增长快、新增人口多和人口的年龄构成轻，不仅使抚养负担系数和文盲率上升，而且会增大未来劳动人口的比重和教育费用的开支；人口数量过快增长会使新增劳动力人口增加，从而加重失业现象。社会生产顺利进行的必要条件是生产资料与劳动力相结合，劳动人口实现充分就业只能出现在劳动人口被足够的生产资料吸收的时候。如果劳动力的供给超过了生产的需要，就会出现一部分劳动力资源与生产资料相分离，导致大量的劳动力面临失业。因此，对大多数发展中国家来说，放慢人口数量增长的速度有利于本国经济的发展。

总之，人口数量增长有两种经济效应：在经济资源充足的条件下，大量的人口不仅能形成规模经济，而且在一个国家面积确定时，较多的人口意味着人口密度较大，这样可以有效地降低交易成本，从而有利于经济的增长。以英国为例，人口数量的增长是英国工业革命的真正动因。这场革命于 1759 年开始，但到 1830 年以后才真正启动，原因就是英国人口由 1800 年的 1600 万增加到了 1950 年的 5000 万，新增的人口不仅为生产提供了充足的劳动力，而且形成了一个巨大的消费市场，从而使英国能够真正开始现代化历程。但在经济资源相对短缺的条件下，人口数量的过快增长反而会抑制经济的发展。20 世纪后期以来，大多数发展中国家出现了经济的低水平与“人口大爆炸”并存的局面，劳动力的大规模增加已经远远超过了经济所创造的就业机会，从而引起人力资源的大量闲置，出现各种类型的失业，经济处于更加低迷的状态，甚至出现了负增长。因此，人口数量过多，不一定阻碍经济的发展；相反，人口数量过少，也不一定会导致经济增长缺乏动力。一个国家的人口数量增长速度应与经济发展的水平相适应，与生态系统相协调。

4.1.2　人口质量提高的作用

人口质量也称人口素质，它包括人口的个体素质和社会人口素质。个体素质由身体素质、文化科学素质和思想道德素质构成；社会人口素质依赖于个体素质，并与个体素质的高低比例有关。舒尔茨认为，人口质量可以分为先天赋予和后天获得两大类。各国人口的先天能力是接近的，但后天获得的能力却有较大差别。各国人口质量高低的差异，主要取决于人们后天的努力程度和学习能力。随着工业经济向知识经济的转变，人口质量被看做是决定一个国家的综合国力的关键因素。

首先，人口质量的提高是经济增长的主要源泉。一国劳动力素质的形成与人口质量的形成存在直接的对应关系，如果人口数量不变，由人口质量的提高带来的劳动力素质的提高和智力资源的增长，使劳动力的资源量也相应增长，即一个国家或地区的人口质量较高，劳动力资源的质量也就越高。人力资本理论的创始人舒尔茨使用人力资本的概念，论证了人力资本投资是经济增长的主要源泉，并对许多传统资本理论无法解释的经济现象进行了分析，为经济学研究注入了新思维。他指出，在经济发展过程中人力资本的投资收益率要高于物质资本的投资收益率。他认为单纯从自然资源、实物资本和劳动力的角度，并不能解释生产力提高的全部原因。人力资本在经济增长中起着决定性作用。20 世纪 80 年代以后出现的新增长理论将人口质量的因素作为经济增长的内生变量，认为长期经济增长不是来自自然资源、物质资本投资和单纯的规模扩大，而是来自人口质量的提高所带来的技术进步。建立在知识生产和人力资本投资基础之上的技术进步不仅带动产出的增长，而且通过知识积累和人力资本积累的外部效应来提高劳动力、自然资源和物质资本等各要素的生产率，并消减这些要素同边际收益递减的内在联系，以获得规模递增的收益，从而保证经济的长期增长。

其次，高质量的人口是实现人口、自然资源、生态环境与经济可持续发展的原动力。传统的、依赖物质资本投入的增长方式，是以消耗自然资源为经济增长的代价的，其后果是对自然资源的过度开采和对人类的生存环境的巨大破坏，并对人类的生存和健康造成威胁。同时，由于自然资源并非取之不尽、用之不竭，单纯依靠自然资源的投入作为推动力的经济增长，必然会因受到资源禀赋的制约而缺乏潜力和后劲支撑，并随着资源的紧缺而停止和衰落。因为人自身的潜能是无限的，知识积累具有无限性，所以人的生产能力的开发和发展是动态无限的。因此，人口质量的不断提高是实现人口、自然资源、生态环境与经济可持续发展的原动力：其一，劳动力文化素质的提高，意味着劳动者有丰富的知识和经验，这将提高人们对事物的洞察力，降低人与自然的摩擦；其二，能够使劳动者的教育水平和技术水平得到提高，有利于技术的创新，从而在不增加要素投入的情况下引起产量的扩张；其三，人口质量的提高过程就是文明程度的提高过程，从而劳动者的社会责任感得到相应的提高，价值观念也朝着有利于经济良性发展的方向转变。总之，只有以提高人口质量为基础，依赖科技进步实行集约型经济发展模式，才能最终实现人口、自然资源、生态环境与经济可持续发展的良性循环。

专栏 4-1 新中国人口政策回顾与展望

新中国是在半殖民地半封建社会的基础上建立起来的，封建社会“多子多福”的传统观念影响深远。1953 年全国人口普查，出生率上升到 37.0%，死亡率下降到 14.0%，自然增长率创下 23.0%的新高。这表明，在短短的 3 年国民经济恢复时期，我国人口再生产类型就完成了由“高出生、高死亡、低增长”向“高出生、低死亡、高增长”的转变，随后迎来第一次生育高潮。这种情况引起了党和政府的关注，毛泽东同志在党的八大三次会议（扩大）的讲话中，提出抓人口问题“三年试点，三年推广，四年普遍实行”的设想，展露出新中国人口政策的雏形。1957 年 7 月 5 日的《人民日报》发表了马寅初的“新人口论”，他分析了人口增长过快同经济社会发展的矛盾，主张控制人口数量、提高人口质量，这些主张曾受到毛泽东等中央领导同志的赞扬。但是，1957 年反右派斗争，将适当控制人口增长当做马尔萨斯人口论批判，进而形成了“人口越多、劳动力越多、积累越多、发展越快”——人口越多越好的理论教条，人口问题成为无人敢于问津的“禁区”。虽然 20 世纪 60 年代前期，中央领导同志和有关文件曾提及控制人口和实行计划生育，但没有真正贯彻下去。在“文化大革命”期间，人口和计划生育工作处于停顿、半停顿状态。

进入 20 世纪 70 年代，全国人口突破 8 亿。70 年代后期，面对经济短缺、人口和劳动力过剩的严峻形势，中央领导同志多次强调控制人口增长、加强计划生育工作。1971 年国务院批转《关于做好计划生育工作的报告》，把控制人口增长的指标首次纳入国民经济发展计划。1973 年提出“晚、稀、少”，强调核心是“少”，遂演变为“一个不少，两个正好，三个多了”的生育政策。1978 年国家明确提出“提倡一对夫妇生育子女数最好一个、最多两个”，并将“国家提倡和推行计划生育”写入宪法。1979 年 12 月，国务院计划生育领导小组办公室在成都召开工作会议，提出“提倡一对夫妇最好生一个孩子……这是我国目前人口发展中的一个战略性要求”。

1980 年 3～5 月，中央连续召开 5 次人口座谈会。与会者认为，中国人口太多了，应当尽快将生育率降下来，实行一对夫妇生育一个孩子的政策，并对生育一个孩子可能遇到的问题及如何解决进行了讨论。座谈会向中央书记处提交的报告和中央关于控制人口增长的“公开信”，体现了上述基本精神，奠定了 20 世纪 80 年代以来我国生育政策的基调。它的基本点是：国家干部和职工、城镇居民除特殊情况经过批准者外，一对夫妇只生育一个孩子。农村普遍提倡一对夫妇只生育一个孩子，某些群众确有实际困难要求生两个的，经过审批可以有计划地安排。不论哪种情况，都不能生三个。少数民族也要提倡计划生育，要求可适当放宽一些。

进入 20 世纪 90 年代，一方面生育率进入更替水平以下，人口控制任务已经不像以前那样紧迫了；另一方面中国开始实行市场经济体制，计划经济体制下的人口控制方式和方法已经不能适应市场经济体制的要求。更重要的是市场经济条件下国家法制建设的加快和人们法制意识的增强，开始强调人的权利和以人为本的理念，从而导致以往的计划生育理念、工作方式和方法与新的社会理念和市场经济体制不相适应。为了适应这种变化，计划生育工作也不得不实行改革。在理念转变的同时，工作改革朝着两个方向进行：一是努力实现工作方式和工作方法的两个转变，除了继续推行以行政制约为手段的直接调控外，增加了以利益导向为手段的间接调控，并对人口进行综合治理；二是拓宽计划生育工作的内容，在管理的基础上增加了服务的内容，如知情选择、计划生育优质服务等。如果说 20 世纪 90 年代以两个转变为核心的改革是计划生育工作第一阶段的改革的话，从 2000 年开始的“综合改革”应该被称为第二阶段的改革。

30多年以来，中国的计划生育政策对于遏制中国的人口增长、促进国家进步起到了关键性的作用。但是，近年来，这一政策所导致的人口老龄化、男女性别比例失衡和独立子女家庭问题多等负面影响开始凸显。“计划生育政策何去何从”已成为国人关注的热点。为此，为解决人口老龄化等社会问题，有人提出应该鼓励人口生育，比如据行“奖一、放二、禁三”的政策，即适度放宽人口生育政策，以保障我国经济和社会持续快速发展。但有的人却认为放宽计划生育政策无助于解决人口老龄化问题，我国计划生育政策非但不能放宽，相反，应该更严格执行。从惠民和福利的角度出发，计划生育政策未来的发展方向可能有以下几个：一是从限制型政策向鼓励型政策转型，2000年以后，计划生育政策的新转型已经开始把“奖优免补”作为未来工作的重点；二是从单一人口政策向宏观社会经济政策引导转化，比如利用养老政策、教育政策、社会和福利政策等配套措施去引导个体内在的控制生育愿望；三是着重建立强调保障与福利的利益导向性机制，实现惠民政策与计划生育优先优惠政策的衔接和配套，加快建立和健全政府为主、社会补充的人口和计划生育利益导向政策体系。

资料来源：田雪原．2009. 中国人口政策60年．北京：社会科学文献出版社：153～237；包雷平．2009. 中国计划生育政策50年评估及未来方向．社会科学，(6)：67～77.

4.2 人口分布与城市化

4.2.1 人口分布的经济分析

人口分布是在一定时间点上，人口在地理空间上的分布状态。具体而言，是人口在地理空间上由点到面的聚集、扩散和变动，是人口现象在地理空间的组合与联系。人口分布不仅指人口数量的分布，而且包括其他人口现象在一定时间内的地理分布状况和变动情况，如人口的数量、质量和结构，各类地区总人口的分布，以及某些特定人口（如城市人口、民族人口）、特定的人口过程和构成（如迁移、性别等）的分布等。

人口分布与资源、环境及经济可持续发展之间存在着紧密联系：一方面，人口分布受自然环境因素和社会经济因素的制约；另一方面，人口分布又对自然环境和社会经济发展产生重要的影响。

自然地理环境对人口分布所施加的影响表现在：一是通过对人口居住所提供的便利与所施加的限制；二是通过对生产所提供的便利与所施加的限制。由于自然地理环境的各个因素在地球表面的差异性，各种因素在某一地区的不同组合对人口分布所提供的条件就大不一样。当今世界上人口分布的不平衡，在很大程度上是由于自然地理条件所施加的种种影响造成的。气候条件是自然环境中极其重要的因素，它影响着人类的生产和生活，也影响着人口分布。人类最初起源于热带，是因为只有在热带才有利于人类生命的繁衍，才能获得丰富的天然食物，才能避开寒冷的威胁。地势地貌对人口分布的影响也是显著的。海拔高低影响着人口的垂直分布，地形的崎岖程度、坡度的缓陡和坡向的阴阳，对人口分布都有影响。水是人类生存和进行生产活动最基本的物质条件之一，因此水资源的分布对人口分布影响极大。古代文明的发祥地基本上都是在河流和湖泊沿岸，近代和现代的居民点和工业分布，更明显地依赖于水资源所提供的水、动力和航运条件。

工业革命以来，随着生产力水平的不断提高，经济发展的水平和经济结构的地区分布，对人口的发展与分布起着决定性影响。现代工业和交通运输工具的发展，使得人口有可能摆脱对农业区的依赖，高度地集中到远离农村的大城市中来，从而加快工业化进程。脱离农业的产业结构变迁也决定着人口结构的地区分布，从而形成人口高度集中的城市与人口十分稀疏的农村的不匀称局面。但应该指出，当代世界各国生产力发展水平的高低，并不完全同人口密度的大小相一致：经济发展水平高的国家或地区，人口密度并不一定很大；而经济发展水平低的国家或地区，人口密度也不一定很小。这是因为现代化大生产的发展主要靠劳动生产率的提高，即主要靠劳动力质量的提高，而不是靠劳动力数量的增加。而且随着现代工业和交通运输工具的发展，一方面农业对人口分布已不再起决定性的作用，另一方面人口密度对经济发展的影响也相对减弱。随着社会的发展，技术水平不断提高，因此在不同的地域空间，人口分布的决定因素是可以发生变化的。总体来讲，随着人类改造自然和利用自然的能力不断提高，生存能力不断增强，自然因素作为决定因素的地域范围会不断缩小，而社会经济等因素决定的地域范围会不断地扩大。

人口分布又对自然环境和社会经济发展产生重要的影响。任何一个地区都必须有一定数量的人口，经济才能得到可持续的发展。但人口过密或过稀也不利于资源、环境及经济的可持续发展。人口过密，会增加其对自然资源与环境的压力，还会产生过剩劳动力，增加失业；人口过稀，劳动力不足，生产的发展就会受到影响，从而阻碍可持续发展。因此，人口的分布一般应与生产力的分布相适应，人口的数量、质量和密度应与生产力的发展水平相适应，否则就必然会延缓经济的发展。此外，人口密度的大小对地区的经济结构也有影响：一个人口众多、人口密度很大的国家或地区和一个人口稀少、人口密度很小的国家或地区相比，其经济结构有着巨大的区别，从而对经济发展也有不同的影响。一般地，一个地区若在自然、社会经济等方面具有比较优势，其必然具有较大的人口包容量，从而导致城市化水平高、人口密度大和农业劳动力人均耕地占有量低。

专栏 4-2 人口密度

衡量和测度人口数量分布状况的一个重要指标是人口密度，这是人口分布中最基本的指标。人口密度是指一定时间内单位土地面积上居住的人口数量，一般以人／平方千米（公顷）表示，用来反映人口分布的稠密程度，有助于认识人口数量分布的地区性差异，从而认识到人口数量分布的特征和规律。此外，还可以采用人口地域别比率、人口集中指数等一系列指标进行分析。

表 4-1 国土面积与人口密度

国家和地区	国土面积（万平方千米）	人口密度（人/平方千米）		
	2005 年	2000 年	2005 年	2007 年
世界		46.87	49.84	51.00
中国	959.8	135.37	139.86	141.52
中国香港		6 396.35	6 538.58	6 646.74
孟加拉国	14.4	1 071.17	1 177.55	1 218.19
文莱	0.6	63.28	70.94	73.86
柬埔寨	18.1	72.40	79.06	81.84
印度	328.7	341.69	368.15	377.82
印度尼西亚	190.5	113.86	121.75	124.55
伊朗	174.5	39.26	42.42	43.61
以色列	2.2	290.62	319.94	331.44
日本	37.8	348.07	350.54	350.54
哈萨克斯坦	272.5	5.51	5.61	5.73
朝鲜	12.1	190.57	196.13	197.52
韩国	9.9	476.13	489.15	491.55
老挝	23.7	22.63	24.54	25.39
马来西亚	33.0	70.84	78.08	80.81
蒙古	156.6	1.53	1.63	1.67
缅甸	67.7	69.78	72.95	74.19
巴基斯坦	79.6	179.12	202.07	210.65

续表

国家和地区	国土面积（万平方千米）	人口密度（人/平方千米）		
	2005 年	2000 年	2005 年	2007 年
菲律宾	30.0	255.60	283.62	294.77
新加坡	0.1	6 011.79	6 191.29	6 659.80
斯里兰卡	6.6	299.54	304.32	308.60
泰国	51.3	118.74	123.32	124.94
越南	32.9	249.58	268.02	274.58
埃及	100.1	66.83	73.18	75.81
尼日利亚	92.4	137.00	155.21	162.48
南非	121.9	36.23	38.61	39.18
加拿大	998.5	3.38	3.55	3.63
墨西哥	196.4	50.40	53.03	54.16
美国	963.2	30.80	32.36	32.92
阿根廷	278.0	13.48	14.16	14.43
巴西	851.5	20.59	22.09	22.65
委内瑞拉	91.2	27.56	30.13	31.14
白俄罗斯	20.8	48.22	47.12	46.76
捷克	7.9	132.95	132.46	133.76
法国	55.2	107.06	110.66	112.17
德国	35.7	235.71	236.46	235.88
意大利	30.1	193.63	199.27	201.88
荷兰	4.2	470.05	481.70	483.50
波兰	31.3	126.34	124.59	124.25
俄罗斯联邦	1 709.8	8.93	8.74	8.65
西班牙	50.5	80.69	86.94	89.90
土耳其	78.4	87.60	93.64	96.00
乌克兰	60.4	84.88	81.30	80.06
英国	24.4	243.43	248.94	252.28
澳大利亚	774.1	2.49	2.66	2.74
新西兰	26.8	14.41	15.44	15.79

资料来源：世界银行数据库 . 2008. http://www.chuandong.com/html/yearbook/inter09/excel/0206.xls [2008-6-9].

4.2.2 人口城市化的含义和发展进程

人类进入工业社会以后，人口分布最重要的变化就是人口由农村居住转向城市居住，城市人口数量增多尤其是占总人口的比重不断提高。所谓人口城市化，是指人口从农村地区向城市地区的迁移和集聚，即城市人口的聚集和增长所形成的城市人口占总人口的比重的增长过程。就其本质而言，人口城市化是指随着近代工业化过程而出现的乡村农业人口转变为城市非农业人口的过程，它不仅是乡村人口通过迁移向城市聚集变成城市居民的过程，而且是他们的职业非农化、生活方式和思想意识逐渐具有城市性的过程。城市化的内涵包括四个层次[①]：一是城乡人口分布结构的转换；二是产业结构及其布局地域结构的转换；三是传统价值观念向现代价值观念和生活方式的转换；四是聚居形式和集聚方式及其相关制度安排的变迁或创新。根据经济和社会发展的规律，城市化是一个国家走向现代化的必然选择，是社会发展的必然趋势。城市化水平的高低，是衡量一个国家经济进步和社会文明的主要标志。在研究城市化与经济发展的关系时，城市化的进程与工业化和经济发展的水平应趋于一致，城市化水平与经济发展呈现显著的正相关关系，从而推动经济发展。

从世界范围内城市化的发展进程来看，有学者根据西方发达国家的城市发展历史，将工业革命以来的城市化进程分为四个阶段：第一阶段是集中城市化，即工业革命至 20 世纪 50 年代这一阶段，表现为人口和工业向城市集中，许多国家发展成为城市国家。集中城市化出现了交通堵塞、环境污染、住房紧张等问题。第二阶段是城市郊区化阶段，即 20 世纪 50 年代至 70 年代这一阶段，表现为人口由拥挤的市中心向郊区逐渐扩散。Sullivan（1990）分析了人口郊区化的因素，其中包括城市居民的实际收入增长；公共汽车和私人汽车成为大众化交通工具，使交通更加便捷；“市中心病”的问题刺激居民向市郊迁移；厂商向郊区搬迁使就业机会市郊化；一些公共政策如郊区住宅补贴和市区郊区公路网建设等。总之，工商业逐渐郊区化，使郊区成为一个独立的区域。第三阶段是逆城市化阶段，即 20 世纪 70 年代以后，西方国家普遍出现了人口离开城市向农村转移的比郊区化更为分散的城市化现象。其出现的原因包括：第三产业中高新技术的发展导致了对资源和劳动的需求下降，对环境的需求上升；人们生活水平的提高使消费需求多样化发展，旅游度假和休闲健身的需要导致了很多为消费服务的城镇的出现。第四阶段是再城市化阶段，即 20 世纪 80 年代中后期，由于城市郊区化和逆城市化使城市中心衰落，政府进行市中心的复兴改造，通过改善环境吸引人口重新进城，从而出现了再城市化过程。从总体上来看，在人口城市化进程中，人

---

① 杨云彦 . 1999. 人口、资源与环境经济学 . 北京：中国经济出版社：128.

口分布的发展经历了由分散向集中，进而向外扩散，以及扩散当中有集中，集中当中又有扩散的人口的空间变动。

发展中国家的城市化进程和发达国家相比，具有起步晚、水平低和潜力大的特点。发展中国家的城市化进程可大致划分为三大阶段：首先是城市化的史前阶段，即第二次世界大战以前，这个阶段的发展中国家大部分或处于殖民地、封建专制社会，或处于农奴社会的统治之下，因此产业革命的兴起对这些国家的推动力很小，基本谈不到城市化问题；其次是发展中国家城市化的起步阶段，即第二次世界大战后到 20 世纪 80 年代，这一时期大部分发展中国家摆脱了殖民统治而成为主权国家，而且随着经济的发展，它们的城市化进程开始加快，在一些国家，人口迅速地向大城市集中，大城市发展的速度超过中小城市；最后是转型时期，即 20 世纪 80 年代以后至今，随着人口的高度集中，大城市向外扩散，出现了卫星城镇、都市区、都市群、都市带等特有的城市居住地。这个时期，发展中国家的城市人口比重已达到 40％以上，并对发展中国家能否从传统的二元经济过渡到现代化城市社会具有决定性作用。

相关链接 4-1　不同国家城市人口比重

从世界范围来看，由于各个国家的城市化进程存在巨大差异，不同国家的城市化程度不同，从世界银行公布的数据来看，不同国家城市人口比重如表 4-2 所示。

表 4-2　不同国家城市人口比重　（单位：％）

国家和地区	2000 年	2004 年	2005 年	2006 年	2007 年
世界	46.7	48.3	48.7	49.1	49.5
中国	35.8	39.5	40.4	41.3	42.2
中国香港	100.0	100.0	100.0	100.0	100.0
孟加拉国	23.6	25.3	25.7	26.2	26.7
文莱	71.1	73.0	73.5	73.9	74.4
柬埔寨	16.9	19.1	19.7	20.3	20.9
印度	27.7	28.5	28.7	29.0	29.3
印度尼西亚	42.0	46.9	48.1	49.2	50.3
伊朗	64.2	66.4	66.9	67.4	67.9
以色列	91.4	91.6	91.6	91.6	91.6
日本	65.2	65.8	66.0	66.2	66.3

续表

国家和地区	2000 年	2004 年	2005 年	2006 年	2007 年
哈萨克斯坦	56.3	56.9	57.1	57.4	57.7
朝鲜	60.2	61.3	61.6	62.0	62.3
韩国	79.6	80.6	80.8	81.0	81.2
老挝	22.0	26.3	27.4	28.6	29.7
马来西亚	62.0	66.5	67.6	68.5	69.4
蒙古	56.6	56.7	56.7	56.9	57.0
缅甸	28.0	30.1	30.6	31.3	31.9
巴基斯坦	33.2	34.6	34.9	35.3	35.7
菲律宾	58.5	61.9	62.7	63.4	64.2
新加坡	100.0	100.0	100.0	100.0	100.0
斯里兰卡	15.7	15.2	15.1	15.1	15.1
泰国	31.1	32.1	32.3	32.6	33.0
越南	24.3	26.0	26.4	26.9	27.4
埃及	42.6	42.6	42.6	42.6	42.7
尼日利亚	42.5	45.5	46.2	46.9	47.6
南非	56.9	58.8	59.3	59.8	60.3
加拿大	79.5	80.0	80.1	80.2	80.3
墨西哥	74.7	76.0	76.3	76.6	76.9
美国	79.1	80.5	80.8	81.1	81.4
阿根廷	90.1	91.1	91.4	91.6	91.8
巴西	81.2	83.6	84.2	84.7	85.1
委内瑞拉	89.7	91.8	92.3	92.6	93.0
白俄罗斯	69.9	71.7	72.2	72.6	73.0
捷克	74.0	73.6	73.5	73.5	73.5
法国	75.8	76.5	76.7	76.9	77.1
德国	73.1	73.3	73.4	73.5	73.6
意大利	67.2	67.5	67.6	67.8	67.9
荷兰	76.8	79.5	80.2	80.7	81.3
波兰	61.7	61.5	61.5	61.4	61.4
俄罗斯联邦	73.4	73.0	72.9	72.9	72.9
西班牙	76.3	76.6	76.7	76.8	77.0

续表

国家和地区	2000 年	2004 年	2005 年	2006 年	2007 年
土耳其	64.7	66.8	67.3	67.8	68.2
乌克兰	67.1	67.7	67.8	67.9	67.9
英国	89.4	89.6	89.7	89.8	89.9
澳大利亚	87.2	88.0	88.2	88.4	88.6
新西兰	85.7	86.1	86.2	86.3	86.4

资料来源：世界银行数据库. 2008. http://www.chuandong.com/html/yearbook/inter 09/excel/0407.xls [2008-6-9].

4.2.3 城市发展道路（模式）与可持续发展

1. 城市化与生态环境

城市化与生态环境之间相互作用、相互影响。一方面，一个国家或地区城市规模的扩大和城市化水平的提高离不开生态环境的支撑，生态环境条件的好坏直接对其区域城市化发展的速度和规模产生制约和反馈；另一方面，人类活动作用下的城市化进程的推进对生态环境产生压力，城市化不仅从生态环境中索取资源与能源，也源源不断地向环境排泄废物，因此区域城市化过程不可避免地要改善生态环境的结构和功能，进而影响其演变过程。

19 世纪末期，英国学者霍华德著述了《田园城市》，他试图用理性的规划方法来协调工业化、城市化与城市生态环境之间的发展问题。然而真正以专题的形式来研究城市化与生态环境协调发展是从 20 世纪中期开始的。20 世纪初，继芝加哥学派的人类生态学方法在城市健康、土地及社会分层研究中取得明显的成效以来，城市化与人类聚居环境的适宜度问题一度被列入联合国的 MAB 计划的子项目当中，其研究引起了世界性的广泛关注。著名的新古典经济学家皮尔斯（1990）根据城市发展的不同阶段，如起飞、膨胀、顶峰、下降、低谷等，分析了出现的主要的资源环境问题，并由此提出了著名的城市发展阶段环境对策模型。他认为城市发展与资源环境之间存在着一种相互作用的时序特征，因此环境的保护不仅在于相对适宜的环境策略，还应该有阶段性的环境规划和土地利用控制。

中国学者刘耀彬、李仁东等认为，城市化与生态环境的交互作用存在明显的阶段特征：第一，低水平作用阶段。最初城市化水平低，生态环境质量在自然环境的容量范围内，城市化发展对生态环境资源与能源的利用强度不大，对环境的破坏不明显。第二，强作用阶段。随着城市化水平的迅速提高，生态环境处于自然环境容量和不可逆环境阈值之内，城市化发展对生态环境资源与能源的利用强度逐渐加大，对环境的破坏也逐渐加强，使得生态环境呈现出急剧恶化趋势；当城市化发展由以数量扩展为主向以质量提升为主转化时，尽管该时期的城市化发展对生态环境资源与能源的利用强度依然很大，但由于环保技术水平的普遍提高，其发展对生态环境的改善具有明显的导向作用，此时如果区域环保政策执行严格、环保技术水平高，生态环境会向好的方向发展，反之生态环境恶化，从而二者的作用呈现出生态环境的质量向好转或恶化交替出现的态势。第三，协调阶段。该时期区域城市化水平已经很高，由于人们环保意识的深入和社会环保技术、生产技术的普遍提高，城市化与生态环境的交互作用相得益彰，生态环境质量一直处于自然环境的容量范围之内。西方国家的城市化与生态环境随经济发展演变的统计曲线验证了这一阶段性特征（图 4-1）①。黄金川、方创林（2003）也描述了类似的城市化与生态环境交互耦合的时序规律性（图 4-2）。

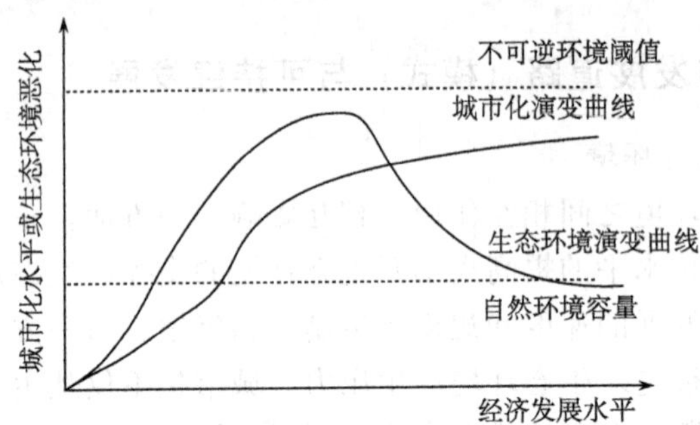

图 4-1 城市化与生态环境随经济发展演变的统计规律曲线

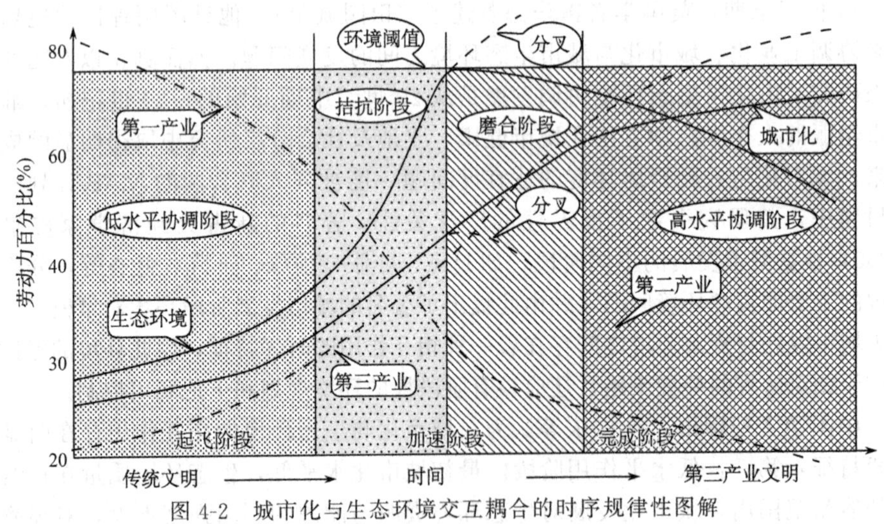

图 4-2 城市化与生态环境交互耦合的时序规律性图解

① 刘耀彬，李仁东，张守忠. 2005. 城市化与生态环境协调标准及其评价模型研究. 中国软科学，(5)：142.

2. 城市发展道路（模式）与可持续发展

从世界范围来看人口城市化的历史可知，世界人口城市化模式具有很大的差异性，不同的区域有着不同的发展模式。以我国为例，自 20 世纪 80 年代以来，我国学者根据研究成果，总结出了诸如温州模式、苏南模式、珠江模式等不同的模式。但就根本而言，人口城市化的模式可以分为两种，即以中小城市为主的分散型发展模式和以大城市为主的集中型发展模式。

在一些发达国家，随着城市化进程的加快，人口向大城市快速集中，人口的集中程度超过城市负荷，带来一系列难以解决的、被称为“大城市病”的问题，包括城市环境污染严重、交通拥挤、住宅紧张、地价上涨、犯罪率高等。这说明大城市模式不利于社会发展。而通过发展中小城镇，则会在一定程度上避免上述以大城市为主体的集中型城市化所带来的“大城市病”。例如，法国、瑞士、德国等国家，它们的产业相对均匀地分布在中小城市。法国虽然也有巴黎这样人口超过 1000 万的超级大城市，但它的中小城市也相当多，而且绝大多数人口都在 5 万以下。瑞士至今没有出现 100 万人口的城市，其政治、经济和文化中心分散在苏黎世、巴塞尔、日内瓦、伯尔尼等城市。基于此，就有学者提出，对于发展中国家而言，走分散型发展模式，即走发展中小城镇的道路具有更重要的意义：可以增加更多的就业机会，使农业富余劳动力向第二、三产业转移，从而避免大量农业富余劳动力向大中城市盲目流动；通过中小城镇带动农村第二、三产业的发展，有利于增加农民收入，缩小城乡差距；劳动力向中小城市或城镇转移，有利于扩大农业经营的规模，提高农业生产率，为实现农业现代化创造条件；有利于改善乡镇企业的布局，促进乡镇企业向城镇集中，从整体上优化农村经济结构，实现农村资源的合理配置；中小城镇的繁荣，会给农民带来一种崭新的生活方式，这种生活方式的改变有利于农村科学、教育和文化各项事业的发展，从而推动农村经济社会的进步。

支持集中型人口城市化模式的学者针对分散型的小城镇模式提出了反驳的观点：首先，大城市要素的集中和规模的扩大导致各种生产费用和交易成本降低，使各社会经济部门的生产效率提高，单位投入产出增加。同时由于各部门实体之间的相互影响，某一部门规模的扩大会产生外部效益。对于城市在文教、卫生、科技等公共设施上的投入，城市规模越大，使用的人越多，单位成本就越低，取得的效益也就越大。环境治理也和城市规模有关，需要一定的资金、技术、管理等方面的投入，只有城市规模扩大，经济实力达到一定程度，这些要求才能满足。其次，城市规模的外部效益，源于城市在区域中的中心作用，其主要表现在城市的聚集吸引作用、辐射支援作用、调节控制作用、信息示范作用等方面。城市规模越大，其中心地位越高，向外扩散的能力就越强，能够影响和带动周边地区的更快发展。而走小城市道路，会牺牲城市应有的聚集效益。再次，到目前为止，走分散化的小城镇道路基本上都是失败的。他们认为世界上采取鼓励发展小城镇政策的国家，都是为了避免大城市所产生的“大城市病”，但是从目前来看，绝大多数国家如印度尼西亚企图防止人口向大城市流动而走发展小城镇的道路都失败了。

对于以上两种发展模式，理论界在相互的争论过程中已将各自的缺点和优点研究得相当透彻，但孰是孰非，目前尚无定论。对于人口城市化道路的选择，并不是简单的一刀切问题，它取决于一个国家或地区的经济、社会、文化、历史因素及自然条件。如何根据自身的实际情况来选择合适的发展模式这一课题，还需要理论工作者和实际工作部门对此进行不懈的探索和努力。

现阶段，中国的城市化进程明显加快，即将进入高速城市化的阶段。但我国的城市化速度还需提高。我国的城市化率偏低，城市化的发展水平严重滞后于工业化的发展水平和经济的发展水平，城市化率偏低将成为制约经济发展、影响社会稳定和实现现代化的障碍，也将成为我国提高国家综合实力的巨大瓶颈。除此之外，我国城市化的结构规模与人口、经济规模也极不协调，中国的城市化规模明显低于世界水平，尤其是发达国家水平；而且中国的城市化还表现出城市的结构规模大，但城市的人口规模与经济规模都偏小的不协调现象。为此，我们应尽快适应经济全球化和信息时代的要求，将中国的城市化发展看做一个有机联系的整体系统，认真规划国家大城市的数量和规模，加强城市基础设施建设和第三产业的发展。此外，还要加快中小城市的城市化进程，重点提升城市建设的质量，特别是基础设施建设、城市服务业和社区建设力度。城市化战略设计必须克服“小城镇不优”的现状，并根据各地经济发展的水平选择各自合适的发展路径。另外还要改革户籍管理制度，逐步打破“二元结构、城乡分治、一国两策”的体制，积极引导，加强管理，实现人员自由流动，缩小城乡差距，从而加快实现城乡一体化的步伐。

4.3 人口转变与人口老龄化

4.3.1 人口转变理论

人口转变理论产生于20世纪30年代，盛行于60年代，是以人口发展过程及其演变的主要阶段为研究对象，第一次说明了人口与经济之间因果、互利关系的人口理论。人口转变，即人口革命，是指从一种人口再生产类型转变为另一种人口再生产类型，是人口再生产类型的质的飞跃，如发生在原始社会后期的由原始社会人口再生产转变为传统人口再生产；发生在产业革命时期的由传统人口再生产转变为现代人口再生产。它是随着生产力和科学技术的巨大发展而实现的。

人口转变模式基本上就是人口发展阶段（或类型）的划分，即使是不同类型的划分，其实质上也是反映不同阶段的划分。因此，人口转变模式的差异主要体现在不同阶段的划分上，它主要有三阶段模式、四阶段模式和五阶段模式。

1. 人口转变的三阶段模式

法国人口经济学家阿德尔费·兰德里在1909年发表的“人口的三种主要理论”一文中最先提出了人口转变的思想，划分了与经济发展相适应的人口发展三阶段，即原始阶段、中期阶段和现代阶段。这种划分的主要依据是经济因素特别是生产力对人口自然变动的影响。第一阶段是原始阶段，是生育无限制的时代，这个阶段的生产力水平很低，经济发展缓慢，人口数量和衣食等维持生存的必要生活资料密切相关，食物的多少是影响死亡率的关键因素，而死亡率又是影响生育率的关键因素，因此人口再生产基本上处于高出生率和高死亡率的阶段；第二阶段是中期阶段，是节育方法普及的时代，这个阶段的生产力得到进一步发展，经济发展较快，生产力所提供的生活资料已不限于维持最低生活，还包括舒适品和奢侈品，生产和消费的趋势已有变化，进而影响整个经济和需求的趋向，人们为了维持已获得的高质量的生活水平，往往晚婚或不结婚，从而影响生育率，人口增长缓慢；第三阶段是现代阶段，是人们自觉地限制家庭规模的时代，这个阶段的经济发展已达到很高水平，人们的生活水平普遍提高，生育观有了根本的改变，人们自觉限制生育，使人口再生产处于低出生率和低死亡率的阶段。阿德尔费·兰德里把上述三个人口发展之间的转变特别是向现代化的转变称为“人口革命”，这表明他认为不同阶段之间有质的不同。他提出的人口转变理论模式的主要依据是西欧特别是法国的人口资料，虽然还未形成成熟的理论体系，但他奠定了人口转变的三阶段模式的基础。

与此同时，美国社会学家、人口学家沃恩·汤普森（Warren Thompson）从区域差异的角度对人口进行了横向分析：第一类是具有较高出生率和死亡率的亚洲、非洲和南美洲的发展中国家；第二类是出生率和死亡率都下降但死亡率下降速度高于出生率下降速度的意大利、西班牙和中欧各国；第三类是出生率和死亡率都以很快的速度下降且出生率下降速度更快的西欧各国。汤普森的三阶段模式虽然比较注重分析出生率、死亡率和人口自然增长率的变动，但他仍局限于表象描述而没有对其原因进行深入分析，因此人口转变理论依旧处于奠基时期。

2. 人口转变的四阶段模式

美国人口学家弗兰克·华莱士·诺特斯坦在《人口变动的经济问题》等著作里，联系工业化的发展对自己原有的模型进行了修正，提出了四阶段理论模式：工业化以前的阶段、工业化的初期阶段、工业化进一步发展的阶段和完全工业化的阶段。四阶段模式更富有概括性，也比较近似地反映人口转变的历史过程。美国经济学家C.P.金德尔伯克（C.P.Kindelberger）和B.赫里克（Brace Herrick）在他们合著的《经济发展》一书中，也把与经济发展密切相关的人口转变过程分为四个阶段。他们的人口转变四阶段模式如图 4-3 所示。

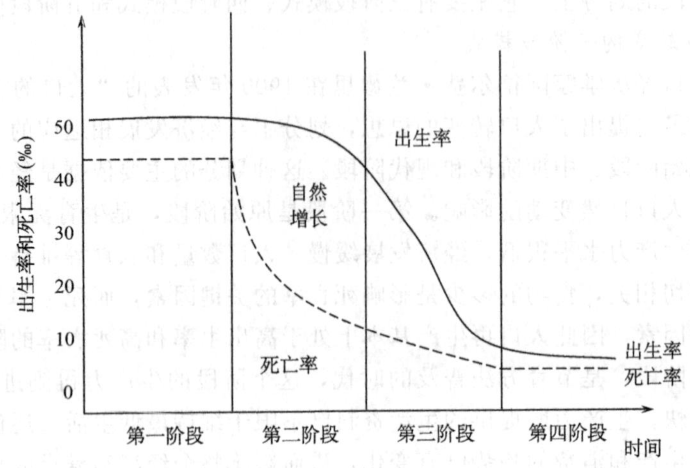

图 4-3 人口转变的四个阶段

第一阶段，出生率和死亡率都很高，人口再生产大体上不受控制，每年的死亡率变动极大；第二阶段，由于工业化加速发展、经济进一步的发展及医学卫生等技术的进步，死亡率开始下降，但出生率继续保持在原有水平，二者差距扩大，人口自然增长率逐渐提高；第三阶段，死亡率继续下降，但由于卫生支出收益进一步递减，死亡率下降速度放慢，而出生率同样下降，这反映了包括城市化、教育和更有效的避孕技术的综合力量，人口自然增长率仍然保持在很高水平；第四阶段，随着社会经济的发展，出生率和死亡率达到均衡，人口增长率又一次接近于零增长。上述模式表现了从高出生率和高死亡率的稳定人口，转变为低出生率和低死亡率的稳定人口的发展过程。

1990 年，联合国提出了新的四阶段划分方法，即以人口的出生率、死亡率、总和生育率（TFR）①、平均预期寿命等指标将人口再生产的类型分为四种：第一，转变前阶段（传统型人口转变）。其特点是高出生率和高死亡率，TFR 大于 6.5，平均预期寿命小于 45 岁，人口增长缓慢，属于传统型人口再生产类型。第二，前期转变阶段（过渡型阶段）。其特点是死亡率先下降，出生率后缓降，TFR 为 4.5～6.5，平均预期寿命为 45～55 岁，人口增速加快，属于过渡型人口再生产类型。第三，后期转变阶段（过渡型阶段）。其特点是出生率和死亡率都加速，TFR 为 2.5～4.5，平均预期寿命为 55～65 岁，人口增长速度回落，属于

① 总和生育率（TFR），即平均一个妇女一生所生育的子女的数量。当 TFR＝2.1～2.3 时，则达到更替水平，即维持人口的再生产水平。

过渡型人口再生产类型。第四，低出生率低死亡率阶段（现代型人口转变）。其特点是 TFR 小于 2.5，平均预期寿命大于 65 岁，人口低速增长，属于现代型人口再生产类型。

3. 人口转变的五阶段模式

英国人口经济学家查利斯·布莱克（Charles Blacker）于 1947 年最先提出人口转变的五阶段论模式，他以人口发展的五种类型来表现人口转变的五个阶段，即高位静止（high stationary）、初期扩张（early expanding）、后期扩张（late expanding）、低位静止（low stationary）和减退（diminishing），具体如图 4-4 所示。

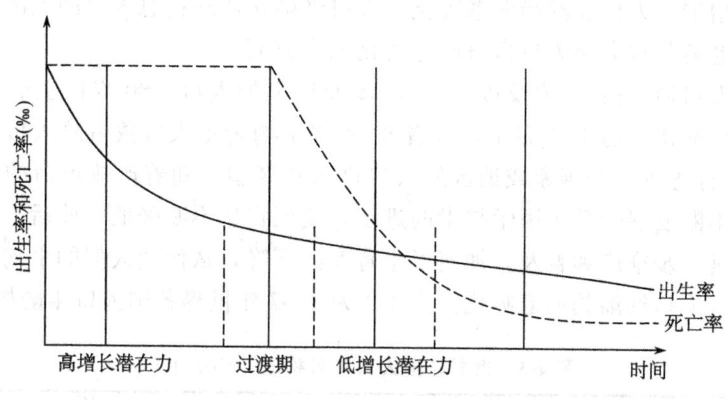

图 4-4　人口转变的五个阶段

高位静止（HS）阶段以高出生率和高死亡率保持高位平衡为特征；初期扩张（EE）阶段由于经济发展受到某种必要的刺激而得到较快发展，死亡率逐渐下降，而出生率仍维持在较高水平上，因此人口规模不断扩展，最终达到最高人口增长率；后期扩张（LE）阶段中，经济进一步发展以后，死亡率继续下降，最后接近可能达到的最低限度，出生率也开始下降，而且后来下降的速度很快甚至超过死亡率，从而使人口增长速度逐渐放缓；低位静止（LS）阶段中存在着低出生率和低死亡率的均衡，经济和人口都进入停滞阶段；减退（D）阶段中出生率和死亡率都很低且出生率低于死亡率，人口处于绝对减少的状态。

人口转变理论简要地描述了人口再生产的转变规律，通过上述模式可以看出人口转变的关键在于出生率，而促使出生率下降的关键是工业化的发展乃至实现经济现代化。人口转变理论的基本观点对各国的人口发展变化具有一定的现实意义和借鉴意义，但这些模型未能完全揭示人口发展变化与生产方式的内在关系。实际上，人口转变是整个现代化进程中的组成部分而非孤立的现象，现代人口转变的进行与工业化、城市化有着不可分割的联系。之后，许多学者从多方面研究人口转变的原因，如结构主义、“多相反应理论”、临界值假说、生育率经济学、转变机制理论等，使人口转变理论得以进一步发展。

4.3.2 人口老龄化与及其影响

1. 人口老龄化的现状

人口老龄化是人口转变的必然结果。人口老龄化亦称人口老化，是指老年人口数占总人口的比例随时间的推移而不断上升的动态变化，特别是指在年龄结构类型已属年老型的人口中，老年人口数的比重持续上升的过程。随着经济的发展和社会的进步，人口出生率和死亡率的下降及人类预期寿命的延长，使人口平均年龄逐渐增加，人口逐渐趋向老龄化。人口老龄化体现在总人口的老龄化、劳动力人口的老龄化和老年人口自身的老龄化三个方面。

老龄人口通常指60岁及以上或65岁及以上的人口。60岁以上的老年人口数占总人口的比重达10%以上，或者65岁以上的老年人口数占总人口的比重达7%以上，标志着这个国家或地区的人口进入年老型。随着产业革命的兴起，社会经济的不断发展带动了医学技术的进步，使死亡率不断降低。此后，又由于避孕技术的进一步推广和普及，加速了生育率的下降，从而使人们的平均预期寿命不断延长，人口逐渐趋向老龄化。表4-3为2007年世界各国人口年龄构成。

表4-3 世界各国人口年龄构成（2007年）

国家和地区	年龄构成（%）		
	0～14岁	15～64岁	65岁以上
世界	27.7	64.9	7.5
中国	20.6	71.4	7.9
中国香港	14.4	73.5	12.1
孟加拉国	34.2	62.1	3.7
文莱	28.8	68.0	3.2
柬埔寨	35.8	60.9	3.3
印度	32.1	62.8	5.1
印度尼西亚	27.7	66.6	5.8
伊朗	26.9	68.7	4.5
以色列	27.8	62.1	10.1
日本	13.7	65.6	20.8
哈萨克斯坦	23.7	68.5	7.8
朝鲜	23.1	67.8	9.1
韩国	17.6	72.2	10.2
老挝	38.1	58.4	3.5

续表

国家和地区	年龄构成（%）		
	0～14 岁	15～64 岁	65 岁以上
马来西亚	30.5	65.0	4.5
蒙古	27.1	68.8	4.0
缅甸	26.3	68.1	5.6
巴基斯坦	35.7	60.4	4.0
菲律宾	35.5	60.6	4.0
新加坡	18.0	73.0	9.0
斯里兰卡	23.4	69.9	6.7
泰国	21.2	70.7	8.2
越南	28.1	66.3	5.6
埃及	32.7	62.4	4.9
尼日利亚	43.8	53.2	2.9
南非	31.8	63.7	4.5
加拿大	17.0	69.5	13.4
墨西哥	29.7	64.2	6.1
美国	20.5	67.1	12.4
阿根廷	25.8	63.9	10.3
巴西	27.4	66.2	6.4
委内瑞拉	30.5	64.3	5.2
白俄罗斯	14.9	70.9	14.1
捷克	14.2	71.2	14.6
法国	18.3	65.4	16.3
德国	14.0	66.4	19.6
意大利	13.9	66.0	20.1
荷兰	18.1	67.4	14.5
波兰	15.5	71.2	13.3
俄罗斯联邦	14.7	71.8	13.4
西班牙	14.5	68.5	17.0
土耳其	27.4	66.8	5.7
乌克兰	14.0	69.9	16.1
英国	17.6	66.1	16.2
澳大利亚	19.0	67.5	13.5
新西兰	20.9	66.7	12.4

注：指 0～14 岁和 65 岁及以上人口与 15～64 岁人口之比。

资料来源：世界银行数据库．2008. http://www.bojianbook.com/news.asp? id=102［2008-6-9］.

从表4-3可以看出，人口老龄化的进程在加速，世界上绝大多数国家已步入人口老龄化的行列；发达国家的人口老龄化比较严重，而发展中国家的老年人口规模也在不断扩大。这是因为人口老龄化标志着经济的发展和进步，是人口发展到一定阶段后出现的一种不可避免的趋势。只有在人均国民生产总值和生活水平上升及医疗技术发达的国家，出生率和死亡率才会呈现下降趋势，人们的平均预期寿命才会延长，从而使老年人口的规模不断扩大，老年人口的比重不断增大。

2. 人口老龄化的影响

最早关于人口老龄化对经济发展影响的研究，是联合国出版的《人口老龄化及其社会经济意义》一书，该书研究了人口老龄化对经济参与率、社会需求及消费品分配的影响。此后，这一问题得到了广泛关注并取得了许多研究成果。大多数学者认为，人口老龄化对经济发展具有阻碍作用。原因主要有以下三个方面：其一是人口老龄化使劳动年龄人口所占比重下降，不利于经济发展。西方学者研究发现，劳动力人口进入45～50岁以后，随着年龄的进一步增长，尽管人们有比较丰富的经验，但他们的体力、智力、记忆力等都会逐渐衰减，其敏捷程度和反应速度也会下降，这将会影响产品的精密程度和整体质量，进而影响市场竞争力。法国人口学家索维认为，老龄化人口趋于保守，缺少创新活力，因而不利于提高劳动生产率。其二是人口老龄化使老年赡养比上升，加大了劳动年龄人口和公共支出的压力。所谓老年赡养比是指老年人口数量与经济活动年龄人口数量的比值，这一比值的上升意味着用于赡养老人的公共与私人两个方面的支付都会增加。由于老年社会保险金的给付、医疗保健等公共支出上升，消费与投资结构将会发生变化，这种消费性支出增加，会相应减少生产性投资，从而导致经济增长率的降低。其三是人口老龄化对消费、储蓄及投资水平产生抑制作用，进而影响经济发展。从微观家庭来看，家庭人口老龄化会使家庭收入水平降低，从而影响家庭人均消费水平的提高。因为老年人的收入水平较低，储蓄倾向也较低，所以老年人口的增加会带来总储蓄水平的降低，这势必影响资本的积累和投资，对经济发展产生不利的影响。但也有学者认为，人口老龄化对经济发展的不利影响可能被夸大了，实际上，人口老龄化对经济发展也有有利的一面，如年长的劳动者具有丰富的工作经验，而且教育水平的提高、人们健康状况的改善及预期寿命的延长也会在一定程度上缓解人口老龄化带来的劳动力减少和老化的压力。也有学者认为人口老龄化与储蓄水平下降并不必然存在正相关关系。此外，为满足老年人口的消费需求的老年产业对经济发展也会产生有利的影响。

总之，人口老龄化对经济发展的影响十分复杂，人口老龄化对经济发展各变量的影响也是相互联系的，如何应对人口老龄化对社会经济可持续发展的影响，如何合理开发和利用老年人力资源，是摆在所有人口老龄化国家面前的重要课题，需要各国加以认真研究。需要指出的是，在现实中，一些国家或地区尤其是发展中国家，政府由于沉重的就业压力或是为了实现充分就业的目标，选择了低龄退休政策，但研究发现，退休年龄的早晚与退休金的需求之间存在较强的正相关关系，而且退休年龄的早晚与失业率之间并不存在显著的负相关关系。再者，从资源配置的角度看，低龄退休是对经验丰富和尚有劳动能力的人力资源的浪费。总之，低龄退休政策对经济竞争力弊大于利，适度推迟退休年龄才是比较理性的选择。

本章小结

人口数量的变化在一定程度上表现出了人口再生产类型的转变，而抑制人口数量的增长对于缓解自然资源、土地、生态环境及经济发展的压力有很大的必要性。人口质量也称人口素质，人口同样对社会的发展具有促进或延缓作用，而经济发展对人口素质具有决定性的影响。

人口分布与城市化是流动与迁移的重要结果，人口城市化又是人口分布最主要的特征，人口城市化是现代化的组成部分之一。

人口转变理论是以人口的发展阶段、演变过程及其生成原因为研究对象的人口学说。人口老龄化是人口转变所引致的一个人口学后果，是人口转变的两个基本要素——“出生率”和“死亡率”的相继下降导致了人口年龄结构的老化。一次人口转变过程的完成不仅是出生率和死亡率由高向低的下降过程，同时也是人口年龄结构由低向高的“抬升”过程，即“老化”过程。

➢关键概念

人口质量　人口分布　城市化　人口密度　集中型城市化模式　分散型城市化模式　人口转变　人口老龄化

➢思考题

1. 简述人口数量的变动趋势及其控制措施。
2. 如何表述人口质量问题的概念？
3. 影响人口分布的因素有哪些？这些因素和人口分布之间如何相互影响？
4. 根据城市化发展的理论，试评析我国目前的城市化水平。
5. 试评述以中小城市为主的分散型发展模式和以大城市为主的集中型发展模式，并比较这两种模式。
6. 简述人口转变理论的几种模式。
7. 试分别评述发展中国家和发达国家人口老龄化的影响，并分析其趋势。

第5章 自然资源与经济发展

自然资源是社会物质财富的源泉，是社会生产过程中不可缺少的物质要素，是人类生存的基本条件。对于自然资源的不恰当利用是导致环境污染和生态破坏的直接原因，因此，自然资源的可持续利用是实现人口、资源、环境与经济可持续发展的基础。人类在开发利用自然资源的过程中，必须努力实现自然资源在时间和空间上的合理配置，使人类对自然资源利用的数量和质量不仅不会降低，反而有所提高，并最终实现自然资源的可持续供给，进而实现人类社会的可持续发展。

5.1 自然资源的类型与特点

5.1.1 自然资源的类型

1. 自然资源的内涵

由于研究的角度和出发点不同，目前对“自然资源”一词的认识也不完全相同。《大不列颠百科全书》将自然资源定义为“人类可以利用的自然生成物及生成这些成分的环境功能”。前者指土地、水、大气、岩石、矿物及其群聚——森林、草地、矿产、海洋等，后者则指太阳能、生态系统的环境机能和地球物理化学的循环机能等。联合国环境规划署将自然资源定义为“一定时空条件下，能够产生经济价值以提高人类当前和未来福利的自然环境因素的总称”。对自然资源的理解需注意以下几个方面：

第一，自然资源应区别于自然环境。自然资源是指自然环境中一切能够为人类所利用的自然要素，即环境要素。自然环境要素是一个庞大的系统，包括土地、光、热、水、岩石矿物、生物等。在特定的历史发展阶段和一定的社会经济技术条件下，有的可以为人类所利用，有的则不能或暂时不能为人类所利用。凡是可以被人类利用的环境要素，都称为自然资源。

第二，自然资源是一个动态的概念，它的内涵必将随着社会经济技术的发展而不断加深和扩大。在大约 100 万年前的旧石器时代，称得上自然资源的只有维持人类生存的野果、野兽和作为简单工具的石头、木头。如今随着空间技术和电子技术的发展，人类利用和改造自然的空间不断扩大，更多的稀有元素和半导体材料乃至海洋空间和宇宙空间，也渐渐成为自然资源的内容。可以说，技术因素决定着自然资源的历史进程。因此，从一定的历史阶段来看，资源是有限的，但从人类发展的历史长河来看，它又是无限的，现在被废弃的物质，在未来可能就是一种新的资源了。

第三，自然资源同样是一个包含自然和社会经济的综合体，人与自然的关系是随着人类社会和人类开发利用的发展而发展的。人与自然资源应该是一个协调发展的过程，但由于人类的原因，如人口失控、资源的过度开发及浪费等，人与自然资源的关系就会失去平衡，从而产生灾难。这也是实现自然资源可持续利用的初衷。

2. 自然资源的分类

自然资源的分类是研究自然资源的特点及其对社会经济活动的影响的基础。由于分类的角度和标准不同，自然资源存在着多种分类方法和分类体系，但从可持续发展研究的角度来看，大多关注的是地理学的分类和经济学意义上的分类。

地理学的自然资源分类是根据自然资源的形成条件、组合状况、分布规律及其与地理环境各圈层的关系等进行的，可分为土地资源、水资源、气候资源、生物资源和矿产资源五大类。经济学对自然资源最基本的划分，是将其划分为两大类：可再生资源和不可再生资源。前者指能够通过自然力，以某一增长率保持或不断增加流量的自然资源，如太阳能、潮汐能、风能、大气、森林、农作物及各种野生动物等；后者指假定在任何对人类有意义的时间范围内，资源质量保持不变，而资源蕴藏量却不再增加的自然资源。因此，不可再生资源的持续开采过程也就是资源的耗竭过程。

从理论上讲，可再生资源是可持续利用的，即使用一次之后仍可更新再次使用，如太阳能、潮汐能、风能、大气、森林、农作物及各种野生动物等。一些可再生资源的存量和持续性不受人类的影响，如太阳能。但有些可再生资源的存量和可持续性受人类利用方式的影响：在合理开发利用资源的情况下，资源可以恢复、再生、再生产以至不断增长，而在不合理开发利用资源的情况下，其可再生性就可能会受阻，从而使存量不断减少，直至耗竭，如过度捕鱼使鱼的存量减少，进而降低了鱼群的自然增长率。因此，对可再生资源的开发利用不能超过其极限或者其再生的能力。可再生资源在合理的开发、管理和利用下，可以不断地更新利用；反之，则有退化、解体和耗竭之忧。

不可再生资源按其能否重复使用，又分为可回收的不可再生资源和不可回收的不可再生资源。

可回收的不可再生资源是指资源产品的效用丧失后，大部分物质还能够回收利用的不可再生资源，主要包括金属矿物和除了能源矿物外的许多非金属矿物。这些资源的更新能力极弱，但当它被人类开采使用之后可以回收利用。这一特点为人类更有效地利用有限的资源开辟了广阔的前景。但是，可回收的不可再生资源最终仍会耗竭，其耗竭的速度取决于需求、资源产品的耐用性和该产品回收利用的程度。除了需求缺乏弹性的情况外，一般来说价格的上升会使需求量减少；资源产品的使用寿命越长，对资源的需求也就越少；回收利用的程度越高，对资源的需求量越少。需要指出的是，可回收的不可再生资源不可能100%地循环利用，每次的回收利用都会使资源产生某种退化。因此，可回收的不可再生资源依靠回收利用而得到补充的数量是有限的，它对资源的存量不会产生显著的影响。

不可回收的不可再生资源是指在使用过程中不可逆，并且在使用后不能恢复原状的不可再生资源，主要包括煤、石油、天然气等能源矿物。不可回收的不可再生资源的特点决定了它的耗竭速度快于其他资源，加上当代社会对能源资源的巨大需求，更加快了这种资源的耗竭速度。因此，要减缓不可回收的不可再生资源的耗竭速度，提高资源的利用率是一条重要的措施：它一方面能减少资源的浪费，另一方面还可以减少对环境的污染。

相关链接 5-1　中国首次在陆地发现可燃冰

2009年9月25日，国土资源部宣布，我国在青海省祁连山南缘永久冻土带成功钻获天然气水合物实物样品，这是我国首次在陆域发现天然气水合物，也是世界上首次在中低纬度冻土区发现天然气水合物。据科学家粗略估算，其远景资源量至少有350亿吨油当量。这是我国继2007年5月在南海北部钻获天然气水合物之后的又一重大突破。

新发现的天然气水合物井深130～396米，呈薄层状和团块状，赋存于泥质粉砂岩、细砂岩和泥岩的裂隙面上，组成成分主要是甲烷气体，还有少量乙烷、丙烷等烃类气体，是一种纯度高、类型新的水合物资源。这一重大突破，证明了我国冻土区存在丰富的天然气水合物资源，对认识天然气水合物的成藏规律和寻找新能源具有重大意义。同时，也使我国成为继加拿大、美国通过国家计划钻探发现天然气水合物之后，在陆域通过钻探获得天然气水合物样品的第三个国家。

天然气水合物又称“可燃冰”，是由水和天然气在高压和低温条件下混合而成的一种固态物质，外貌极像冰雪或固体酒精，遇火即可燃烧，具有使用方便、燃烧值高、清洁无污染等特点，是公认的地球上尚未开发的最大新型能源，被誉为21世纪最有希望的战略资源。目前的研究结果表明，天然气水合物分布广泛，资源量巨大，是煤炭、石油和天然气全球资源总量的两倍，世界各国争相研究和勘探。

资料来源：夏珺，陈沸宇，冀业. 2009. 中国首次在陆地发现可燃冰. 人民日报. http://finance. ifeng. com/news/20090926/1286067. shtml [2009-9-26].

5.1.2　自然资源的特点

一般来说，自然资源主要是自然产物，很少凝聚人类的劳动，因此，自然属性是自然资源的基本属性。另外，自然资源存在于各种层次的生态系统中，是生态系统的重要组成部分，各种自然资源之间又相互影响和相互制约，因此自然资源又具有系统性。除此之外，自然资源的特点主要包括以下几个：

一是自然资源分布的不均匀性。自然资源的数量和质量在空间上的分布很不均衡，有些国家或地区的资源比较丰富，有些国家或地区的资源却极其贫乏。自然资源之所以会在空间分布上存在差异，是由于自然资源的形成遵循一定的地域差异规律：在资源丰富的区域，自然资源密度大、数量多、质量好，易于开发利用；在资源匮乏的区域，自然资源密度小、数量少、质量差，开发利用难度大。

在世界范围内，自然资源的分布表现出极为不均的状态。例如，煤炭资源的分布呈现出明显的不均衡，北半球明显高于南半球，特别是在亚洲、北美洲和欧洲的中纬度地带高度集中地分布着高达世界总量96%的煤炭资源。石油和天然气的分布也一样，主要集中分布于中东波斯湾附近地区及原苏联和欧美等地区。

二是自然资源功能的多样性。大部分的自然资源都具有多种功能和用途。例如，河流资源对于农业部门来说可以作为灌溉系统的主要部分，对于能源部门来说可以用做水力发电，对于交通部门而言是交通线路，旅游部门则把它当做风景资源；煤和石油，既可以作为燃料，又可以作为化工原料；森林资源既可以用做燃料、家具、建筑等，又可以用来防风固沙、涵养水源和改善环境，还可以作为人类的旅游场所，提供观赏森林风景和森林公园的机会。

认识到自然资源功能的多样性，有助于引导我们更有效地利用自然资源。首先，注重自然资源综合效益的开发和利用，充分发挥自然资源的多用性；其次，注重自然资源之间的替代和互补作用，减少对稀缺资源的消耗；再次，注重自然资源的机会成本问题，在做资源利用决策时要全面考虑自然资源利用的真实成本。

三是自然资源数量和质量的可变性。世界上的自然资源不是一成不变的，其数量和质量均处于不断变化之中。自然资源的数量和质量发生变化是自然因素和人类影响共同作用的结果，其中最主要的原因是人类的作用。对于不可再生资源来说，人类对其任何形式的利用都将导致其数量的减少和质量的降低；对于可再生资源来说，在相对稳定的系统内，自然资源的数量和质量会保持一种平衡，但是当系统的稳定性被外部干扰破坏后，自然资源的数量和质量就会发生变化。

四是自然资源的稀缺性。自然资源的稀缺性，是指相对于人类需求而言自然资源在数量上表现出来的不足。一般来说，人类的需要实际上是无限的，而自然资源却是有限的，因此就会产生自然资源的稀缺性。

自然资源的稀缺性主要包括以下两个方面：一方面是自然资源的绝对稀缺，即自然资源绝对数量上的短缺，它是指当自然资源的总需求超过总供给时所造成的稀缺。自然资源的绝对稀缺主要是由人口总量过大及人口增长过快造成的。自然资源的绝对稀缺性主要表现在以下几个方面：自然资源储存量有限，分布不均；相对于人口数量的增长趋势和人类的无限需求，自然资源是稀缺的；现有经济机制下高速的经济增长以自然资源的大量消耗为代价，使自然资源更为稀缺。另一方面是自然资源的相对稀缺，即自然资源在结构上的相对短缺。首先是总体资源的结构性短缺，主要是指在全部自然资源中，重要资源的所有量不足。其次是同类自然资源的结构性短缺，主要是指在具有较强替代性的同类自然资源中，优质与劣质的质量结构不均衡。再次是开发条件的结构性稀缺，主要是指自然资源的开发利用在难易程度和成本高低上存在差异而导致的稀缺性。

五是自然资源的难以替代性。自然资源是稀缺的，虽然各种资源之间存在着可替代性，但是自然资源的替代是在一定范围之内的。

当一种资源因为稀缺而使经济上无法利用时，我们可以寻找替代资源来解决该资源的稀缺问题。技术进步不仅可以提高原有资源的利用程度，而且可以发现新的替代资源。虽然科学技术的不断进步使得一些自然资源产品可以通过人工合成的方式得到替代品，但是替代品的原材料依然是来自自然资源及其衍生物，本质上还是自然资源，因此，自然资源作为社会财富的源泉及经济发展和人类生活必不可少的物质基础，整体上是很难找到替代品的。

5.2 自然资源的经济价值及经济评价

5.2.1 自然资源的经济价值

在现代可持续发展理论中，自然资源的价值内涵要广泛得多，自然资源的价值应等于经济价值（生产要素）＋对人的服务价值（对当代人而言）＋自然与生产系统维持或环境价值（对未来人而言，要求资源有稳定性和持续性的潜在价值）。自然资源的经济价值，即它作为生产要素被人类利用（主要为消耗性利用）所具有的价值，在市场经济中，它由资源的稀缺性、附加的劳动、消费者对产品的偏好等所决定。英国环境经济学家皮尔斯和奥福特在其合著的《世界无末日——经济学、环境与可持续发展》一书中，对自然资源的经济价值做了较为系统和详细的分析，认为可持续发展的自然资源的经济价值分为两个部分，即使用价值和非使用价值。

地球各圈层中的一切自然资源都以其被人类认识和掌握的程度来表现自身的使用价值。人类对阳光的认识是通过取暖、光合作用到驱动全球循环的基本能量这一过程逐步提高的；矿藏之所以有价值，在于人类掌握了它的提炼技术和加工使用技术，如果没有人类技术积累，矿藏始终是一个自然物。因此，人类劳动历史的淀积，形成了自然资源的使用价值。自然资源的使用价值包括直接使用价值、间接使用价值和选择价值。直接使用价值是指自然资源可直接用于生产或消费的经济价值，是对自然资源的效用一部分或全部的直接消费所体现的经济价值。间接使用价值，是指对自然资源的使用是间接的，即不是直接用于生产或消费，不直接在市场上交换，其价值只能间接地表现出来，如调节局域和全球的能量平衡、森林水源涵养和水土保持等。它不能直接用于生产或消费，但对人类的生存至关重要，具有重要的生命系统支持功能。自然资源的直接使用价值与间接使用价值之间也有直接的依赖关系，直接使用价值经常由间接使用价值衍生而来，如植物和动物的生长就必须得到它们所在的环境提供服务的支持；还有森林涵养水分和调节局部气候，也能保护农田并使其农作物的直接使用价值得以实现。选择价值是指人们为了保存或保护某一自然资源，以便将来做各种用途所愿支付的数额。它的特点在于某一资源不是现在被使用，而是有可能在将来被使用，它类似于为了保证一种资源和服务的供应所支付的保险金。

非使用价值包括遗传价值和存在价值。遗传价值是指为后代保留自然资源的使用价值和非使用价值的价值，是当代人为了把将来某种资源保留给子孙后代而自愿支付的费用。它体现了当代人为了他们的子女或后代在将来可以因为某些资源（如热带森林或珍稀物种）的存在而得到一些利益（如观光等），以及将来能受益于某些资源存在的知识而自愿支付其保护费用。存在价值是人们为某一环境资源的存在而愿意支付的费用。存在价值是与人们对资源的利用（包括现在的使用和未来的选择使用）无关的经济价值。这在实际生活中并不少见，很多人愿意出钱来保护某一资源环境的存在，只是为了这些资源的生存延续。例如，美国著名的自然景观区科罗拉多大峡谷，经问卷调查显示，为了保护这一景观的收益，若按愿意支付额计算，其存在价值高达 78 亿美元。

5.2.2 自然资源定价

自然资源的使用价值和物质性效用构成了自然资源价格的内在依据，而其有限性和稀缺性又构成了它的外在依据。自然资源的内在使用价值、物质性效用与外在的有限性和稀缺性，构成了赋予自然资源价格的充分且必要的条件或根据，也形成了可以对自然资源进行定价的原理和准则。

1．资源定价的理论基础

马克思在论述地租问题时曾指出，自然资源如耕地、矿山、渔场、森林、水流等，都可以作为土地来理解。为了租用土地，租用者必须在一定期限内按契约的规定支付给土地所有者一定的货币额，而这个货币额，只要是对耕地、建筑地段、矿山、渔场、森林、水流等的支付，都统称为地租。马克思曾指出："真正的矿山地租的决定方法，和农业地租是完全一样的。"[①] 因此，马克思的地租理论和土地价格理论是资源定价问题的理论基础。

应用马克思的地租理论来分析资源的价格问题可以得出以下认识：其一，资源的价格是资本化的地租。马克思指出："瀑布和土地一样，和一切自然力一样没有价值。在没有价值的地方，也没有什么东西可以用货币来表现。这种价格不外是资本化的地租。"[②] "这样资本化的地租形成土地的购买价值或价值，一看就知道，它们和劳动的价格完全一样，是一个不合理的范畴，因为土地不是劳动产品，从而没有任何价值。"[③] 以上说明，土地价格不是价值的货币表现形式，而是资本化的地租。因而，资源的价格也无非是资源资本化的地租。其二，地租是资源所有权在经济上的实现。马克思认为，地租不过是土地所有权在经济上依以实现自己和增殖自己的形式。这就是说，土地所有权的实现形式就是地租，没有地租，所有权在经济上就无法体现出来。在我国的现阶段，资源所有权和使用权是相对分离的，国家和集体是资源所有者，企业或个人是资源使用者，国家和集体凭借资源所有权向企业或个人征收资源使用费。因此，国家、集体和企业、个人在资源上的经济关系实际上是一种租赁关系，即通过有偿的形式让渡资源使用权的交换关系。

2．确定自然资源价格的理论和方法

第一，影子价格法。"影子价格"的含义是：处于社会某种最优状态下，能

---

① 中共中央马克思恩格斯列宁斯大林著作编译局．马克思恩格斯全集．1972．第25卷．北京：人民出版社：873.

② 中共中央马克思恩格斯列宁斯大林著作编译局．马克思恩格斯全集．1972．第25卷．北京：人民出版社：729.

③ 中共中央马克思恩格斯列宁斯大林著作编译局．马克思恩格斯全集．1972．第25卷．北京：人民出版社：702.

够反映社会劳动消耗、资源稀缺程度和最终产品需求状况的价格。该理论的基础是边际效用价值论，它是为实现稀缺资源的合理分配而提出的一种价格理论，是20世纪初荷兰的詹恩·丁伯根（Jan Tinbergen）和苏联的康托罗维奇（Kantofovitch）分别针对市场经济体系和计划经济体系如何实现资源的最优配置提出的。他们都从资源的有限性出发，以资源的合理分配为核心，以最大化经济效益为目标来测算资源价格。后来萨缪尔森发展了丁伯根的影子价格理论，并从三个方面对影子价格做了补充：其一，影子价格以线性规划为计算方法；其二，影子价格是一种资源价格；其三，影子价格以边际生产为基础。当影子价格大于零时，表示资源稀缺，且稀缺程度越大，影子价格越大；当影子价格为零时，表示资源不稀缺，并有剩余，增加此种资源不会带来经济效益。实际上，这时的"影子价格"仅仅表示该资源稀缺时的使用价值。

影子价格为弥补和校正资源的市场价格或国家颁布的流通价格、合理地组织生产和使用资源提供了一个有力的手段，但影子价格的使用仍有很大的局限性，如实践应用困难、资源和经济数据庞大、计算困难等。另外，影子价格反映的只是一种静态的资源最优配置价格，不能表现资源在不同时期动态的最优配置价格。最后，影子价格没有表现出资源本身的价值。

第二，李金昌定价模型。李金昌先生（1993）立足于马克思的劳动价值论，结合效用价值理论与地租理论，建立了自然资源的定价模型。该模型的基本思想是：资源价格是资本化的地租，决定资源价格的地租形式有级差地租、绝对地租和垄断地租。自然资源的价值 P 包括两部分：一是自然资源本身的价值，即未经人类劳动参与的、天然产生的那部分价值 P_1；二是基于人类劳动所产生的价值 P_2。因此，$P=P_1+P_2$。

在确定 P_1、P_2 的具体计算方法时，该模型利用了地租理论和生产价格理论。资源本身的价值 P_1 等同于资源租，根据地租理论，资源租由基本租或地租与代表自然资源丰富程度和开采条件（地区、品种和质量差别）等级系数的乘积决定；P_2 是由生产所投入的总成本决定，同时考虑了对总投入的年均分摊和资本的平均利润率因素。自然资源价值的大小还取决于其稀缺性，而稀缺性可以用供求变化的比率体现。另外，供求变化的伸缩要用供给弹性系数和需求弹性系数来调整。最后，资源作为一种实物资本也应该考虑其时间价值，然后再用贴现率表示第 t 年的价值即为自然资源的最后价格。

李金昌定价模型符合完全的生产价格应该等于成本加利润再加上地租的原则，尤其是从资源租金的角度把自然资源本身的价值考虑进去，使自然资源本身的价值有所体现。影响自然资源价值的其他因素（利息率、时间、贴现率、供给与需求弹性系数等）也可以在基本公式的基础上进行扩展。

第三，机会成本法。机会成本可以理解为把一定资源投入某一用途后所放弃的在其他用途中所能获得的利益。自然资源的机会成本，是以自然资源的稀缺性和有限性为前提，以自然资源的个别应用和消费过程为出发点，以各个部门、行业及整个社会的经济利益作为参照系数而确定的价格，是一种比较逼近某种自然资源对人类社会真实的使用价值的表征。具体来说，自然资源的机会成本，就是将其安排于这种用途而不安排于另外几种用途，或放弃其他用途所造成的损失和付出的代价。例如，某种自然资源被开发和利用于某种或某项生产活动，增加了产量，提高了产品质量，带来了效益，或者减少了生产的其他耗费等，而同一种自然资源，用于不同部门、不同行业和不同项目的生产活动，所带来的或所增加的效益往往又是不同的或者有较大的差别，而该种自然资源的机会成本，一般参照其在各部门和各行业的效用，结合整个社会经济状况和技术经济条件来确定。由此可见，采用机会成本赋予自然资源价格，是一个从个别到一般反复进行的社会过程。

自然资源的机会成本计算方法，从理论上反映了自然资源效用和稀缺程度的变化的影响，不仅包括生产者收获自然资源所花费的生产成本，而且包括因自然资源利用对他人、社会、环境和子孙后代造成的损失。这种将资源与环境相结合并从经济学的角度来度量使用资源所付出的全部代价的方式，弥补了传统资源经济学中忽视资源使用所付出的环境代价及损害子孙后代利益的不足，是一个新的突破。另外，机会成本可以作为决策的有效判断依据，用来判断有关资源环境保护的政策措施是否合理，包括投资、管理、租税、补贴及自然资源的控制价格等。

第四，替代价格法。自然资源的替代价格理论是在研究不可再生资源的稀缺性、有限性及其与人类社会对该种自然资源的需求和消费不断增加的矛盾中提出的，其目的有两个：一是促使人们更加合理、更加经济地节约和利用不可再生性自然资源，或者说，以限制其需求和消费，求得延长自然资源的使用时间；二是提醒和促使人们去探寻和开发不可再生性自然资源的替代资源。可以说，任何一种不可再生性或非补偿性自然资源的稀缺性都是相对的，因为人们对某种自然资源的需求主要不是特定物质资源本身，而是其物质特性；而这种自然资源的物质特性，又可以通过一定的经济技术条件被另一种或另一些物质资源所替代。

科学技术的发展，为人类开发和利用自然资源不断探索和开拓出新的途径，也为人类不断开辟和扩展新的自然资源领域。从社会经济和技术经济的观点来看，不可再生性或非补偿性自然资源的价格，应该根据发现、开发和获取替代资源的费用（成本）来确定。这是符合社会经济运行规律和价格原则要求的。需要注意的是，自然资源的替代价格主要是或常常是在某种自然资源接近枯竭之时，根据人们研究和开发替代物质的机会成本，并参照其对社会经济发展的作用，以价格形态给出的。这样得出的自然资源的替代价格，因为研究、开发的途径和方案不同，其变动幅度往往较大，并且缺乏确定性，所以自然资源价格，尤其是不可再生的非补偿性自然资源价格，不能完全依据其替代价格来确定。自然资源的替代价格只能作为确定不可再生性自然资源价格的参照，或作为预测其价格的重要参数。

第五，市场估价法。市场估价法的基本思路是：人们对自然资源的开发和利用既会给人类带来正的经济效益，也会对环境产生负效应，通过自然资源在市场上的价值表现，将两种效益进行换算，通过直接或间接的市场价格来估算自然资源和环境资源的经济价值的价格模型。市场估价法主要有两种：一是直接市场估价法；二是间接市场估价法。

直接市场估价法有时称为常规法，又称物理影响的市场评价法，它是根据生产率的变动情况来评估环境质量变动所带来的影响的方法。直接市场估价法中不含有任何间接性方法，它主要通过主观结合客观进行评价，包括剂量-反应方法、生产率变动法、疾病成本法、人力资本法、机会成本法等。间接市场估价法是将由于资源环境的破坏对人们造成的经济上的损失作为核算对象，从而间接地估算资源环境的价值。这种估算方法一般体现在对环境变化的考察上，特别是旅游景区的环境破坏带来的经济损失。但这种估算方法涉及特定资源的研究较少，其中比较有代表性的是人力资本模型和旅行费用模型。

市场估价模型以资源使用的市场价值为基础进行定价，方法众多，形式直观，在实际定价工作中，广泛应用于计算资源商品价值和资源服务价值方面。但它也有明显的局限性：其一，许多资源相应地缺乏准确的市场价格，即使有也是扭曲的，不能真实地反映消费者的支付意愿，不能充分地衡量自然资源开发的全部成本；其二，模拟市场法主观性强，而且每种方法对具体行业和资源种类都有严格的限制，因而调查的结果可能产生各种偏差，无法衡量不同种类资源价值的可比性。

5.2.3　自然资源经济评价

自然资源经济评价是按照经济学的观点，从经济发展和生产布局出发，对自然资源开发利用的可能性、开发利用的方向，以及开发利用的经济合理性所进行的综合论证。经济评价必须从经济发展的方向和具体生产部门的布局的实际要求出发，在全面分析的基础上找出对特定的生产部门和地区的经济发展与布局产生影响的主导因素并进行重点评价，最后在技术可能性的基础上论证经济的合理性，然后通过经济指标进行比较计算，选定优化方案。还有一种观点是，应用一定的理论、准则和方法，对自然资源的经济价值和开发利用的生态效益、经济效益进行以货币为计量单位的估价和评判。

自然资源经济评价的主要内容有：自然资源的数量与质量及其与生产部门的

关系；自然资源的地理分布与区域组合特点；自然资源开发利用的技术经济条件分析；自然资源开发利用的可能方式、方向的选择和比较论证；自然资源开发利用的经济效益、生态效益和社会效益的预测。目前自然资源经济评价的方法主要有以下几种：

一是级差收益分析方法。根据马克思关于农业土地资源评价中的级差地租理论，等量资本投在不同自然条件下的相同面积的土地上，所产生的超额利润转化为级差地租Ⅰ，也就是说，自然生产力较高的土地定价应该高一些，只有这样，才能保证在经济管理和生产效率等人为条件相同的情况下，等量劳动带来等量收入。其他自然资源也具有相似的情况。因为较好的土地需付较高的费用，从而使这些土地可以得到更有效的利用，并有利于自然资源的合理开发利用。

如果把土地等自然资源看成固定资产，并同样地进行评价和折旧分摊，那么国家或企业对自然资源的基本投资都应计入相应的资源价值中，并通过折旧分摊转移到资源产品价值中去。这种分摊应按具体受益范围和受益程度的不同计算分摊费用。

二是费用-效益分析方法，又称为费用-成本分析。最初是由美国水利部门为评价水资源投资而发展起来的，后来逐渐扩展到资源环境领域。它通过计算全部预期效益和全部预计成本的现值，借助净现值、效益-成本率等指标来评价资源开发利用的各种方案及其可行性。净现值是指资源开发利用的效益减去成本得出的净效益按一定的贴现率进行折现后的货币现值，它是衡量资源开发利用经济效益的绝对指标。效益-成本率是指净现值与全部投资现值之比，它是衡量资源开发利用经济效益的相对指标。

资源开发利用的效益可分为两种，即内部效益和外部效益。内部效益是指资源开发利用后本身所产生的能直接用市场价格估计的效益，通常用资源开发利用后产生的产品数量乘以单位产品的市场价格求得。外部效益是指资源开发利用后对周围环境所产生的影响的效益，这部分效益不受市场规律制约，往往表现为社会效益和生态效益，其货币值可以采用影子价格法和支付志愿法进行估算。例如，黄土高原的土地资源的合理利用，可以减少水土流失，使黄河下游泥沙淤积量减少，从而节省了河堤维修费，而这部分费用就是外部效益的货币值。

资源开发利用的成本也可分为两种，即内部成本和外部成本。内部成本是指资源开发利用所需的直接费用支出，包括投资经营、开发投资等费用。外部成本是由于资源开发所引起的周围环境的损失。因为外部成本不是资源开发者的直接支出，所以它的货币估计值可以采用影子价格法和机会成本法来估算。

三是成本分析方法。成本分析方法的基本思路是：已知一个确定的目标，实现这一目标所花费的最低成本是多少。它的目标是根据一定的技术要求或专家评分法来确定的。如果目标发生变化，那么最低成本也要重新计算。由于市场价格的影响，最低成本往往难以计算，但通过分析影子价格可以估算。成本分析法适用于已知确定的目标，但不能很快地知道目标实现后带来的效益情况，它广泛应用于水资源品质评价、大气质量评价等领域。成本估算的方法同样是多种多样的。例如，资源质量成本法是将自然资源的质量评价因素按其质量高低打分，然后将各因素的质量总分乘以一个不变的货币值，用以评定其收益或损失；资源功能成本法，是对资源各种功能的大小进行估价，再将其汇总以求出总币值来计算其收益或损失；资源能量成本法，是根据生态系统产生的能量总值，将其换算为货币单位以估算自然资源的经济损失值；机会成本法，是在决定资源的某一特定用途时，不直接估计该种用途可能获得的收益，而是从被放弃的其他用途的损益中间接求得。自然资源的使用存在多种相互排斥的方案。由于资源是有限的，选择了一种使用方案也就放弃了其他的使用方案，同时也就失去了获得另一种收益的机会。由于它是为获得某一种效益而放弃的另一种效益，因而在经济学上被称为机会成本。在资源经济学中，一般将其他使用方案中获得的最大经济利益作为该资源失去其他使用机会的成本，这种机会成本，可以作为其经济损失，而单位资源的机会成本称为该资源选择方案的影子价格。

四是风险效益分析法。风险效益分析法是指对在资源开发利用中所遭遇到的异常结果的概率及其效益进行分析。这种分析将有助于决策者进行正确的决策，从而避免给社会造成巨大的危害。风险效益分析法的重点是超前估算风险函数，设法减轻或避免未来可能产生的风险。风险函数的估算包括两个方面的内容：一是风险发生的概率及其损失的估算；二是风险发生后对社会所产生的影响评价。关于风险发生的概率及其损失，可以根据对策论原理，通过建立偿付矩阵进行估算。

五是投入产出分析法。投入产出分析法的基础是建立投入产出表。投入产出表的一般结构有三个部分：第一部分是各种产品的最终需求；第二部分是各生产部门的生产和分配关系；第三部分是新创造的价值。在编制好上述投入产出表后，可以计算出表示各部门之间直接技术联系的直接消耗系数，即第 j 部门每生产一单位数量产品需要直接消耗的第 i 生产部门的产品数量，然后计算完全消耗系数，即第 j 生产部门每生产一单位数量最终产品所消耗的第 i 部门产品的数量。在自然资源的经济评价中，投入产出分析法经常与线性规划结合使用。

5.3 中国自然资源的利用现状及面临的压力

5.3.1 中国自然资源的需求现状

中国是一个发展中国家，目前正处于经济快速增长的工业化时代和城市化建设的快速推进时期，属于世界上经济增长速度较快的国家。尤其是在全面建设小康社会和推进社会主义现代化的新时期，经济的迅速发展必然会引起对自然资源需求总量的迅速增长。目前，中国高新技术的应用局限性还很大，传统的能源消耗型增长模式在短期内仍将持续，传统耗能型企业也不可能在短期内完全退出市场，这些都将进一步加大中国对自然资源的需求。据预测，在未来的几十年内，中国的自然资源除了海洋资源（水产资源除外）、草地资源和部分矿产资源相对富足外，耕地资源、水资源、森林资源、大宗矿产资源、优质草地资源等都将出现较大的缺口，形势相当严峻。

对各种自然资源的具体需求态势简单判断如下：

[矿产资源] 有资料分析，到2010年中国现有的与人民生活息息相关的主要大宗矿产中，石油、天然气、铝、铁、铜、黄金、镍、硫、硼、铀、磷、石棉、铬、钾、富锰等无法满足国内需求。到2020年中国短缺的矿产资源将增至39种，供需矛盾更加尖锐。与中国目前探明的主要矿产储量相比，中国未来二三十年对主要矿产的需求量显得无比巨大。而且，目前矿产资源对中国经济社会的保障程度正在出现下降趋势，45种主要矿产可利用的资源储量也大幅度减少。专家认为，某些重要资源长期依赖进口，增加了国民经济和社会发展的不确定因素，从而影响到国家安全。

[石油资源] 中国石油天然气集团公司的有关专家预测，中国2010年的石油需求量为2.68亿吨，2020年为3.05亿吨。国际能源机构（IEA）在2020年中国能源展望报告中预测，中国的石油需求量将以年均4.6%的速度增长，到2020年，其市场份额将大幅增加，年消费量可达5亿吨以上。国家计委产业经济研究所预测，到2050年，中国的石油需求量将达到4.5亿吨，是目前消费量的2.8倍。国际能源机构（IEA）预测，中国的石油产量从2010年之后开始下降，到2020年石油产量将下降到1.01亿吨/年，石油进口将达到4.04亿吨/年以上，中国将成为世界石油市场的主要进口国。

[水资源] 据水利部《21世纪中国水供求》分析，2010年中国总需水量在中等干旱年为6 988亿立方米，供水量为6670亿立方米，缺口为318亿立方米，这表明2010年后中国将开始进入严重的缺水期，到2030年缺水量达400亿～500亿立方米，从而进入缺水的高峰期。在中国，由于水资源的人均供应量少、实际利用效率低、浪费严重等多种原因，导致660座城市中有400多个城市面临着不同程度的缺水问题，其中的108座城市是严重的缺水地区，如北京市的人均水资源拥有量不足300立方米，比以色列还要缺水。

[森林资源] 据有关方面预测，2010年中国木材总需求量约2.6亿～2.8亿立方米，实际可能供给量为1.42亿立方米，缺口为1.18亿～1.38亿立方米，工业用木材的供需缺口达6000万立方米。中国的木材消费总量虽然很大，但人均占有量水平很低，只有0.22立方米，与世界水平存在很大的差距。当今世界

人均木材消费量为 0.68 立方米，美国、俄罗斯等国在 1 立方米以上，瑞典高达 6 立方米。为缓解木材供需矛盾，中国每年不得不花费大量的外汇进口木材及木制品。目前，中国的原木进口量已占世界原木进口总量的 7.47%，成为仅次于日本的世界第二大原木进口国。据预测，到 2010 年中国工业用原木的消费量将达到 19400 万立方米，占亚太地区消费总量的 33%；中国锯材消费量将达到 4426 万立方米，占亚太地区消费总量的 20.5%。

[耕地资源]　国务院新闻办公室 1996 年发布的《中国的粮食问题》预测，2010 年全国人口 14 亿，按人均占有粮食 390 千克计算，总需粮 5.5 亿吨；2030 年人口 16 亿，按人均 400 千克计算，总需粮 6.4 亿吨，最大缺口在 7000 万吨左右。按照联合国粮农组织的标准，人均占有耕地少于 0.8 亩为耕地的警戒线，则根据土地资源潜力分析，到 21 世纪 30 年代，中国的耕地可维持在 18.7 亿亩，人均占有耕地 1.1 亩，基本上可以保证农用土地的需要，接近耕地资源安全的临界值。

5.3.2　中国自然资源的供给现状

中国自然资源的供给呈现以下特点：

一是资源供给总量大，但人均供给量小。中国虽然地大物博，但由于人口众多，各类自然资源的人均供给量都处于世界平均水平之下。中国的资源总量居世界第三，但人均资源占有量却排在世界第 53 位。与俄罗斯、加拿大、美国、澳大利亚和巴西相比，中国的人均资源占有量水平处于落后的状态。在巨大的人口压力面前，我们必须正视人均资源占有量稀少的现状：中国各类资源总量一般位于世界前列，如矿产资源居世界第 3 位，森林资源居世界第 6 位，耕地面积居世界第 4 位，草原资源居世界第 2 位，但人均资源占有量在世界主要国家或地区的排序靠后，如表 5-1 所示。

表 5-1　中国主要资源人均占有量在世界 144 个国家的排序

资源种类	排序
土地面积	110 位以后
耕地面积	126 位以后
草地面积	76 位以后
森林面积	107 位以后
淡水资源量	55 位以后
45 种矿产潜在价值	80 位以后

资料来源：中国的自然资源．黄河生态网．http://www.hw-ts.com/html/zszc/200609221742493374.html [2004-7-2]．

二是资源种类多，但资源质量差异相当悬殊，低劣资源占有比重较大，且质量不高。中国各类自然资源在供给种类上比较齐全，但供给的质量不高，且原始再生能力较低。例如，在土地资源中，供给量最大的是山地，据不完全统计，中国1000米标高以上的山地面积占全国面积的58%，2000米标高以上的占33%，而美国山地只占15%，原苏联只占10%。在矿产资源中，供给量较大的是采选比较困难的贫矿，铁矿平均品位小于34%，其中贫矿占95%以上，能直接入炉的平炉富矿和高炉富矿合计仅占全国铁矿贮量的2.4%；含铜量1%以上的富矿储量只占探明储量的33.3%，含铜量2%以上的只占6.4%，而且矿种分散，不易开采；农用矿产中，磷矿也多为贫矿。已探明贮量的148种矿产中，除煤外，多数是用量较小的有色金属和非金属矿种，而且伴生矿种较多，这给分选和冶炼带来了很大的困难。还有一些是稀缺矿种，如铬、铂、黄金等，都满足不了国内需求，只能进口。

三是资源的分布空间差异大，开发利用难度高。中国地域广阔，资源的地域分布极不均衡，从而加重了资源的开发利用难度，如长江流域及其以南地区，水资源量占全国的80%以上，而耕地面积只占全国的36%；长江流域以北地区，水资源量只占全国的18%，耕地面积却占了全国的64%，特别是黄淮海地区，耕地面积占全国的40%，但水资源只占全国的6.6%。加上“南涝北旱”的影响和北方的土地沙漠化，致使大片土地难以得到充分开发利用。又如矿产资源，煤炭储量的69%集中于晋、陕、蒙三省（区）；铁矿储量的60%集中于辽、冀、晋、川四省；磷矿储量的70%集中于云、贵、川、鄂四省；还有一些大型矿床也多集中在边远地区，如新疆和内蒙古的煤，西藏、新疆和内蒙古的铬矿，西藏的铜矿，青海的盐湖资源等。这样的边缘化分布格局相应增加了配套水、电、运等基础设施的需求总量。

四是资源的综合开发供给潜力大。中国自然资源中的共生伴生资源较多，有利于进一步综合开发利用，加之科技的进步和生产力水平的不断提高，从长期来看中国资源供给的潜力很大。中国已探明的矿床中，伴生两种以上有用矿产的矿床占80%，有些大型综合性矿床的伴生矿，其经济价值远远超过主元素的价值。在铜矿床中共生伴生有钼、铅、锌、镍、磷、钴、铂族金属和金、银贵金属；在铁矿中综合矿床占25%；在铅、锌矿床中伴生共生有用元素多达50种；在煤矿共生伴生有硫、磷、黏土、铝土矿、油页岩等矿产。钨矿床中共生伴生有用成分30多种，其中伴生铜储量占总储量的25%以上，伴生银储量占总储量的80%以上，伴生金储量占总储量的43%以上。在土地资源中，尽管有68%不宜开发农业种植业的山地、丘陵和高原，但是具有综合开发林木业的巨大潜力。

对各种自然资源具体供给态势的简单判断如下：

［矿产资源］　目前，中国已发现的矿产171种，其中探明储量的矿产158

种。稀土、钨、锡等金属矿产和许多非金属矿产储量位居世界前列。根据《各国矿产储量潜在总值》的估算，中国矿产资源储量的潜在总值为 16.56 万亿美元，居世界第 3 位，但人均矿产储量的潜在总值为 1.51 万美元，只有世界平均水平的 58%，排世界第 53 位，而且人均资源数量和资源生态质量仍在继续下降和恶化，如 35 种重要矿产资源的人均占有量只有世界人均占有量的 60%，其中石油、铁矿和铝土矿分别只有世界人均占有量的 11%、44%和 10%。

[水资源]　中国多年平均年水资源供给总量为 28 124 亿立方米，其中河川径流量约占 94%，约占全球径流总量的 5.8%，居世界第 6 位；平均径流深为 284 毫米，为世界平均值的 90%，居世界第 7 位。平均每人每年的河川径流占有量为 2260 立方米，不足世界平均值的 1/4，分别是美国人均占有量的 1/6、原苏联的 1/8、巴西的 1/19 和加拿大的 1/58。平均每公顷耕地的河川径流占有量约为 28 320 立方米，为世界平均值的 80%。可以说，中国用世界 6%的淡水资源养活着世界上 22%的人口。

[森林资源]　据联合国粮农组织统计，目前世界森林面积为 34.54 亿公顷，森林覆盖率平均为 26.6%，森林蓄积量为 3831.27 亿立方米。中国森林面积仅占世界的 3.9%，森林蓄积量不足世界总蓄积量的 3%，森林覆盖率为 13.92%，人均森林面积和人均蓄积量都低于世界平均水平，分别排在世界的第 120 位和第 121 位，森林覆盖率排在第 142 位，由此可以认定中国是一个缺材少林的国家。中国的林业用地率不高，森林面积仅占有林地面积的 50.49%，而瑞典为 98%，日本为 96%，美国为 95%。全国每公顷蓄积量为 78.3 立方米，而世界平均水平为 114 立方米。中国人工林面积虽已达 3410 万公顷，约占世界的 1/4，居世界之首，但平均每公顷蓄积量只有 33.3 立方米，仅为世界平均水平的 1/3。

[耕地资源]　中国现有的耕地面积为 14.43 亿亩，居世界第 4 位，但人均耕地占有量仅为 1.34 亩，远低于世界人均 5.5 亩的平均水平。中国耕地面积约占全国土地面积的 10.02%，占世界耕地面积的 7%。全国水土流失面积达 356 万平方千米，沙化土地面积达 174 万平方千米。全国宜农荒地仅有 5 亿亩左右，尚不到世界未垦宜农地的 2%。中国人口众多，人均耕地、林地和牧草地的数量只有世界平均数的 44%、18%和 35%，因此中国用世界 7%的耕地养活着近 1/4 的世界人口。

[草地资源]　中国拥有各种天然草地 3.928 亿公顷，占全国国土面积的 41% 左右，它们主要分布在东北、西北和青藏高原地区，而其中质量相对较差的干旱、半干旱区和高寒地区的草地，约占 70% 以上。中国草地资源的生产力水平较低，全国平均每公顷可利用草地的年产草量仅为 911 千克（干重），单位面积草地产值仅相当于澳大利亚的 1/10，美国的 1/12，荷兰的 1/50。在全国 12 个生态区之间，草地生产力现状悬殊。江南区、华南区及长江中下游区草地平均现单产均在 3000 千克/（公顷・年）（干草）以上，而西北区和青藏高原区草地

平均现单产仅为584千克/（公顷·年）和577千克/（公顷·年），两个地区之间相差5倍以上。

［海洋资源］ 中国的海洋生物有20 000多种，海洋鱼类3000多种；海洋石油资源量约240亿吨；天然气资源量14万亿立方米；滨海砂矿资源储量31亿吨；海洋可再生能源理论蕴藏量6.3亿千瓦。中国的海岸线长度为1.8万千米，居世界第4位；大陆架面积位居世界第5位；200海里专属经济区面积居世界第10位。至于人均海洋面积，世界沿海国家平均为0.026平方千米，而中国只有0.0029平方千米，是世界平均数字的1/10，而与中国相邻的沿海国家的平均数都超过中国的10倍以上。此外，这些海洋资源大多集中于东海大陆架和南海海域这两个有“争议”的区域，这将会带来一系列开采上的不便。

5.3.3 中国自然资源利用面临的压力

自然资源需求量的不断攀升和资源的有限供给导致的巨大资源缺口是我们现在已经面临的和未来不容回避的现实问题。面对未来中国经济增长和人口刚性的要求，中国自然资源的利用存在着以下压力：

一是人口的持续增长及国民收入的不断提高，使人均资源愈显紧缺。中国人口基数大，预计在未来30年左右的时间里仍将再增加2亿～3亿的人口。这种持久性的人口增长必将导致对各类资源的更多需求。同时，随着中国经济的快速增长，人均收入水平也在不断提高，预计2020年中国人均国民生产总值有可能达到1700～1800美元，相当于目前上中等收入国家水平。这种不断趋高的收入也必将导致人均资源需求量的迅速上升。因此，新增人口的基本需求和基础人口改善生活质量的递增需求都对资源供应量提出了更高的要求并带来了更大的压力。

二是经济持续快速增长，使资源供应模式显得较为迟滞。1980～1990年中国国民生产总值（按1980年不变价格计算）增长了1倍多，1990～2000年中国国民生产总值平均增长率为6%～7%，预计2000～2020年中国国民生产总值年平均增长率仍为4%～5%，属于世界上经济增长速度较快的国家。虽然中国的经济增长速度不断攀升，但是经济增长模式在短期内尚未得到配套的改善，依然是粗放式经济增长模式占主导地位，而且这种现状不仅在短期内不可能得到改变，还将在未来的一段时期内存在。这种不断上涨的经济总量必然需要大量的资源供给总量的支持。面对如此强大的消费需求，中国资源型产业的应对难度很大，原因在于资源型企业大多是计划经济条件下垄断经营的后裔，企业内部的市场化改革进展比较缓慢，公司管理体制和治理模式比较落后，导致了巨大的资源供给成本及资源供给总量的巨大浪费。资源型产业必须尽快地调整内部治理模式和企业经营模式，并在管理和技术上创新，从而提高供给能力。

三是国民环保意识的普及，使资源开发和利用的成本增加。在中国，环保教育正处于普及阶段。频发的自然灾害使国民不断觉醒，意识到环境安全和环境质量的重要性，并开始自觉维护自身所拥有的环境权利。国民环保意识的普及，使资源的开发和利用必须相应调整，资源型企业不得不转变粗放经营模式，加大开发技术及基础设施的投入力度，从而增加了企业固定资产投资的成本；同时，还需要淘汰一批技术不达标的企业的开采资格。因此，资源的开发和利用成本明显增加，成为中国自然资源利用面临的又一大压力。

四是经济和资源全球化，使中国不得不面对激烈的国际资源竞争。2001 年中国正式加入了世界贸易组织，并在不断履行其入世的承诺，这就使得我们不得不面对激烈的国际资源市场的竞争。新中国成立之后，中国在政治上取得了独立，同时也希望在经济上实现独立自主。经过改革开放 30 年的发展，中国经济规模快速扩张，资源需求量也快速增加，导致国内供给明显不足，需要从国外进口资源。经济一体化和资源全球化，以及当前正在发生的大国强权政治和国际政治经济格局的变化，使世界各国对战略性资源的争夺越来越激烈，中国的资源安全面临更严峻的挑战。世界上围绕资源产生的争端多是在发达国家之间、发达国家与第三世界国家之间，以及发生在工业化国家之间或发展中国家之间，主要是各种自然资源的争夺，特别是对领土、水及油气等战略性资源的控制和争夺。

综合以上各方面因素给中国能源利用带来的巨大挑战，整体表现为资源尤其是战略性资源的供需缺口加大，短缺威胁显而易见。表 5-2 是中国的主要战略性资源供需缺口的有关预测结果。

表 5-2　中国战略性资源 2010～2050 年的供需预测

资源种类	供需平衡	2010 年	2020 年	2050 年
石油（亿吨）	需求量	2.8	3.5	10
	供给量	1.8	2.1	5
	缺口	1	1.4	5
天然气（亿立方米）	需求量	900	2 000	3 600
	供给量	800	1 500	2 700
	缺口	100	500	900
铁矿石（亿吨）	需求量	3.99	10	24
	供给量	3.29	5	9
	缺口	0.7	5	15
铝土矿（万吨）	需求量	1 120	1 655	3 000
	供给量	805	1 456	2 000
	缺口	315	199	1 000
铜矿（金属万吨）	需求量	170	210	290
	供给量	90	115	134
	缺口	80	95	156

续表

资源种类	供需平衡	2010年	2020年	2050年
钾盐（KCI吨）	需求量	640	802	1 450
	供给量	100	125	160
	缺口	540	677	1 290
粮食（亿吨）	需求量	5.8	6.5	12
	供给量	5.5	6	8
	缺口	0.3	0.5	4
水（亿立方米）	需求量	5 850	7 200	7 550
	供给量	5 400	6 640	6 850
	缺口	450	560	700

相关链接 5-2 世界上一些典型的资源争夺与冲突

由于自然资源具有重要的经济价值，加之各种自然资源数量和质量在空间分布上的不均衡性及其禀赋的稀缺性，世界上各个国家都非常重视本国自然资源的开采和利用。在一些地区，各国围绕稀缺资源展开了激烈的争夺（表 5-3）。

表 5-3 世界上一些典型的资源争夺与冲突

资源类型	冲突国家或地区	原因
石油及天然气	伊拉克与科威特	领土与石油
	伊朗与阿联酋	关于阿布穆萨三岛石油
	沙特阿拉伯与也门	边界石油
	巴林与卡塔尔	边界石油
水资源	埃及、苏丹与埃塞俄比亚	尼罗河饮水
	伊拉克与叙利亚	幼发拉底河上游大坝截流
	印度与巴基斯坦	印度河与苏特里杰河的引水灌溉
	泰国、老挝、柬埔寨与越南	湄公河流量问题
	阿根廷与巴西	巴拉那河上游的大坝
	玻利维亚与智利	劳卡河之争
水环境破坏	以色列与约旦	约旦河水源保护地——戈兰高地之争
	美国与墨西哥	格兰德河农业灌溉的污染
	捷克与德国	易北河
	匈牙利与罗马尼亚	索莫什河
	法国、荷兰与德国	莱茵河
	印度与孟加拉国	恒河泥沙淤积

资料来源：中国科学院国情分析小组．2001. 两种资源、两个市场：构建中国资源安全保障体系研究（国情研究第八号报告）．天津：天津人民出版社．

5.4　自然资源可持续利用的实现

自然资源的可持续利用，是指人类在开发利用自然资源的过程中，必须努力实现自然资源在时间和空间上的合理配置，使人类对自然资源利用的数量和质量不被降低，实现人类福利的不断增加，并实现自然资源的可持续供给，最终实现人类社会的可持续发展。对于不同类型的自然资源而言，可持续利用有着不同的含义。要实现自然资源的可持续利用，需要按照可再生资源和不可再生资源的特点选择适当的利用方式。可再生资源的可持续利用，是指合理地利用资源以实现资源的永续利用；不可再生资源的可持续利用，是指在不同的时期合理配置有限的资源，用可再生资源代替不可再生资源。后者实质上是资源的最优消耗问题。

目前，中国正处于经济起飞的阶段，经济的快速增长加剧了我国资源的稀缺性。影响中国经济发展的主要自然资源，如耕地资源、森林资源、矿产资源及淡水资源等，其供求状况已经处于相当紧张的状态。我国不可再生资源的消耗过度，某些可再生资源的消耗已超过其再生能力，在短期内不可能缓解尖锐的供求矛盾，自然资源形势相当严峻。因此，实现自然资源的可持续利用进而突破资源的约束，是我国摆脱当前资源困境的唯一出路。要实现自然资源的可持续利用，缓解自然资源总供给与总需求之间的矛盾，一方面要紧紧依靠科学技术，大力开“源”，努力增加自然资源的有效供给；另一方面要尽量节“流”，内涵挖潜，变高消耗型生产为低消耗型生产，抑制对自然资源的需求。

5.4.1　努力增加自然资源供给

第一，加强自然资源的调查和勘探，增加自然资源的储量。首先要加强自然资源的调查和勘测工作，摸清家底，为决策提供准确、可靠的依据。其次要加强资源的培育和养护。在自然资源中，有许多资源是不可再生的，无法用人为的方法增加其供给量，也有相当一部分资源是可再生的，通过培育和养护，可以有效地增加其存量。另外，还要加强资源的综合利用，防止未能对具有多种用途的自然资源（如矿产资源）进行充分地利用和开发，而将其他有用资源作为废物摒弃。同时，对于生产和生活中排放到环境中的废物，也要努力加以利用，提高废旧物资的回收率和综合利用率，变废为宝，减轻资源开发的压力。

第二，将自然资源开发与保护结合起来。自然资源开发与资源管理保护既相互联系又相互制约，必须全面权衡自然资源在生态系统中的地位、作用及人为干预引起整个生态系统改变后对人类所产生的反作用。对可更新资源的开发利用，必须与其再生增殖能力相适应，以保证对这些资源的永续利用，同时不能超出其“生态阈限”，否则就会使生态系统的自我调节能力下降甚至失灵，从而造成生态失衡；对不可更新资源的开发利用，应坚持厉行节约和综合开发利用的原则，确定资源的贮、采比例，合理调节有限资源的耗竭速度，提高资源采、冶、选的回收率和综合利用率，并将生产过程排出的“三废”资源化、能源化、无害化。同时，必须把资源的开发利用同发展保护结合起来，对那些珍贵的稀有野生动植物资源及其生存环境，以及已经开发利用或待开发利用的自然资源，采取切实的保护措施，免其受损，并且把保护资源同对资源的培育和改造结合起来，从而使资源能够得到改善和发展，充分发挥其效益。

第三，加强对国际资源的研究，提高对国际资源的利用能力。目前，经济发展对资源的需求量越来越大，品种也越来越多。然而，一个国家的自然资源是由该国的自然禀赋决定的，任何一个国家都不可能完全依靠自身的资源来发展经济。由于经济技术条件和资源禀赋条件的不同，不同国家生产同种资源的成本也存在很大的差异，因此每个国家都应充分利用国际资源来提高经济效益，为本国经济的发展提供资源保障。这就要求我们要加强对国际资源的研究，为制定国家的全球资源战略提供可靠的依据。另外，我国已经加入世界贸易组织，国际资源市场的大门已经向我们打开，面对国内巨大的资源缺口的压力和更加便利的国际资源利用条件，中国应该提高对国际资源的利用能力，充分利用全球资源，实现自然资源的可持续利用。同时，应对国内的稀缺资源和珍稀资源实行保护性开采，而对那些重要的战略资源则应建立必要的资源贮备，并通过适当进口国内紧缺资源和产品来调剂余缺和品种，从而满足经济建设的需要。

5.4.2 抑制对自然资源的需求

第一，节约利用自然资源，建立消耗资源强度小的产业结构。尽管我国的人均消耗资源水平很低，但由于我国工业技术落后，设备和工艺陈旧，加之管理不善，致使资源利用率不高，浪费现象非常严重，如中国单位产出的能源消耗不仅远远高于发达国家，甚至高于许多发展中国家，我们的能源效率只有30%左右，而一般工业化国家在40%以上，因此，我们节约资源的空间仍然很大。此外，还应建立消耗强度小的产业结构。作为第一产业的农业，基本上属于依靠生态系统的内部机制运转，使物质能量生生不息而进行物质生产的非资源耗竭性产业。消耗大量自然资源的产业主要是工业特别是重工业，而目前这一产业在我国占有较大的比重。这样的产业结构不利于资源的可持续利用和经济的持续增长，也不利于环境的改善，因此，大力加强第一产业，调整提高第二产业，降低工业特别是重工业和原材料工业的比重，大力发展耗资（源）耗能小、经济增值快的第三产业，使第一、二、三产业有一个合理的结构，以实现协调发展，是建设持续性经济发展体系的必然趋势。

第二，大力发展循环经济，倡导可持续消费，建立资源节约型的社会经济体系。解决人类持续发展过程中的自然资源困境，实现自然资源的可持续利用，根本的出路在于发展循环经济，倡导可持续消费模式。发展循环经济，必须遵循“减量化、再使用、再循环”的行为准则，即 3R 原则（reduce，reuse，recycle），这样可以提高资源的利用效率，延长拓宽生产技术链，减少污染物排放。生产的目的在于消费，可持续发展要求我们必须转变消费观念，采取可持续消费模式，这样有利于资源的回收利用，尽可能地减少资源的消耗。因此，大力发展循环经济，倡导可持续消费，可以促进自然资源可持续利用的实现。要建立资源节约型的社会经济体系，就必须确定资源节约型的社会与个人消费结构。要推行资源有偿使用制度，需运用资源定价、税收等经济手段来控制消费、遏止浪费。

第三，抑制对自然资源的需求。自然资源能否满足发展的需要，不仅取决于资源供给总量的多少，而且取决于人们开发利用资源的速度。如果能够有效地抑制对自然资源的需求，则有利于资源的可持续利用。特别是对于可再生资源，如果我们能将开发利用的规模限制在其自然更新的能力范围之内，那么，这种资源就是取之不尽、用之不竭的。因此，抑制对自然资源的需求，同扩大对自然资源的供给一样，是实现自然资源可持续利用的途径之一。

5.4.3　开展综合利用，发展替代资源

第一，开展综合利用和深度加工，实现资源利用的科学化和环境保护的最佳化。自然资源是人类生存和进行经济建设的必要条件，对它的合理开发和利用不仅直接影响到经济建设的规模和速度，而且影响着环境的质量，制约着经济社会的可持续发展。所谓深度加工，就是根据人类的多方面需要，利用科学技术开展对资源的多层次加工利用。在消耗自然资源一定量的情况下，增加产出量，既能最大限度地利用自然资源，增加其经济效益，又能减少环境污染，提高环境质量，还能扩大就业面。

第二，加大科技投入的力度，大力发展资源替代，突破资源约束，缓解资源稀缺。科学技术是实现自然资源可持续利用的决定性因素。依靠科技进步，可以节约资源、提高资源利用率和提高资源综合利用水平。加大科技投入，有利于开发新的资源，有利于降低资源的利用成本，有利于改善资源的利用结构，从而提高自然资源的综合利用效率。在当前面对资源短缺的局面，要保证资源的可持续利用，推动经济社会的可持续发展，用相对丰富和廉价的资源替代相对稀缺和珍贵的资源和用可再生资源替代不可再生资源的意义显得尤为重要：它可以使稀缺资源的需求受到抑制，从而延长其供应时间，降低自然资源综合开发的代价。例如，鉴于石油和天然气的贮藏量日渐减少，且它们的使用严重污染环境的现状，我们可以大力发展氢能作为替代能源。因为氢能不仅热值高（是汽油发热值的 3 倍），便于储存和运输，而且无味、无毒，是“清洁”能源，所以氢能将成为人

类普遍使用的一种优质、无污染的新能源。

第三，依靠科技进步，建立完善的自然资源可持续利用的信息系统和开发预警系统。自然资源信息系统是实现自然资源可持续利用及综合管理的重要依据，是各级部门制定资源可持续利用决策的重要参考，因此建立和完善自然资源信息系统是实现自然资源可持续利用的一个重要途径。一个有效的自然资源信息系统应该涵盖自然资源利用过程中的一切有用信息，能够反映自然资源在利用过程中的资源数量、质量、分布状况、产权归属、利用程度、利用形式及其发展变化的消息、情报、资料等。目前中国自然资源的监测力量分散，资源动态监测不力，缺乏统一的资源数据标准，还有待建立权威的国家资源信息系统。因此，依靠科技进步，加强自然资源的动态监测，建立资源监测网络；加强信息资源基础建设，建立国家级的综合自然资源管理信息系统，已经成为我国实现自然资源可持续供给的重要内容。此外，还要建立自然资源开发预警系统，从而达到预示因开发而导致自然资源的耗竭或衰竭危机的目的，警示人们应合理开采，并注意维护生态系统的稳定。要依据生态效应准则、社会需求准则和经济效率准则等判定自然资源开发的临界，从而采取有效的自然资源持续利用管理措施，以避免决策失误。

5.4.4 建立健全自然资源合理开发利用和保护的综合管理体系

第一，建立健全自然资源可持续利用的法律法规体系。自然资源大多是共享资源，其开发利用存在外部性问题。我们必须重视法律法规对自然资源可持续利用的保障作用，完善自然资源可持续利用方面的法律体系的建设，健全自然资源可持续利用法规的实施机制和保障机制，从而保证法律法规的贯彻实施。我国已先后制定和颁布了包括土地法、森林法、草原法、水法、矿产资源法等在内的一系列关于资源管理的法律法规，从而为我们运用法律手段来保护资源奠定了基础。根据形势的发展，我们还要继续制定必要的保护综合性自然资源的管理法规和具体的实施办法，建立完备的资源勘查与调查制度、资源产权制度、资源登记制度、资源许可制度及资源的有偿使用制度等，从而保证自然资源利用和保护的法制建设得到不断完善。同时，还要进一步强化有关执法机构和执法队伍的能力建设，不断提高执法人员的素质，加强执法力度，确实做到有法必依、执法必严、违法必究，真正实现资源管理的法制化。

第二，进一步完善资源的经济核算体系。为了加强对资源的管理，研究试行资源核算是十分必要的。用国内生产总值来衡量国民经济的发展指标反映不出因经济增长而造成的生态破坏和环境污染，它不包括对自然资源现存量和使用量的统计，也不显示自然资源的增加或减少。显然，这样的经济核算体系不利于自然资源的可持续利用。因此，推动我国经济和社会的可持续发展，尽快改革和完善经济核算体系，使其全面准确地反映发展中的资源代价是十分必要的。

第三，建立健全环境保护方面的管理政策。一是预防为主、防治结合的政策。通过采取预先防范的措施，尽量减少或避免对环境的污染和破坏，是解决环境问题的最好办法。其主要措施包括：将环境保护纳入国民经济与社会发展计划和年度计划，对各级政府、有关部门和单位普遍实行环境保护目标责任制；实行城市环境综合整治，在城市化过程中改善环境质量，推行城市环境综合整治定量考核制度；严格对新建、扩建和改建项目实行环境影响评价和“三同时”制度；推行排污申报登记和排污许可制度，使末端管理与全过程管理相结合。二是“谁污染，谁治理”的政策。其具体措施包括：结合企业技术来防治工业污染，规定将技术改造费的7%用于污染防治，通过采用先进的技术和设备降低资源能源消耗，将污染消除在生产过程之中；对资源能源浪费、污染严重和影响附近居民生活的企业进行限期治理或关、停、并、转、迁；实行排污收费制度，运用价值规律和经济手段，让排污单位支付环境补偿费用。收费项目包括污水、废气、固体废物、噪声、放射性废物等，收费形式有“超标收费”和“排污收费”两种。三是强化环境管理的政策。这一政策是中国环境管理政策体系的核心，主要措施包括：有章可循、制定法规和标准，使环境保护有法可依；建立健全环境管理机构；实行环境保护行政主管部门统一监督管理和有关部门分工负责的环境管理体制。

第四，充分发挥市场对资源的配置作用。在社会主义市场经济条件下，市场机制将对自然资源的配置发挥基础性的作用，它通过利用价格、补贴、地租、利率、税收等经济杠杆，对资源利用的方式和强度进行调控。这种经济杠杆框架的调整，要以改变利益格局来引导人们的行为，从而影响自然资源的持续开发利用、经济的持久发展、环境的保护和人类的生存与发展。例如，对不可人工再生的自然资源，可以通过经济杠杆来促进替代品的使用；对可人工再生的自然资源，如林木，可以通过经济杠杆来引导人工更新和培育新的资源。必须指出，经济杠杆构架的合理性是相对的、发展的，同时总体上是客观的，因此国家可以进行部分干预。

第五，建立和推行可持续发展的评价制度。十多年来，我们推行建设项目的环境影响评价制度，对维护生态平衡和控制环境污染发挥了有益的作用，但在自然资源领域中还缺少类似的制度。为减少自然资源的破坏和浪费，实现自然资源的可持续利用，我们应尽快研究制定科学的可持续发展指标体系，提供可持续发展的评价技术方法指南，并对涉及自然资源开发利用和保护的政策、规划、活动等进行评估，为政府的有关部门和资源开发利用者提供科学的依据。

本章小结

自然资源的可持续利用是实现人口、资源、环境与经济可持续发展的基础。人类在开发利用自然资源的过程中，必须努力实现自然资源在时间和空间上的合理配置，使人类对自然资源利用的数量和质量不仅不被降低，反而有所提高，并实现自然资源的可持续供给，最终实现人类社会的可持续发展。自然资源可分为可再生资源和不可再生资源，其特点主要包括：分布的不均匀性、功能的多样性、数量和质量的可变性、禀赋的稀缺性和难以替代性。

自然资源的经济价值，即它作为生产要素被人类利用（主要为消耗性利用）所具有的价值。在市场经济中，它由资源的稀缺性、附加的劳动和消费者对产品的偏好等决定。自然资源的经济价值可分为两个部分，即使用价值和非使用价值。自然资源的使用价值和物质性效用构成了自然资源价格的内在依据，而其有限性和稀缺性又构成了它的外在依据。自然资源经济评价是按照经济学的观点，从经济发展和生产布局出发，对自然资源开发利用的可能性和开发利用的方向，以及开发利用的经济合理性进行的综合论证。

中国经济的快速增长使自然资源的需求量不断攀升，资源的有限供给导致的巨大资源缺口是我国自然资源利用面临的巨大压力。因此，实现自然资源的可持续利用进而突破资源约束，是我国摆脱当前资源困境的唯一出路。要通过增加自然资源供给、抑制对自然资源的需求和开展综合利用，同时发展替代资源、建立健全自然资源合理开发利用和保护的综合管理体系等来实现自然资源可持续利用。

➢关键概念

自然资源　可再生资源　不可再生资源　可回收的不可再生资源　不可回收的不可再生资源　自然资源的经济价值　自然资源的使用价值和非使用价值　影子价格法　机会成本法　替代价格法　市场估价法　自然资源经济评价　自然资源的可持续利用

➢思考题

1. 简述自然资源的定义及类型。
2. 对自然资源进行定价的理论有哪些？请做简要评述。
3. 简述我国资源的概况及特点。
4. 如何实现自然资源的可持续利用？

第6章 不可再生资源的最优利用

资源问题永远是人口、资源与环境经济学的核心问题，其中不可再生资源的有效利用问题更是备受关注，因为不可再生资源的总量是一定的，而且绝大多数不可再生资源是推动现代经济发展的重要资源，是各国发展争夺的焦点。伴随着世界人口的增加、环境恶化及资源枯竭等问题的日益严峻，石油、煤炭等不可再生资源的优化配置和合理使用已成为当今世界各国实现国民经济可持续发展的基础。

6.1 不可再生资源的概念及基本特征

6.1.1 不可再生资源的概念

不可再生资源又称为非可再生资源，是指资源本身没有自我循环生长的能力，其供应量基本固定的自然资源。按照资源能否回收的属性，不可再生资源可以分为可回收的不可再生资源和不可回收的不可再生资源。其中，可回收的不可再生资源的特征是在使用中和使用后，可以重新回收再次使用，如金、银、铜、铁、铅、锌等金属资源；不可回收的不可再生资源的特征是资源在使用过程中消耗殆尽，或作为原有的物质形态已不复存在，转化为其他形态的物质，如石油、天然气等能源资源。

对于不可再生资源来讲，其问题不在于“可持续地”开采和取得收益，而在于以怎样的速度来开采和消耗资源才能使社会或企业的净收益最大化。因此，澄清资源的存量问题十分重要。张帆（2007）以资源存量为分类标准，将不可再生资源存量分为当前储藏量、潜在储藏量和总储藏量或资源禀赋[①]。若从经济学角度来定义，当前储藏量是指能够在当前价格下开采且取得利润的储藏量，这一储藏量的最大值可以用数字来表示；潜在储藏量是指在可能价格下可以开采的储藏量，它取决于人们为取得这些资源所愿意支付的价格，它是价格的函数，价格越高，潜在储藏量越大；总储藏量是一个地质学概念，是指地球上该种自然资源的总量。

6.1.2 不可再生资源的基本特征

第一，不可再生资源的稀缺性。与可再生资源相比，不可再生资源的总量是一定的，一旦开发利用一部分，其储藏量就会减少一部分。其原因包括：一是任何一种不可再生资源的形成都要经历复杂的地质过程，而且这一过程极其漫长；二是受技术、开采条件等因素的制约，不可再生资源在特定的时空条件下被开发利用的规模是有限的。

第二，不可再生资源的非再生性。尽管任何资源都可能耗尽，但大部分资源是可再生的，而对于不可再生资源来说，其不能迅速再生，因而其补充速度非常缓慢。因此，当前的开采量将影响未来可能的开采量。资源的开采成本不仅取决于当前开采所使用的要素投入量及价格，而且取决于过去开采所使用的要素投入量及当前开采对未来开采收益的影响因素[②]。

第三，不可再生资源消耗的不可逆性。所谓资源消耗的不可逆性，是指已经消耗的资源一旦使用完成，原来的实体就立即消失，通常情况下不可能重复使用，而且不可能在短时间内恢复到原储存量，也不能像一般商品那样根据价格的变化而任意地增加或减少。因此，这就要求人们必须从长期的角度来开发和利用不可再生资源，从而实现资源的可持续利用。

6.1.3 不可再生资源的开采与霍特林定律

不可再生资源的供给包括勘探、开发和采集三个互相联系的阶段：勘探是确定资源储存量和探明资源地质特征性的过程；开发是为采集准备场所和设备的过程；采集是从地下取出资源的过程。整个供给过程的每一个阶段都是其下一个阶段的引致需求：勘探的发现是新开发的投入，新开发的矿山是采集的投入。最终开采出来的资源的价格不但影响采集决策，而且影响勘探和开发决策。也就是说，每一阶段的成本不但影响本阶段的决策，而且影响其他阶段的决策。

---

① 张帆，李东．2007．环境与自然资源经济学．上海：上海人民出版社：139～140．

② 曲福田．2001．资源经济学．北京：中国农业出版社：86～91．

汪丁丁（1993）把不可再生资源设想为一个初始量已经给定的、只能流出不能流进的水池，其中流出的水相当于被开采的资源。这就产生了怎样放水才能使总的利益最大化的“放水问题”，也就是怎样把给定的“存量”分配到各个时点上成为“流量”的问题。他以一处矿产的垄断开采为例，将矿石的市场价格和开采成本的差称为租。企业和社会的目标是：给定时间偏好和对矿权的需求函数，使各时期租的总和的现值最大化。决策的约束条件是：①资源存量随着开采而减少；②资源初始存量给定；③开采成本随着资源存量的减少而上升；④资源价格不能超过由替代品价格决定的一个价格上限。在资源由地主垄断的情况下，上述模型可以数学化地表示为

目标：　$$T^{\max} y(t) \int_0^T [p(y(t), x(t)) - c(x(t))] y(t) \mathrm{e}^{-rt} \mathrm{d}t$$

约束条件：
$$\dot{x} = - y(t)$$
$$x(0) = x_0$$
$$\mathrm{d}c(x)/\mathrm{d}x < 0$$
$$p(y(t), x(t) \leqslant \bar{p}), \forall t \in [0, T]$$

上式中，$x(t)$、$y(t)$ 分别表示 t 时刻的存量和开采量，p、c 分别表示价格和单位成本，e^{-rt}表示贴现率的计算。两个控制变量为中止开采时间 T 和时间 0 到 T 之间的开采量 $y(t)$。单位矿产的租由价格与成本之差 $p-c$ 决定，每一时刻 t 的租总量是 $(p-c)y$，而各个时期租的现值之和是 $S_0^T(p-c)y\mathrm{e}^{-rt}\mathrm{d}t$，其中 r 是由时间偏好决定的贴现率。通过对以上模型的求解，得出的最重要的结论是利率对资源使用量具有决定性的作用。

假定 k 为资源价格的增长率。由于不可再生资源的总量固定，增长率为 0，则其消耗的最优路线必须遵循以下定律：

$$k = r$$

即不可再生资源的消耗必须遵循以下路线：开采资源的价格的增长率必须等于贴现率。该定律被称为简单的霍特林定律。之所以称其为简单的霍特林定律，是因为它假设开采成本为 0。

霍特林定律的基本思想是：把埋藏在地下的资源看做是特殊形式的资本财产，即把所有财产分为资源和其他财产。一方面，如果把资源开发出来出售，所有者购买其他形式的财产并按资本利率取得收入；另一方面，如果把资源保存在地下，在资源价格随时间增长的情况下，所有者可以预期资源作为资本收益的增加。如果资源资本的增长率等于其他财产的利率，则所有者对把资源保存在地下和开采出来这两种选择没有偏好。在这种情况下，资源就会以最优路径来消耗。因此，合理的最优价格（合理的资源资本收益）是给所有者合理保存（合理开

发）资源的激励。

简单的霍特林定律假设地下资源的价格和开采出来的资源价格（井口价格）相等。实际上，地下资源的价格低于井口价格，也就是说开采成本是大于 0 的。在资源有限的前提下，总开采成本还应包括使用者成本。资源所有者试图通过选择一个开采率，以使其在某一时间内利润流的现值最大化。资源所有者面临的问题是，要在增加开采量的收益和成本之间做出权衡。开采的总边际成本由递增的边际开采成本和边际使用者成本组成。总边际成本和价格决定开采的数量。如果人们对未来的资源价格的预期大大上涨，即预期当前开采的使用者成本上涨，或者预期未来的技术进步将大大降低开采成本，资源所有者可以推迟开采；如果当前投资的利率上升，就会使现存矿山的当前开采率上升；如果当前投资的利率足够高，资源所有者就会在今天把资源开采完。这说明，当前的利润比未来的利润更有价值（未来利润需要经过贴现才能变成其现值）。利率的变化还会影响采矿公司勘探和发展新矿井的努力程度，从而影响公司对设备的投资，如利率上升，会减少勘查努力和减少对新矿的投资，这将部分抵消旧矿开采率的上升[①]。

近年来，有的经济学家在霍特林的分析基础上，融入了经济增长最优轨迹的分析内容。这种方法通常用来比较其他资产收益率和自然资源收益率之间的差异，以及确定在各类市场条件下不可再生资源最优耗竭率的确定问题，其中较有影响的是达斯格普特和黑尔建立的一个简单模型。他们假定，生产 Q 依赖于某一特定不可再生资源 R 的耗竭和再生产资本存量（如资本商品）K，则 $Q=F(K, R)$。消费 C 被设定为社会福利 u 的增加，计划者的目标是在贴现率为 r 的条件下使社会福利 u 最大化。图 6-1 表明了消费 C 随时间而变化过程[②]：①若不可再生资源对生产是必不可少的（即 R 与 K 的替代弹性小于 1），贴现率 r 是正数，且没有技术变化引起的替代品产生，则消费 C 将在初始阶段上升，然后下降趋近于零（曲线 ABD）；②在功利主义社会中不考虑不可再生资源对后代的影响，因而其贴现率 r_1 更高，这样，消费 C 的高峰点就在其起点 E 上。消费的变动如曲线 EBD 所示；③若在 T 时间点加入技术变化，则消费 C 获得一种新的动力，消费曲线在 B 点折向 F 点并将再次上升（曲线 $ABFG$）。这类变化最终形成长期静态消费曲线 C^*。

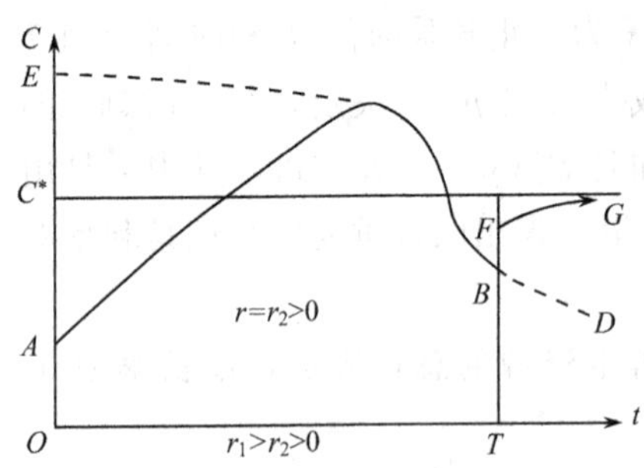

图 6-1　不可再生资源最优耗竭

① 张帆，李东．2007．环境与自然资源经济学．上海：上海人民出版社：143．

② 杨昌明．2002．资源环境经济学．湖北：湖北人民出版社：48．

在分析不可再生资源的优化利用的过程中，分析市场条件等因素也占了相当大的比重。最初对不可再生资源的优化利用分析是在完全竞争条件下进行的。近年来的理论研究则大量地集中在市场不完全条件下如何优化利用的分析上，如某些不可再生资源具有公共财产的属性，每一个开采者都力图在成本允许的条件下最大限度地耗竭公有的自然资源，从而偏离了霍特林所确定的社会最优利用原则。相反，斯蒂格利茨认为在排他性所有权（如垄断）条件下，不可再生资源的开采率可以达到最优。达斯格普特和黑尔进一步得出了在排他性所有权条件下，任何对最优开采率的偏离都将会导致过度保护，而不是过度开采这一结论。

不少经济学家经过分析认为确定最优耗竭率的基本条件有两个：一是不可再生资源的价格应等于边际生产成本与机会成本之和；二是不同时点的特许权收益的现值必须相等。在确定不可再生资源最优耗竭的基本原则和主要条件之后，许多经济学家尝试着建立最优耗竭模型。尽管提出的模型在复杂程度和目的方面各有不同，但他们设立模型的总体思路和结果大致相同。他们沿用的一般方法是：从模型最优解应满足的一组必要条件中，解出最优开采量和终止时间；然后将最优开采量和终止时间代入关于存量的微分方程，解出相应的关于存量的变动轨迹；将存量变动轨迹代入由生产技术条件决定的单位成本函数，得出关于开采成本随时间变化而沿最优开采量变动的轨迹；最后将最优开采量和开采成本代入由供求条件决定的价格函数，得出市场价格随时间变动的轨迹。

费雪在 1981 年出版的《资源和经济学》一书中，对不可再生资源的最优耗竭模型做了一般的概括，他把最优耗竭模型的建立过程划分为五个主要步骤：第一步，确立净收益最大现值的变动轨迹；第二步，确定特许权收益的变动轨迹；第三步，确定边际成本和市场价格的变动轨迹；第四步，确定最优耗竭模型的控制条件；第五步，归结最优耗竭模型的完整形式。

经济学家在考察最优耗竭模型的影响因素时，除着重分析垄断等市场结构外，对不确定、勘探、技术变化、“代际”问题等也均有所分析。

6.2　不可回收的非再生资源：石油、天然气和煤炭

石油、天然气和煤炭构成了能源的主要组成部分。随着现代工业的发展，这些能源在人类的生产和生活中扮演着越来越重要的角色。当前各国之间围绕石油、天然气和煤炭展开了激烈的争夺，这些资源已成为制约全球经济发展的瓶颈。对我国来说，资源瓶颈问题，尤其是石油、天然气、煤炭等不可回收的非再生资源已成为新时期中国经济增长最主要的制约要素。一方面，石油、天然气、煤炭等不可回收的非再生资源储量有限，而且在生产和生活中扮演着重要角色；

另一方面，这些资源的开发往往都带有一定的外部性，一旦开发不当会对自然环境造成负的外部性。

对于石油、天然气和煤炭而言，它们主要面临三个关键问题：一是垄断问题；二是价格管制问题；三是能源安全问题[①]。

6.2.1 垄断问题

经济学定义的垄断必须满足以下条件：一家卖主；没有接近的替代品；存在某种障碍使得竞争者难以进入市场。以石油为例，在世界原油市场上，石油输出国组织（OPEC）就是典型的石油垄断组织——卡特尔。所谓卡特尔，就是若干企业达成协议、操纵市场、分享利润的一种组织。作为不可再生资源的代表——石油，其在需求弹性方面的特点及其他供给者的影响决定了其市场中卡特尔组织的长期存在。

一是需求弹性。原油市场的特殊性主要体现在需求的价格弹性和需求的收入弹性这两个方面。首先是需求的价格弹性。原油需求的价格弹性取决于替代资源的供给。因为寻找替代资源需要时间，所以原油需求的短期价格弹性较小。但在长期，经过调整，原油需求的价格弹性比短期要大。替代资源为消费者提供了其他选择。价格适当的替代资源供给也为卡特尔价格设定了上限。如果卡特尔不能控制这些替代资源，其价格一旦高于替代资源价格，消费者就会转而消费替代资源。就目前而言，对原油具有替代性的资源主要有：一些非常规性的石油资源（如深海石油、极地石油），但其开采成本十分高昂；煤炭资源，但其使用往往带来污染；太阳能，尽管已经投入使用，但其技术的进步和普遍推广尚需时日。所有这些资源的大规模使用的前提条件是：首先是替代资源的成本和价格的大幅度下降，或者石油价格的大幅度上升，但这些都是需要时间的。其次是需求的收入弹性。需求的收入弹性表明需求对收入变动的敏感性。一方面，原油需求的收入弹性表示原油需求对世界经济增长的敏感性，收入增加则对原油的需求也增加；另一方面，需求的收入弹性也表示需求对经济周期的敏感性。收入弹性越大，需求对经济周期越敏感。经济衰退引起的需求减少越多，对卡特尔降低价格的压力就越大。

二是其他供给者的影响。在世界原油市场上，除卡特尔之外，还存在着其他供给者。如果其他供给者增加产量，就会减少卡特尔的市场份额，从而使价格降低。因此，卡特尔在制定价格时必须考虑其他供给者的行为。Salant（1976）用一个卡特尔和其他竞争性企业同时存在的垄断定价模型来说明这个问题。模型假设有若干个供给者，其中大部分组成卡特尔，小部分没有加入。卡特尔在考虑到

① Tim Tietenberg. 2005. 环境与自然资源经济学. 6版. 北京：清华大学出版社：151～182；张帆，李东. 2007. 环境与自然资源经济学. 2版. 上海：上海人民出版社：143～151.

其他供给者销售量变化的基础上，制定垄断价格以使其各期利润现值最大化。其他供给者作为价格的接受者，把市场价格作为给定条件，选择适合的产量使其各期利润最大化。其他供给者的产量影响了卡特尔的定价策略。卡特尔和竞争性企业的利润最大化决定了均衡状态的价格变动模型。模型的结论是：当存在其他供给者时，卡特尔制定的初始价格比无竞争性企业时低，价格上涨得更快。它是以在竞争性企业被逐出市场以前的利率作为上升的速度的。这种策略使其他供给者在早期生产得很多，并且最终耗尽其供给量。当其他供给者耗尽其供给量而被逐出市场后，卡特尔将提高价格。简言之，卡特尔的策略是：早期价格降低时，让其他供给者扩大市场，耗尽他们的资源，然后再提高价格垄断市场。Salant 的模型得到的一个惊人结论是其他供给者利润增加的百分比居然大于卡特尔的，也就是说竞争者搭了卡特尔的便车。其原因是卡特尔为使价格上涨，必须减少自己的产量，而其他供给者却不用减产，他们坐收高垄断价格之利从而扩大产量。因此在早期，其他供给者的利润很高，卡特尔能做的只是等待其他供给者耗尽其资源，然后它再垄断市场。

6.2.2　价格管制

由于不可再生资源的特殊性，在很多情况下政府都采取了价格管制的方法。政府实行价格管制的主要目的是防止价格过高，管制的主要方式是规定价格上限。在资源开采的初期，过低的价格会促使人们过多地开采和消费资源。在价格管制下，在需求方面，资源的消费量将会高于最优状态；在供给方面，当边际成本超过价格上限时，尽管需求量很大，但生产者由于亏本将停止生产。因此，在持久性的价格管制下，资源产量将少于没有管制时的产量，于是就会出现缺口。政府实行价格管制是一种寻租行为，可以用消费者和生产者剩余模型来解释（图 6-2）。

图 6-2 中，D 和 S 分别表示天然气的需求曲线和供给曲线，S_0 表示最优状态下的供给曲线，有效配置是 q^e 和 p^e。消费者剩余面积为 A，生产者剩余面积为 B，整个社会得到的净效益面积为 A 加 B，即消费者剩余加生产者剩余。

若由政府制定价格上限，供给曲线移动到图 6-2 中的 S_i，供给曲线的移动使开采量增加到 q^g，价格降低到 P^g，高于最优状态的开采量，则当前消费者剩余变为 A 加 B 加 C，消费者的状况改善，消费者剩余增加了 B 加 C。但另一方面，生产者的净效益受损。乍一看，如果 D 大于 B，生产者剩余就会增加。但是，因为过度生产，生产者牺牲了无价格管制时本来可以得到的稀缺租，一些未来消费者的利益也受到损害：因为资源消耗过快，最终资源的价格会变得比无价格管制时更高，且向替代资源的转变将过早，可能转换到成本更高的替代资源，而这些成本都将由未来的消费者承担。稀缺租作为一种机会成本，其特殊功能是保护未来的消费者。政府通过价格管制降低这种稀缺租，表面上是把收入从生产者转到消费

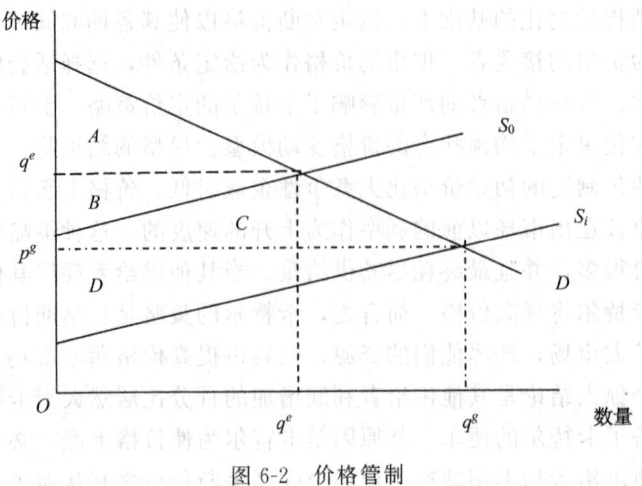

图 6-2 价格管制

者，实质上是从未来消费者转移到当前消费者，从而损害了未来消费者的利益。

这样，价格管制使资源配置显著地偏离了有效配置。在各种偏离中，最重要的有两种：第一种是向替代资源转换的时间过早；第二种是转换时不连续或太突然，即价格突然跳跃到新的更高的水平。第一种偏离意味着在消费者愿意支付的价格下可以得到的资源没有被用完。这可能导致在开采替代资源的技术没有成熟以前便过早地向替代资源转换。在第二种偏离中，价格的跳跃会使消费者的利益受到损失，如由于天然气的价格过低，致使其提供了错误的信号，则消费者对使用天然气的设备（如天然气炉）进行过度投资，直到转变发生时，才恍然大悟。总之，价格管制不仅影响了向替代资源转换的时间，而且造成了向非有效的替代资源的转换。

6.2.3 能源安全问题

以石油、天然气、煤炭等能源的安全为主体，形成了国家新时期的能源安全。例如，石油是战略性能源，它往往与国家安全有关，对石油的垄断可以由经济性武器变为政治性武器。现阶段，石油、天然气、煤炭等能源的安全已成为世界各国普遍关注的焦点，尤其是在当前的高油价时期，能源危机在某种程度上已演变为经济危机的导火索。

1. 能源安全的内涵

能源安全在 20 世纪 70 年代首先从经济安全（供应安全）的角度引起了人们的关注。1973 年 12 月在中东战争的背景下，石油输出国组织（OPEC）将其基准原油价格从每桶 3.011 美元提高到每桶 10.651 美元，从而触发了第二次世界大战后最严重的全球经济危机。世界主要发达国家于 1974 年成立国际能源机构

(IEA)，正式提出了以稳定原油供应和价格为中心的国家能源安全概念。1997 年“京都议定书”的签署，标志着世界各国开始考虑赋予能源安全以环境保护的内涵，也就是能源的消费和使用不应对人类自身赖以生存与发展的生态环境构成大的威胁。在国际能源合作空前重要及节能降耗空前紧迫的背景下，能源安全是指一个国家或地区可以足量、经济、稳定地从国内外获取能源并清洁、高效地使用能源，进而保障经济社会平稳、健康、可持续发展的能力。它主要包括六个要素：可靠的供应、合理的价格、较高的能效、清洁的环境、稳定的合作和灵活的应变①。

2. 我国能源安全目前存在的问题

目前我国在能源安全方面，尤其是针对石油、天然气、煤炭等不可再生资源而言，主要面临以下问题：一是对能源的需求持续扩大。目前，我国处于工业化和城镇化加快发展的重要阶段，消费规模不断扩大，能源供需矛盾越来越尖锐。据统计资料显示，目前我国已成为全球第二大能源生产国和消费国，其中 2007 年我国能源消费增量占全球的一半。同时，我国还是世界上单位 GDP 能耗最高的国家之一，每万元 GDP 的能耗大致是日本的 8 倍，欧盟的 4.5 倍，世界平均水平的 2.2 倍。然而，随着经济规模的进一步扩大，能源需求还会持续较快增长，我国的资源短缺状况更加严峻。据预测，要实现十七大制定的 2020 年经济发展目标，我国能源需求的年增长率需达到 4.1%～5.0%（全球同期平均增长率约为 2.1%），除煤炭经挖潜和扩大生产规模有可能基本满足需求外，石油和天然气均有巨大缺口。二是能源进口的依存度不断提高。2007 年我国石油对外依存度达到 50%，已进入能源预警期（如果一个国家石油进口的依存度达到或者超过 50%，说明该国已进入了能源预警期）。这意味着：我国石油对外高依存的格局已经显现；我国的资源短缺矛盾日益暴露，未来资源对国内经济发展的制约作用越来越大；必须高度重视 50%的依存度所带来的一系列潜在风险。三是能源结构不合理、能效低、污染严重。目前，我国能源的消费结构为：煤炭占 69.9%，石油占 25%，天然气占 2.8%，其中煤炭所占的比例远远高于世界 22.5%的平均水平，而天然气、核电及可再生能源所占比例大大低于世界平均水平，能源结构极不合理。

3. 能源安全战略选择

第一，建立健全石油储备体系②。当前，越来越多的国家已意识到能源储备的重要性，纷纷组织实施石油储备计划。美国花了近 10 年的时间打造石油储备体系，其中包括颁布《能源政策和储备法》、实施战略石油储备计划等，目前美国的石油储备量已达 120 天的使用量。我国的石油储备计划已启动，2004 年 6

① 宋杰鲲等. 2008. 我国能源安全状况分析. 工业技术经济，(4)：10～13.

② 王新新. 2009. 我国能源安全存在的问题及战略选择. 经济纵横，(3)：38～40.

月，石油储备基地开始建设，至 2008 年年底，首批选定的四个石油储备基地——镇海、舟山、大连和黄岛将全部完成注油。第二批石油储备基地的选址也已基本完成，兰州和鄯善因可利用便利的中哈原油管道注油料将进入第二批名单。兰州和鄯善进入第二批名单意味着国家有关部门已将战略石油储备基地建设的范围从沿海扩大到内地，特别是将油气资源丰富的西部纳入其中，这将明显降低储备风险，更好地保障国家能源安全。同时，第三批石油储备基地亦在规划中。2010 年中国石油储备的目标是超过 30 天的使用量。我国石油储备下一步的发展计划应是进一步完善石油储备制度，合理规划石油储备布局，丰富石油储备方式，降低石油储备成本，逐步形成符合我国国情的石油储备体系。

第二，科学调整能源结构。一是依靠技术进步，提高对煤炭的利用效率，尤其是推广应用煤炭气化技术和先进的燃烧发电技术，促进煤化工发展和煤电产业发展，在终端能源消费中以电代煤，从而大幅度地提高能源的利用效率。二是大幅度地提高核能的消费比重。核电作为一种不排放任何温室气体的高效和耐久的能源，具有广阔的发展前景。我国拥有丰富的核能资源，天然铀及其加工能力已粗具规模，核燃料循环工业的各个环节相互配套，但我国核能发电仅占 1.8%。因此，我国的核电仍具有较大的发展潜力。三是充分应用天然气。天然气是石油的最佳替代品，也是化石燃料中对环境污染最小的一种，因此应大力推进以气代油和以气发电，同时结合国家“西气东输”管线的布局与规划，加强油气资源的开发能力，推动天然气资源开发利用技术的升级与推广应用。四是积极开发风能、太阳能等新型洁净能源。通过政府引导和市场激励的方式，鼓励以太阳能为代表的新型能源企业的发展，从而不断提高洁净能源在能源消费中的比重。

第三，加强对外能源的开发合作。一是鼓励石油企业实施“走出去”战略。大力支持国内有条件的石油企业尽快“走出去”，参与国外油气田的勘探开发，建立稳定的海外石油生产和供给基地。二是为能源企业的对外发展提供良好的内外部环境：一方面政府应为能源企业的跨国经营提供外交、法律、制度和政策层面的支持；另一方面建立健全企业境外投资管理制度，调整国家现行税收、信贷和外汇政策，设立海外油气风险勘探专项基金，鼓励石油企业进行国际融资，“走出去”参与国际资本市场和油气市场的竞争。此外，还可以通过其他灵活多样的方式加强与油气生产国、消费国和国际能源组织的沟通协调，为中国石油企业的跨国经营创造宽松的国际环境。三是实施石油进口地域多元化战略，即要从以进口中东石油为主转向逐步扩大进口非洲、拉美、中亚、俄罗斯及其他周边国家或地区的石油，以分散进口风险。此外，还要建立多边油气合作安全机制，加强国际间合作①。

第四，提倡节约和高效利用的理念。改革开放 30 年来，我国经济发展取得

---

① 张汝根 . 2009. 我国能源安全及国际战略选择 . 生态经济，(8)：97～99.

了举世瞩目的成就，但也付出了不小的能源资源和环境代价。30 年的增长呈现出“高投入、高能耗、高污染、低效率”的特征，其主要原因在于长期依靠过度消耗资源和牺牲环境支撑的经济增长方式。党的十七大提出转变经济发展方式，其中节能是发展方式转变的主攻方向。因此，首先应积极发挥政府的主导作用，把节能减排指标完成的情况纳入到各地经济社会发展的综合考评评价体系中，切实落实节约和高效原则。其次应继续完善相关的政策措施，理顺能源产品的价格，抑制能源的低成本消费，建立合理的能源价格体系。同时，要积极调整和优化产业结构，加快产业升级，强制淘汰高耗低效的落后产品；要建立节约型经济体系，发展知识密集型产业，扩大服务业和高技术产业在国民经济中的比重，逐步降低能源密集型产业在国民经济中的比重。此外，还要广泛开展全民节能活动，倡导节约理念，把节能和高效变成全民自觉行为的准则。

相关链接 6-1　索马里海盗威胁中国石油安全

中国积极考虑派遣军舰赴索马里海域参加护航活动，与中国欢迎国际社会就打击索马里海盗开展有效的合作，支持有关国家根据国际法和安理会决议派军舰打击索马里海盗的努力的态度是一致的。此前，已有多个国家派遣了军舰护航，打击索马里海盗。但中国拟派遣军舰护航，主要是从本国石油安全的角度考虑的。

石油安全“脆弱性”凸显。中国存在严峻的石油安全问题。中国的石油储量占世界总量比重低，相对总人口规模和 GDP 总量规模，属于“贫油大国”。据世界银行统计，中国原油储量占世界总量的 2.43%，天然气储量占世界总量的 1.20%，人均化石燃料仅为世界均值的 56%，石油天然气人均可采储量仅为世界均值的 8%。有专家分析认为，中国将会在 2015 年迎来石油峰值——石油产量达到顶峰并从此开始下降。越过石油峰值后，中国将面临巨大的挑战：油气短缺的问题会进一步加剧；石油消费将更加依靠进口。但中国经济增长，以及工业化和城市化发展对石油的需求，却呈刚性增长。按目前的开采速度，中国将在 14 年后出现石油枯竭的局面，油气后备资源严重不足。中国石油进口依存度因此不断提高，目前已经接近 50%。

但与此同时，我们的原油进口通道却相对单一。在目前的原油进口量中，从中东和非洲地区 5 个国家进口的原油约占 75%，进口的原油和油料 90% 以上需要从海上船运，其中 90% 的海上船运由外轮承担，这使得中国的原油运输受制于人，一旦遇到战争、外交、海盗或是其他不可抗拒的风险，中国的石油运输安全将处于极为被动的局面。过分依赖中东和非洲地区的石油及单一的海上运输路线，使得中国石油进口安全的脆弱性凸显。

而索马里海域恰恰是中国石油运输的重要通道，其北面扼着亚丁湾，东南面扼着印度洋，我国从索马里、埃塞俄比亚及肯尼亚合作开采的份额油和进口石油，都必须从那里通过。海盗在那里拦路抢劫，无疑对中国石油安全角形成极大的威胁。毫无疑问，中国派遣军舰赴索马里海域参加护航活动，值得期待。

资料来源：佚名．2008. 香港《大公报》. 转引自中国新闻网．http://www. Chinanews. com/. [2008-12-22]．

6.3 不可再生资源的最优利用

对于不可再生资源来讲，由于其不可再生性，其在有限的存量内的最优利用主要表现为对其的配置问题，包括对社会和企业两种不同主体的配置最优化问题和跨时间的有效配置问题。

6.3.1 不可再生资源的社会最优利用

不可再生资源的社会最优利用是指实现以最小的资源消耗及对环境的影响来为社会创造最大福利的状态。因此社会最优利用在计算社会收益时，既要考虑到开采成本和使用成本，还要考虑到由于开采而导致的资源储藏量的消耗和对环境的破坏及恢复治理费用等。

1. 不可再生资源的社会最优利用模式

不可再生资源的社会最优利用模式的目标函数可由资源产品生产函数、资源产品需求函数和社会经济效益函数组成，依次为[①]

$$R_0(t) = g[L(t), S(t), t]$$

$$P(t) = D[R_0(t), t]$$

$$\mathrm{SB}(t) = \int_0^{R_0(t)} D[\eta, (t)]\mathrm{d}\eta + A[S(t)]$$

第一，资源产品生产函数：$R_0(t)=g\ [L(t),\ S(t),\ t]$。式中，$R_0(t)$ 表示资源产品产量，也就是按产品计算的资源利用率；$S(t)$ 表示资源存量对当年资源产品的影响；$L(t)$ 表示劳动和资本的投入；t 表示该时期的技术和社会经济因素。该函数关系说明资源产品的产量与资源存量对当年生产资源产品的影响、劳动和资本的投入及该时期的技术和社会经济因素有关。

第二，资源产品需求函数：$P(t)\ =D[R_0(t),\ t]$。式中，$P(t)$ 表示资源产

① 过建春．2007. 自然资源与环境经济学．北京：中国林业出版社：106～108.

品的价格；$R_0(t)$ 表示资源产品产量；t 表示该时期由于技术进步与社会经济发展或替代品而引起的这一时期需求方面的变化。该函数关系说明资源产品的价格与资源产品的生产产量及该时期由于技术进步与社会经济发展或替代品而引起的这一时期需求方面的变化有关。

第三，社会经济效益函数：$\mathrm{SB}(t)=\int_0^{R_0(t)} D[\eta,(t)]\mathrm{d}\eta+A[S(t)]$。社会经济效益函数由资源需求曲线从 0 到 $R_0(t)$ 处的积分部分，也就是需求曲线形成的 $D[\eta,(t)]\ \mathrm{d}\eta$ 和由尚未动用的资源存量所提供的环境价值$A[S(t)]$两部分组成。如果用 W 表示所投入的劳动和资本部分的机会成本，$L(t)$表示投入量，r 表示时间上的贴现率，则不可再生资源的社会最优开发利用模型可以表述为

$$\max: \int_0^{\infty}\left\{\int_0^{R_0(t)} D[\eta,(t)]\mathrm{d}\eta+A[S(t)]-WL(t)\right\}\mathrm{e}^{-rt}\mathrm{d}t$$

其约束条件：一是资源初始存量固定，并随着资源的开采而减少；二是开采成本随着存量的减少而增加；三是资源价格不能超过由替代品决定的价格上限。公式表示如下：

$$S(t)=S(0)-\int_0^t R_0(t)\mathrm{d}t$$

$$S(t)\geqslant 0$$

2. 不可再生资源的社会最优利用模式的基本条件

不可再生资源的社会最优利用问题实际上是求解上述具有约束条件的公式的最大化问题，可以先根据最优控制理论来构造汉密尔顿辅助函数，然后再求极大值所需要的条件。针对上述模型可以建立如下函数：

$$H=\int_0^{R_0(t)} D[\eta,(t)]\mathrm{d}\eta+A[S(t)]-WL(t)-q(t)R_0(t)$$

式中，$q(t)$ 表示不可再生资源的稀缺租或边际使用者成本 MUC。在特定的市场条件下，稀缺租可以理解为资源开采者每增加一个单位的资源开采时必须给资源所有者的“绝对地租”或使用费用。边际使用者成本 MUC 是指由于现在使用而牺牲未来使用的边际机会成本，它是资源稀缺程度的反映。

由此可以得出以下两个确保资源社会最优利用的基本条件：

其一，$P(t)=\dfrac{\mathrm{d}A[S(t)]}{\mathrm{d}S(t)}+\dfrac{W}{\partial R_0(t)/\partial L(t)}+q(t)$。

该条件的社会含义是：从全社会的角度看，为确保资源的社会最优利用，任何时候自然资源产品的价格（$P(t)$ 即资源的边际价值）都必须与失去的环境价值$\left(\dfrac{\mathrm{d}A[S(t)]}{\mathrm{d}S(t)}\right)$、边际开采成本$\left(\dfrac{W}{\partial R_0(t)/\partial L(t)}\right)$和边际使用者成本（资源稀缺租 $q(t)$）三项之和相等。也就是说，从资源开采的角度看，当且仅当追加一单位的

资源开采所获得的好处 $p(t)$ 与因为追加这一单位资源的开采所需付出的总代价（环境价值的损失、增加的开采成本及需要付出的使用者成本或稀缺租）相抵时，才能确定社会最优开采量 $R^*(t)$。

其二，$q^*(t)+[p(t)-q(t)]\dfrac{\partial R_0(t)}{\partial S(t)}+\dfrac{\mathrm{d}AS(t)}{\mathrm{d}S(t)}=rq(t)$。

该条件的经济含义是：从社会整体利益的角度看，为确保资源能够给人类带来最大的福利，需要确定每一时期的最优资源存量规模。当且仅当增加一个单位资源所带来的好处与所付出的代价相等时，资源保有者才会阻止别人或自己对资源的继续开采，从而确定相应的存量规模。

如果资源保有者卖掉资源所有权，他可以把出售资源的所得 $q(t)$ 存入银行，从而获得利息 $r\cdot q(t)$。但是如果他持有资源而不出售，资源保有者必须放弃这一收益，也就说持有这一单位资源的代价是 $r\cdot q(t)$。如果持有一单位的资源不开采，可以获得以下三个方面的好处：第一是资源稀缺租的增值 $q^*(t)$；第二是自然资源产品未来生产成本的降低 $[p(t)-q(t)]\cdot[\partial R_0(t)/\partial S(t)]$；第三是环境服务价值的增加 $\mathrm{d}A[S(t)]/\mathrm{d}S(t)$。如果 $\mathrm{d}A[S(t)]/\mathrm{d}S(t)=0$，$[p(t)-q(t)]\cdot[\partial R_0(t)/\partial S(t)]=0$，即不考虑环境价值和开采成本，并在公式两边都除以 $q(t)$，就可以得出简单的霍特林定律。

6.3.2 不可再生资源的企业最优利用

如果不可再生资源由不同的企业在市场中按照市场竞争规则来进行配置，其追求利润最大化的行为将会导致资源开采中的行为偏离社会最优利用方式。

1. 不可再生资源的企业最优利用基本条件——竞争性企业

与社会最优利用模型相比，企业的最优化决策有两个特点：一是企业决策所使用的贴现率 r' 高于社会计划决策中所使用的贴现率 r，这主要是因为企业决策者对于未来收益的风险性给予了较多的重视；二是企业决策往往会忽视原位资源存量的环境价值。因为环境损坏不通过征税或罚款等形式反映到企业的成本中，所以环境价值很容易被忽视。因此，在企业最优模型的目标函数中不包含资源存量的环境价值 $A[S(t)]$，即在社会最优模型目标函数中去掉 $A[S(t)]$，并用 r' 代替 r，就得到企业最优模型。同样，运用最优控制方法论可以求出企业最优控制的两个基本条件①。

此时的目标函数为

$$\max:\int_0^\infty\left\{\int_0^{R_0(t)}D[\eta,(t)]\mathrm{d}\eta-WL(t)\right\}\mathrm{e}^{-r't}\mathrm{d}t$$

---

① 万建忠．1992．农业自然资源经济学．北京：中国农业出版社：55～58，69～74．

约束条件是

$$S(t) = S(0) - \int_0^t R_0(t)\mathrm{d}t$$

$$S(t) \geqslant 0$$

企业最优利用的第一个条件相当于社会最优利用的第一条公式中去掉环境价值的影响，即 $\mathrm{d}A[S(t)]/\mathrm{d}S(t)=0$，因此竞争性企业的最优价格为 $p'(t)=\dfrac{W}{\partial R_0(t)/\partial L(t)}+q'(t)$，即价格=开采成本+资源使用费。也就是说，资源产品企业的最优开采水平必须使资源产品价格等于边际开采成本加上资源使用费。

企业最优利用的第二个条件相当于社会最优利用的第二条公式中去掉环境价值的影响，即 $\mathrm{d}A[S(t)]/\mathrm{d}S(t)=0$，并用企业决策所使用的贴现率 r' 代替社会决策所使用的贴现率 r，因此，其基本条件是 $q^*(t)+[p'(t)-q'(t)]\dfrac{\partial R_0(t)}{\partial S(t)}=r'q'(t)$，即持有资源增加的收益等于开发资源可能增加的收益。也就是说，企业最优的资源存量水平必须使持有资源所增加的收益等于开发资源所可能增加的收益，但收益内容与社会最优相比发生了变化。

如果初始条件相同，按照社会最优模式和企业最优模式开发利用不可再生资源将会使不可再生资源存量 $S(t)$、不可再生资源产品量或开采量 $R_0(t)$、资源产品价格 $p(t)$、稀缺租 $q(t)$ 等表现出不同的变化（图 6-3 和图 6-4）。

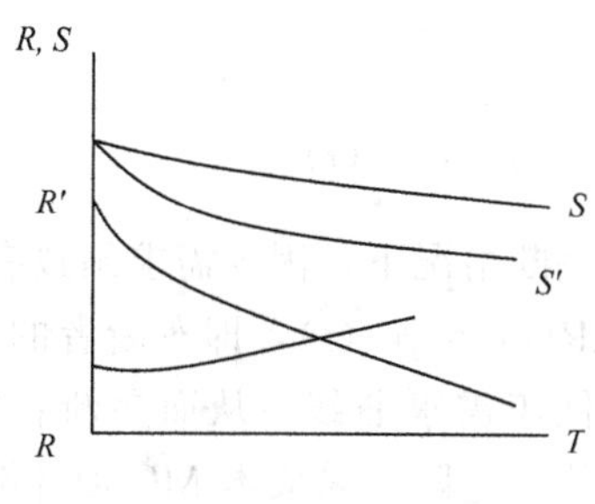

图 6-3　储量和产量变化

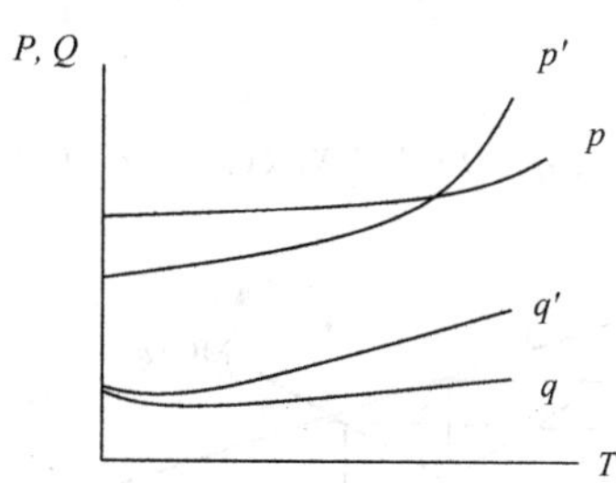

图 6-4　价格和稀缺租变化趋势

在近期内，企业最优的资源产品产出水平高于社会最优的资源产品产出水平（$R'>R$），而且价格和租金较低（$p'<p$，$q'\cong q$）。但从较长期来看，情况刚好相反，而且企业最优的资源存量水平一直低于社会最优的资源存量水平（$S'<S$）、企业最优的稀缺租一直高于社会最优的稀缺租（$q'>q$）。也就是说，企业的微观决策倾向于过度开发资源。因此，为了实现社会最优，需要通过征收资源使用税、降低企业决策所使用的贴现率等办法来调整企业的不可再生资源的开发利用[①]。

2. 不可再生资源的企业最优利用基本条件——垄断性企业

垄断性企业的资源利用，虽然在一定程度上比完全竞争情况下更能节约和保护资源，但跟社会最优利用相比仍然存在开发利用过快的倾向。

在个别企业垄断不可再生资源产品市场的情况下，垄断者的决策目标也是利润现值最大化，也可能忽视不可再生资源的环境价值，也使用高于社会贴现率的贴现率。但与一般企业不同的是，垄断企业在一定程度上可影响或操纵资源产品价格。因此，在竞争性企业最优模型中，把产品价格 $P(t)$ 改为边际收益 MR，就可以得到垄断性企业最优利用的两个基本条件[②]。

垄断性企业的最优决策模型如下：

$$\max:\int_0^{\infty}[R_0(t)\cdot D(R_0(t),t)-WL(t)]\mathrm{e}^{-r^*t}\mathrm{d}t$$

约束条件：

$$S(t)=S(0)-\int_0^t R_0(\tau)\mathrm{d}\tau$$

$$S(t)\geqslant 0$$

按照最优控制理论可得出垄断性企业最优模型的两个条件：

其一，$\mathrm{MR}(t)=\dfrac{W}{\partial R_0(t)/\partial L(t)}+q^*(t)$，即边际收益＝边际成本＋资源使用费。

其二，$q^*(t)+[\mathrm{MR}(t)-q^*(t)]\dfrac{\partial R_0(t)}{\partial S^*(t)}=r^*\cdot q^*(t)$。

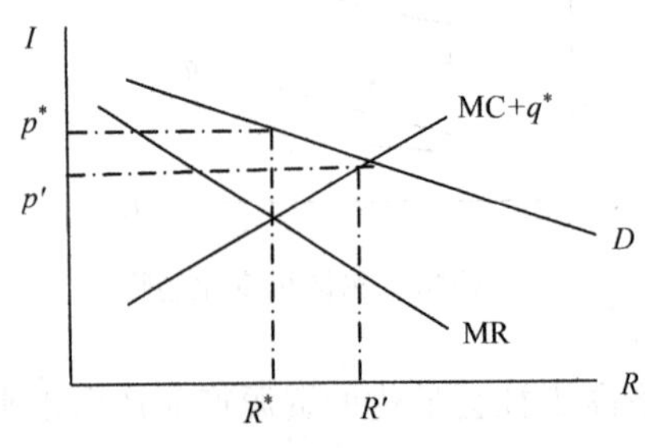

图 6-5 垄断和竞争性企业的初始生产水平

在垄断情况下，因为需求函数有弹性，所以 $\mathrm{MR}(t)<p^*(t)$，即垄断者的边际收益曲线低于需求曲线，从而垄断者按照边际收益等于边际开采成本 MC 加稀缺租 q^* 所决定的开采量 R^* 要少于其他企业的开采量 R'，但是价格却较高（$p^*>p'$）（图 6-5）[③]。

由此得出，虽然垄断者也忽视环境服务价值，并采取了较高的价格，但是

① 曲福田. 2001. 资源经济学. 北京：中国农业出版社：86，88～91.

② 过建春. 2007. 自然资源与环境经济学. 北京：中国林业出版社：111.

③ 万建中. 1992. 农业自然资源经济学. 北京：中国农业出版社：55～58，69～74.

$MR(t) < p^*(t)$，使得稀缺租 $q^*(t)$ 的上升速度将会比社会最优和竞争性企业的最优情况更快。因此，与其他企业倾向于增加现在开采而减少未来开采的情况相反，垄断者倾向于减少现在开采而增加未来开采，从而在短期内有助于资源的保护。但从长期来看，垄断企业的开采仍然是偏离社会最优路线的。

6.3.3　不可再生资源的跨时间有效配置

不可再生资源由于其不可能再生，则增加目前的开发利用就意味着要减少未来的开发利用，减少目前的开发利用则意味着未来可以开发利用更多的资源数量，其可持续利用实际上就是最优配置问题，它包括在不同时期合理配置有限的资源和使用可再生资源替代不可再生资源两方面内容。不可再生资源在不同时期合理配置的核心问题是实现不同时期高效率的资源配置。高效率资源配置的社会目标是使资源利用净效益的现值最大化。对于不可再生资源而言，需要合理分配不同时期的资源使用量。下面首先采用成本-效益分析方法来分析一种资源在两个时期的配置模型，然后将其推广到更长时期和更复杂的情况①。

1. 不可再生资源的跨时间有效配置：两个时期的资源配置模型

假设：①资源的边际开采成本 MC 在两个时期内是固定的，假定为每个单位 2 元，且在两个时期内以不变的方式供给；②两个时期内对资源的需求（边际支付意愿）是固定不变的，且边际支付意愿的方程式为 $p=8-0.4q$（p 为价格，q 为资源开采量）。

根据 MC=2，$p=8-0.4q$，可以求出均衡产量对应的资源数量是 15 个单位，如图 6-6 所示，需求曲线与供给曲线相交于 15 个单位的资源数量。如果资源总供给量为 30 个单位或 30 个单位以上时，也就是拥有足量的可耗竭资源时，无论贴现率多少，一个有效的分配将是在每个时期生产 15 个单位。这意味着时期 1 对资源的需求量不会减少资源对时期 2 的供给量，两个时期分别实现本期的高效率，因为在这种情况下，时间不是一个重要的因素。

现在我们考察资源总供给量不足时的资源配置。假设资源的总供给量为 20 个单位，则在两个时期就出现了资源稀缺问题。为了实现高效率的资源配置，就要使这 20 个单位的资源在两个时期内的净效益现值之和最大化。

假设分配给时期 1 的资源为 15 个单位，分配给时期 2 的资源为 5 个单位，则时期 1 的净效益现值就等于图 6-6（a）中阴影部分（在横轴 0～15 之间，需求曲线以下、供给曲线 MC 以上）的面积（45 元）；时期 2 的净效益现值就等于图 6-6（b）中阴影部分（在横轴 0～5 之间，需求曲线以下、供给曲线 MC 以上）的面积（25 元）除以 $1+r$（r 是贴现率）。如果贴现率 $r=0.10$，那么时期 2 的

① 马中．1999．环境与资源经济学概论．北京：中国农业出版社：70～75．

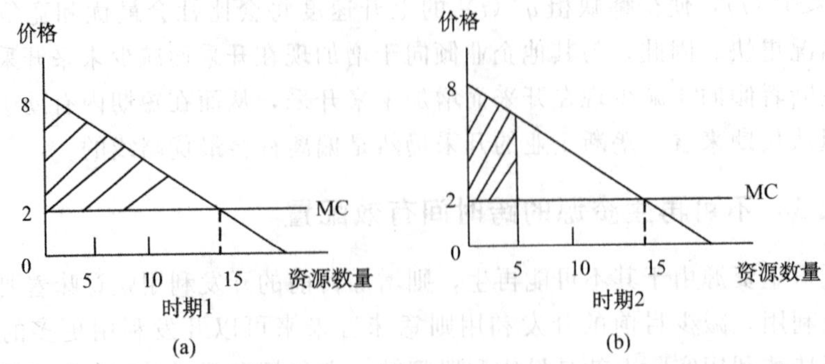

图 6-6　充足的不可再生资源在两个时期的资源配置

净效益现值就是 22.73 元。因此，两个时期的净效益现值之和就等于 67.73 元。

通过以上的例子，我们知道了如何计算出两个时期的净效益现值，但是这种分配未必是最优配置。为了找到使两个时期净效益现值最大的资源配置方案，我们可以通过计算机找出时期 1 的资源配置量（q_1）和时期 2 的资源配置量（q_2）所有可能的组合（$q_1+q_2=20$），然后找出其中净效益现值最大的配置组合。这种方法的劣势是较为复杂，对数学知识有较大的要求，操作相对麻烦。

从经济学意义上来讲，这种实现资源的动态有效配置必须满足以下条件：时期 1 的边际净效益现值等于时期 2 的边际净效益的现值，也就是时期 1 使用的最后一个单位资源的边际净效益现值等于时期 2 使用的最初一个单位资源的边际净效益现值。为此，我们用一种简单直观的图形来表示两个时期的资源配置问题（图 6-7）。

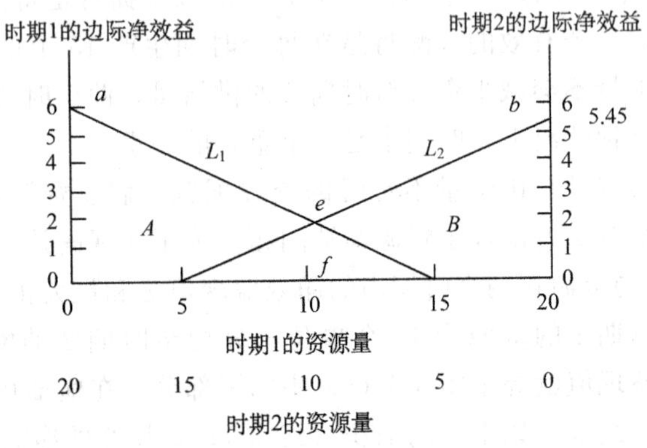

图 6-7　稀缺的非再生资源在两个时期的高效率配置

图 6-7 中 L_1 和 L_2 分别表示时期 1 和时期 2 的边际净效益现值曲线，时期 1 的边际净效益现值曲线从左往右读，时期 2 的边际净效益现值曲线从右往左读。

横轴的总刻度为 20，表示两个时期的总资源配置量不超过 20 个单位，若时期 1 的资源配置量为 x，则时期 2 的资源配置量一定为 $20-x$。资源配置量为 0 时，最大边际效益为 8 元，而边际成本为 2 元，最大边际净效益等于最大边际效益（8 元）减去边际成本（2 元）等于 6 元，因此，时期 1 的边际净效益的现值线 L_1 与图左边纵轴的交点为 6；当资源配置量为 15 时，时期 1 的边际效益（边际支付意愿）等于边际成本，边际净效益为 0，因此，时期 1 的边际净效益曲线与横轴的交点为 15。时期 1 的边际净效益的当期值即等于时期 1 的边际净效益的现值，不需要贴现。

时期 2 的边际净效益现值线 L_2 与第一期边际净效益现值线 L_1 不对称，因为时期 2 的边际净效益必须贴现。因此，时期 2 的净效益现值线 L_2 与右边纵轴的交点低于时期 1 净效益现值线 L_1 与左边纵轴的交点。当贴现率为 0.1 且开采量为 0 时，边际净效益的现值为 $6\div(1+0.1)=5.45$（元），因此，时期 2 边际净效益的现值线 L_2 与图中右边的纵轴的交点为 5.45。因为时期 2 的资源配置量为 15 时，其边际净效益为 0，现值为 $0/1.10=0$，所以时期 2 的边际净效益现值线 L_2 与横轴的交点也为 15。

L_1 和 L_2 相交于点 e，则两个时期总的净效益现值就等于直线 ae、eb 与纵轴围成的面积。e 点为高效率资源配置点，因为在这一点上两个时期的净效益现值之和最大（此时面积最大）。如图 6-7 所示，分配给时期 1 的资源量为 10.238 个单位，分配给时期 2 的资源量为 9.762 个单位。

上面的模型是建立在健全的市场和合理的政府调节条件下的。因为这里分析的是稀缺的不可再生资源，所以还必须考虑因为资源稀缺产生的额外的边际成本，在这里，我们称之为边际使用成本（即图 6-7 中 ef 所示）。边际使用成本是指在边际上失去的机会成本的现值，也就是由于现值的使用牺牲了将来使用的边际机会成本。因为不可再生资源的供给是固定、有限的，今天多使用一个单位的资源，就意味着明天少使用一个单位的资源，所以今天决定使用一定数量的资源，就意味着放弃将来使用该资源的净效益。

而在现实的有效市场中，不但要考虑边际开采成本，而且要考虑边际使用成本。如果资源是非稀缺的，资源价格就等于边际开采成本；如果资源是稀缺的，资源价格就等于边际开采成本加上边际使用成本。边际使用成本主要受贴现率的影响，贴现率的大小反映了人们对边际使用成本的评价。在上面的模型中，由于正贴现率的存在，使得时期 1 比时期 2 获得更多的资源，其原因在于贴现率越大，边际使用成本就越小，时期 2 获得的资源也就越少。因此贴现率的大小，表明了当代人对边际使用成本的评价和代际之间的资源配置[①]。

---

① 马中．1999．环境与资源经济学概论．北京：中国农业出版社：70～75.

2. 不可再生资源的跨时间有效配置：n 个时期的资源配置模型

假设前面的需求曲线和边际成本曲线仍然保持不变，时间由两个时期延长到 n 个时期，资源的供给量也相应增加。例如，改变时间和资源的总供给量的假设，把资源配置到 T 年中，总供给量增加到 40 个单位。

现在要解决的问题是，计算不可再生资源的跨时间有效配置，且假定开采时间是有限的。

根据前面计算净效益现值最大化的条件是

$$\frac{a-bq_t-c}{(1+r)^{t-1}}-\lambda=0, \quad t=1,2,\cdots,n$$

式中，λ 为边际使用者成本，表示每一时点开采的净效益的现值都必须等于边际使用者成本，这就是净效益现值最大化条件。

$\bar{Q}-\sum_{t=1}^{n}q_t=0$ 表示各期开采之和等于资源蕴藏总量。

重新给定参数值：$a=8$，$b=0.4$，$c=2$，$\bar{Q}=40$，$r=0.10$。把参数代入净效益最大化条件，运用计算程序求解，计算结果如下：$q_1=8.004$，$q_2=7.3052$，$q_3=6.535$，$q_4=5.689$，$q_5=4.758$，$q_6=3.733$，$q_7=2.607$，$q_8=1.368$，$q_9=0.000$，$T=9$，$\lambda=2.7983$。λ 为边际使用者成本的现值，λ 乘以贴现率，可以得到边际使用者成本的当期值。把以上结果用图 6-8 表示[①]。

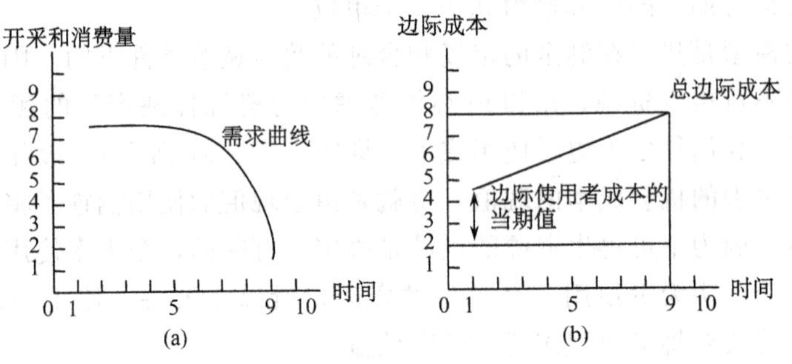

图 6-8 n 个时期资源的有效配置及其成本

图 6-8（a）表示跨时间的均衡开采数量，也就是资源开采量在时间上的变化。图 6-8（b）表示边际开采成本和边际使用者成本随时间的变化，其中边际使用者成本的当期值等于其现值乘以贴现率，边际使用成本就是总边际成本和边际开采成本之差。

从图 6-8 中可以看出，尽管边际开采成本保持不变，但边际使用者成本是不

① 张帆，李东．1998．环境与自然资源经济学．上海：上海人民出版社：42～43.

断增加的。边际使用者成本的增加反映了资源稀缺程度的增加和资源消费机会的提高。与随时间而增加的总边际成本相对应的是，资源开采量随时间而逐渐降低至 0。在图 6-8 中，当时间为 9，总边际成本为 8 元时，开采量为 0。在这一点上，总边际成本等于人们愿意支付的最高价格，因此，由于边际使用者成本的增加，导致总边际成本的增加，从而实现资源的供给和需求同时为 0。从这个例子中可以看出，即使边际开采成本没有增加，但通过有效配置，也能够使资源逐步耗竭，从而避免了突然耗竭①。

3. 不可再生资源的跨时间有效配置：可再生资源对不可再生资源的替代

假设不可再生资源在使用时存在一种可再生资源的替代物，且该可再生资源能够以固定的边际成本获得，如当太阳能以替代品出现时，如何有效地配置煤、石油和天然气。本节将研究这一问题。

我们主要分析如何将对不可再生资源的消费转向对可再生资源的消费。假设不可再生资源存在可再生资源的替代品，且当单位价格为 6 元时，可以获得无限多可替代资源。因为可再生资源的边际成本为 6 元，小于不可再生资源的最大支付意愿（8 元），因此人们将转向对可再生资源的消费。在替代资源成本价格为 6 元时，不可再生资源的边际总成本不会超过 6 元，这是因为人们更倾向于使用价格更便宜的替代产品。由此可知，当不可再生资源不存在替代资源时，人们愿意支付的最高价格就成了边际成本的价格上限；如果存在替代资源，且它的边际成本低于不可再生资源的边际总成本时，它的边际成本就成为上限②。

伴随着不可再生资源边际使用成本的不断上升，其开采数量会不断下降，直至转向对可替代资源的使用。从图 6-9 中可知，无论是从边际成本角度，还是从数量角度，这种转变都是自然发生的。

从图 6-9 中可以看出，在有效的资源配置中，实现了不可再生资源向可再生资源替代品的平滑过渡。不可再生资源的开采量随着边际使用成本的增加而逐渐减少，直到替代品的出现并最终替代它。但是，由于可再生资源的出现会加速不可再生资源的开采，结果是不可再生资源比没有替代品的情况下耗竭得更快。在这个例子中，不可再生资源是在时间 9 停用的。

在图 6-9 中，可再生资源的使用开始于过渡点（或转折点，对应于时间 6）。在转折点之前，只使用不可再生资源；在转折点之后，只使用可再生资源。这个资源使用模式的变化导致了成本的变化。在转折点之前，不可再生资源比较便宜；在转折点上，不可再生资源的总边际成本（包括边际使用成本）等于替代品

---

① 过建春. 2007. 自然资源与环境经济学. 北京：中国林业出版社：116.

② 汤姆·泰坦伯格等. 2003. 环境与自然资源经济学. 5 版. 北京：经济科学出版社：132～133.

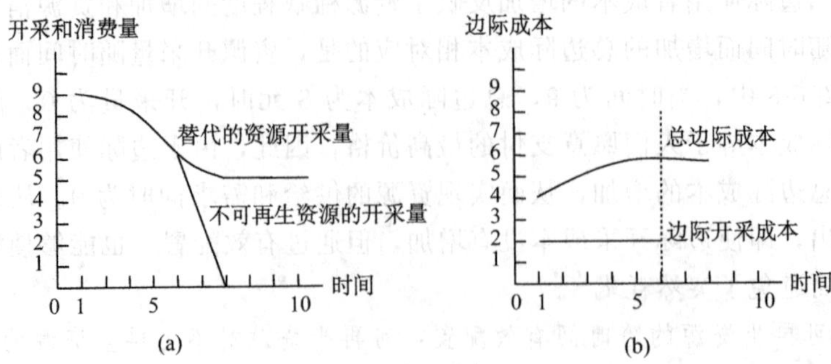

图 6-9 （a）表示边际开采成本固定且存在可替代资源：数量
（b）表示边际开采成本固定且存在可替代资源：边际成本

的总边际成本。即使替代发生了，由于替代品的有效存在，资源使用量在任何时候也不会降到 5 单位以下。

4. 不可再生资源的跨时间有效配置：不可再生资源之间的替代

我们讨论了一种不可再生资源的两个时期和扩展到 n 个时期的资源配置，考察了可再生资源对不可再生资源的替代情况下的资源配置。现在来考察一下这两种不可再生资源之间存在替代的情况下资源的配置情况，如煤炭与石油的替代。

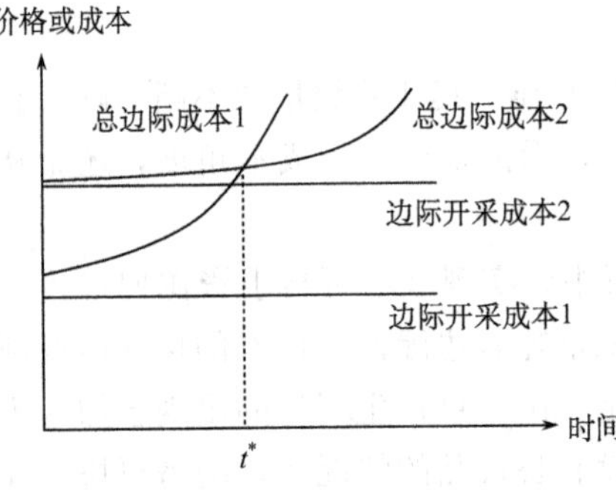

图 6-10 边际开采成本不变时不可再生资源之间的替代

假设有两种可替代的不可再生资源，它们各自有的不变边际开采成本，第二种不可再生资源的边际开采成本较高，但在一段时间内它的边际开采成本的增长率较低。伴随着两种资源的开采，在一定条件下，边际开采成本低的不可再生资源可以被边际开采成本高的不可再生资源替代。这时，不可再生资源之间的有效配置如图 6-10 所示。

两种资源的总边际成本都随时间不断增加，在转折点 t^* 以前，只有总边际成本低的资源 1 才会被利用；到转折点 t^* 时，两种资源的总边际成本相等；在经过 t^* 以后，只有总边际成本低的资源 2 才会被利用。通过分析总边际成本曲线，可以发现两个值得注意的特征：首先，两种资源的替代是平滑过渡的；其次，总边际成本的增长率在替代以后慢了下来。

第一个特征比较容易理解。两种资源的总边际成本在替代的那一刻必然相等，如果不相等，成本低的资源会被使用以获得较多的净收益。

总边际成本的增长率在替代以后变慢了，因为就边际使用成本占总边际成本的比例而言，资源 2 小于资源 1。每一种资源的总边际成本是由边际开采成本和边际使用者成本决定的。对两种资源来说，边际使用者成本都是以比率 r 增加的，而边际开采成本都是不变的。从图 6-10 中可以看出，资源 2 不变的边际开采成本占总边际成本的比例要大于资源 1 的比例，因此资源 2 的总边际成本的增加速率要慢一些①。

6.4　不可再生资源最优利用的对策

当前在不可再生资源的利用过程中主要存在着短期行为严重、资源开发中的利益相关者之间矛盾冲突明显及利益补偿机制、产业对接机制与政府管理不到位等诸方面的问题。结合 6.3 节中社会、企业最优利用模型分析和现实中存在的问题，我们主要从观念创新、补偿机制、产业对接机制、政府宏观调控等方面推进不可再生资源的最优利用。

1. 不可再生资源开发和利用中的观念创新

观念是影响资源开发和利用最重要的因素，不可再生资源的开发和利用要树立可持续发展的观念、代际公平的观念、利益相关者之间利益协调的观念及资源开发和利用与环境保护相协调的观念。首先，树立可持续发展的观念，即在开发和利用的过程中要着眼于长远利益而非眼前利益，采取长远开发与集约式的开发路径，避免开发中的资源浪费，更为重要的是在资源利用过程中要走循环经济的道路，实现资源利用的可循环，从而不断延长产业链条，最大限度地实现最优化利用；其次，树立代际公平的观念，因为不可再生资源是有限的，在资源开发和利用过程中要照顾到不同代际间的分配，最大程度上是使后辈人也能分享到不可再生资源；第三，树立利益相关者之间利益协调的观念，包括协调好外来开发者与当地居民之间的利益、当地政府与外来企业之间的利益、外来企业与本地企业之间的利益；第四，树立资源开发和利用与环境保护相协调的观念，在资源开发和利用过程中，要积极采用先进技术，发展现代开采业，处理好资源开采过程中的环境治理问题，提高不可再生资源的利用效率，健全产业链条，强化资源利用过程中的环境监控，从而实现不可再生资源生产和利用与环境的和谐。

---

① 马中 . 1999. 环境与资源经济学概论 . 北京：中国农业出版社：73～74.

相关链接 6-2 陕北煤炭开发中的生态环境损失

2003 年陕北地区煤炭总产量为 7673.24 万吨，煤炭开采造成的生态环境总损失价值 277 963.28 万元人民币，平均每开采一吨煤造成的生态环境损失为 36.23 元，其中环境污染造成的损失占 12.46%，生态破坏造成的损失占 87.54%。还有其他许多生态环境破坏的经济损失没有计算在内。例如，煤炭开采造成的泥石流、山体滑坡，河流淤积造成的防洪能力降低增加了洪水威胁等。

表 6-1 陕北地区煤炭开采造成的生态环境经济损失评估

环境影响类型指标	环境影响内容指标	
环境	大气污染损失	81 414 997 元
污染	水污染损失	257 102 723 元
损失	固体废弃物损失	7 987.88 元
生态	水资源破坏	295 036 078 元
破坏	土地资源破坏	2 137 294 037 元
损失	植被破坏	8 776 958.84 元
环境生态损失	总计	2 779 632 782 元

资料来源：李国平 . 2007. 陕北地区煤炭资源开采过程中的生态破坏与对策 . 干旱区资源与环境，(1)：47～49.

2. 完善不可再生资源开发和利用的补偿机制

资源的补偿是以资源的使用者或可能对资源产生不良影响的生产、经营、开发者及受益于资源保护者为对象，通过征收一定的费用，用于资源的保护、整治和恢复以实现资源的可持续利用。通常来讲资源补偿有以下三种分类方法：一是从资源补偿的内涵角度来划分为污染补偿、损害补偿、使用补偿和受益补偿。其中污染补偿是指向环境排放污染物而支付的补偿，如排污费；损害补偿是指从事对资源有害的活动而支付的补偿，如开发矿产资源而支付的土地使用费；使用补偿是指因使用资源而支付的费用；受益补偿是指因从其他人或其他地区的资源保护行动中获得收益而支付的费用，如资源保护收益区向资源环境保护区和保护者支付一定的费用作为补偿。二是从可持续发展的角度将其划分为代内补偿和代际补偿。三是从资源补偿发生的范围可划分为国内补偿和国家间补偿①。

目前我国对不可再生资源进行保护的手段主要是排污收费制度。这项制度

① 过建春 . 2007. 自然资源与环境经济学 . 北京：中国林业出版社：120.

的基本原则是“超标排污收费”。目前我国的资源问题十分严峻，现行的排污收费制度自身存在着缺陷且征收时缺乏严肃性、强制性和权威性，因此需要尽快地建立和完善资源税收制度，从而设定适当的税率，对浪费资源的行为进行依法纳税。更为重要的是调整和完善资源税收政策，合理划分税收分层，充分兼顾资源所在地的政府和居民的利益，以税收手段构建资源消耗的补偿机制，如完善资源税的税收分成体制，将资源税设计为共享税，按税额比例或资源种类划分中央和地方收入级次，以此调动地方政府强化税收管理的积极性。此外，积极发展循环经济，走新型工业化道路，从而转变经济发展方式，减少资源利用过程中负的外部性。

3. 建立不可再生资源开发和利用中的对接机制

所谓不可再生资源开发和利用中的对接机制包括外来开发企业与地方企业的对接和外来企业与资源所在地经济的对接。当前在西部资源性地区的开发过程中存在两个深层次的问题：一是外来企业与地方企业对接机制不健全，资源开发轰轰烈烈，但本地没有像样的企业来配套，造成了资源加工的产业链条太短，而且重视资源开采，忽视资源的深加工，产业附加值低，产业结构畸形发展，因此资源开发并没有有效地促进当地企业的发展；二是外来开发商的利润（资金）再投入机制不健全，很多外资将赚取的利润转移，其投资的目的仅仅是利用西部资源，导致外资与当地发展的结合不够。

针对以上问题，我们要采取以下措施：一是要建立外来开发企业与地方企业对接机制。在开发过程中要注重外来企业带动本地企业，建立对接机制，在外来企业与地方企业之间建立合理的产业配套关系，延长产业链条，提高产业附加值，推动地方经济发展。二是要引导和鼓励外来开发商的开发利润向本地进行再次投入，形成资金的再投入机制，在资源开发的同时，使外资与当地经济有机结合起来，形成资源可持续带动区域经济发展的发展模式。

4. 优化不可再生资源开发和利用中的政府宏观调控

经过 60 年的发展，中国探索并建立了一条具有中国特色的社会主义市场经济道路，其中最为重要的是建立了社会主义市场经济体制。资源开发和利用作为社会主义市场经济活动中的重要组成部分，也必须遵循市场经济规律，以市场作为资源配置最基础的手段，同时不断提高政府的宏观调控水平，尤其是对于不可再生资源，其自身的特殊性决定了政府合理的间接调控的必要性。因此，对于不可再生资源的配置要坚持市场机制的基础地位，政府调控也要通过利率、税收、资源勘查的组织等经济杠杆来实现。

不可再生资源所在地的政府宏观调控要始终着眼于可持续发展和生态发展，因此要在产业选择、生态环境保护等方面先试先行：一是积极发展生态产业，实现可持续发展。生态产业是一种随着退耕还林、种草植树及自然环境治理而形成的以林草为主、自然衍生产品为辅的新型产业，它是由品种培育、种植、加工、销售、消费、科研等环节组成的一种新型产业链。生态产业是一种开放式、渗透式的生态体系，它自动优化环境，从本质上解决生态问题，主动提供良好的人居环境。因此要大力发展生态产业，尤其在以煤炭等不可再生资源开发利用主导加工为支柱产业的地区，应建立不可再生资源开发收益转移机制，即将资源开发的收入投入到生态产业等接替产业培育中，将生态产业培育成为能源化工产业的接替产业。二是发展无污染、低消耗、资源可再利用的生态工业。要从本地资源优势出发，采用先进的生态技术促进产业发展，走新型工业化发展道路，积极发展循环经济。三是探索发展生态旅游业。要根据旅游相关要素的要求，结合不可再生资源的开发，实施矿井旅游等新型旅游形式，不断完善旅游的基础设施建设，进一步提高旅游景区的通达率和接待能力，实现生态旅游跨越式的发展。此外，还要研究宣传生态文化，建立生态机制，确保生态产业的健康发展。

本章小结

不可再生资源又称为非可再生资源，是指资源本身没有自我循环生长能力，其供应量基本固定的自然资源。按照资源能否回收的属性，不可再生资源可以分为可回收的不可再生资源和不可回收的不可再生资源。不可再生资源的基本特征是非可再生资源的稀缺性、非再生性及消耗的不可逆性。

不可再生资源的消耗必须遵循以下路线：开采资源的价格的增长率必须等于贴现率。该定律被称为简单的霍特林定律。

石油、天然气和煤构成能源的主要组成部分，随着现代工业的发展，这些资源在人类的生产和生活中扮演着越来越重要的角色。对于石油、天然气和煤炭而言，它们主要面临三个关键问题：一是垄断问题；二是价格管制问题；三是能源安全问题。

对于不可再生资源来讲，由于其不可再生性，其在有限的存量内的最优利用主要表现为对其的配置问题，包括对社会和企业两种不同主体的配置最优化问题和跨时间的有效配置问题。

当前在不可再生资源的利用过程中主要存在着短期行为严重、资源开发中的利益相关者之间矛盾冲突明显及利益补偿机制、产业对接机制与政府管理不到位等诸方面的问题，应主要从观念创新、补偿机制、产业对接机制、政府宏观调控等方面推进不可再生资源的最优利用。

➢关键概念

不可再生资源　可回收的不可再生资源　不可回收的不可再生资源　霍特林定律　价格管制　能源安全　边际开采成本

➢思考题

1. 什么是不可再生资源？其基本特征是什么？

2. 什么是简单的霍林特定律？为什么不可再生资源的增长要遵循这一定律？

3. 比较社会、竞争性企业和垄断性企业利用不可再生资源模型的差异。

4. 结合当前中国能源开发和利用的现状，分析当前中国在石油、天然气、煤炭等能源的开发和利用中面临的挑战。

5. 分析当前不可再生资源利用中存在的问题与解决的对策。

第7章 可再生资源的可持续利用

可再生资源包括水资源、生物资源、风能、太阳能、地热能、海洋能等，其资源潜力大、环境污染小，是有利于人与自然和谐发展的重要资源。目前，可再生资源的开发利用受到世界各国的高度重视，许多国家将可再生资源的开发利用作为能源战略的重要组成部分。可再生资源是我国重要的能源资源，在满足能源需求、改善能源结构、减少环境污染、促进经济发展等方面发挥着重要作用。因此，研究可再生资源的可持续利用，对减少目前中国碳排放量、实现技术进步和产业结构升级具有现实的指导意义。

7.1 可再生资源的概念及基本特征

可再生资源是指通过天然作用或人工活动能再生更新，从而能为人类反复利用的自然资源，又称为更新自然资源，如土壤、植物、动物、微生物和各种自然生物群落、森林、草原、水生生物等。可再生资源的范围很广，而且种类繁多，其中一类是由有机生物群构成，如鱼类和森林，它们具有自然生长能力；另一类包括非生物系统，如水、大气系统等。虽然它们不具备生物增长及吸收和净化其污染部分的能力，但是它们能够物理和化学地反应再生。

可再生资源的循环流动并不是绝对地永远进行下去的，即使是可再生资源，其最终也有可能耗竭，因为它的可再生能力与太阳能密切相关。可再生自然资源在自然界的特定时空条件下，能持续再更新和繁衍增长，保持或扩大其储量，依靠种源而再生。但一旦种源消失，该资源就不能再生，因而要求科学地合理利用和保护物种种源，才可能“取之不尽，用之不竭”。因此，一些可再生资源的延续程度和流量与人们的活动紧密相连。例如，人类对鱼类资源的过度打捞，自然会减少鱼类资源的储量，进而就会降低鱼类的自然增长率。但像太阳能等可再生资源，它的流动循环与人类活动不相关或者相关度不大，因此当代人对可再生资源的开发利用不会影响后代人对其的延续开发利用。

此外，区别可再生资源的存量（stock）和流量（flow）对研究可再生资源的可持续利用也是非常重要的。存量是衡量资源在某一时刻的总量，或者是总生物量（如特定阶段资源的总质量），或者个体数量。流量是存量在一段时间内的变化量，这种变化量可能源于生物因素，如可再生资源的繁殖或死亡导致数量的变化，也可能是一些人为的因素。

与不可再生资源相比较，由于可再生资源与不可再生资源都属于自然资源，二者之间有着许多共同的属性，但是二者之间也存在着一些差异。

二者的相似之处表现在：一是它们都是可以耗尽的资源。如果在一段时间内采取过量捕获和掠夺行为，对于可再生资源来说，尽管存量可以恢复，但如果环境阻碍了它的可再生能力，或者捕获速度持续高于自然增长，存量同样可以为零。二是它们的利用都与人类的开采活动息息相关，一些可再生资源的延续程度和流量与人们的活动紧密相连，比如人们对土地的侵蚀和对营养物质的消耗将减少事物的流量。不可再生资源的开采更是与人类的活动密不可分，在对不可再生资源的开采过程中，人类通常会考虑当代人的开采活动是否会对后代人的影响，使其可持续开发利用。

二者的区别表现在：一是在可再生性方面，可再生资源可以由自然界以不可忽视的补给速率来增加资源的流量。如果人类合理开发利用，可再生资源可以不断再生，从而维持或增加流量，但不可再生资源只能是不断减少。二是在禀赋数量方面，可再生资源在禀赋数量上是无限的，只要使用得当，数量则会源源不断地增加。而不可再生资源的禀赋数量是有限的，如果对不可再生资源的使用量增多，则会减少未来对该种资源的使用。三是在储备方面，一些可再生资源是可以储备的，另外一些则不能。储藏可再生资源与不可再生资源所发挥的作用是不同的，储藏不可再生资源是为了延长其使用寿命，而储藏可再生资源只是调节周期性供应不平衡的一种方式。当供大于求时，多余的资源就被储藏起来了，如人类利用水坝对水资源进行储存。四是在资源配置方面，在如何配置可再生资源和不可再生资源上所面临的挑战是不同的。配置可再生资源的主要问题是如何保持其有效的循环流动量。而配置不可再生资源的主要问题是如何在各个阶段分配好资源的储藏量以满足最终向可再生资源的转换。

专栏 7-1 我国可再生能源发展政策有哪些

国际经验表明，强有力的法律或者具有法律约束力的行动计划等，可以依法引导和保障可再生能源的市场、技术和产业发展。

2005 年 2 月 28 日，第十届全国人民代表大会常务委员会第十四次会议通过了《中华人民共和国可再生能源法》（以下简称《可再生能源法》）。2006 年 1 月 1 日，《可再生能源法》开始施行。2009 年年底，第十一届全国人大常委会第十二次会议通过了关于修改《可再生能源法》的决定。修改后的《可再生能源法》于 2010 年 4 月 1 日开始实施。修改后的《可再生能源法》有总则、资源调查与发展规划、产业指导与技术支持、推广与应用、价格管理与费用补偿、经济激励与监督措施、法律责任和附则共八章三十三条。

《可再生能源法》从法律上确立了国家实行可再生能源发电全额保障性收购制度，建立了电网企业收购可再生能源电量费用补偿机制，设立了国家可再生能源发展基金，要求电网企业提高吸纳可再生能源电力的能力等，这将有力地推动我国可再生能源产业的健康快速发展，促进能源结构调整，加强环境友好型和资源节约型社会建设。

除此之外，在 2007 年，国家发改委发布了《可再生能源中长期发展规划》，提出加快推进风力发电、生物质发电和太阳能发电的产业化发展，逐步提高优质清洁可再生能源在能源结构中的比例，力争到 2010 年使可再生能源的消费量达到能源消费总量的 10%，到 2020 年达到 15%。2008 年，国家发改委又发布了《“十一五”可再生能源发展规划》。

由于可再生能源的发展还处于起步阶段，可再生能源产品的市场竞争力较弱，其发展离不开政策手段的支持。自 2005 年《可再生能源法》颁布以来，国家发改委、财政部、建设部、电监会、国家标准委等相关部门也陆续出台了包括扶持电价、投资补贴在内的 20 多个相关的配套政策，基本建立了我国可再生能源的政策框架体系，有力地促进了可再生能源的产业进步。

资料来源：王伟．2010-4-13．我国可再生能源发展政策有哪些．中国环境报．第 8 版．

7.2 可再生资源的生物增长过程及开采与定价

7.2.1 可再生资源的生物增长过程

因为可再生资源具有多样性，所以森林、鱼类、畜牧等可再生资源各有不同的自然增长过程。在研究可再生资源生物的增长过程方面最典型的是沙发尔

(Schaefer 1957)的生物学模型，它是考虑在没有人类掠夺情况下的生物增长模式。假设某种生物数量的内生增长率为 g，g 可以认为是该生物种的出生率和死亡率的差值。假设个体数量为 S，而且以固定的增长率 $\dot{S}$ 增长，则个体数量在一段时间内的变化为

$$\frac{\mathrm{d}S}{\mathrm{d}t} = \dot{S} = gS \tag{7.1}$$

整理方程，可以得到个体数量在任意时刻的表达式为

$$S_t = S_0 \mathrm{e}^{gt} \tag{7.2}$$

对于一个正值 g，个体数量会以指数形式增长而且没有边界。很明显，除非在一个很短的时间内，否则这对任何资源都是不可能的。不可能的原因是生物种存在具体的生活环境下，这种环境只能够提供有限的支持力，这对数量增长的可能性设置了界限。

一个表示这种作用的简单方法是令增长率与个体数量相关，而不是各自固定不变，于是增长方程可以为

$$\dot{S} = g(S)S \tag{7.3}$$

(S)表示增长率随总量变化，如果方程有这样一种性质，即当总量增加时，生长率降低，则认为方程有补偿性。

当资源的存量增长有上限 S^* 时，则

$$g(S) = G\left(1 - \frac{S}{S^*}\right) \tag{7.4}$$

G 为大于零的常数参数，于是得出生物增长方程为

$$gS = \mathrm{d}S/\mathrm{d}t = \dot{S} = G\left(1 - \frac{S}{S^*}\right)S \tag{7.5}$$

7.2.2 可再生资源的开采与定价

克拉克认为可以把不可再生资源看成可再生资源的一个特例，由于这种相似性，可再生资源与不可再生资源的数学模型几乎是一样的，但它们还是存在着若干重要的区别。

第一，可再生资源（森林、海洋、土地）的产权往往是社会占有。个人利益的最大化在这里并不现实。事实上许多国家的政府都直接干预可再生资源的使用与开发。因此，模型的优化目标一般造成全社会利益的最大化①。全社会利益通常由所谓的“社会效用函数”来表示。由社会效用函数又可以导出（给定消费技术与其他产品的价格）资源的社会需求曲线。像个人曲线一样，社会利益的最大

① 汪丁丁.1993.资源经济学若干前沿课题//汤敏，茅于轼.现代经济学前沿问题.第二集.北京：商务印书馆：63～78.

化可以表示成由社会供给曲线和社会需求曲线所围成的面积在各时期的现值总和的最大化。这个“面积”也叫做“消费者剩余”与“生产者剩余”的总和，可视为社会总利益。因此两者之和的最大化可以认为是社会最优。

第二，目标函数中的“时间偏好”或贴现率，在社会利益的最大化问题中必须换成“社会贴现率”。

第三，可再生资源的开采通常假定没有终止时间的限制，也就是说，积分的上限变成了无穷大。

第四，可再生资源有一个自然生成条件决定的“自然增长率”。这一增长率一般说来与资源的总储量有关。

这一增长过程通常用“逻辑增长曲线”（logistic growth curve）来描述。这样，6.1 节中的数学模型可以变为

目标： $$\max_{\{y(t)\}}\int_0^{\infty}\left\{\int_0^{y(t)}p(q)\mathrm{d}q-c[x(t)]y(t)\right\}\mathrm{e}^{-rt}\mathrm{d}t$$

约束条件：
$$x(t)=f[x(t)]-y(t)$$
$$x(0)=\overline{x_0}$$
$$\mathrm{d}c(x)/\mathrm{d}x\leqslant 0$$
$$p[y(t)]\leqslant\overline{p}$$

上式中，R 是社会贴现率；$p(y)$不再是垄断价格，而是社会需求曲线；积分上限是无穷大，从而少了一个可控制的变量 T。积分 $\int_0^{y(t)}p(q)\mathrm{d}q$ 是需求曲线到$y(t)$为止的下方的面积，因此与总成本 $c(x)y$ 的差就构成消费者剩余在 t 时刻的值。$x(t)=f[x(t)]-y(t)$ 的 $f[x(t)]$ 就是自然增长速度，它与本期开采量 $y(t)$ 的差就是资源存量的净增长速度。$p[y(t)]\leqslant\overline{p}$从严格不等式变成一般不等式是考虑到了可再生资源的开采成本上升可以很缓慢，其中的价格不再是垄断价格，故该价格不再是成本 c 的函数。

目前还没有对积分上限无穷大这一模型的解释。因为这个困难，经济学文献总是局限于讨论可再生资源的“稳态解”。在控制理论中，事物从一个均衡状态向另一个均衡状态过渡成为“过渡过程”。如果事物能够克服干扰而停留在一个均衡状态上，则该状态成为事物的“稳态”。但实际上，资源经济学家所讨论的“稳态解”只是零增长率的状态，并不意味着在任何场合下都是抗干扰的，故应称之为“定态解”。

最早给出“定态解”的定义的是克拉克和芒罗（Clark，Munro 1975）。他们认为，当开采成本是存量 x 的函数时，这个解的形式是

$$\mathrm{d}f(x^*)/\mathrm{d}x-\frac{y\mathrm{d}c(x^*)/\mathrm{d}x}{p-c(x^*)}=r \tag{7.6}$$

$$y^*=f(x^*) \tag{7.7}$$

式（7.6）和式（7.7）保证最优解 y^* 和 x^* 停留在一个固定的水平上，其中式（7.6）中第二项的分母相当于不可再生资源中的租 R，于是由以上两式可以推出

$$0 = rR + f(x)\mathrm{d}c/\mathrm{d}x - R\mathrm{d}f/\mathrm{d}x \tag{7.8}$$

其中式（7.8）可以看成是汉森公式在稳态情形下的推广。许多专家认为，可再生资源也是可“耗尽的”。罗马赛特等人（Roumassert et al. 1988）在文章中指出一个一般性结果，使哈森的公式与克拉克的公式成为相同结果的特例。这个一般公式为

$$\dot{p}(t) = rR + f(x)\mathrm{d}c/\mathrm{d}x - R\mathrm{d}f/\mathrm{d}x \tag{7.9}$$

可以看出式（7.8）是式（7.9）在价格增率为 0 时的特例。式（7.9）的经济意义是：在均衡状态下出售边际单位资源所获得的收入 R 的利息收入是 rR，它应当与开采该单位资源所付出的各项成本之和相等，这些成本包括：一是该单位资源在下一期交易的价格 P；二是由于开采了该单位资源而减少的未来资源增长的价值 $R\mathrm{d}f/\mathrm{d}x$；三是由于开采了该单位资源而造成存量下降，使下一期的开采成本上升所带来的损失 $f(x)\mathrm{d}c/\mathrm{d}x$。

7.3 渔业资源的分析

渔业资源属于生物性可再生资源，在公共财产资源中具有代表性。渔业资源的特点是资源的数量和资源的存量密切相关，资源的存量因资源的自然增长而增加，同时又因人类捕捞而减少。基于这一特点，我们可以用图 7-1 来加以解释。

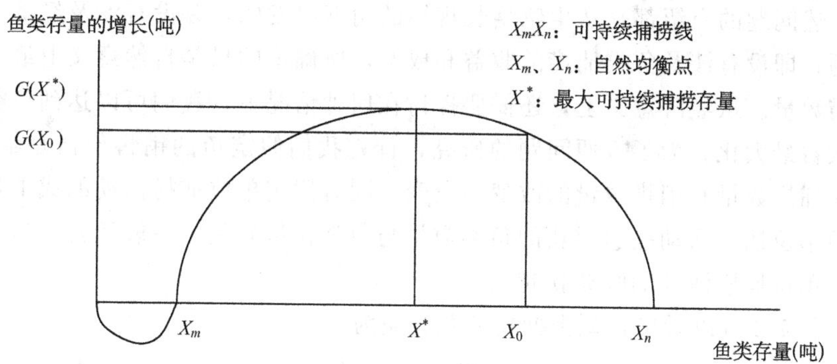

图 7-1　鱼类存量与鱼类存量的增长之间的平均关系

在图 7-1 中，横轴表示鱼类存量，纵轴表示鱼类存量在单位时间内的增长数量，即流量。鱼类存量在 X_m 与 X_n 之间时，流量为正，表明鱼类存量在这一范围内是增加的；鱼类存量小于 X_m 或大于 X_n 时，鱼类增长是负的，此时鱼类存

量是减少的；在 X_m 和 X_n 这两个点上，鱼类存量则是不变的，因为此时鱼类增加的数量为 0。

需要注意的是，尽管 X_m 和 X_n 这两点的鱼类存量不变，但两点的性质是不同的，一般认为，X_m 点是不稳定的，而 X_n 点是稳定的。如果初始点在 X_m 点，那么，一旦偏离这一点，鱼类存量就会向更大的偏离方向变化；在这一点的左边，由于存量的增长为负，鱼类存量将趋于减少；在这一点的右边，由于存量的增长为正，鱼类存量将不断增加。X_m 被称为最低可生存量，因此，如果鱼类存量低于 X_m，则自然的力量就将使该鱼种趋于灭绝。另外，在 X_n 点的鱼类存量是稳定的，因为当鱼类存量超过 X_n 时，其增加的数量是负的，这将会使鱼类存量减少，仍趋向于 X_n；当鱼类存量低于 X_n 时，其增加的数量是正的，这将会使鱼类存量增加，同样趋向于 X_n。X_n 被称为是“自然均衡点”。在这一点上，鱼类减少的数量恰好被增加的数量所抵消，从而保持鱼类数量的自然均衡。

考虑到以上因素，当人类开始对鱼类进行捕捞的时候，该鱼种最大的可持续的捕捞量应该为 $G(X^*)$。实际上，在图 7-1 的曲线上的任何一点，只要将鱼类的捕捞数量控制在与鱼类的增长数量相等的范围内，这一点就可以成为“可持续捕捞点”。如图 7-1 所示，在鱼类存量为 X_0 时，由于此时鱼类的自然增长数量为 $G(X_0)$，所以只要鱼类的捕捞数量控制在 $G(X_0)$ 范围内，鱼类的自然增长数量就正好等于鱼类的捕捞数量，从而可以使得鱼类存量保持不变。显然，在这一曲线的最高点 $G(X^*)$，就应该是最大的可持续捕捞数量，而对应的 X^* 就是最大的可持续捕捞数量所对应的鱼类存量。

上述问题的介绍都是从生物增长规律的角度出发的，并没有涉及经济上的效率问题，即没有涉及鱼类捕捞的收益和成本，所确定的只是自然意义上最大可持续捕捞数量。从经济意义上，还需要探讨在何种情况下，我们可以达到鱼类捕捞的净收益最大化。为了方便问题的研究，首先我们假定鱼的销售价格是给定的，即不随捕捞数量和销售数量的改变而改变，同时假定单位捕捞活动的成本是不变的，而单位捕捞活动能够捕获的鱼类数量与鱼类存量有关。一般而言，鱼类存量越多，单位捕捞活动的收获就越大。

由图 7-2 可以看出，鱼类捕捞的总收益为

$$\mathrm{TR} = P \cdot H$$

式中，TR 表示鱼类捕捞的总收益；P 表示鱼的销售价格；H 表示捕捞数量。因此，进一步可以得到鱼类捕捞的成本函数为

$$\mathrm{TC} = W \cdot E$$

式中，TC 表示鱼类捕捞的总成本；W 表示单位捕捞活动的成本；E 表示捕捞活

动的数量。捕捞活动的数量可以用捕捞时间或渔船出海次数等来衡量。值得注意的是，根据以上假定，捕捞数量 H 是捕捞活动量 E 的函数，即

$$H = H(E)$$

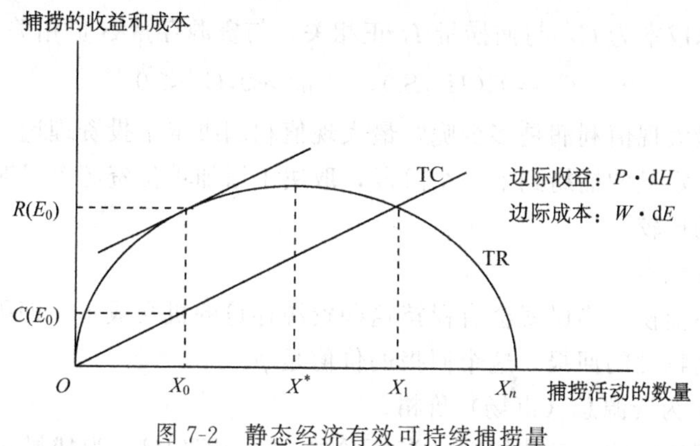

图 7-2　静态经济有效可持续捕捞量

下面从经济学的角度分析鱼类的有效捕捞数量应该为多大。一般都是从是否考虑贴现这两种情况出发。第一种情况讨论的是在不考虑贴现的情况下的有效可持续捕捞量，即静态有效可持续捕捞量。如图 7-2 把静态有效可持续捕捞量定义为不考虑贴现的情况下取得最大年净收益的捕捞量。静态有效可持续捕捞量的假设条件主要有以下三个：①鱼价不变，且不随销售量的变化而变化；②单位捕捞量的成本固定不变；③单位捕鱼活动的捕捞量与鱼类存量有关，即鱼类存量越多，单位捕捞活动的捕捞量越多。

在上述假设的前提下，从图 7-2 可以看出，横轴与纵轴分别表示鱼类捕捞活动的数量与捕捞的收益和成本。TC 是总成本，由于单位成本不变，表现为一条直线；TR 是总收益，由于捕捞数量和捕捞活动之间存在函数关系，所以它是一条曲线。事实上，当捕捞数量开始增加时，可捕捞数量和总收益会不断增加，一直达到其收益的最大值，此时的捕捞数量为 Em。但随着捕捞强度的增加，每次捕捞活动能够捕获的鱼类数量将会降低，而鱼的销售价格不变，那么捕鱼的收益就会下降。总收益最大并不能保证净收益最大，在考虑成本的情况下，经济上有效率的鱼类捕捞活动的数量应该使捕捞活动的净收益最大，其必要条件是边际收益等于边际成本。从图 7-2 中可以看出，在 X_0 点，总收益曲线的斜率与总成本曲线的斜率相等，即边际收益等于边际成本，因此，X_0 是经济上有效率的鱼类捕捞活动的数量。

第二种情况讨论的是在考虑贴现情况下的有效可持续捕捞量，即动态有效可持续捕捞量。

(1) 假定贴现率为 r，企业资本投资的机会成本和捕捞者的目标是在认定的时间内，实现收入现值最大，即

$$\mathrm{PV} = \int_{t=0}^{t=T} Z_t \mathrm{e}^{-it}\,\mathrm{d}t$$

另外，总成本为 C，与捕捞量 H 正相关，与资源存量 S 负相关，即

$$C_t = C(H_t, S_t), \quad C_H > 0, C_S < 0$$

那么，最大现值利润是多少呢？最大现值利润决定于投资理论。在这里，决定是否延迟一定量的捕捞到下一个阶段，取决于增加单位资源存量时的边际收益与边际成本的比较。

(2) 边际成本。

若选择不捕捞，渔民就会有保持这些资源存量的机会成本，即因为保持这部分资源存量而牺牲的回报，这个回报的价值是 p。

$P=P-c$ 为资源总（市场）价格。

P 为放弃捕捞的（未捕捞时）资源价格，$c=\mathrm{d}C/\mathrm{d}H$，为捕捞单位资源的边际成本（相当于边际开采成本）。

因为决定延迟一个阶段，所以这种牺牲的回报的现值为 i_p（i 为贴现率）。

(3) 边际收益。

资源投资所获得的收益包括以下三种类型：

第一，单位资源存量可能的升值 $\mathrm{d}p/\mathrm{d}t$；

第二，资源存量增加而引起的捕捞成本的减少 $\mathrm{d}C/\mathrm{d}S$；

第三，新增资源量 $\mathrm{d}G/\mathrm{d}S$ 的价值，即 $\mathrm{d}G/\mathrm{d}s \cdot p$，也就是 $\mathrm{d}p/\mathrm{d}t - \mathrm{d}C/\mathrm{d}S + \mathrm{d}G/\mathrm{d}S \cdot p$。

(4) 决策准则（为了简化，省去了时间下标）。

当边际成本低于边际收益时，资源存量会增加，即

$$ip < \frac{\mathrm{d}p}{\mathrm{d}t} - \frac{\mathrm{d}C}{\mathrm{d}S} + \frac{\mathrm{d}G}{\mathrm{d}S} \cdot p$$

当边际成本高于边际收益时，资源存量会减少，即

$$ip > \frac{\mathrm{d}p}{\mathrm{d}t} - \frac{\mathrm{d}C}{\mathrm{d}S} + \frac{\mathrm{d}G}{\mathrm{d}S} \cdot p$$

因此，决定动态情况下的有效可持续捕捞量的均衡条件为

$$ip = \frac{\mathrm{d}p}{\mathrm{d}t} - \frac{\mathrm{d}C}{\mathrm{d}S} + \frac{\mathrm{d}G}{\mathrm{d}S} \cdot p$$

如果满足上式，则资源所有者从渔场获得的回报率将等于 i，这与通过投资在其他途径获得经济回报相同。

可以认为以上是霍特林法则的一个变形，上式两边同除以 p 可得

$$i=\frac{\left(\frac{\mathrm{d}p}{\mathrm{d}t}\right)}{p}-\frac{\left(\frac{\mathrm{d}C}{\mathrm{d}S}\right)}{p}+\frac{\mathrm{d}G}{\mathrm{d}S}$$

最后可以得出，从可再生资源所获得的回报包括：①价格升高（升值）所占的比例；②资源存量的增加而使捕捞成本下降所占的比例；③自然增长使总资源存量的边际增加。

另外，静态有效可持续捕捞量可以认为是以上均衡条件的一个特例。由于静态时 $i=0$，假定捕捞成本与资源存量有关，而且是正比例关系，则 $\mathrm{d}C/\mathrm{d}S=W$。假定鱼价不变，则 $\mathrm{d}p/\mathrm{d}t=0$。

于是，存在 $p\cdot(\mathrm{d}G/\mathrm{d}S)=W$，边际收益=边际成本，此时有

$$0=\frac{0}{p}-\frac{w}{p}+\frac{\mathrm{d}G}{\mathrm{d}S},\text{即 }0=-\frac{w}{p}+\frac{\mathrm{d}G}{\mathrm{d}S}$$

7.4 水资源的经济学分析

水资源是国民经济发展和人民生活所不可缺少的重要资源，它具有稀缺性、不可替代性、可再生性、随机性等多种经济属性。在水资源的利用上还具有许多方面的特点，如水资源利用的区域性、非排他性、外部性等。

7.4.1 水资源的经济特性

一是稀缺性。水资源作为自然资源的一种，其最重要的经济特性就是稀缺性。经济学认为，稀缺性是指对于消费者的需求来说可供给的数量是有限的。从理论上来说，它可以分成两类：经济稀缺性和物质稀缺性。如果水资源的绝对数量并不少，可以满足人类相当长时间的需要，但由于获取水资源需要投入生产成本，而且在投入一定数量生产后成为经济稀缺性。如果水资源的绝对数量短缺，不足以满足人类相当长时间的需要，这种情况下的稀缺性就成为物质稀缺性。当今世界，水资源既有经济稀缺性，缺乏大量的开发资金，又有物质稀缺性，可供水量不足。正是水资源的供求矛盾日益突出，人们才逐渐重视水资源的稀缺性问题。

二是不可替代性。水资源是不可替代的，其不可替代性具有绝对和相对两个方面。从功能方面看，水资源的功能一般可分为生态功能和资源功能两大类，其中，水的生态功能是一切生命赖以生存的基本条件，水是植物光合作用的基本材料，水使人类及一切生物所需的养分得到溶解和传输，这些都是任何其他物质绝对不可以替代的。同样，水的资源功能大部分也是不可替代的，如水的汽化热和热容量是所有物质中最高的、水具有不可压缩性因而是最好的溶剂等。水是人类生存和发展不可或缺的物质，是不可替代的。因此，在水资源税的征收中，应区别对待不

同用水群体的承受能力，特别是生活用水中的低收入群体，必须考虑他们的基本生活用水的需求。

三是可再生性。水资源不像在地质历史时期形成的矿产资源——总量一定，而且越开采越少，它可以经过恢复和循环再生，从而能得到永续利用。因此，水资源是不可耗竭的可再生资源。随着社会的飞速发展，人类对水资源的需求将大大超过大自然提供的水资源量，但人们可以通过工业手段使水资源再生。因此，在利用天然水体本身的自净能力的基础上，通过采取生物工程等多种措施来实现水资源再生，是今后满足日益增长的需求的主要途径。由于人工再生成本远远高于自然再生成本，水资源的价格将会普遍提高。另外，尽管水资源是可再生的，但是不同的水源存在着不同的再生周期。水源不同，再生周期便不同，对水资源征税的税率也应不同。

四是水资源利用的外部性。水资源的使用者在使用水后，将会在水的供给量、质量等方面对其他使用者产生影响。例如，河流用水中，同一流域的水用户之间存在着直接的外部影响：当在一条河流的上游进行抽水灌溉时，一方面减少了下游地区的用水量，另一方面上游地区用过的一部分灌溉用水要回流到河流的下游。地下水的使用也存在外部性：某个水泵先抽水时，将迅速降低水泵周围的地下水位，因而处于该水泵周围但后抽水的水泵的抽水深度将增加，用水成本也相应增加。地下水与河流水的利用之间也存在外部性；地下水的抽取将引起河流水补充地下水，从而造成河流水量的减少。河流水的大量使用将引起地下水水位的下降。

五是水资源的排他性。经济学在分析自然资源时，根据资源的排他性，把资源分为排他性资源和非排他性资源两类。排他性资源是指企业或消费者可以占有其全部经济价值的资源，如土地、矿产资源和森林资源。在完全竞争市场上，排他性资源可以有效地定价和配置。非排他性资源是指个人可以免费使用而社会必须为个人的使用付出代价的资源。非排他性资源实际上就是财产权减弱的资源，即不能对这类资源规定明晰的、排他的、可实施和可转让的财产权。非排他性作为财产权的一种减弱，将导致低效率。解决非排他性的办法是确定和实施排他的、非减弱的财产权。随着社会的发展，人类已经对过去是非排他性的许多资源规定了排他性的财产权。

在市场经济中，完全非排他的、不属于任何人的水资源的开发和使用必然是低效率的。因为没有排他性，价格不能在使用者之间起分配水资源的作用，也不能起为生产或维护和保持水资源提供收入的作用。其结果是：水资源供给不足，水污染的数量过多，水资源开发过度，以及在水资源的管理、保护和生产能力方面投资不足。水资源的非排他性是市场经济条件下配置低效率的原因。

资源经济学中由非排他性造成的资源滥用形成了“自由进入”问题。由于非排他性，没有人拥有资源，在资源开发过程中的使用者也没有得到保护资源的激励。同时，由于使用者没有承担相应的成本，从个人角度看是合理的资源决策，从全社会角度看不一定是合理的，自利的使用者会过多或过快地使用资源。地表水资源和地下水资源在自由使用的原则下将导致过量使用和过早耗竭。

7.4.2　水资源配置

1. 水资源的有效配置的含义

水资源的有效配置，从广义上讲就是研究如何利用好水资源，包括对水资源的开发、利用、保护与管理。水资源的有效配置可以定义为：在一个特定的流域或区域内，以有效的方式，对有限的、不同形式的水资源，通过工程与非工程措施在各用水户之间进行合理、科学的分配和使用。在中国，实施水资源的有效配置具有更大的紧迫性，其主要原因包括：一是水资源的天然时空分布与生产力布局不相适应；二是在地区间和各用水部门间存在着很大的用水竞争性；三是近年来水资源开发利用的方式已经引起了许多生态环境问题。

水资源的有效配置是由工程措施与非工程措施组成的综合体系来实现的，其基本功能涵盖两个方面：在需求方面，通过调整产业结构，建设节水型社会，并调整生产力布局，抑制需水量增长的势头，以适应较为不利的水资源条件；在供给方面，协调各项竞争性用水，加强管理，并通过工程措施来改变水资源的天然时空分布以适应生产力布局。这两个方面相辅相成，共同促进区域的可持续发展。

有效配置中的“有效”是反映在水资源分配中解决水资源供需矛盾、各类用水竞争、上下游左右岸协调、不同水利工程投资关系、将给予生态环境用水效益、当代社会与未来社会用水、各种水源相互转化等一系列复杂关系中相对公平的、可接受的水资源分配方案。有效配置是人们对稀缺资源进行配置时的目标和愿望，一般而言，有效配置的结果对某一个个体的效益或利益并不是最优的，但对整个资源分配体系来说，其总体效益是最优的。

对于水资源的有效配置这个问题来说，关键在于考察的是地表水还是地下水？在没有储备的情况下，地表水的配置问题主要是竞争使用者之间配置可再生的地表水的供给问题。此时代际影响并不重要，因为未来的供给取决于自然力（如降雨量），而不是取决于当代利用的数量。而对于地下水，当代的开采就会影响后代地下水的可用数量。在这种情况下，水资源的代际配置就是问题的一个主要方面。地表水的配置分析较简单，因此我们首先考察地表水的有效配置问题。

第一，地表水的有效配置。

地表水的有效配置包括两方面的含义：一是地表水必须在众多的使用者之间达到均衡，二是必须提供一套可接受的、处理不同年份地表水流量变化的方法。第一方面的含义，对于地表水的配置是非常关键的，因为许多不同的潜在使用者具有合法的竞争使用权利，一些人用做消费，如生活饮水和农田灌溉；一些人用做其他用途而不作为消费，如游泳、划艇等。第二方面的含义则面临着挑战。因为地表水的提供年年不同、月月不同，降雨量、径流量和蒸发量也年年变化，一些年份可用的地表水可能比其他年份少，所以不仅需要一个系统来配置地表水的平均数量，而且需要预测和配置高于或低于平均数量时的流量。

对于第一个问题，效率的要求非常清楚，即水的有效配置，应使所有使用者的边际净收益相等。如图 7-3 所示，边际净收益是水的需求曲线与开采、分配和消费的最后以单位水的边际成本的垂直距离。为什么高效率配置要求边际净收益相等呢？首先看看边际净收益不相等的情况。我们发现，在这种情况下，总可以找到一些新的配置使净收益增加。因为重新配置可以增加净收益，所以初始配置就不能使净收益最大化。一个有效的配置必须使净收益最大化，所有不能使净收益相等的配置都不是有效的。

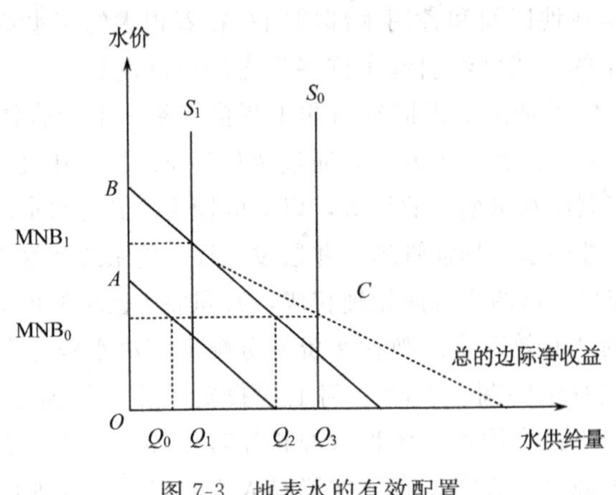

图 7-3　地表水的有效配置

如果边际净收益不相等，通过转移水权，从具有较低边际净收益的使用者，转移到具有较高边际净收益的使用者，从而可以增加净收益。而通过转移水权到具有较高使用价值的使用者，水资源使用的净收益将增加。那些放弃水权的人所损失的效用要小于那些得到水权的人所增加的效用。当边际净收益相等时，没有任何水权的转移可以增加净收益。

如图 7-3 所示，*A* 和 *B* 两条曲线描述了两个使用者的净收益。一个使用者的净收益曲线，可以从需求曲线与得到额外一单位水的边际成本的垂直距离来获得；两个使用者的净收益曲线横向加总，就得到了两个使用者总的净收益曲线。在供给情形 S_0 时，有效的水数量为 Q_3。有效配置将 Q_0 数量的水给 B，将 Q_2 的水给 A。在这种配置下，两个使用者的边际净收益（MNB_0）相等。

需要注意的是，图 7-3 中两个使用者的边际净收益是正的，这意味着水的销售应该包括一个正的边际稀缺租金。那么，我们能否画出边际净收益为 0，从而边际稀缺租金为 0 的情况？应当如何画？

如果水不是稀缺的，边际稀缺租金为 0。如果通过供给曲线表示的水的有效数量大于总边际净收益曲线与横轴相交的点所代表的数量，那么水就是不稀缺的，两个使用者将得到他们所需要的数量，他们的需求也将不是竞争的。他们的边际净收益也相等，且都等于 0。

现在考察第二个问题，即水供给量波动时的处理。只要供给水平可以预测，边际净收益相等的配置规则仍然有效，但不同的供给水平将意味着使用者之间不同的配置。这是水供给量波动问题的重要特性，因为它意味着简单的配置规则。例如，每个使用者得到一定比例的有效数量或者优先使用者得到一个保证的数量，不可能是有效的。

再看图 7-3，如果水供给曲线是 S_1，则这是一个很严格的供给条件。在 S_1 的条件下，出现了一个非常不同的有效配置。这时，使用者 B 没有得到任何数量的水，而使用者 A 得到了全部数量的水。为什么水供给量在 S_0 和 S_1 之间变化时，有效配置的变化这么剧烈呢？答案在于两个需求曲线的形状。使用者 A 的边际净收益曲线在 B 的上面，意味着随着供给数量的减少，A 没有水的成本，即放弃的净收益要高于 B。对于未来最小化成本，水供给短缺的大部分负担配置给 B 而不是 A。在一个有效配置中，我们很容易发现：当水的供给量减少时，能够替代或节约用水的使用者，与具有很少选择的使用者相比，得到的水量比例较小。在现实生活中，这种情况一般可以通过现货市场来处理。

第二，地下水的配置。

如果扩展上述分析，即包括地下水，就要求详细地考虑地下水供给的可耗竭性。当人类对地下水的取用量超过了它从蓄水层得到补充的数量时，地下水资源将随着人类的开采逐渐耗竭，或者抽取单位地下水的边际成本变得越来越高，使人们不可接受。这种情况与成本递增的可耗竭资源的利用相类似。现在，让我们利用这种相似性来讨论地下水资源随着时间变化的有效配置。

地下水的有效配置必须考虑使用者成本。与开采地下水有关的边际使用者成本，反映了现在使用单位水资源而使未来不能使用有关水资源的机会成本。当需求为常数时，地下水的有效利用路径是：随着时间的延伸，地下水的使用量将逐渐减少。边际开采成本（抽取最后一单位水到地面的成本）将随着时间的延伸而逐渐上升，地下水的水位逐渐下降。当地下水干枯，或地下水的边际抽取成本大于水的边际收益，或地下水的边际抽取成本大于从其他来源获得水的边际成本时，地下水的抽取和使用将停止。

当地表水很丰富，且与地下水的位置很接近时，地表水一般将作为地下水的替代品，同时也为开采地下水的边际成本设置了一个有效的上限。水的使用者，与获得的地表水相比，将不会花费更多的资金去开采地下水。遗憾的是，在中国西部农村的许多地方，地下水超采非常严重，地表水的使用竞争已经异常激烈，便宜的地表水源也已经不存在。

在一个地下水的有效市场，水价将随着时间的变化而逐渐上涨，并且价格一直持续上升，直至达到地下水资源的耗竭点，或者地下水的边际抽取成本变得很高，价格不可接受，或者边际抽取成本等于从下一次水源获得替代的水的价格。此时，边际抽取成本与价格相等。在所有三种情况下，净价格、水价与边际开采成本的差异随着时间变化而逐渐下降。如果存在一个有效的替代品，则在转换点的差异达到0；如果没有替代品，则在耗竭点的差异达到0。

2. 水分配制度

影响用户竞争的水分配制度对于决定水利用的效益与公平的效果是很关键的。“这些制度考虑、设立人们之间的有序的联系，这种联系定义人们的权利、对他人的义务、优先权及责任”（Schimid　1972）。这些权利构成了在用水方面的个体之间的激励因素或抑制因素。有关水分配制度结构的研究与著作已经被看做是“解析的制度经济学”的一部分。

选择一个水权制度涉及几个通常是冲突的社会目标之间的互相妥协。因此，毫无疑问，不同的文化会选择不同的水分配制度形式，其反映了各目标之间的相对重要性。在一个社会里，影响水分配制度形式的一个重要因素是水的相对稀缺性，另一个重要因素是建立与实施水权制度所需的交易成本。水相对需求来说很充足时，控制水的利用与分配的法律就会很简单并且只是随意实施。但是，当水资源显得稀缺时，就会制定出更加详细的产权制度。如果有运作良好的水权交换市场体系，该体系能够很容易地对产权的重新分配提供补偿，那么就能缓和冲突。水的稀缺性增加和实施成本减少时，更易于出现制定这些机制的制度创新（Ruttan　1978）。

水权制度的属性与这个制度期望达到的目标紧密相连。几乎所有关于水分配制度的文献都把重点放在达到分配合理的属性上。与这个目标相联系的两个属性是“安全”与“弹性”①。

3. 水资源定价制度安排

1984年国务院颁布了水费征收的计量办法，国内目前采用的水资源重置成本定价策略，实际上是一种水资源模拟价值模型，其理论形态属于核算模型价格的数量调节体系。基本公式为

$$P_0X_0=(1+\alpha)\sum_j P_jX_j+(1+\beta)W+\gamma\sum P_jK_j$$

① K. 阿兰 · V. 尼斯，詹姆斯 · L. 斯威尼. 2009. 自然资源与能源经济学手册. 第2卷. 北京：经济科学出版社：231～235.

式中，P_0 表示水的价格；X_0 表示总供给水的量；X_j 表示水利部门建设生产中利用其他部门的产品产量；P_j 表示相应产品价格；P_jX_j 表示水利部门建设中利用的其他部门产品的价值量；W 表示水利部门员工的工资总额；K_j 表示水利部门生产建设基金中的其他部门产品的数量；$\sum P_jK_j$ 表示水利部门生产建设资金的占用总量。α、β、γ 表示利润相对于生产要素价值形成的比例常数。

因为 α、β、γ 取值不同，所以存在着三种不同的价格模型，依次为价值价格模型、成本价格模型和生产价格模型。

价值价格模型的特征是利润按社会平均工资利润率而形成，此时 $\alpha=0$、$\gamma=0$、β 内生决定，$P_0X_0=\sum_j P_jX_j+(1+\beta)W$。

成本价格模型的特征是利润按社会平均成本利润率而形成，此时 α、β 内生决定，$\gamma=0$，$P_0X_0=(1+\alpha)\sum_j P_jX_j+(1+\beta)W$。

生产价格模型的特征是等量资金获得等量利润，此时 $\alpha=0$、$\beta=0$，γ 内生决定，$P_0X_0=\sum_j P_jX_j+W+\gamma\sum P_jK_j$。

上述三种水价格的形成都是在模拟水资源的价值，即通过利润率的分配来决定价格，利润率的高低成为制定水价最重要的外生变量。显然，水资源的定价过程完全排斥了市场价格的机制。

该模型的水资源定价在实际应用中存在缺陷，主要表现在：①社会成本失真，水价在收入分配上具有较强的人为任意性；②没有考虑各行业的生产条件不同，利润率有高有低，平均利润率产生的收入分配效应会使经济结构扭曲；③模拟水资源的价值难以反映市场的供需均衡。总之，在现实的经济生活中，市场是一个供给与需求不断变化的结构，采用水资源的价值来确定水价很难达到水资源的优化配置。因此，我们应该充分考虑多方面的因素，如制度、产业等，以确保水资源的合理配置。

专栏 7-2 论中国水权交易及其制度变迁

历经15年的制度变迁，中国水权制度正在发生向市场驱动的制度演进。《水法》自制定到修订，中国水权制度从确立到创新已经有了明显的进步，着实可能实现水资源安全或公平分配，甚至朝有效率供给迈进。然而，中国水权交易制度尚处于建设或培育期，预期的制度绩效并没有显现出来。目前，中国水权交易制度停留在“管理的交易”，而不是“买卖的交易”，制度交易的主角是政府，而不是用户。变政府交易为用户交易，将成为中国今后水权交易制度绩效大于制度成本的关键。

一、水资源的双重视角：从公水到私水

无论如何理解水权，水资源及其利益作为水权标的而存在都是客观的。生命的孕育和延续、社会的存在和变迁、经济的增长和发展都必须以水资源作为物质基础。因此，水资源具有明显的公共性和经济性。正如亚当·斯密所言："水是维持生命所必不可少的，却又不值分文，而钻石对维持生命毫无用处，却又价值连城。"在中国甚至根本排斥水资源的经济性。水资源经济性的核心是水资源的价值属性。在中国，水资源价值同其他自然资源价值一样，长期得不到承认，无论是政府还是用户关注的是水量如何分配及其如何满足需求。水资源的自然径流和政府的行政手段，如调水等成为水供给的基本方式。中国水资源供给长期否认经济性，以至于严重妨碍了公共性的满足，中国水权交易正是在这样的背景下由政府组织出台并实施的法律制度。作者认为，根据水资源的不同用途，一个国家的水资源分成公水与私水，不仅有利于形成水资源市场，为实现水资源的价值与效率供给提供基础，更有利于水事管制，为实现水资源的安全与公平供给提供空间。

从有关国家水权的历史变迁看，促成水资源从公水到私水变迁的原因有两个：其一，水资源本身的稀缺。从自然经济进入商品经济，水资源的消费日渐增多，水资源的量已经从丰沛变得稀缺起来，为了缓解需求与供给之间的矛盾，在水量不充沛的地方，部分公水率先成为私水。其二，公共用途的消失。当然，公共用途的消失可能来自于不同的事实。自然事实如"对于所有流动和静止的水体，村社有权优先使用，此等水体应由有权机关控制和保护当水体被贮积在人工水库、水塘或蓄水池中，不再自然流动时，可成为私人财产"。将水资源界定为公水和私水，分别适用于不同的法律或政策时，这既是保证公众利益的需要，又是保证水资源有效率开发利用的需要。必须指出的是，公水的存在对一国保证水资源安全、公平分配是必需的，而私水的存在为水资源的市场化供给奠定了基础，是水资源追逐价值与效率的物质前提，它为日后进行公水产权制度改革提供了可选择的方向。

从法律安排看，中国的水资源没有私水，都是公水。特别是中国长期实行计划经济，法律禁止水资源交易，这在客观上已经摒弃了水资源市场供给的机会。然而实际上公水的地下交易从未停止过，只是以水资源的巨额浪费为代价，并交付了更高的社会成本。水资源的价值与效率本是一个市场概念，公水是以排斥市场为特征的，因此从理论上看，公水本身同追逐价值与效率是相悖的。国际组织提出实现水资源的效率供给是针对私水，至少是公水的私水化经营而言的。在不改变中国现行水资源管理体制及公水界定的范围内，特别是在没有水资源市场的前提下，构建水权市场是不现实的。

二、水权的双重身份：从公共产权到私人产权

水资源无论是作为公水，还是作为私水，都是以满足人们的消费需要作为其存在的必要，这就决定了公水和私水都可能是产权的标的。从形式上看，只是对公水设立公共产权，而对私水设立私人产权罢了。然而从产权的实质内容看，产权是所有权人之间的交易关系，是为交易而存在的，并以交易成本评价其制度绩效的产权与交易就是形式与内容的关系，离开了产权谈交易，或离开了交易谈产权都是毫无意义的。产权因其选择或安排的理性程度存在差异，与价值和效率或成正比，或成反比，但总是价值和效率的晴雨表。私人产权就是交易产权，它是用户与投资者进行博弈与竞争的动力源泉和比赛规则。而公共产权与交易是相悖的。公共产权是一个社会总体利益的表现，追逐的是安全和公平，它往往与政治相连相关，也因此对价值和效率有一定影响。公共产权与私人产权都有排他性的支配力，支配的方向却可能大不一样；私人产权的支配动机经常是单纯的价值和效率，而公共产权的支配动机经常是满足政治的需要。水资源公共产权首先是公水上的所有权，其主体必然是公共权力国家机构，无论是政府代表，还是政府机构代表，或是公共托管。同时也为水资源的平等和公平分配创造了前提，"在法律法规的框架范围内，和其他已确定的权利一样，用水的权利属于所有人"。必须说明的是，公水所有权绝不是私人产权，而是公法上的产权，是一种行政权力。中国实行公共水权制度，几年来，在法律上，水资源的国家所有权一统天下，集体所有权局限于池塘和水库，甚至容不得这个"公有制在法律上的表现"的存在。公共水权上的私人水权交易，是基于公共水权设定的私人水权交易，如用水权、取水权等水权的交易。公共水权的其他交易，是基于公共水权上的私人水权类似于用水权的交易。水属性的复杂性决定了有关水权交易的复杂结构与类型，中国在保有公共水权的基础上进行制度创新必然会出现较多的类似于水权的交易形态。

三、水消费的双重方式：从许可取水到交易用水

用水权和取水权是以公水产权的行政限制为条件而形成的用户水权，从权利主体、权利内容和权利变动来看可以算是一种私人水权，因此，它较公共水权具有明显的价值和效率的追逐倾向。取水权是设立在公水基础上的私人水权，法律对其附加较多的行政义务也是可以理解的，问题是其一旦设立，水权人就应当有对抗第三人的效力，并且有较为自由的权利空间。令人不安的是，中国现行的自然资源产权制度的具体操作方案几乎都是政府通过行政规范安排的，虽然有法律授权，并有准物权理论的支撑，但其产权交易都是在既定的行政规范内进行的，都是政府意愿的表现。不能不说，包括水权交易在内的中国自然资源产权交易只有成为法律安排时才会有实质性变迁。水

资源的有效率的消费一般通过两种路径实现：一是节约用水；二是交易用水。后一种路径是关键，只是在中国水权交易并没有变为现实。尽管在中国已经有诸如农民承包水工程为筹集水工程款项而进行的交易，浙江东阳和义乌地方政府之间进行的“管理的交易”，但都不能表明中国水权已进人了“买卖的交易”，特别是后者根本谈不上是产权交易，其交易的标的是行政财产，其交易的结果是以行政契约的方式协调了政府或地方的冲突与利益。从中国水权发育的进程来看，公共水权的出路在于从许可取水到许可用水，再从许可用水到交易用水。首先，要使公共水权之上的私人水权有较丰富的支配内容，让其不仅拥有一定的水资源用量供其消费，还能从水资源的使用中找到最大化的其他途径，从而使私人水权有较大的投资空间。其次，要逐步使私人水权有较大的独立性，权利的取得从行政许可到行政登记，权利的变更从行政变更到契约变更，权利的行使从行政约束到法律或契约约束。总之，要给水权人较宽松的自由，从而最大限度地激发水权人的投资热情。

四、水权管理的双重品格：从水资源配置到水事管制

建立健全中国的水权市场是中国水资源有效率供给的基本前提。由于中国没有公水与私水之分，加上传统计划经济体制的作用，政府已经太习惯于配置水资源，其中设租寻租的乐趣自不必说，以至于严重限制了中国水权市场的发育和生成。有意思的是中国水权市场远未形成，政府非但没有意识到自己的责任，反而迫不及待地玩起水权交易的游戏。在政府看来，原来水权交易和水权市场形成如此容易，只要自己既当裁判员管理者，又当运动员投资者就行。水权交易悄然被行政权交易替代，政府为自己再次成功扮演主角不亦乐乎。然而，这种政府交易又一次妨碍了私人投资的进入，拖延了中国水权交易制度变迁的进程。中国取水权制度到现在没有一个完整可操作的方案，也再次说明了政府退出的困难。如果把取水权制度的建立作为对中国现行政府配置水资源制度的创新，那么，这种制度创新肯定是非帕累托改进，在这种市场化改革的过程中失去利益的肯定是政府。因此政府在制度选择上“三步一回头”也是可以理解的。当然水资源或水权市场的建立，并不是要排斥政府，只是政府在退出资源配置后，可以对水事进行管制。另外，即使是在一个充分发展的私有市场中，公共物品的市场供给仍然可能是无效率的，而且这种假设本身的可能性也非常小。结论就是必须有政府的干预才可能提高效率。政府水事管制的首要任务是为私人水权交易鸣锣开道、保驾护航。根据中国从计划经济进入市场经济的现实，在水权交易之初，对私人水权制度造成危害的可能首先是政府，政府必须善待私人水权，为其提供支持，并对这种产权进行培育。“如果在效率的基础上一种制度安排能够使提供具有正

效益的公共事物或产生正的外部性的供给者得到适当的补偿，那么这种制度安排是值得尝试的，因为这些正效益或正的外部性无法在市场交易中自动反映”。除此之外，政府可以做的还很多。根据有关国家水法的规定，政府的水权管制工作还包括私人水权的许可或登记，取水权或用水权市场准入和退出的管理是政府对私人水权交易的初始安排，政府对私人水权的效率负责，要将水权授予讲诚信和资信状况好的用户。

五、水工程的双重价值：从公共工程到投资资本

纳入法律规范客体的水资源表现为有形物，然而，这种有形物却是循环流动或经常变动的，这就增加了法律规范和制度安排的难度。水资源的确定在于通过其赋存空间及径流的过程与时间的确定。根据国外的经验，用水权的期限一般是一年，因而水权人投资额不仅巨大，投资期限也很长。无论是作为供水者，还是作为输水者，或者作为灌溉者，都需要有自己的水工程，即使没有自己的水工程，也会通过其他方式拥有自己的水工程。从某种程度上讲，水工程是水权行使的过程，也是水权行使的结果。用户既然拥有了水权，当然或者必须要投资建设水工程，不仅如此还要承担起保护河道等治水的义务。水工程与水权不应当是分离的，否则就会出现中国传统中的“治水河工”。中国现行的水工程大多是各级政府投资兴建的公共工程。各级政府都有专门的队，如河务局，实际上也是“治水河工”，只不过是官办的。在计划经济体制下的水工程是政府工程，严重存在着经营机制不活、水利工程运行管理、维修养护经费不足等问题。这些问题不仅导致大量水利工程得不到正常的维修养护，效益严重衰减，而且对国民经济和人民生命财产安全带来极大的隐患。国家或政府每年向水工程投资几百亿元，而中国每年因水资源发生的洪涝灾害造成的损失也有几百亿元，国家或政府投资收效甚微，充其量是将灾害损失降到最低。国家或政府忍辱负重，甚至不堪负重，亟待私人投资，中国实行单一的公水制又限制了其他投资，以至于政府水工程管理体制的措施依旧局限在行政管理的范围内。特别是在中国已经开始安排水权交易的条件下，如果不把水工程与水权人利益联系起来，水工程由国家投资兴建，而由水权人使用，既不符合“谁投资，谁受益”的原则，又不会受到水权人的欢迎，其中一个重要原因是水工程是政府的，水权人会感到水权不稳定。

综上所述，随着取水权制度的安排和实施，中国水权交易即将成为现实，自然资源产权制度创新也将进一步启动。当向自然资源投资也成为人们赚钱的有效路径时，法律的制度安排才算到位。

资料来源：肖国兴 . 2004. 论中国水权交易及其制度变迁 . 管理世界，(4)：57～60.

7.5 森林资源的经济学分析

森林资源是林地及其所生长的森林有机体的总称。森林资源属于可再生自然资源，也是一种无形的环境资源和潜在的“绿色能源”。森林一方面可以提供木材、能源和农副产品，另一方面可以维系地球生态平衡、净化空气、涵养水源、保持水土、防风固沙、吸尘灭菌、净化和美化环境、消除噪声等。如果没有人类的干预，森林的形成将完全由阳光、气候、土壤养分、地形、天气、火灾等自然因素决定。人类主要通过对树木的利用（包括收获、种植、间伐和焚烧）来管理森林，从而满足个人和社会需求。那么，我们应该何时砍伐树木？答案从及时收获到永远不收获不一而足。这正是森林经济学最基本的问题，即森林砍伐或收获的最优时间问题。

与农业生产活动不同，林业生产具有其特殊性。首先，树木从幼苗到成熟是有时间要求的，因此林业是一项长期资产而不是流动资产；相对应的，林业决策的时限也比较长，从几年到几十年不等。其次，树木收获后，森林土地的所有者面临着多样的选择，如闲置土地、让树木自然再生或者积极开发土地做商业用途等。如果决定植树并允许其自然再生，则土地会因树木的生长而被占用很长一段时间，那么土地所有者将面临树木生长的过程，也面临着土地作为商业用途所带来的机会成本。树木具有多种用途：收获前的树木作为舒适性资源，可以提供一系列的非市场产品和服务，包括各种各样的审美、生态和休闲产品或服务；砍伐后的树木可以作为木材、胶合板、纸浆、木柴等。但是，如果考虑树木的其他用途，树木从来没有做到过最优收获。

福斯特曼模型对森林的最优收获做了一个基础而简洁的介绍。虽然福斯特曼和其他早期的森林经济学家无法运用现代数学的方法，但基于微积分理论的福斯特曼模型足以清晰地解释森林资源的经济效用。本节主要介绍森林经济学的基础模型——福斯特曼最优砍伐模型，另外也介绍了该模型的几个扩展模型，在对各模型进行解释的基础上对森林资源进行经济分析。福斯特曼模型及其选定的扩展模型主要是用来分析和说明一些林业政策和管理的问题。

为简便模型，假设只考虑树木的一次循环，即种植苗木，并在未来的某一时刻对成熟的树木进行收获，那么，优化林业采伐问题的关键在于林业资产的所有者必须一次性决定何时砍伐这种不断增殖的资产。森林资源所有者要使其树木的净现值最大化，需要考虑两方面的因素：一是边际收益折现，即如果树木延期销售，其不断增加自身价值的贴现值；二是成本折现，即在延期销售期间森林资源所有者管理树木所需要支付的成本，并将其贴现。当上述二者相等的时候，森林资源所有者可以实现树木的净现值最大化。

另外还需要考虑的一个约束条件是土地。成熟的树木占用土地，一般而言，如果森林所有者希望增加其产量，那么需要租用或购买更多的土地，同时必须购买和种植更多的幼苗。假设土地是森林采伐的约束条件，即土地是固定的，只支持单一树种的土地可以确定最优收获。鉴于土地因素是森林资源的约束条件，森林所有者必须要考虑土地的机会成本。土地的机会成本包括将来树木轮换所产生的价值或其他非林业用途所产生的价值。例如，欧洲向北美移民和亚马逊的森林破坏，由于林地的殖民化，非林业使用的机会成本变高，使得森林遭到破坏。

7.5.1　福斯特曼最优采伐模型

福斯特曼最优采伐模型的基本假设包括：①森林所有者的目标是净现值NPV最大化；②立木价格、再生费用、折现率和木材功效均是已知常数项，且不随时间变化，即在每次轮作中，如果确定一个最优采伐时间，那么在以后的各次采伐中，这个采伐时间都是最优的；③同龄经营，即所有树木的再生和砍伐是同时进行的；④最初的土地是没有树木的（裸地）；⑤单一的产出量；⑥土地面积固定，且是均质的；⑦采伐前没有疏伐。

最初的福斯特曼模型（Faustmann　1849，Samuelson　1976，Johansson and Löfgren　1985）是[①]

$$\begin{aligned}\max:\mathrm{NPV}(T) = L(0,T) &= \mathrm{e}^{-rT}PQ(T) - C + \mathrm{e}^{-rT}[\mathrm{e}^{-rT}PQ(T) - C] \\ &\quad + \mathrm{e}^{-2rT}[\mathrm{e}^{-rT}PQ(T) - C] + \cdots \\ &= [\mathrm{e}^{-rT}PQ(T) - C](1 + \mathrm{e}^{-rT} + \mathrm{e}^{-2rT} + \cdots) \\ &= \frac{\mathrm{e}^{-rT}PQ(T) - C}{1 - \mathrm{e}^{-rT}} \end{aligned} \tag{7.10}$$

式中，C 表示再生成本；$L(0, T)$ 表示裸地在 T 时间上树木收益的净现值，通常称其为土地预期价值；P 表示立木价格；r 表示折现率；T 表示收获时间，$Q(T)$表示在 T 时间收获的立木量，即 $Q(T)$ 是森林生产函数[②]。式（7.10）说明土地的机会成本等于将来轮作收益的贴现值。如果延期砍伐，那么后期轮作也将推迟，这样就会降低将来轮作收益的贴现值。

非林业用途是森林土地的机会成本。令 W 是最优的非林业使用土地的净现值NPV，令 V 是在非林业使用土地上NPV的最大值和土地的预期值，那么考虑土地机会成本的式（7.10）可推广为

---

① 如果一个使NPV最大化的所有者自愿进行树木的再生，那么就存在一个时间 s，使得 $\mathrm{NPV}(s) > 0$。

② 如果只考虑一次轮作，那么式（7.1）减小为 $\mathrm{e}^{-rT}PQ(T) - C$，这只是单一轮作问题。

$$\max: \text{NPV}(T) = e^{-rT}PQ(T) - C + e^{-rT}V \tag{7.11}$$

这里 $V=\max\{W, L(0, T)\}$。如果土地非林业用途的需求曲线是向下倾斜的，那么当土地市场均衡时，非林业使用土地的 NPV 等于土地的期望价值，即 $W=L(0, T)$（Samuelson 1976）。式（7.11）的最优采伐时间就是对 T 的复合函数求微分，并令其导数等于 0，即

$$e^{-rT}\left[-rPQ(T) + P\frac{dQ(T)}{dT} - rV\right] = 0 \tag{7.12}$$

最优解的充分但不必要条件是：森林生产函数是凹的。将其处理后的一阶条件是

$$P\frac{dQ(T)}{dT} = rPQ(T) + rV \tag{7.13a}$$

一般说来，在延期收获的情况下，当边际收益与边际成本相等时我们可以得到最优收获时间。如果在第一次轮作之后，非林业用途比林业用途更有价值，那么式（7.12）中的 W 取代 V；如果依然是林业用途最优，则 $L(0, T)$ 取代 V，那么式（7.12）式可以转化为

$$P\frac{dQ(T)}{dT} = rPQ(T) + r\frac{e^{-rT}PQ(T) - C}{1 - e^{-rT}} = \frac{r[PQ(T) - C]}{1 - e^{-rT}} \tag{7.13b}$$

右式的分子是指如果推迟目前的砍伐时间，森林所有者将会失去的利益；分母是如果推迟目前的砍伐时间，所有者未来轮作将会增加的利益。任何一个式（7.12）到式（7.14）描述的结果都称为“福斯特曼规则”。显然，森林再生成本的增加使得轮作期限延长，同样，土地所有者又会增加后期的再生成本。贴现率的增加和立木价格的提高都会缩短轮作间隔，并增加推迟砍伐的机会成本。

7.5.2 拓展模型一：考虑轮作育林成本

育林劳动指的是在轮作过程中协助森林再生和管理树木生长的劳动（如间伐），它对时间 $\boldsymbol{T}$ 上的立木产量产生着重大影响。育林劳动模型是最著名的福斯特曼扩展模型之一（silvicultural effort model）（Samuelson 1976，Chang 1984）。与福斯特曼模型相比，该模型增加了一个新的变量：前期育林劳动。假设 E 是每次轮作开始时的育林劳动，$C(E)$ 为再生成本①，则式（7.11）的目标函数变为

---

① 如果 $E=0$，那么树木是自然再生的，且 $C(E)=0$。如果劳动力供给的弹性无穷大，即 $d^2C(E)/dE^2=0$，那么再生成本是线性的而且等于育林劳动的边际成本乘以育林劳动水平。

$$\max: \mathrm{NPV}(E,T) = \mathrm{e}^{-rT}PQ(E,T) - C(E) + \mathrm{e}^{-rT}V \tag{7.14}$$

森林生产函数 $Q(E, T)$ 是育林劳动 E 和轮伐期 T 的函数。育林劳动影响裸地[①]收益有两种方式：一是在树木生长的任何阶段增加育林劳动，都能相应地增加树木产量；二是改变再生成本（改变最初的再生成本，或者改变随后一期轮作的成本）直接影响 NPV。考虑无限期轮作时，式（7.14）变为

$$\max: \mathrm{NPV}(E,T) = \frac{\mathrm{e}^{-rT}PQ(E,T) - C(E)}{1-\mathrm{e}^{-rT}} \tag{7.15}$$

对 $\mathrm{NPV}(E,T)$ 关于 E 和 T 分别微分，然后令两个偏导数等于 0[②]，进而得到最优育林劳动成本和最优采伐时间分别为

$$\mathrm{NPV}_E(E,T) = \frac{\mathrm{e}^{-rT}PE_E(E,T) - C_E(E)}{1-\mathrm{e}^{-rT}} = 0$$

$$\mathrm{NPV}_T(E,T) = \frac{\mathrm{e}^{-rT}[-rPQ(E,T) + rC(E) + PQ_T(E,T)(1-\mathrm{e}^{rT})]}{(1-\mathrm{e}^{-rT})^2} = 0 \tag{7.16}$$

式（7.16）的第一个条件要求在育林劳动中，边际收益的贴现值等于边际成本；第二个条件与式（7.12）相比，其相同之处在于如果延期采伐，所放弃的收益必须等于所增加的总收入，不同之处在于式（7.16）依赖于再生劳动的规模，而式（7.12）中再生劳动是固定不变的。Brazee 和 Bulte（2000）及 Lu 和 Gong（2003）提供了关于疏伐问题的高级模型。疏伐是指在幼龄林郁闭（树木树冠彼此互相衔接的状态）后至成熟龄前的一个时期内，为调节目标树种个体间的矛盾而进行的森林抚育采伐。在该模型中，较简单的方法是在育林劳动 E 中包含前期商业疏伐成本，那么，$C(E)$ 就是前期商业疏伐成本为 0 时的贴现值，因此商业疏伐可视为一个轮作期间的净收入。

7.5.3 拓展模型二：考虑税收和补贴

森林经济学家很早之前就意识到税收是影响森林最优轮作期的重要因素之一（Chang 1983）。财产税是关于已评估好价值的土地的年支出，评估则是评估土地的林业或非林业价值。考虑财产税，式（7.15）变为

$$\max: \mathrm{NPV}(E,T) = \frac{\mathrm{e}^{-rT}PQ(E,T) - C(E)}{1-\mathrm{e}^{-rT}} - \frac{\alpha}{r} \tag{7.17}$$

---

① 裸地缺少裸矿质土。裸矿质土指的是没有任何植被覆盖的土地，大多数同龄物种要在裸地上进行再生。

② 为方便起见，假设函数行列式为非半正定的。

式中，α 表示年纳税额，α/r 表示年金的贴现值。如果纳税额是固定的（因此没有一阶条件），增加财产税不会改变最优采伐期或最优育林劳动成本，在实际中却可以减少树木的 NPV。

土地的林业或非林业价值对于纳税额的影响是不确定的。如果按照非林业土地的价值进行计算，纳税前 NPV 是正的，而纳税后却有可能变为负的；如果按照林业用途进行估价，之前正的 NPV 会逐渐变小，却可始终为正。因此，多数森林经济学家主张纳税的基础应该是林业价值而不是非林业价值（Chang 1983，Amacher et al. 1991）。不仅如此，他们还主张应在收获的时候征税，而不是针对整个轮作期征税。另外，按照采伐收入征收的产量税、按照采伐数量征收的采掘税或按照净采伐收入征收生产力税，都可以用来代替财产税（Amacher et al. 1991，Chang 1983，Clements et al. 1986，Jackson 1980，Klemperer 1983）。此时，包含产量税的式（7.15）变为

$$\max: \mathrm{NPV}(E,T)=\frac{\mathrm{e}^{-rT}PQ(E,T)\beta-C(E)}{1-\mathrm{e}^{-rT}} \tag{7.18}$$

式中，β 表示产量税税率。分离税收和大多数形式的生产力税会通过多期轮作产量，既影响最优轮作期，又影响最优育林劳动成本。随着产量税的纳入，式（7.16）变为

$$\begin{aligned}\mathrm{NPV}_E(E,T)&=\frac{\mathrm{e}^{-rT}PQ_E(E,T)\beta-C_E(E)}{1-\mathrm{e}^{-rT}}=0\\ \mathrm{NPV}_T(E,T)&=\frac{\mathrm{e}^{-rT}[-rPQ(E,T)\beta+rC(E)+PQ_T(E,T)\beta(1-\mathrm{e}^{-rT})]}{(1-\mathrm{e}^{-rT})^2}=0\end{aligned} \tag{7.19}$$

一般而言，产量税对最优育林劳动成本和最优轮伐期的影响是不明确的。容积函数的交叉偏导数是负的，即 Q_{ET}（E，T）<0，意味着一种负的 NPV 函数的交叉偏导数，也就是说，NPV_{ET}（E，T）<0。随着 NPV_{ET}（E，T）<0，交纳产量税降低了最佳育林劳动成本，并增加了最优轮伐期。砍伐净效益的减少，会使育林劳动成本减少，因为随着砍伐净收益的减少，育林劳动的回报也会减少。轮作期的延长，拖延了砍伐的税款缴纳，即每一个时期，砍伐净利益的产量税减少了。如果 Q_{ET}（E，T）>0，NPV_{ET}（E，T）<0，产量税所产生的影响就不明确了（Chang 1983）。

许多国家政府的奖励措施在为促进小区域林地的木材生产和管理而进行努力，一些奖励措施是以知识为基础的。例如，政府林业家可协助林地所有者制定土地管理计划，告知其有关更新、疏伐和砍伐的信息。财政奖励也很常用，其中再生补贴最为常见，再生补贴降低了种植成本。将再生补贴纳入公式，式

(7.15) 变为

$$\max:\mathrm{NPV}(E,T)=\frac{\mathrm{e}^{-rT}PQ(E,T)-C(E)(1-\eta)}{1-\mathrm{e}^{-rT}} \tag{7.20}$$

式中，η 表示补贴率。一般来说，再生补贴对最优育林劳动成本和最优轮作期的影响是不明确的。与产量税类似，$Q_{ET}(E, T)<0$，$\mathrm{NPV}_{ET}(E, T)<0$，此时再生补贴的影响很明确。$\mathrm{NPV}_{ET}(E, T)<0$，纳入再生补贴增加了最优育林劳动成本，并缩短了最优轮伐期。而提高育林劳动成本是因为再生成本变低。砍伐森林的年龄不断降低是因为推迟砍伐的机会成本在下降。如果 $Q_{ET}(E, T)>0$，$\mathrm{NPV}_{ET}(E, T)>0$，则再生补贴的影响是不明确的。

限于篇幅，税收和补贴的讨论尚不完整。除此基本模型外，还可参考其他的一些扩展模型。例如，设计最优自筹资金林业税模型（Amacher 1999，Amacher and Brazee 1999）、避税战略与随机木材价格模型（托森 1999）及两时期税收模型（Koskella 1989a，1989b）。

7.5.4 扩展模型三：考虑非木材产品和服务

除了木材，森林还提供许多其他商品和服务。非木材产品和服务包括娱乐、野生动物栖息地、景观价值、水管理等方面。许多非木材商品和服务也是非市场商品和服务，因而标准的非市场估价技术可以用来评估其价值。

在将非木材商品和服务纳入分析的问题上，哈特曼（1976）将福斯特曼模型加以扩展，将非市场商品和服务纳入其中。设 $A(E, t)$ 为所有非木材商品和服务从立木年龄 t 起的总价值。福斯特曼 NPV 函数（7.15）变为

$$\max:\mathrm{NPV}(E,T)=\frac{\mathrm{e}^{-rT}PQ(E,T)-C(E)+\int_0^T \mathrm{e}^{-rt}A(E,t)\mathrm{d}t}{1-\mathrm{e}^{-rT}} \tag{7.21}$$

福斯特曼 NPV 函数的分子是所有非市场的产品和服务在一个轮期的贴现值，其余的分子依然是木材收入折现减去再生费用；分母依然是影响无限轮作的几何级数。假设 $A(E, t)\geqslant 0$，则可构成非木材商品和服务的函数。该函数可能因不同的森林商品和服务而不同（Calish et al. 1976）。例如，如果林地的存在价值完全取决于土地是否有森林覆盖，则 $A(E, t)$ 可能是一个常数。一些生性活泼的物种（如白尾鹿）喜欢年轻的树木，则林地的非木材价值随着年龄的增加而减少；一些生性喜静的物种（如猫头鹰）喜欢很老的树木，则林地的非木材价值随着年龄的增加而增加。不同的商品和服务有不同的函数，如果将不同的商品和服务相结合，那么描述函数 $A(E, t)$ 则是不可能的。

在 NPV 函数中引入非木材价值函数，就有可能引进非凸可行集（Strang 1983，Swallow et al. 1991）。非凸可行集使确定 NPV 函数的最大值变得更加困难，因为虽然 NPV 函数是连续可微的，但是最佳条件只描述一个局部最优解。由于该限制的存在，局部最优育林劳动成本和砍伐的最优年龄由 NPV(E, T) 关于 E 和 T 的偏导数决定，令两个偏导数等于 0，则

$$\mathrm{NPV}_E(E,T)=\frac{\mathrm{e}^{-rT}PQ_E(E,T)-C_E(E)+\int_0^T \mathrm{e}^{-rt}A_E(E,t)\mathrm{d}t}{1-\mathrm{e}^{-rT}}=0$$

$$\mathrm{NPV}_T(E,T)=\frac{\mathrm{e}^{-rT}(r(-PQ(E,T)+C(E))+(PQ_T(E,T)+A(E,T))(1-\mathrm{e}^{-rT})-r\int_0^T \mathrm{e}^{-rt}A(E,T)\mathrm{d}t)}{(1-\mathrm{e}^{-rT})^2}=0 \tag{7.22}$$

由此得到式（7.22），其中第一个条件推广了式（7.16）的第一个条件，并要求边际收益的贴现值等于边际成本；第二个条件推广了式（7.16）的第二个条件，利润＋边际机会成本＝边际收益，该等式左边的利润和机会成本分别是指推迟收获放弃的利润和边际机会成本，该等式右边的边际收益是指拖延收获增加的边际收益，边际收益来自未来轮作的复合影响产生的木材和非木材服务。式（7.22）的解，即为裸地的最大 NPV。

在式（7.21）和式（7.22）中，森林所有者不仅操纵木材的采伐，也操纵非木材产品和服务的价值。然而，许多非木材产品和服务具有外部性。视觉之美、固碳、远足旅游是和木材生产一起产生的消费的正外部性。同所有的外部性一样，私人净效益和社会净效益是不同的。森林土地所有者只关注外部性中一小部分的价值。如果不考虑任何非木材产品和服务的价值，那么这些产品和服务将不会成为森林所有者的目标，他们的目标函数将会是式（7.10）或式（7.11）。虽然对收益的确定没有影响，森林土地所有者的邻居们将充分享有外部性。如果森林土地所有者关注这部分外部性的价值，那么他们的目标函数式（7.21）仍需要进一步修改，以反映其关注的外部性比例。

7.5.5 扩展模型四：考虑管理限制

福斯特曼模型对森林所有者没有任何限制。但事实上，一些国家和地区（如北欧、加拿大和美国的一些州）通过立法来规范森林实践行为。森林管理限制的首要目标是确保最低限度的森林土地质量。森林管制比较常用的两种方法是成功再生法和最低年龄收成法。

成功再生法通常要求在砍伐后、播种一年或两年后每公顷必须补植一批最低数量的树苗。成功再生法的目的在于确保有足够的森林覆盖率，即存在一个最低林地密度。由于有了最低砍伐年龄限制，森林所有者没有权利在此年龄前进行采

伐，从而确保树木砍伐前的最低规模。如果所有的树木在砍伐前都达到了最低规模，就能确保每棵树在砍伐前都达到最低的质量要求。

将成功再生法和最低年龄限制纳入福斯特曼模型。运用拉格朗日函数，在式（7.15）的基础上加上两个约束条件，该式变为

$$\max:\Gamma(E,T,\delta,\gamma)=\frac{\mathrm{e}^{-rT}PQ(E,T)-C(E)}{1-\mathrm{e}^{-rT}}+\delta(C(E)-K)+\gamma(T-T_{\min}) \tag{7.23}$$

式中，K 表示保证再生成功的最低支出；$T_{\min}$表示允许的最低砍伐年龄；δ，γ 表示制约因素的乘数。$\Gamma(E，T，\delta，\gamma)$ 函数分别对 E 和 T 求偏导数，且使之都等于 0，从而获得库恩-塔克（Kuhn-Tucker）条件，即

$$\Gamma_E(E,T,\delta,\gamma)=\frac{\mathrm{e}^{-rT}PQ_E(E,T)-C_E(E)}{1-\mathrm{e}^{-rT}}+\delta=0$$

$$\Gamma_T(E,T,\delta,\gamma)=\frac{\mathrm{e}^{-rT}[r(PQ(E,T)-C(E))+PQ_T(E,T)(1-\mathrm{e}^{-rT})]}{(1-\mathrm{e}^{-rT})^2}+\gamma=0 \tag{7.24}$$

式（7.24）与式（7.16）类似，但包括约束乘数。如果式（7.24）的约束条件不具有约束力，那么式（7.24）和式（7.16）就是相同的。式（7.24）的第一个条件是要求在育林劳动中，产品边际收益的折现值等于边际成本加上因再生约束因素造成的边际损失。式（7.24）的第二个条件要求推迟砍伐所放弃的利益等于推迟砍伐增加的总收益量加上砍伐年龄限制的边际价值。

如果再生条件具有约束力，即 $\delta>0$，约束条件要求的育林劳动成本高于使 NPV 最大化的育林劳动成本，因为树木生产函数的结构不同，轮作时间长度可能大于或小于使 NPV 最大化的轮作时间长度。增加或减少轮作时间取决于两个因素的比较：一是该轮作期不砍伐，产生管理树木的成本；二是该轮作期砍伐后，进行树木再植的成本。如果管理成本大于树木再植的成本，则轮作时间长度增加；反之，则减少。同理，如果收获的最低年龄的规定是有约束力的，即 $\gamma>0$，使 NPV 最大化的年龄将小于最低年龄，因为树木生产函数的结构不同，育林劳动可能大于或小于使 NPV 最大化的育林劳动。增加或减少育林劳动取决于两个因素的比较：一是在该轮作期收获后，进行树木再植的成本；二是树木轮作的成本费用。如果树木再植成本大于轮作成本，将增加育林劳动；反之，则减少育林劳动。

本 章 小 结

可再生资源是指具有自我循环生长能力，其供应量可以源源不断地提供的资

源。可再生资源的基本特征是可再生、循环、数量无限性等。可再生资源种类繁多，一般包括水资源、生物资源、风能、太阳能等。

可再生资源的最优利用方面必须考虑生长周期和循环过程，使其得到最佳的利用。一般来说，对可再生资源的最优利用从可再生资源的生长过程和收获的时刻两方面考虑，对生长过程描述较为典型的两个模型是渔业资源的沙尔发生物学模型和森林资源中提到的福斯特曼最优采伐模型，其中前者的收获定价模型是采用逻辑增长曲线进行分析的，而后者主要是用来分析和说明在林业采伐过程中遇到的一些政策和管理问题。

此外，对可再生资源来讲，由于其可再生性，可再生资源最优利用的另一方面应该是对其合理配置的问题。对可再生资源的配置问题，本章主要以水资源为例进行介绍。水资源的有效配置，主要是研究如何利用好水资源，包括对水资源的开发、利用、保护与管理等。该内容分别从地表水和地下水的配置进行分析，最后简单介绍了水资源定价及其分配制度的重要性，认为水资源的合理配置对国民经济发展有着极其重要的促进作用。

➢关键概念

可再生资源　逻辑增长曲线　水资源配置　水分配制度　水资源定价　福斯特曼模型

➢思考题

1. 什么是可再生资源？其基本特征是什么？
2. 简述可再生资源与不可再生资源的区别与联系。
3. 渔业资源的最优捕捞如何实现？
4. 结合当前中国发展的阶段，探讨其在对可再生资源开发和利用中面临哪些挑战。
5. 结合中国的实际情况，探讨水资源制度完善的重要性。

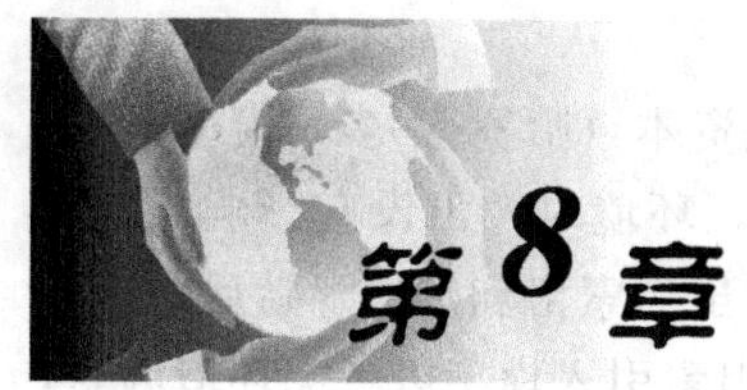

第8章 经济发展与环境

环境问题是人与环境之间互相依赖、互相融合关系的失调，其实质是经济发展特别是工业化与环境保护之间的矛盾问题。本章着重介绍了经济发展与环境问题的现状、问题、原因及解决途径，着重研究了经济-环境作用的一般理论框架与模型，以及经济全球化背景下的国际环境问题，探讨了我国生态环境破坏的现状、类型及生态环境与经济可持续发展的途径。

8.1 环境-经济系统

8.1.1 环境-经济系统的构成

从广泛意义上理解，环境是指围绕着某一主体的外部世界。狭义的环境是指人类环境，即以人类为主体，围绕人群空间广泛存在的各种天然的和经过人工改造的自然因素的总和，如大气、海洋、土地、矿藏、森林、草原等。环境是人类生存和发展的根基，它是一种资源，为人类的生存和发展提供物质保障。人类依赖环境而生存和发展，环境和自然资源作为消费品、资源供应者和废弃物的接纳者，为人类提供了不可或缺的服务。它是人类不可缺少的生命支持系统，为人类提供生活资料和生产资源，提供活动的空间和场所，并吸纳人类排放的各种废弃物。人类通过其生产经营活动影响自然环境，并与之形成相互依赖、相互作用的统一体称之为环境-经济系统。据 Robert Costanza 等对全球生态系统服务与自然资本价值（包括不可再生燃料与矿物、大气层）的不完全估算，发现其价值约为 16 万亿～54 万亿美元，平均为 33 万亿美元，相当于当年全球 GNP 的 1.8 倍[①]。

在传统经济学中，决定经济增长的因素主要是资本（哈罗德-多马模型）、技术（新古典经济增长模型）或制度（制度经济学），环境对产出没有影响，自然资源被隐含地假定为是不稀缺的。值得注意的是，虽然索洛和丹尼森随后对哈罗德-多马模型进行了修正与补充，将自然资源存量因素引入模型以考虑环境因素，但由于生产函数是参考柯布-道格拉斯函数的一个乘法式 $Y=Ae^{ut}K^{\alpha}L^{1-\alpha}$，而乘法式中的各个要素是可以相互替代的，所以即使肯定了环境对生产的作用，其所需的量却可以任意的小，即在该模型中环境不会对生产增长形成限制，生产函数也不考虑环境容量有限性的问题。随着理论的进一步发展，20 世纪 80 年代兴起的新经济增长理论虽然通过“干中学”、人力资本积累与 R&D 模型等将技术进步内生化，却依然未将环境对经济系统的约束整合到经济分析模型。

传统经济模型把经济系统看做一个封闭系统，未考虑其与环境的关系。系统中仅有两个基本的经济行为主体：企业和家庭。这两个行为主体由物质流和货币流连接起来，形成要素市场和产品市场。在要素市场上，家庭将生产要素提供给企业，企业将货币支付给家庭；在产品市场上，企业将产品出售给家庭，家庭将货币支付给企业，从而形成了与周围环境没有物质或能量交换的孤立封闭系统（图 8-1）。

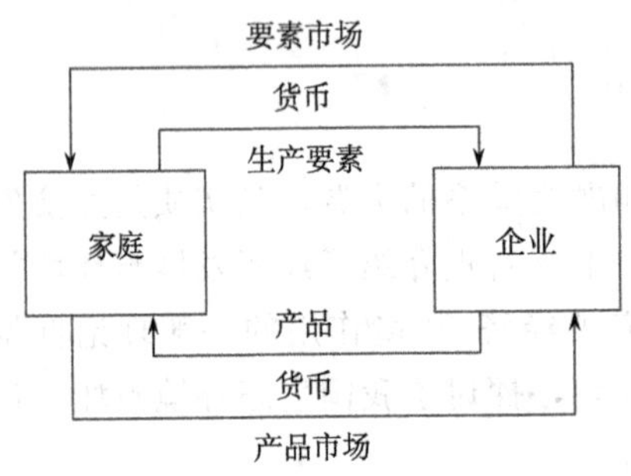

图 8-1 传统经济模型

现代环境经济学拓宽了经济学的研究范围，在传统经济模型的基础上将环境作为提供各种服务的复合性资产纳入经济分析中，把环境看做整个环境-经济系统的一部分。环境为经济提供了可以通过生产过程转化为消费品的原材料及使这种转化得以顺利运行的能量，这些原材料和能量最终以废料的形式又返给了环境。理论上关于环境-经济相互作用的一般框架如图 8-2 所示。该图说明了基本资源从环境中被开发，然后通过生产和消费活动，最后回到环境的物质循环流动。

随着理论的进一步发展，新的理论范式指出：经济系统只是有限生态系统的子系统，且该子系统的存在和发展是以生态系统为基础的，所以人类的经济系统必须和生态系统保持相协调，这些协调包括它们之间的物质循环和能量的流动，以及规模和尺度的互相协调。美国著名资源经济学家戴利对传统增长理论进行了尖锐地批判，提出了著名的“稳态经济”理论，他也被誉为“可以改变人类生活的当代

① Robert Costanza et al. 1997. The value of the world's ecosystem services and natural capital. Nature, 387 (15): 253～260.

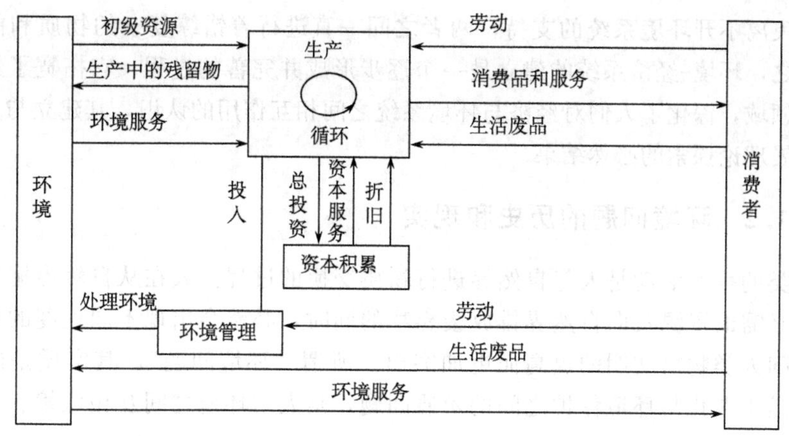

图 8-2 经济-环境相互作用的一般框架[①]

100 位有远见的思想家之一”。戴利指出，传统发展观的根本错误在于，它的核心理念把经济看做是不依赖于外部环境的孤立系统，因而是可以无限制增长的。而可持续发展的核心理念是把宏观经济看做一个更大的、有限的和非增长的生态系统的子系统，经济子系统的增长规模绝对不能超出生态系统可以永久持续或支撑的容纳范围。戴利在其《超越增长——可持续发展的经济学》一书中深刻论证了人类经济的演化已经从人造资本是经济发展的限制因素的时代，进入了剩余的自然资本是经济发展的限制因素的时代，揭示了可持续发展的时代特征，建立了“空的世界”向“满的世界”转变的理论模型，这就是“作为生态系统的开放子系统的经济”的模型[②]。

在这一模型中，所有的经济系统都是有限的自然生态系统（环境）的一个子系统。由于生态系统的规模保持不变，而经济系统的规模却在不断增加，生态系统从一个“空的世界”转变为一个“满的世界”，自然资本代替人造资本成为稀缺要素，戴利指出：“世界从一个人造资本是限制性要素的时代进入一个自然资本是限制性要素的时代。捕鱼生产目前是受剩余鱼量的限制而不是受渔船数量的限制；木材生产是受剩余森林面积的限制，而不是受锯木厂多少的限制；原油的生产是受石油储量的限制，而不是受采油能力的限制；农产品的生产经营是受供水量的限制，而不是受拖拉机、收割机或土地的限制。我们已经从一个相对充满自然资本而短缺人造资本（以及人）的世界来到一个相对充满人造资本（以及人）而短缺自然资本的世界了。”[③] 因此，所有经济系统都必须受到生态环境系统的约束，经济系统的

---

① 阿兰·V. 尼斯，詹姆斯·L. 斯威尼. 2009. 自然资源与能源经济学手册. 第 1 卷. 北京：经济科学出版社：10.

② 赫尔曼·E. 戴利. 2001. 超越增长——可持续发展的经济学. 上海：上海译文出版社：67～68.

③ 赫尔曼·E. 戴利. 2001. 超越增长——可持续发展的经济学. 上海：上海译文出版社：112～113.

运行须臾离不开环境系统的支持，两者之间一直进行着错综复杂的物质和能量交换。总之，环境-经济系统的建立是一个逐步形成并完善的过程，它拓宽了经济学的研究领域，深化了人们对经济与环境系统之间相互作用的认识，其建立与完善是经济发展理论探索的必然结果。

8.1.2 环境问题的历史和现实

人类的生产活动是人与自然界进行物质交换的过程。人在从自然界掘取社会发展所必需的资源及向自然界排放废弃物的同时，必然会出现不同程度的环境问题，它随人类物质文明的提高而更加突出。所谓“环境问题”，其实质是经济发展特别是工业化与环境保护之间的矛盾问题，是人与环境之间互相依赖、互相融合的关系失调。

在工业革命以前，人类用手工劳动进行生产，人口和社会生产力都处于一种非常缓慢的增长状态，经济和社会的发展对环境的需求和作用相对狭小，因此环境与发展基本和谐。人类社会早期的环境问题，主要表现为因乱采、乱捕破坏了人类聚居的局部地区的生物资源而引起的生活资料缺乏甚至饥荒，或者因用火不慎而烧毁大片森林和草地，迫使人们迁移以谋生存；以农业为主的奴隶社会和封建社会的环境问题，主要表现为在人口集中的城市，各种手工业作坊和居民抛弃生活垃圾导致的环境污染。总体说来，前工业社会的人类活动对环境的影响只是局部的，没有达到影响整个生物圈的程度。

随着工业化进程的加快，特别是第二次世界大战以后，现代生产力的巨大发展使经济活动的需求及对环境作用的程度和强度日益增大。人们在处理发展与自然、环境的关系时，又往往片面地强调发展而忽视生态环境问题，使发展与环境的互馈关系趋于恶化。这是因为：一是与农业生产原理不同，工业社会的建立是在大量消耗能源，尤其是化石燃料的基础上。工业化的发展导致能源消耗量的急剧增加，由此带来的污染问题随之凸显。二是工业社会具有大量生产和大量消费的模式。在工业社会，人们不再仅仅满足于生理上的基本温饱的需求，更高层次的享受成为工业社会发展的动力，因而汽车等高档消费品进入了家庭和社会，由此引起的环境污染问题日益显著，如洛杉矶的光化学事件等。三是工业化进程中大规模的开发与生产会引起一系列环境问题，伴随着大量污染事件，由于其影响面广，往往会带来严重的后果。

目前，随着经济的飞速发展，环境问题已经从局部范围发展成为地区性甚至全球性的问题，出现了环境污染范围扩大、难以防范和危害严重的特点，具体表现为：全球气候变暖、臭氧层损耗、酸雨蔓延、生物多样性减少、大气污染肆虐、森林减少、土地荒漠化扩大、资源短缺、水资源污染严重和固体废弃物成灾，以及世界自然灾害显著增加等。

相关链接 8-1　历史上的公害事件

1. 马斯河谷事件：1930 年 12 月 1～5 日，比利时马斯河谷工业区。由于工业区处于狭窄的盆地中，12 月 1～5 日发生气温逆转，工厂排出的有害气体在近地层积累，三天后有人发病，症状表现为胸痛、咳嗽、呼吸困难等。一周内有 60 多人死亡。心脏病和肺病患者死亡率最高。

2. 多诺拉事件：1948 年 10 月 26～31 日，美国宾夕法尼亚州多诺拉镇。该镇处于河谷，10 月最后一个星期大部分地区受反报旋和逆温控制，加上 26～30 日持续有雾，使大气污染物在近地层积累。二氧化硫及其氧化作用的产物与大气中的尘粒结合是致害因素，发病 5911 人，占全镇人口 43%。症状是眼痛、喉痛、流鼻涕、干咳、头痛、肢体酸乏、呕吐和腹泻，死亡 17 人。

3. 洛杉矶光化学烟雾事件：20 世纪 40 年代初期，美国洛杉矶市。全市 250 多万辆汽车每天消耗汽油约 1600 万升，向大气排放大量碳氢化合物、氮氧化物和一氧化碳。该市临海依山，处于 50 千米长的盆地中，汽车排出的废气在日光作用下，形成以臭氧为主的光化学烟雾。

4. 伦敦烟雾事件：1952 年 12 月 5～8 日，英国伦敦市。12 月 5～8 日英国几乎全境为浓雾覆盖，四天中死亡人数较常年同期多约 40 000 人，45 岁以上的死亡最多，约为平时 3 倍；1 岁以下死亡的，约为平时 2 倍。事件发生后的一周中因支气管炎死亡是事件发生前一周同类人数的 9.3 倍。

5. 四日市哮喘事件：1961 年，日本四日市。1955 年以来，该市石油冶炼和工业燃油产生的废气，严重污染城市空气。重金属微粒与二氧化硫形成硫酸烟雾。1961 年，因污染导致的支气管哮喘病患者人数剧增，1967 年一些患者不堪忍受痛苦而自杀。1972 年该市共确认哮喘病患者达 817 人，死亡 10 多人。

6. 米糠油事件：1968 年 3 月，日本北九州市和爱知县一带生产米糠油用多氯联苯做脱臭工艺中的热载体，由于生产管理不善，混入米糠油，食用后中毒，患病者超过 1400 人，至七八月份患病者超过 5000 人，其中 16 人死亡，实际受害者约 13 000 人。

7. 水俣病事件：1953～1956 年，日本熊本县水俣市含甲基汞的工业废水污染水体，使水俣湾和不知火海的鱼中毒，人食用毒鱼后受害。1972 年日本环境厅公布：水俣湾和新县阿贺野川下游有汞中毒者 283 人，其中 60 人死亡。

8. 痛痛病事件：1955～1972 年，日本富山县神通川流域的锌、铅冶炼厂等排放的含镉废水污染了神通川水体，两岸居民利用河水灌溉农田，使稻米和饮用水含镉而中毒，1963～1979 年 3 月共有患者 130 人，其中死亡 81 人。

相关链接8-2 全球气候变化大事记

全球范围：

1988年：全球气候变暖警钟敲响。

1992年：制定“联合国气候变化框架公约”。

1994年：3月21日“联合国气候变化框架公约”正式生效。

1997年：12月11日“京都议定书”通过。

2001年：3月布什宣布政府宣布拒绝批准“京都议定书”。

2005年：2月16日“京都议定书”正式生效，已有156个国家和地区批准了该协议。

2005年：超过1998年，成为有史以来最热的一年。

2006年：中国冬季平均气温9.92摄氏度，成为1951年以来最热的冬天。

2009年：自20世纪80年代，中国暖冬年份达到19年。

2009年：12月，“联合国气候变化框架公约缔约方”第15次会议，在首都哥本哈根举行，缔约国就2012～2017年全球减排协议举行会议。

中国范围：

1992年：中国成为“联合国气候变化框架公约”缔约国之一。

1997年：12月11日中国加入“京都议定书”。

2007年：12月中国“节能减排综合性工作方案”印发。

2008年：1月春节前，中国南方低温雨雪冰冻灾害。

2008年：中国北京绿色奥运。

2009年：6月，两个最大温室气体排放国中国和美国的气候谈判开启。

2009年：中国和美国作为两个最大温室气体排放国在哥本哈根会议期间成为世界焦点。

资料来源：新浪财经. http://finance.sina.com.cn/focus/Chfh_2009/index.shtml.

8.1.3 生态环境承载力与环境库兹涅茨曲线

环境有一定的承载容量，这一承载容量是经济发展的客观基础条件。环境承载力是指在可以预见的时期内和在现有的经济技术条件下，其自然资源包括环境资源所能支持的具有一定生活质量的人口规模和经济规模。环境承载力是环境资源对人类活动支持能力的一种度量，是系统本身所具有的一个客观的量。它包括两个方面：环境承载力和资源承载力。环境承载力是一种人为约束，其大小与环境标准、环境容量、生活水平及人类的经济活动方式等因素有关，它对经济活动起限制作用；资源承载力是一种自然禀赋，其大小取决于生态系统中资源的丰裕度、人类对资源的需求及对资源的利用方式等因素，它对经济活动起支撑作用。在承载力范围内，环境具有一定的自我调节能力，但这种能力又是有限度的（被称为“环境阈值”）。一旦人类的活动超过了环境阈值，就会导致环境出现不可逆转的破坏，也称环境恶化。

1955 年，美国经济学家西蒙·库兹涅茨在对收入差距进行研究时发现，在经济发展的过程中，收入差距随着经济增长先逐渐增大，后逐渐缩小，即收入差距和人均收入之间存在倒 U 形关系，描述这一关系的曲线被称为库兹涅茨曲线。20 世纪 90 年代初，普林斯顿大学的经济学家格鲁斯曼和克鲁格在对 66 个国家不同地区内的 14 种空气污染和水污染物质 12 年来的变动情况进行研究时发现，大多数污染物质的变动趋势与人均国民收入水平的变动趋势呈倒 U 形关系，即污染程度随着人均收入增长先增加而后下降，且污染程度的峰值大约位于中等收入水平阶段。据此，他们于 1994 年提出了环境库兹涅茨曲线的假说[①]。环境库兹涅茨曲线如图 8-3 所示。

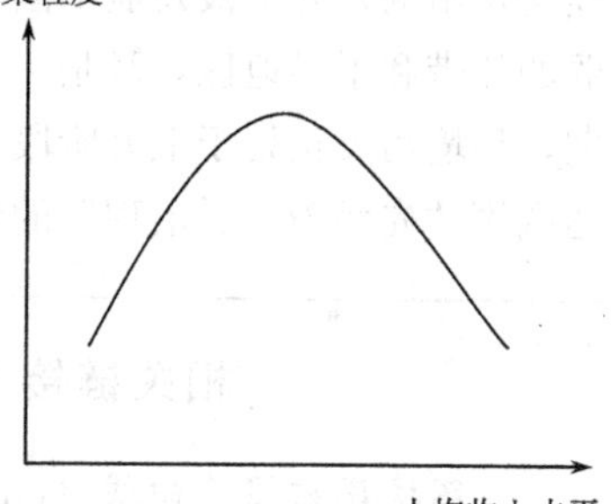

图 8-3 环境库兹涅茨曲线（EKC）

图中纵坐标用人均污染物排放量等指标表示环境污染程度，横坐标表示人均收入水平。在经济发展的较低阶段，由于经济活动的水平较低，所以环境污染的水平也较低；在经济起飞、制造业大发展的阶段，资源的消耗超过资源的再生，环境恶化；在经济发展的更高阶段，经济结构改变，污染产业停止生产或被转移，经济发展带来的积累可以用来治理环境，人们的环境意识也加强了，环境状况因此开始改善。这样就形成了一条倒 U 形曲线，即环境库兹涅茨曲线。

李玉文等将环境库兹涅茨曲线的理论基础归结为以下五个方面[②]：一是技术与产业结构：经济的发展带动了技术进步和产业结构的转变，技术进步提高了资源利用率，减少了生产污染；产业结构的转变（对环境影响小的服务业逐渐取代污染相对较重的工业）有利于环境污染的降低，环境质量随之改善。二是环境质量需求的收入弹性：随着收入的增加，人们对环境质量的要求会逐渐提高，环境质量需求的收入弹性相应逐渐变大；环境质量需求的收入弹性大于 1 时，人们会牺牲经济利益来改善环境质量，环境质量从而逐渐改善。三是国际贸易：有观点

---

① Selden T, Song D. 1994. Environmental quality and development: is there a Kuznets curve for air pollution emission. Journal of Environmental Economics and Management, (27): 147～162.

② 李玉文等 . 2005. 环境库兹涅茨曲线研究进展 . 中国人口 . 资源与环境，(5)：7～14.

认为随着经济的发展，贸易使“绿色”技术得到充分发挥，各国出口相对清洁的技术产品、进口相对污染的生产产品，减少污染，从而环境质量得到全面改善。四是市场机制：随着经济的发展和市场机制的完善，资源和污染的外部成本会转化为内部成本，这不仅提高了资源利用率，而且将污染内部消化，推动了环境质量的改善。五是环境政策：伴随着经济的发展和环境政策的不断改进，完善的环境政策及其有力的实施可以改善环境，减小环境压力。

环境库兹涅茨曲线虽然反映了经济发展的自然进程，但值得注意的是，经济的可持续发展必须以自然资源为基础，并同环境承载能力相协调。而环境承载能力是有限的，在环境承载能力的限度内，生物圈能够承载人类利用自然资源的负荷，吸收人类排放的废弃物，从而自动调节生物圈的平衡。如果人类的生产和消费超过这一环境阈值，将可能导致生态系统的崩溃。环境库兹涅茨曲线是根据发达国家的经验得出的，并未被发展中国家的实践所证明，而且大部分发展中国家地处生态脆弱的热带和干旱地区，环境一旦遭到破坏就难以恢复。中国目前正处于工业化中期，环境污染正处于上升阶段，由于环境破坏具有不可逆性，我国应避免走西方发达国家“先污染，后治理”的弯路，要充分发挥后发优势，走可持续发展道路。

相关链接 8-3 EKC 研究中的环境指标

环境库兹涅茨曲线（environmental Kuznets curve，EKC）研究中所用的经济指标多为人均 GDP、家庭收入等。环境指标最初仅指环境污染，随着经济发展、社会进步与科技发展，狭义的环境逐渐拓展为包括污染、资源和生态的大环境，并且为解决不同的环境指标所得的结论中可比性较差的问题，引入了发展效率指标。表 8-1 总结了西方已有研究中的环境指标。

表 8-1 EKC 研究中的环境指标

环境指标类型	具体指标
环境污染类	大气：SO_2、CO、CH_4、CO_2、SPM 等 水体：粪大肠杆菌/总大肠杆菌浓度、重金属含量、溶解氧量、生化需氧量、常规化学毒物、硝酸盐、氮/磷含量 其他：城市固废产生量、土壤 N/P 流失量
资源生态类	剩余荒地比例、自然保护区比例、农用地比例、森林砍伐量、生物多样性大小、清洁水短缺率、直接物质流、初级原材料使用量
发展效率类	单位 GDP 能耗、单位 GDP-CO_2 排放量、人均道路能源消耗量、人均一次能源消耗人类发展指数（HDI）

资料来源：周静，杨桂山，戴胡爽 . 2007. 经济发展与环境退化的动态演进——环境库兹涅茨曲线研究进展，长江流域资源与环境，(7)：414～419.

8.2　经济全球化与国际环境问题

经济的全球化带来了环境问题的全球化。一方面，国际贸易对各国以至全球环境的影响日益显著，特别是有可能通过贸易和投资转嫁污染；另一方面，环境问题开始成为发达国家建立贸易壁垒的借口，如制定复杂的进出口环境标准等。环境问题的全球化及采取的国际行动对贸易产生了一定的影响，目前关于臭氧消耗、气候变化、生物多样性、危险废物转移等方面大多数国家已经签订了一系列国际环境公约及附属的议定书。

8.2.1　全球化贸易与环境问题

根据国际贸易理论，如果每个国家都生产具有比较优势的产品，就能实现福利最大化。但是，如果这种比较优势是建立在环境损害的基础上（如出口污染密集型商品），则出口的增加所推动的生产规模的扩大将提高污染水平，从而导致社会福利的损失。在这种情况下，传统意义上的从贸易中所获的利益必须和环境质量的退化相比较，只有在净福利提高，即传统的贸易收益补偿并超过环境质量退化时，全球化贸易才对经济有利①。

以进出口“污染”商品 X 为例。在技术给定的条件下，假定政府的政策是保持生产排放的强度固定，国家间存在贸易壁垒，并假定某商品 X 的国际价格为 P。如果国家进口该商品，其国内价格 P_d^m 为 $P_d^m=P(1+\delta)$，其中 δ 为运输损失；如果该国家出口该商品，则国内价格低于国外价格，出口该商品的国内价格 P_d^e 为 $P_d^e=\frac{P}{1+\delta}$。排放强度固定时其生产边界如图 8-4上半部分所示；污染作为 X 的函数如图 8-4 下半部分所示。

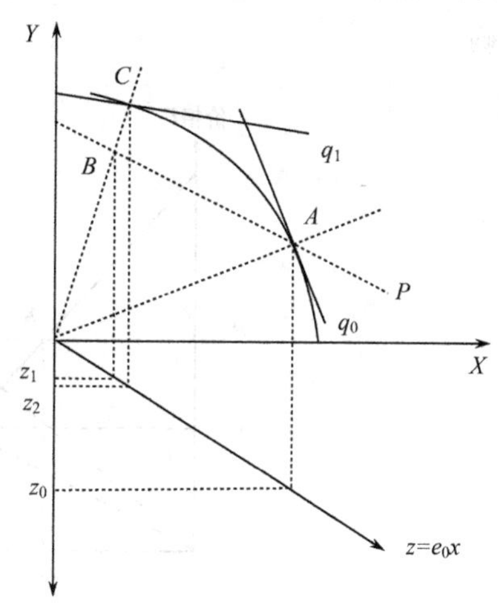

图 8-4　排放强度固定时全球化贸易对环境的影响②

若一国进口该商品，按照国际贸易理论，其国内价格最初高于国际价格，随着

① 阿兰·V. 尼斯，詹姆斯·L. 斯威尼．2009. 自然资源与能源经济学手册．第 1 卷．北京：经济科学出版社：142.

② 张锦高，吴巧生．2004. 论全球化与环境治理．中国地质大学学报，(12)：46～51.

贸易壁垒的下降，国内相对价格会趋于下降。进行国际贸易之前的国内生产者价格为 q_0（图 8-4 中 A 点），贸易自由化使得国内生产者价格随之下降到 q_1，生产点从点 A 移动到点 C，且污染从 z_0 移动到 z_2。如果估量国际价格 P 时的产出规模，则保持经济规模不变，产出将沿着虚线 AB 移动（斜线 P）。在这个过程中存在两种效应：①结构效应（A 到 B），污染从 z_0 降低到 z_1，其原因在于环境保护使污染商品被迁移，诱使生产者转向生产清洁商品；②规模效应（B 到 C），污染从 z_1 升高到 z_2，其原因在于贸易提高生产率，导致产出增加，从而污染增加。结构效应大于规模效应，这导致在存在负的环境外部性的产品贸易中，对于进口该商品的国家，其污染水平将降低，福利将得到改善。

相反，如果一国出口该商品 X，贸易自由化会提高国内价格 P_d^m，生产者沿着“污染”商品生产的边界移动，这会导致生产规模扩大，同时产出结构转向污染商品：规模效应与结构效应彼此加强，导致污染提高，即污染外部效应增加。如果出口国对污染排放的强度有所控制（如按统一税率对单位污染物排放收税），供应方程将逆时针方向旋转至 OS^*（图 8-5）。与开展贸易但不进行污染控制的情况相比，污染排放将有所下降，但生产者剩余也相应减少（自由贸易前生产者剩余为 OfP_Y，自由贸易后增加至 OhP_W，征税后降至 OiP_W）。因为无法确定污染外部效应的降低是否高于或低于生产者剩余的降低，所以福利的总效果尚不明确。

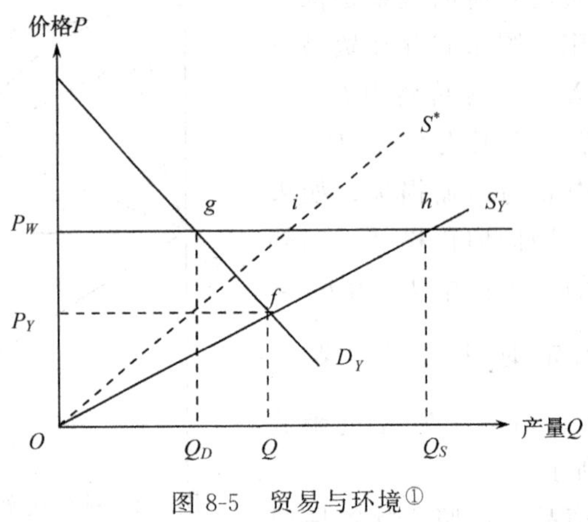

图 8-5 贸易与环境①

总体来看，贸易自由化对地区和全球环境的影响依赖于各国比较优势的分布特征，这种比较优势的确定是由污染政策差异和其他影响（如要素禀赋差异）共同决定的。

① 罗杰·珀曼等．2002．自然资源与环境经济学．北京：中国经济出版社：394．

8.2.2 跨国境污染问题

伴随着全球化的发展，温室效应、酸雨、臭氧层空洞、热带雨林消失、生物物种灭绝等全球环境恶化问题日益显著，这些现象都不仅仅涉及一个国家，一国的环境污染往往会通过某种机制扩散至其他国家，形成跨国境污染。

由于环境资源的公共产权或共有资源特性，跨国境污染具有很强的国际外部性，表现为在跨国境污染问题中存在一个污染扩散函数 T[①]。一国的环境质量效用函数 U^j 不仅受到本国污染状况的影响，而且还受到通过扩散函数 T 所体现的其他国家 i 的污染状况的影响。以国家 j 为例，其环境质量效用函数 U^j 表示为 $U^j = U(E^j, T(E^i))$，其中 E^j 表示 j 国的污染量，E^i 表示 i 国的污染量，$T(E^i)$ 表示 i 国污染量中扩散到 j 国的数量。根据污染的流向，可将跨国境污染分为单向跨国境污染与双向跨国境污染（图 8-6）。

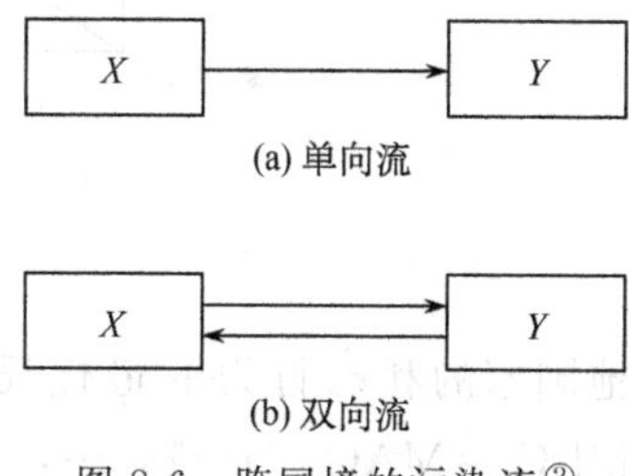

图 8-6 跨国境的污染流[②]

经济学家一般采用两种方法来研究跨国境污染问题：一种是利用最优化分析研究完全合作与不合作解；另一种是采用博弈论来进行分析。

首先，最优化分析方法。如果假定已知污染控制的边际收益与边际成本，则可证明从污染所涉及的国家的整体角度出发，完全合作解 $\sum_{i=1}^{N}\mathrm{MDC}_i = \mathrm{MAC}_j(i,j=1,\cdots,N)$（其中 $\sum_{i=1}^{N}\mathrm{MDC}_i$ 指跨国境污染对其涉及的 N 个国家的环境边际损害成本之和或 N 个国家从污染控制中所获得的边际收益总和）是最优解，此时污染控制成本与对环境的损害成本之和最小，且在完全合作中，N 个国家控制污染的边际收益之和等于各国进行污染控制的边际成本 MAC_j，此时全球总污染控制量为 $\hat{Q}$（图 8-7）。

但由于污染控制带来的福利增加并不能平均化于每一个国家，而且有些国家可能因为污染控制而招致新的福利损失（如使用清洁能源导致其付出的成本超过环境改善带来的好处），若不存在受益国对受损国的转移支付，则完全合作解 $\sum_{i=1}^{N}\mathrm{MDC}_i = \mathrm{MAC}_j(i,j=1,\cdots,N)$ 将不是一个均衡解，因为污染控制作为公共品，受损国可以通过搭便车甚至完全不参与合作而增加本国的收益，而一国对其

---

① 沈满洪 . 2007. 资源与环境经济学 . 北京：中国环境科学出版社：273.

② 罗杰·珀曼等 . 2002. 自然资源与环境经济学 . 北京：中国经济出版社：398.

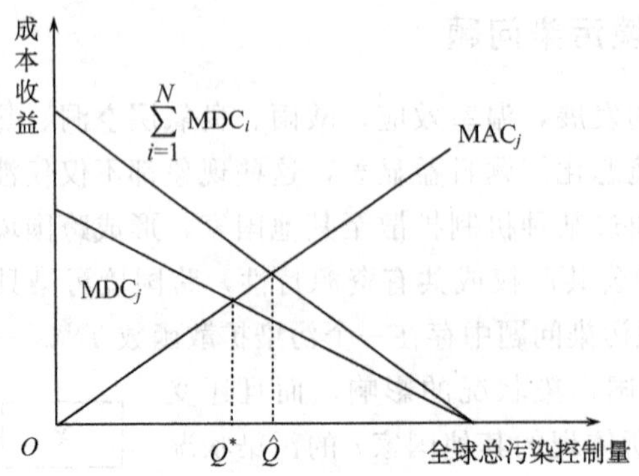

图 8-7 完全合作与不合作解

他国家的利己行为的最优反应是使本国污染控制的 MR 等于本国的 MC，即 $MDC_j = MAC_j$（$j=1, \cdots, N$），从而产生了相对于完全合作解的帕累托次优解 $\overset{*}{Q}$，此时每个国家的利己行为将导致纳什均衡解。

由于 $\overset{*}{Q} < \hat{Q}$，则通过每个国家的完全合作，可以从更多的污染控制中获得比不合作时更多的总收益；而通过转移支付，将这种总收益增加（或总成本减少）再配置，则可以使得每个国家的状况至少与在纳什均衡中一样，甚至更好，受损国由于得到补偿，也愿意进行国际合作①。

其次，博弈论方法。当国家的数量相对较少，且每个国家控制污染的行为都很可能受到战略选择结果的影响时，这种方法特别适用②。

假设双向跨国境污染只涉及两个国家 A 和 B，两个国家的污染量分别为 E^A、E^B，两国的环境质量效用函数分别为 $U^A = U^A(E^A, E^B)$、$U^B = U^B(E^A, E^B)$，由此建立一个 A 与 B 之间的博弈模型。在这个模型中，A 和 B 都有两种策略选择：不合作与合作。所谓不合作策略是指 A、B 两国分别进行最优化（效用最大或成本最小），对于 A，其最优化条件为 $\frac{\partial U^A}{\partial U^A} = 0$，对于 B，其最优化条件为 $\frac{\partial U^B}{\partial U^B} = 0$；所谓合作策略是指 A、B 两国作为整体实现最优化，即两国总效应最大，相应的最优条件③为

$$对\ A：\frac{\partial U}{\partial E^A} = 0 \Rightarrow \frac{\partial U^A}{\partial E^A} + \frac{\partial U^B}{\partial E^A} = 0 \Rightarrow \frac{\partial U^A}{\partial E^A} = -\frac{\partial U^B}{\partial E^A}$$

① 沈满洪 . 2007. 资源与环境经济学 . 北京：中国环境科学出版社：298.

② 罗杰·珀曼等 . 2002. 自然资源与环境经济学 . 北京：中国经济出版社：406.

③ 沈满洪 . 2007. 资源与环境经济学 . 北京：中国环境科学出版社：273.

$$对\ B：\frac{\partial U}{\partial E^B}=0\Rightarrow\frac{\partial U^A}{\partial E^B}+\frac{\partial U^B}{\partial E^B}=0\Rightarrow\frac{\partial U^B}{\partial E^B}=-\frac{\partial U^A}{\partial E^B}$$

从而，合作策略要求每个国家在制定其污染控制水平时不仅要考虑对本国环境的影响，还应考虑对其他国家环境的影响。以双向流污染为例。假设两个国家的人口数、收入和污染水平、污染损失和污染削减费用都相同，每个国家必须选择是否采取污染削减，A 为削减，NA 为不削减。两国面临的策略组合如图 8-8 所示。

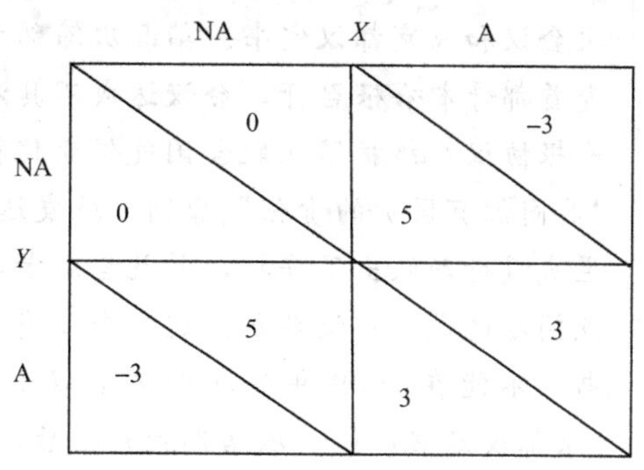

图 8-8　两国之间博弈模型

从该博弈模型可知，当两国都选择合作（削减）时，总收益为 6；都不合作（不削减）时，收益为 0；一国合作（削减）而另一国不合作（削减）时，收益为 2。由此可知合作使两国作为整体收益最大。因为｛合作，合作｝的收益 6 大于｛合作，不合作｝或｛不合作，合作｝的收益 2，也大于｛不合作，不合作｝时的收益 0。

而世界的效益如何分配呢？如果所有国家都削减，或者都不削减，那么世界的净效益在两个国家之间平均分配。但是如果 X 国选择不削减而 Y 国选择削减时（左下角单元），相对于两国都不选择削减时的基准情况而言，Y 国的收益由 0 下降至-3，而 X 国的收益却从 0 增加至 5，即 X 国获利而 Y 国受到损失。这是因为污染控制是一种公共品，X 国无需额外地削减费用，就可以从 Y 国的削减中获得一些污染减轻的效益；而且，由于 Y 国现在的生产费用较高（包含削减的开支）而 X 国较低，X 国将获得竞争优势，从而进一步增加净收益。而 Y 国也因为同样的原因而受损：Y 国支付削减费用，尽管有所获但并没有获得所有的由于它的削减带来的全世界的收益，而且与 X 国相比，Y 国丧失了竞争的优势。在这个例子中，即使 X、Y 两国角色互换，结果也相同。

由此可见，一个国家对单方面地实施污染控制方案的动机不足，甚至存在相反的动机。一个国家不仅可能选择不单方面地进行任何污染控制行动，而且可能出于自身利益考虑而不参加其他国家进行的污染控制行动。因为不参与控制行动，这个国家不仅可以得到其他国家进行控制行动所带来的利益，而且不用承担其他国家消减所需的费用，所以它在国际贸易中具有竞争优势。在某些情况下，自身的利益甚至驱使一个国家在别的国家都在控制污染时反而生产更多的污染。为了获得非纳什均衡使两国均削减污染，需要对其收益进行再分配以改变博弈结构。

相关链接 8-4　哥本哈根世界气候大会

哥本哈根世界气候大会，全称《联合国气候变化框架公约》缔约方第 15 次会议和《京都议定书》第 5 次缔约方会议，于 2009 年 12 月 7～18 日在丹麦首都哥本哈根召开，会议达成不具法律约束力的《哥本哈根协议》。《哥本哈根协议》维护了《联合国气候变化框架公约》及其《京都议定书》确立的“共同但有区别的责任”原则，就发达国家实行强制减排和发展中国家采取自主减缓行动做出了安排，并就全球长期目标、资金和技术支持、透明度等焦点问题达成了广泛共识。这一会议有其重要意义，因为如果《哥本哈根议定书》不能在 2009 年的缔约方会议上达成共识并获得通过，那么在 2012 年《京都议定书》第一承诺期到期之后，全球将没有一个共同的文件来约束温室气体的排放，这将导致人类遏制全球变暖的行动遭到重大挫折。因此，该会议被广泛视为人类遏制全球变暖行动的最后一次机会。

哥本哈根会议的宗旨及预期目标：官员们将达成一个新的应对气候变化的协议，并以此作为 2012 年《京都议定书》第一阶段结束后的后续方案。根据 UNFCCC 秘书长德波尔的表述，在此次会议上，国际社会需就以下四点达成协议：①工业化国家的温室气体减排额；②中国和印度这样的主要发展中国家应如何控制温室气体的排放；③如何资助发展中国家减少温室气体排放和适应气候变化带来的影响；④如何管理资金。

会议的焦点问题集中在“责任共担”：经济高速增长的中国最近已经超过美国成为最大的二氧化碳排放国[①]。但在历史上，美国排放的温室气体最多，远超过中国，而且中国的人均排放量仅为美国的四分之一左右。中国政府争辩说，从道义上讲，中国有权力发展经济、继续增长，增加碳排放将不可避免，而且工业化国家将碳排放“外包”给了发展中国家——中国替西方购买者进行着大量碳密集型的生产制造。作为消费者的国家应该对制造产品过程中产生的碳排放负责，而不是出口这些产品的国家。

注 1：《联合国气候变化框架公约》(*United Nations Framework Convention on Climate Change*，UNFCCC 或 FCCC）是一个国际公约，于 1992 年 9 月在巴西里约热内卢召开的由世界各国政府首脑参加的联合国环境与发展会议上制定的。其目标是控制温室气体的排放，以尽量延缓全球变暖效应，但没有对参加国规定具体要承担的义务，具体问题体现在以后的《京都议定书》

---

① 《自然》杂志 2007 年 6 月 20 日在线报道．数据来自荷兰环境评估局（Netherlands Environmental Assessment Agency）报告．http：//www.nature.com/news/2007/070618/full/news070618-9.html.

中。公约参加国有 189 个，有 5 个国家以观察员身份出席。公约将参加国分为三类：①工业化国家。这些国家答应要以 1990 年的排放量为基础进行削减，承担削减排放温室气体的义务。如果不能完成削减任务，可以从其他国家购买排放指标。美国是唯一一个没有签署《京都议定书》的工业化国家。②发达国家。这些国家不承担具体削减义务，但承担为发展中国家进行资金和技术援助的义务。③发展中国家。不承担削减义务，以免影响经济发展，可以接受发达国家的资金和技术援助，但不得出卖排放指标。

注 2：《京都议定书》（*Kyoto Protocol*，又译《京都协议书》、《京都条约》，全称《联合国气候变化框架公约的京都议定书》），是《联合国气候变化框架公约》的补充条款，于 1997 年 12 月在日本京都由联合国气候变化框架公约参加国三次会议制定的。其目标是“将大气中的温室气体含量稳定在一个适当的水平，进而防止剧烈的气候改变对人类造成伤害”。1997 年 12 月，条约在日本京都通过，并于 1998 年 3 月 16 日至 1999 年 3 月 15 日间开放签字，共有 84 国签署，于 2005 年 2 月 16 日开始强制生效，到 2009 年 2 月，一共有 183 个国家通过了该条约（超过全球排放量的 61%），引人注目的是美国没有签署该条约。条约规定，它在“不少于 55 个参与国签署该条约并且温室气体排放量达到附件 I 中规定国家在 1990 年总排放量的 55%后的第 90 天”开始生效。这两个条件中，“55 个国家”在 2002 年 5 月 23 日当冰岛通过后首先达到，2004 年 12 月 18 日俄罗斯通过了该条约后达到了“55%”的条件，条约在 90 天后于 2005 年 2 月 16 日开始强制生效。

资料来源：新浪财经 . http://finance. sina. com. cn/roll/20091123/10237001631. shtml. [2009-11-23] .

8.3　环境问题的经济原因

8.3.1　市场失灵

“在一个国家中，正确运行（有效率）的市场是促进资源有效利用、减少环境退化和刺激可持续发展最有效的机制”①。但是，市场保证资源有效配置是基于一定的条件的，如资源产权清晰、所有稀缺资源必须进入市场、完全竞争、外部性不明显或公共产品不多及短期行为、不确定性和不可逆决策不存在等（张帆 1998）。当上述条件不满足时会出现市场失灵。市场失灵是指市场存在缺陷，不

① 吉里斯等 . 1998. 发展经济学 . 黄卫平译 . 北京：中国人民大学出版社：149.

能正确估价和分配环境资源，不能将环境成本内部化于商品和劳务的价格中，从而导致商品和劳务的价格不能反映它们的环境成本。在环境问题上，市场失灵的主要原因有：

第一，环境资源产权不安全、不存在或难以界定。市场机制正常运行的基本条件是明确定义的、安全的、可转移的和可实行的产权，但对于许多环境资源，如大气层、海洋及许多的森林、山地等，产权明确界定是非常困难的。环境资源很难符合市场机制正常运行所要求的产权条件。同时，缺乏所有权导致了对环境资源的忽视或过度使用，Hartin（1968）关于“公地的悲剧”（tragedy of the commons）的著名论断就描述了所有权缺失所产生的后果。

泰坦伯格在其《环境与自然资源经济学》一书中以野牛狩猎为例，分析了因不受限制的进入所导致的过度捕猎现象①。图 8-9 显示野牛狩猎的社会收益和成本曲线，其中边际收益曲线向下倾斜，因为狩猎活动越多，野牛数量越少，每单位狩猎活动所能获得的回报越少。该模型中，有效捕猎水平 Q_1 由边际收益曲线和边际成本曲线的相交点决定，在该点 MR＝MC，即实现净收益最大化，并给社会带来面积为 $A+C$ 的稀缺性租金（scarcity rent）。由于野牛所有权不安全或难以界定，所有捕猎者均可不受任何限制地捕猎野牛，这将会导致无效配置。其原因在于，不受限制的进入摧毁了保护资源的动机，没有一个人会愿意通过限制自己的捕猎活动来保护社会的稀缺性租金，因为即使他限制了自己捕猎带来的好处，但在某种程度上也会被其他捕猎者获得。因此，不具有排他性的个体捕猎者将会不断地开采资源直到他们的总收益和总成本相等，即达到 Q_2 产量，从而导致过度捕猎。

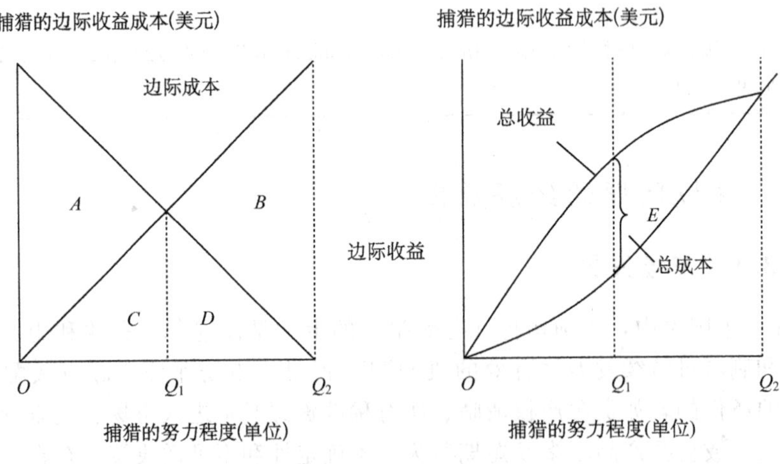

图 8-9 野牛狩猎

① 泰坦伯格．2003．环境与自然资源经济学．北京：经济科学出版社：71.

第二，无市场和市场竞争不足。无市场是指环境资源的市场不存在，这些资源的价格为 0，或者是有些资源（如地下水资源）的市场虽存在，但价格偏低，因而造成使用者的过度使用或滥用，从而导致日益稀缺。薄市场是指由于某些原因，在一些资源市场上买者和卖者的数量很少，从而使他们之间的竞争很弱，市场竞争不足或不完全，不利于资源的有效利用和保护①。以石油为例，主要的石油开采国组成了卡特尔，生产者签订了一个共谋协议来限制产量以提高价格，共谋协议使这一集团像垄断者一样行动，导致了高于正常的价格和低于正常的产量。如图 8-10 所示，理论上的有效配置状态产量为 *OB*，市场竞争不足导致资源市场生产者只生产 *OA* 数量的产品，此时 MR＝MC，且价格为 *OF*。在这一点上，虽然生产者剩余最大化，但给整个社会带来了三角形 *EDC* 的净损失（dead weight loss）。

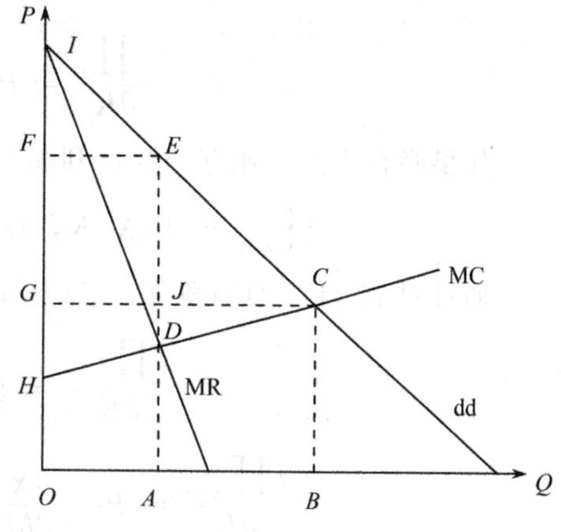

图 8-10　垄断和无效率

第三，外部效应。由于环境的强“公共性”，其外部性表现得相当明显，外部性的存在改变了竞争性市场中的效率条件。在存在外部性的情况下，私人的市场行为是无效的，其原因就在于如果厂商之间采取互不合作的行为（独自实现利益最大化），其产出将比相互合作（联合利益最大化）低。具体分析如下：

假设一个厂商生产 *X* 商品，另一个生产 *Y* 商品，为简化起见，假设生产 *X* 商品只需要投入 *K*，生产 *Y* 商品只需要投入 *L*。但两个厂商都需要空气作为生产投入，且不需要为使用这种资源付费。另外假设生产 *Y* 商品会产生大气污染并对 *X* 商品的生产造成负的外部影响（不影响 *Y* 商品的生产），污染排放量为 *M*，*M* 的值是生产 *Y* 商品过程中投入 *L* 的增函数，因而有两个生产函数：

$$X = X(K, M)$$

$$Y = Y(L)$$

式中，$M=M(L)$，假设$\partial X/\partial K>0$，$\partial X/\partial M<0$，且 $\mathrm{d}Y/\mathrm{d}L>0$，则两个厂商利润函数为

$$\prod_X = P_X X - P_K K = P_X X(K, M) - P_K K$$

① 鲁传一．2004．资源与环境经济学．北京：清华大学出版社：34.

$$\prod_Y = P_Y Y - P_L L = P_Y Y(L) - P_L L$$

在竞争性市场经济中，每个厂商独自追求利益最大化，其条件是

$$\frac{\partial \prod_X}{\partial K} = P_X X_K - P_K = 0$$

$$\frac{\partial \prod_Y}{\partial K} = P_Y Y_L - P_L = 0$$

如果联合生产，则联合生产利润为

$$\prod_{X+Y} = P_X X(K, M) + P_Y Y(L) - P_K K - P_L L$$

通过对 K 和 L 的偏微分，可得出联合生产利润函数最大化的条件为

$$\frac{\partial \prod_{X+Y}}{\partial K} = P_X X_K - P_K = 0$$

$$\frac{\partial \prod_{X+Y}}{\partial L} = P_X \cdot \frac{\partial X}{\partial M} \cdot \frac{\mathrm{d}M}{\mathrm{d}L} + P_Y Y_L - P_L = 0$$

将上式整理后得 $P_X \cdot \frac{\partial X}{\partial M} \cdot \frac{\mathrm{d}M}{\mathrm{d}L} + P_Y Y_L = P_L$，即 $P_Y = \frac{P_L}{Y_L} - \frac{P_X \cdot \frac{\partial X}{\partial M} \cdot \frac{\mathrm{d}M}{\mathrm{d}L}}{Y_L}$。因此，$Y$ 商品的社会经济价格等于 Y 商品的私人边际生产成本（P_L/Y_L）减去 Y 商品的外部边际成本。由于$\partial X/\partial M<0$，因而 $P_Y>P_L/Y_L$。

罗杰·珀曼在他的《自然资源与环境经济学》一书中分析了外部负效应。他比较私人生产者利益最大化行为与联合生产利益最大化行为后得出，外部负效应在私人成本与社会边际成本之间形成了一个楔形（图 8-11），私人利益最大化的行为无法实现资源的有效配置。

一方面，当存在外部性时，由于当代人与跨越代际的贴现率之差，或环境使用者易于转移成本，导致环境资源的稀缺性价值被低估，环境被过度使用（图 8-12）。以煤炭为例，能源基金会的研究报告显示，煤燃烧产生的二氧化硫和甲烷排放对我国所带来的气候变化的成本为每吨煤 45.2 元，但由于我国尚未对碳排放征收相应的税费，国内也没有建立起相应的排污权交易机制，所以这部分成本并没有完全在煤炭价格中反映出来，其私人成本低于社会成本，导致了煤炭价格水平偏低约 6.6%（天则经济研究所 2008），从而使能源过度消费[①]。

① 2050 中国能源和碳排放研究课题组．2009．2050 中国能源和碳排放报告．北京：科学出版社：224.

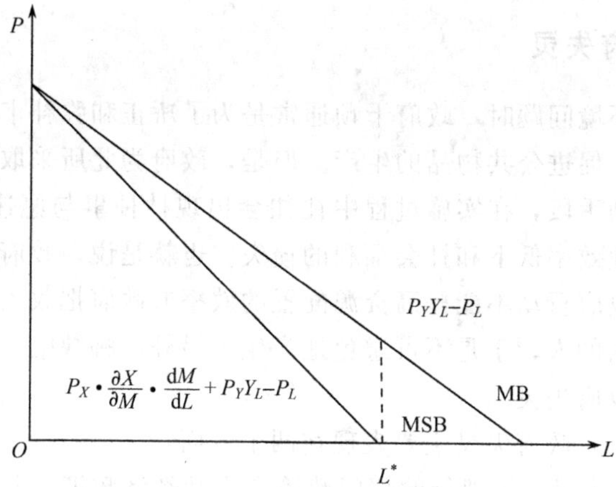

图 8-11 外部负效应在私人和社会边际成本之间形成了一个楔形①

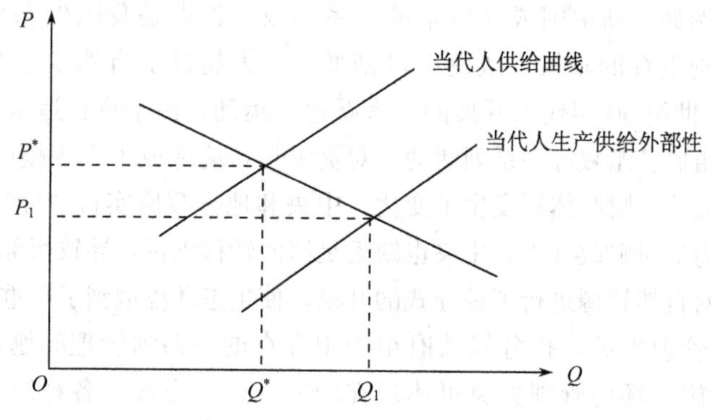

图 8-12 存在生产外部性的供需曲线

注：在没有代际外部性的情况下，最佳的产量为 Q^*。当存在生产外部性时，供给曲线向右移动，产量增加到 Q_1，且 $Q_1>Q^*$。当前的过度开采和消费，造成后代人消费的减少，损害了可持续发展所要求的对资源均衡合理配置的要求。

另一方面，环境保护行为具有很强的正外部性，即市场主体对环境改善所带来的利益并不能独享，但却要独自承担环境改善的全部成本，因而容易产生“搭便车”问题。这必然使正外部性公共物品的供给低于社会最优水平，环境资源配置无法达到帕累托最优状态。

第四，环境信息的稀缺性与不对称性。人们不但对生态系统的了解很少，环境信息十分稀缺，而且由于信息的公共性和人的机会主义行为，导致信息的不对称，这就使得市场机制在环境问题上往往不能有效配置资源，很难达到帕累托最优状态。

---

① 罗杰·珀曼等．2002．自然资源与环境经济学．2 版．北京：中国经济出版社：153.

8.3.2 政府失灵

在解决生态环境问题时，政府干预通常是为了矫正和弥补市场机制的功能缺陷，削弱外部性，促进公共物品的生产。但是，政府为此所采取的立法、行政管理及各种经济激励手段，在实施过程中往往会出现种种事与愿违的结果和问题，最终导致政府干预效率低下和社会福利的损失。也就是说，政府在力求弥补市场失灵的过程中，政府行动不能提高资源配置的效率或政府把收入再分配给那些不应当获得这些收入的人，于是不可避免地产生了另外一种缺陷，即政府活动的非市场缺陷——“政府失灵”。

在环境问题上，政府失灵主要表现在两个方面：

一是环境政策失灵，指现行的部门政策和宏观经济政策在制定过程中没有给予生态环境以足够的重视，以致扭曲环境资源的使用或配置的成本，造成资源滥用与环境破坏。例如，新中国成立以来的一系列政策失误是我国生态恶化的重要原因。首先是鼓励生育的政策，致使人口剧增，大大超过了自然生态系统的承载能力；其次是20世纪50年代末开展的“大跃进”运动，由于盲目追求高速度，进行乱建、乱砍、滥捕、滥牧等一系列活动，对资源与环境造成了大规模的冲击和破坏；再次是改革开放后，财政体制发生了变化，中央和地方政府实行“分灶吃饭”。如西部因贫穷而无力应付财政开支，中央也缺乏足够的转移支付，导致西部地区为了经济发展的需要，对自然资源进行了掠夺式的开采，使生态环境遭到了严重破坏。

二是环境管理失灵，指各级政府组织中存在的一系列管理问题，导致有关政策无法有效实施。环境管理失灵可体现在两方面：一方面，各种政策在部门之间的协调不足，环境管理部门缺乏强有力的干预手段和强制措施以实现政策目标，政策工具的选择和搭配不适当等。例如，制定对工业的补贴和工农业产品剪刀差的产业政策，严重影响了农民的积极性，导致土地投入的减少，大量剩余劳动力向林业和采矿挖掘业转移，增加了破坏森林和矿产资源的可能性。另一方面，环境管理有可能受污染者寻租行为的影响①。因为政府的介入会导致环境污染者、受污染者和环境管理部门之间的博弈，所以污染者为了维护有污染时的既得利益，会进行寻租行为，从而导致环境管理失灵。

导致政府失效的原因是多方面的，诸如制定和实施公共政策的各种制约因素、政府机构的低效率、政府行为的内在效应、政府机构及其官员的寻租活动等，具体到环境问题，需要特别关注以下几个方面：首先是信息的不完全性导致的政策失效。政府制定和实施正确的干预政策并有效地解决生态环境问题的一个基本前提是掌握大量的信息，只有掌握了有关整个生态环境系统运行状况的全面

---

① 谭崇台.2000.发展经济学.太原：山西经济出版社：440.

的、准确的信息，才有可能进行有效的监控。但事实上政府决策部门所拥有的信息都是有限的，并且决策信息的获得很困难且需要成本，因而许多公共环境政策实际上是在信息不完全的情形下做出的，也就很容易导致决策失误和政策失效。其次是公共物品供给的低效率。这是由于公共物品的供给一般是以非价格为特征的，而其具有的社会效益又缺乏准确衡量的标准及可行的估算方法；在现实中，公共物品往往由政府部门垄断经营，而政府部门缺乏降低成本、追求利润的动机，于是有可能过分投资，生产出多于社会需要的公共物品，并伴有机构不适当地扩大、雇员增加、薪金和费用提高，从而造成大量的浪费；加上监督机制存在缺陷和政府官员寻租现象的存在，使得政府部门也难以高效地提供公共物品，从而容易产生公共物品供给过剩和成本增加的现象。再次是政策制定者个人主观认知的困难。政府公共部门的政策制定者必须在异常繁杂的环境中做出决策，也就是说，这些政府公务人员面对的情况往往超过了他们能以最优方式正确地把握已知信息的能力，当面临这种决策过程中的认知困难时，就很容易发生政府失灵。

总之，环境破坏往往是由人类的行为造成的。在市场可以正常工作的情况下，市场机制是有效配置资源的手段；在市场不能正常工作的情况下，就会出现市场失灵。市场失灵是政府干预的一个理由，政府干预的巨大作用也不可否认，但有时政府干预的结果并不一定比市场失灵更好，盲目的干预和错误的决策都会对环境产生破坏。因此，尽管市场存在着诸多的失灵问题，但并不能就此得出不再需要市场的结论。相反，应该看到，市场在各种必要的规则下能够把资源浪费减少到最低限度，同时，既然市场在资源配置中所需要的制度变革并不能自动地形成，因此就需要政府为市场提供必需的推动力和必要的制度支撑。

8.3.3　二元经济条件下环境问题的特殊性

环境问题与经济发展密切相关，不同的经济发展状况下产生不同的环境问题。二元经济条件下的环境问题有其特殊性，主要表现为落后造成的环境问题与发展造成的环境问题并存。

二元经济条件下存在着性质完全不同的两种经济部门：落后的传统部门（主要指农业部门）与先进的现代非农业部门（主要指工业部门）。一方面，在传统的农业部门中，巨大的人口压力迫使人们掠夺式地开发土地、森林、草原等自然资源，致使地力下降、植被破坏，进而造成沙漠化、盐碱化、水土流失、水旱灾害等环境问题。这类环境问题是由落后造成的，其原因是生产力水平的相对低下和人口压力过载造成的生态环境退化。另一方面，现代工业部门的发展，也造成了空气、水、土壤等的污染，带来了温室效应、热岛效应、臭氧层破坏等问题。这类环境问题的根源在于，随着工业化的迅猛发展，人类大规模的经济活动与自然环境没有很好地协调起来，致使大气、水、土壤等环境要素发生了异化，进而影响人类活动本身[①]。

我国的经济增长具有典型的二元经济特征。若按1990年的可比价水平计算，我国农业GDP份额从新中国成立初期的超过50%持续下降至2006年的11.7%，年均增长仅3.4%，远低于全国的平均水平；而工业GDP份额则由1952年的17.16%稳步提高到2006年的43.3%，年均增长约11.5%，其高增长主要依赖于重要因素的大量倾斜投入。据陈诗一（2009）统计，在改革开放期间，工业总

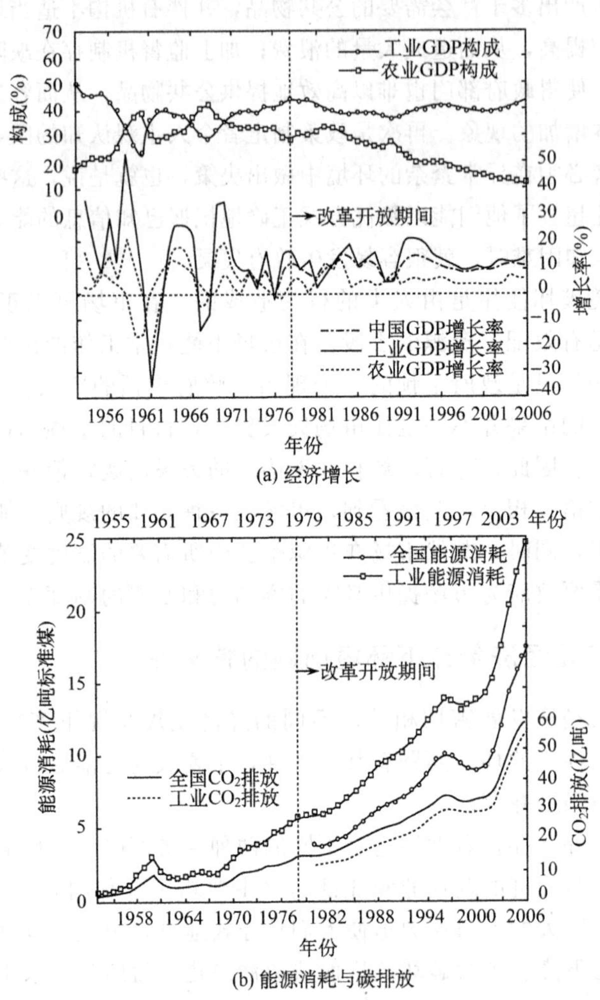

(a) 经济增长

(b) 能源消耗与碳排放

图 8-13 中国经济增长与能源消耗、二氧化碳排放（1953～2006年）

数据来源：《新中国55年统计资料汇编》、历年《中国统计年鉴》和《中国能源统计年鉴》等；转引自陈诗一. 2009. 能源消耗、二氧化碳排放与中国工业的可持续发展. 经济研究，(4)：42.

① 谷书堂. 2002. 社会主义经济学通论. 北京：高等教育出版社：790.

产值年均增长达 11.2%，工业资本存量年均增长 9.2%，工业能耗与二氧化碳（CO_2）排放年均增长分别达 6%和 6.3%，而工业部门所吸纳劳动力的增长率仅有 1.9%。改革开放期间，只占全国 40.1%的工业 GDP 消耗了全国 67.9%的能源，排放出全国 83.1%的二氧化碳（CO_2）。在中国工业化的初期阶段，落后的传统部门与现代工业所造成的环境问题同时存在（图 8-13）。

8.4　我国环境与经济的协调发展

8.4.1　我国生态环境破坏的现状和类型

目前我国生态环境破坏的形势严峻，自然灾害频繁发生，给社会造成了巨大的损失。我国的环境恶化主要集中在两个方面，即生态破坏和环境污染。具体来讲，主要表现在以下几个方面：

一是水土流失严重。《2009 中国环境公报》显示，中国现有水土流失面积为 356.92 万平方千米，占国土总面积的 37.2%。据专家研究，每年流失土壤 50 亿吨。这些土壤所含的氮、磷、钾肥料元素的量相当于 4000 万吨的化肥，相当于全国化肥的施用量。全国水土流失的耕地约占耕地总面积的 1/3。水土流失涉及全国近 1000 个县，它们主要分布在西北黄土高原、江南丘陵山地和北方土石山区[①]。水土流失不仅使我国失去了大片宝贵的土地资源，而且使河床升高，湖泊、水库淤积，洪水泛滥，灾害频繁，人民的生命财产遭受到很大的损失。因此，这一问题已成为我国最突出的生态环境问题之一。

二是土地荒漠化。由于植被的破坏，我国北方干旱、半干旱地区的沙漠化土地在不断扩大，成为世界上荒漠化最严重的国家之一。根据最近一次的全国荒漠化和沙土化监测结果显示，目前，全国荒漠化土地总面积为 263.62 万平方千米，占国土总面积的 27.46%，并且以每年 2100 平方千米的速度扩展，相当于两个香港的面积。全国具有明显沙化趋势的土地面积为 31.86 万平方千米，占国土总面积的 3.32%，主要分布在内蒙古、新疆、青海和甘肃 4 省（自治区），其面积占全国具有明显沙化趋势的土地面积的 93.13%[②]。

三是植被破坏。我国植被破坏主要表现在森林面积锐减、草场退化等方面。目前，我国的森林面积为 1.95 亿公顷，森林覆盖率为 20.36%，只相当于世界平均水平的 2/3。近年来，由于实行天然林保护工程和退耕还林工程，使森林面积和森林蓄积量不断增加，森林质量趋于提高，但森林资源仍存在总量不足、分

---

① 2050 中国能源和碳排放研究课题组．2009．2050 中国能源和碳排放报告．北京：科学出版社：29.

② 国家林业局．第三次中国荒漠化和沙化状况公报．中央政府门户网站：http://www.gov.cn/ztzl/fszs/content_650487.htm.

布不均、质量不高、过度采伐等问题，森林面积每年被侵占约 50 万公顷[①]。据环保部统计，全国草原面积为 4 亿公顷，约占国土面积的 41.7%，但有 90%的天然草原出现不同程度的退化。退化、沙化草原已成为中国主要的沙尘源，且草场仍以每年 133 万公顷的速度退化[②]。

四是水资源短缺。我国总的水资源大约有 2.8 万亿立方米，居世界第 6 位，但是人均水资源量只有世界的 1/4。我国水资源的空间分布很不均匀，长江流域以北的淮河、黄河、海滦河、辽河、黑龙江等 5 个流域的水资源量只占全国总量的 14.4%，人口却占全国总量的 43.5%。华北、胶东、辽中南、西北地区的 300 多个城市常年缺水，日缺水量为 5500 万立方米。因缺水全国每年粮食减产 50 亿斤，工业产值损失近 1000 亿元[③]。

五是生物多样性减少。生物多样性是全人类食物、水及健康的保障。我国地域辽阔，生物种类繁多，是生物多样性特别丰富的国家之一，生物多样性居北半球第一位。生物多样性对于确保我国粮食安全、适当供水及医药事业的发展具有非常重要的意义。虽然我国已于 1994 年加入了《生物多样性公约》，但是由于森林砍伐和植被破坏，许多野生动植物的栖息和生长环境遭到严重破坏，加之乱捕乱猎和滥采滥伐，已使许多动植物减少，有的甚至面临绝种威胁。近年来，我国部分生物物种资源丧失的现状虽然得到一定程度的改善，但物种资源丧失的总体趋势仍未得到有效的控制，物种丧失情况依然严重。

六是自然灾害增加。自然灾害与生态环境有着天然的联系，是人与自然矛盾的一种表现形式。由于环境不断恶化，20 世纪 90 年代以来，我国各种自然灾害频繁发生。我国发生的众多事例证明，气候的变化特别是区域性气候的变化及与气候相关的自然灾害的增加，都与植被的破坏有着密切的关系。据估计，我国因灾害造成的损失已占每年新增 GDP 的 1/3 左右。若将基因退化、物种消失等潜在损失考虑进来，联合国环境规划署评估其损失为直接经济损失的 3～4 倍，甚至 10 倍以上。

七是环境污染严重。我国的环境污染主要分为水污染、大气污染、农业污染和城市垃圾污染四类。伴随着工业的快速发展特别是水泥、化工等高污染行业的过度扩张，我国主要污染物的排放量基本呈现逐年递增的趋势。其中，化学需氧量的排放量由 2003 年的 1333 万吨逐年递增到 2007 年的 1382 万吨，增加了 3.7%；二氧化硫的排放量由 2003 年的 2159 万吨逐年递增到 2007 年的 2468 万吨，增加了 14.3%[③]。2009 年《中国环境状况公报》显示，我国的环境形势依

---

①③ 2050 中国能源和碳排放研究课题组 . 2009. 2050 中国能源和碳排放报告 . 北京：科学出版社：29.

② 中华人民共和国环境保护部 . 2008. 2008 年中国环境状况公报，63.

③ 中华人民共和国国家统计局 . 2009. 中国发展报告 . 北京：中国统计出版社：246.

然十分严峻，突出表现为全国地表水污染较重、近岸海域的水质总体为轻度污染、部分城市大气和酸雨污染仍然较重、农村环境问题日益突出等。长江、黄河、珠江、松花江、淮河、海河和辽河七大水系总体为轻度污染。203 条河流的 408 个地表水国控监测断面中，Ⅰ～Ⅲ类、Ⅳ～Ⅴ类和劣Ⅴ类水质的断面比例分别为 57.3%、24.3%和 18.4%。其中，珠江和长江水质良好；松花江和淮河为轻度污染；黄河和辽河为中度污染；海河为重度污染。26 个国控重点湖泊（水库）中，满足Ⅱ类水质的 1 个，占 3.9%；Ⅲ类的 5 个，占 19.2%；Ⅳ类的 6 个，占 23.1%；Ⅴ类的 5 个，占 19.2%；劣Ⅴ类的 9 个，占 34.6%。此外，由于滥用农药及过量使用化肥和塑料薄膜，农业污染更加严重。农村环境问题日益突出，形势十分严峻，突出表现为农村生活污染治理的基础薄弱、面源污染日益加重、农村工矿污染凸显、城市污染向农村转移有加速的趋势、农村生态退化尚未得到有效遏制等。同时，随着我国城市化进程的加快，城市垃圾的产生量和清运量也在大幅度增加。目前，全国垃圾年总产量超过 1 亿吨。城市垃圾的填埋和处理，不仅占据了大量的土地，而且还造成了严重的环境污染。

专栏 8-1　“弱”可持续发展与“强”可持续发展

弱可持续发展范式由罗伯特·索洛与约翰·哈特威克建立，又被称为“索洛-哈特威克可持续性”。这种可持续发展范式认为资本存量的不同要素之间可以相互替代，只要交给后代的资本总量（包括自然资源和人造资源）与从前辈手中接受的一样，就保持了可持续性，即可用人造资本的增加来弥补自然资源的减少。哈特威克规则实现弱可持续性的条件是：①效用功能的组成部分可相互替代；②资源极其丰富且在生产功能上人造资本代替资源的弹性等于或大于 1；③技术进步可以克服资源的限制。目前许多学者认为发展中国家的可持续发展应该属于弱可持续发展范式。

强可持续发展范式将自然资本看做基本不能和其他形式的资本相互替代的东西，因此被称为“不可替代范式”，但目前还存在较多争议。关于强可持续性一般有两个假设：一种假设是强可持续性至少要求保持人造资本和自然资本的合计总价值及自然资本本身的总价值不变（即包括弱可持续性），同时应对开采自然资本的收入进行再投资，发展可再生能源，以保持自然资源存量的总价值不变（Hohmeyer　1992）；第二种假设是要求对有些自然资本形式的实际存量加以保存（称为“生命攸关的自然资本”），对这些资源存量的大量使用不能超过它们的再生能力，从而保持它们的环境功能（Goodland 1995；Hueting，Reijnders 1998）

资料来源：埃里克·诺伊迈耶.2006.强与弱：两种对立的可持续性范式.上海：上海译文出版社；唐建荣.2005.生态经济学.北京：化学工业出版社：268.

8.4.2 生态环境与经济可持续发展的途径

一是进一步推进和完善绿色 GDP 核算体系的建设。传统的国民经济核算体系仅以最终产品和劳务的市场价值为核算指标，而未将经济增长对环境资源的消耗和破坏所造成的影响纳入其中，因此它无法衡量人类活动所使用的资源环境的真实成本，也反映不出人类为防治污染和改善环境所付出的巨大代价和社会福利的变动，结果导致资源的盲目开采和浪费，以及环境的任意污染与破坏。因此，必须对现有的国民收入核算方法做相应地调整。与其他国家相比，我国的绿色国民经济核算理论与实践都比较落后，直至 2005 年 2 月，国家环保总局和国家统计局才在 10 个省市启动以环境核算和污染经济损失调查为内容的绿色 GDP 核算试点工作。进一步推进和完善绿色 GDP 核算体系的建设应做好以下工作：在理论与方法上，科学估价自然资源与环境的价值，建立绿色经济核算账户体系和绿色经济指标体系，如绿色增加值、绿色 GDP 和绿色国内生产净值，修正传统的经济分析理论与方法，制定绿色统计、会计和审计的准则、制度和法规；在实践上，有计划、有步骤地开展绿色国民经济核算工作，加快绿色国民经济核算的基础工作建设，逐步积累经验，不断完善我国的绿色国民核算理论、方法和制度。

二是大力发展循环经济。循环经济是指遵循自然生态系统的物质循环和能量流动规律来重构经济系统，使其和谐地纳入自然生态系统的物质能量循环利用过程，并以产品清洁生产、资源循环利用和废物高效回收为特征的新型经济模式，其主要特征是废弃物的减量化、资源化和无害化。它要求按照自然生态系统的循环模式，将经济活动高效有序地组织成一个“资源利用—绿色工业—资源再生”的封闭型物质能量循环的反馈式流程，以保持经济生产的低消耗、高质量和低废弃，从而将经济活动对自然环境破坏的影响降低到最低程度。因此，循环经济是在实现人类社会可持续发展的进程中解决资源环境制约问题的最佳途径，是实施可持续发展战略的必然选择和重要保证。发展循环经济的基本途径包括推行清洁生产、综合利用资源、建设生态工业园区、开展再生资源回收利用、发展绿色产业、促进绿色消费等。

三是完善环境法规，加大执法力度，坚持依法治理环境。我国目前已颁布了

《土地管理法》、《森林法》、《水法》、《矿产资源法》、《海洋环境保护法》等关于环境管理和保护的法律规定，这些法律规定在我国的环境保护方面发挥了一定的作用。但由于这些法规大多是政策性的，缺少配套的实施细则，不足以成为执法部门的执法依据，所以，有法不依的现象依然十分严重，致使有关环境保护的法律规定形同虚设，环境违法案件时有发生。许多实施毁林盗砍、哄抢乱采国家资源、滥捕滥猎珍稀动物、任意排放污染物等重大环境破坏行为的人或单位，因缺乏具体的量刑标准而没有受到应有的惩罚，因而无法遏制破坏环境的违法行为。此外，我国法律的权威性不够，许多地方都普遍存在人治大于法制的现象。因此，必须加强对这些法规执行情况的监督和检查，加大环境执法监管的力度，以确保环境保护的法律规范落到实处。

四是充分发挥市场机制作用，加强环境保护的制度建设。制度是一种社会或组织的规则，它提供了人们在交往活动中可以预期的行为准则。环境保护的关键在于制度设计者的环境理念，以及在这一理念指导下的制度安排。环境作为共有资源，它具有非排他性的特征，即人们即使不付费也可以享用环境资源，结果导致无论是厂商还是居民只依据自身的成本和收益状况来决定其生产和消费，而不考虑其行为对环境的危害所产生的外部性问题。在环境资源的使用方面，可以通过建立资源市场，明晰资源产权，让稀缺环境资源能够得到合理地定价，从而通过价格来规范环境资源的使用。在现实经济中，由于通过市场制度无法完全消除外部性，所以政府有必要实施干预。政府可以通过提供激励性的制度安排将外部效应内部化，从而有效地解决环境问题；建立生态补偿机制，利用有效的经济手段控制污染行为，使环境资源的外部效应内部化，而受益者需按照一定的资源环境价值对环境保护付出者进行经济补偿，如向排放废物与噪音者收取排污费，向使用影响环境质量的产品使用者收取使用费等。

五是以技术创新为根本手段，减少污染负荷，改善环境质量。彼得·巴特姆斯在《可持续发展概念模式》中指出约束可持续发展有三个因素：一是自然资源供给能力的削弱；二是处理和吸收废物功能的削弱；三是环境的代价和收益分配不公。要解除上述约束，必须依靠技术创新来扩大资源供给，实现经济、社会和环境的良性循环。目前，我国环保技术的成果大多只停留在实验室阶段，没有转化为实际生产力，其原因在于与环保产业的高投入相伴的巨大风险是民间资本无力承担的，因此，以追求利润最大化为目标的私人资本对向环保产业投资的动力不足。为此，政府必须采取相应的措施以加快我国环境保护产业的发展；首先，要加大对环保科研的投入，开发无废、少废、节水和节能的新技术、新工艺；其次，加强技术制度建设，如各项专利技术制度、环保产业及市场管理体系制度、环保产品资质许可制度等。通过这些制度的建设，可以有效地保护科研人员的成果，从而调动他们的科研积极性，以加快环保科技成果的转化和应用。

六是开展生态国际贸易与合作。随着经济行为的规模不断扩大，由此引起的环境问题超出了地理上的和代与代之间的分界线。全球化带来的国际环境问题，包括全球气候变暖、臭氧耗竭及生物多样性减少、跨境污染等，其根本原因在于生态环境的外部性，而问题的解决均需要国际性合作。国际政治和经济组织的发展及其权力的增强，为创造国际合作的中介提供了美好的前景。这些组织在环境政策方面起着非常重要的作用，这些组织包括国际环境与发展委员会（CIDIE）、欧洲联盟、经济合作和发展组织（OECD）、世界银行、众多的非政府组织（NGO）和研究机构（如世界资源研究所）及多国发展银行。虽然阻碍国际合作的一系列因素必然存在，但新的全球环境问题也为国际合作提供了新的机遇。

七是提高全民尤其是广大农民的环境意识。环境意识是指人们对自身与环境关系的认识和反映，它包括人对环境的需要、目的、态度和价值观，是调节、引导和控制人们行为的内在原因。在社会经济生活中，除正规制度外，还存在着意识形态、伦理道德等非正规制度。相比正规制度而言，非正规制度的变化更为缓慢，对微观经济主体潜移默化的影响更为持久和深远。环境意识就是这样一种影响人们日常行为的非正规制度。只有使环境意识深植于每个人的思想，使每个人都认识到生态环境与人类生存的关系，认识到生态危机对人类的危害，才能自觉地保护环境。农民占我国总人口的70%左右，其生产活动对环境造成极大的危害，过度放牧、砍伐和捕捞及无节制的开采、排污等行为是我国环境不断恶化的主要原因之一。因此，对农民这一在中国占绝大多数的人群的环境意识教育，关系到我国能否实现环境与社会、经济的协调发展。我国应该通过宣传教育、公共参与等手段，提高全民族自觉保护生态环境的意识，促进发展观、生产观和消费观向环境友好方向转化，从而实现环境保护和经济发展的良性循环。

本章小结

人类通过其生产经营活动影响自然环境，并与之形成相互依赖、相互作用的统一体称之为环境-经济系统。在环境承载力范围内，环境具有一定的自我调节能力，但这种能力又是有限度的（被称为“环境阈值”）。一旦人类的活动超过了“环境阈值”，就会导致环境出现不可逆转的破坏，也称环境恶化。

经济全球化带来了环境问题的全球化，包括全球化贸易与环境问题、跨国境污染问题等。环境破坏往往是由人类的行为造成的。在市场可以正常工作的情况下，市场机制是有效配置资源的手段；在市场不能正常工作的情况下，就会出现市场失灵。环境问题的经济原因包括市场失灵和政府失灵。需要政府为市场提供必需的推动力和必要的制度支撑。

二元经济条件下的环境问题有其特殊性，主要表现在落后造成的环境问题与发展造成的环境问题并存。目前我国生态环境的破坏形势严峻，自然灾害频繁发生，给社会造成了巨大的损失，必须采取多种途径来实现我国环境与经济的协调发展。

➢关键概念

环境-经济系统　环境库兹涅茨曲线　双向跨境污染　外部负效应　循环经济

➢思考题

1. 什么是传统的经济系统？什么是环境-经济系统？二者之间有何异同？
2. 排放强度固定时贸易对环境有哪两种效应的影响？其原因是什么？
3. 试用博弈论分析跨境污染问题产生的原因。
4. 环境问题产生的原因是什么？试论述二元经济条件下环境问题的特殊性。
5. 生态环境与经济可持续发展基本途径有哪些？在全球化背景下应该特别注意哪些方面？

第9章 环境价值的经济评价

环境价值的经济评价是指对环境的状况和质量及环境所提供的服务的经济价值进行定量评价的方法。

9.1 环境价值的经济评价方法的框架

环境价值的经济评价强调的是反映个人的经济偏好。这里有一个基本的假设：人类对于环境质量和自然资源保护的偏好对资源配置产生重要的影响。环境价值的经济评价的基础是人们对于环境改善的支付意愿，或是忍受环境损失的接受赔偿意愿（willingness to accept，WTA）。因此，环境价值的经济评价方法大多从估计人们的支付意愿或接受赔偿意愿入手。获得人们的偏好和支付意愿或接受赔偿意愿的途径主要有三个：一是从直接受到影响的物品的相关市场信息中获得；二是从其他事物中所蕴含的相关信息中获得；三是通过直接调查个人的支付意愿或接受赔偿意愿获得。

我们都知道，环境污染或环境质量下降会促使农作物的产量下降，因为农作物可以在市场上交换，并具有相应的市场价格，所以我们可以用农作物产量的下降幅度乘以该农作物的市场价格，从而估算出环境污染对该种农作物造成的影响的大小，并以此作为环境污染损失的价值评价结果。这就是上面所说的价值评价的第一种途径，我们把这种方法称为直接市场评价法。但是，当市场和价格不能提供价值评价所必需的信息时，我们就需要研究和开发其他的方法。随着环境意识的提高，人们对自己的生活环境越来越重视，当人们决定购买或消费某些物品时，通常也会考虑环境质量的好坏对这些物品的实际价值的影响。例如，当人们购买住房时，通常会把周围空气的质量等环境因素作为考虑因素之一，然后再根据房产市场的价格情况决定自己是否要购买。因此，我们就可以从与环境质量相关的其他商品市场所蕴含的信息，或者从人们的实际市场行为中推断出消费者的偏好和支付意愿，这就是上面所说的价值评价的第二种途径，我们把这种方法称为揭示偏好法。第三种途径就是通过调查等方式，让消费者直接表述他们对环境物品或服务的支付意愿（或接受赔偿意愿），或者对其价值进行判断，我们把这种方法称为陈述偏好法。因此，我们把对环境价值的经济评价方法划分为三种类型：一是直接市场评价法，包括剂量-反应法、生产率变动法、疾病成本法和人力资本法、机会成本法、损害函数法、生产函数法等；二是揭示偏好法，包括内涵资产定价法、防护支出法与重置成本法、旅行费用法等；三是陈述偏好法，包括意愿调查价值评价法等。

9.2　直接市场评价法

9.2.1　基本概念

直接市场评价法又称常规市场法或物理影响市场评价法，它是根据生产率的变动情况来评价环境质量变动所带来的影响的方法。评价环境变化的经济学意义，最直观的方法就是通过观察环境的物理变化来估计这种变化对商品或服务造成的经济影响。例如，酸雨损坏了树木和建筑物，降低了它们的市场价值；土壤的侵蚀减少了当地农作物的产量，使下游农民和水库所有者为了清除泥沙而花费更多的费用。此时，环境变化造成了他人的额外货币支出（外部费用）。而污染引起的疾病则会产生医疗成本，同时还会造成发病者工资收入的损失，并导致劳动生产率水平的降低。

直接市场评价法把环境质量看做是一个生产要素。环境质量的变化会导致生产率和生产成本的变化，从而导致产品价格和产出水平的变化，而价格和产出的变化是可以观察到并且是可测量的。直接市场评价法利用市场价格（如果市场价格不能准确地反映产品或服务的稀缺特征，则要通过影子价格进行调整），赋予环境损害以价值（环境成本）或评价环境改善所带来的效益。

9.2.2　主要方法

直接市场评价法主要利用下面几种主要方法对环境损害或效益进行价值评价。

其一，剂量-反应法。剂量-反应法（dose-response technique）是通过一定的手段来评价环境变化给受体造成影响的物理效果，如空气污染造成的材料腐蚀、酸雨带来的农作物产量的变化、水和空气污染对人体健康的影响等。剂量-反应法的目的在于建立环境损害（反应）和造成损害的原因之间的关系，并评价在一定的污染水平下产品或服务产出的变化，进而通过市场价格（或影子价格）对这种产出的变化进行价值评价。剂量-反应法为其他的直接市场评价法提供了信息和数据基础，特别是它提供了环境质量的边际变化与受影响的产品或服务产出的边际变化之间的关系。这种方法主要用于评价环境变化对市场产品或服务的影响，不适用于对非使用价值的评价。它可以通过实验室或实地研究获得相关数据，如观察水污染对种植业的影响、过度捕捞对鱼类种群的影响、空气污染对农作物的影响及对材料的腐蚀程度等。其获得数据的具体方法包括：①受控实验。在这类实验中，要故意造成有关的剂量-反应关系。例如，在侵蚀程度不同的土地上进行农学实验，定量估计侵蚀对谷物产量的影响；将动物暴露于受污染的空气中，观察其对动物的影响；通过将控制组群作为基准，观察受到影响与未受到影响的受体之间的差异等。②在健康影响的研究中，采用统计回归技术将某种影响与其他影响分离开的方法。③根据实际生活中大量的信息，建立各种关系模型。例如，根据坡度、降雨量、土壤类型及管理方式、作物种类等建立土壤侵蚀方程，预测土壤侵蚀的影响。通常可以采用土壤侵蚀方程中的一些变量，以进一步建立土壤侵蚀与产量之间的关系。

其二，生产率变动法。生产率变动法（changes in productivity approach）又称生产效应法（effect on production approach）。一般认为，环境变化可以通过生产过程影响生产者的产量、成本和利润，或是通过消费品的供给与价格变动影响消费者的福利。例如，水污染将导致水产品产量或价格下降，给渔民带来经济损失，而兴建水库可以带来新的捕鱼机会，对渔民产生有利的影响。其步骤与方法包括：①估计环境变化对受者（财产、机器设备或者人等）造成影响的物理效果和范围。例如，森林砍伐所造成的后果之一是导致土壤损失3%，受影响的区域有100公顷。②估计该影响对成本或产出造成的影响。例如，土壤减少3%会导致玉米的产量减少2%，假设未受影响前，产量为7500千克/公顷，则产量损失为150千克/公顷。③估计用户产出或者成本变化的市场价值。例如，假设玉米的收成因为森林砍伐而减少150千克/公顷，受影响的范围为100公顷，玉米的市场价格为1.0元/千克，那么因森林砍伐造成的该类损失为150×100×1.0=15 000（元）。

如果环境质量变动影响到的商品是在市场机制的作用发挥得比较充分的条件下销售的，那么就可以直接利用该商品的市场价格进行估算。但是，必须注意商品销售量的变动对商品价格的影响。假如环境质量变动对受影响的商品的市场产出水平变化的影响很小，不至于引起该商品价格的变化，那么，就可以直接运用现有的市场进行测算；如果生产量变动的规模可能影响价格的变动，就应设法预测新的价格水平。一般来说，如果全国某种产品的供给主要来自污染或受影响的地区，或者是相对封闭的区域市场，就需要分析上述的产出水平变化对商品市场价格的影响。例如，某一苹果产区因环境质量恶化导致了整个市场苹果的供给量下降，在这种情况下，供不应求将导致当年苹果的市场价格上升，而苹果价格的上升又可能使一些高生产成本地区的苹果生产从无利可图转变为有利可图，从而刺激这些地区增加苹果的生产，进而导致苹果的市场价格有一定程度的回落。假定苹果的市场需求曲线是一条直线，则有

$$P = \Delta Q(P_1 + P_2)/2$$

式中，P 表示根据苹果产量的变动所测算的环境价值的变动额；ΔQ 表示环境污染地区苹果产量的变动量；P_1 表示苹果产量变动前的市场价格；P_2 表示苹果产量变动后的市场价格。

为了确保价值评价结果的准确和合理，应该估计产出和价格变化的净效果。例如，土壤侵蚀减少了农作物的产量，但也因为收获成本的降低而弥补了一部分损失。当环境损害增加了某产品的成本，同时也减少了它的产量时，则是一个相反的情况。假设环境变化所带来的经济影响 E 体现在受影响的产品和产量、价格和成本等方面，即净产值的变化上，我们可以用下面的公式表示为

$$E = \left(\sum_{i=1}^{k} p_i q_i - \sum_{j=1}^{k} c_j q_j\right)_x - \left(\sum_{i=1}^{k} p_i q_i - \sum_{j=1}^{k} c_j q_j\right)_y$$

式中，p 表示产品价格；c 表示产品成本；q 表示产品数量。

上式中共有 i 种产品和 j 种投入，环境变化前后的情况分别用下标 x 和 y 表示。预测市场的反应可能会十分复杂。面对环境变化的影响，生产者与消费者可能会采取行动保护自己。例如，消费者将不再购买被污染的粮食；生产者将减少对污染敏感的谷物的种植面积。如果在这种适应性变化出现之前做出评价，将会过高地估计环境影响的价值；如果在上述适应性变化出现之后进行评价，则会对生产者剩余与消费者福利带来的真实影响估计不足。

生产效应法亦可用于非市场交易物品。此时，它往往是参照一个相似物品（或替代品）的市场信息来进行价值评价。利用生产率变动法对环境损害或效益进行评价所需的数据与信息有：①生产或消费活动对可交易物品的环境产生影响的证据；②有关所分析物品的市场价格的数据；③在价格可能受到影响的地方（或时候），对生产与消费反应的预测；④如果该物品是非市场交易品，则需要得到与其最相近的市场交易品（替代品）的信息；⑤因为生产者和消费者对环境损害会做出相应的反应，所以需要对可能的或已经实施的行为调整进行识别和评价。

其三，疾病成本法和人力资本法。环境的基本服务之一就是为人类生命的存在提供必要的支持。由于污染将导致环境的生命支持能力发生变化，从而对人体

的健康产生很大的影响。这些影响不仅表现为因劳动者发病率与死亡率增加而给生产造成的直接损失（这种损失可以用上面的生产率变动法进行估算），而且表现为因环境质量恶化而导致的医疗费开支的增加，以及因为人生病或过早死亡而造成的收入损失等。疾病成本法（cost of illness approach）和人力资本法（human capital approach）就是用于估算环境造成的健康损失成本的主要方法，或者说是通过评价反映在人体健康上的环境价值的方法。这两种方法通过流行病学研究、受控实验及观察环境质量对人体健康的可能影响，寻找可用的信息和证据。

在经济学中，人力资本是指体现在劳动者身上的资本，它主要包括劳动者的文化知识、技术水平及健康状况。在人力资本法中，个人被视为经济资本单位，他们的收入被视为人力投资的一种回报（收益）。所谓人力投资是对劳动者的文化知识、技术水平及健康所进行的投资。为了避免重复计算，环境经济学在利用人力资本法的时候，将主要关注环境质量变化对人体健康的影响（主要是医疗费的增加）及因这一影响而导致的个人收入的损失。前者相当于因环境质量变化而增加的病人人数与每个病人的平均医疗费用（按不同病症加权计算）的乘积；后者则相当于环境质量变化对劳动者预期寿命和工作年限的影响与劳动者预期收入（不包括来自非人力资本的收入）的现值的乘积。因为劳动者的收入损失与年龄有关，所以，首先必须分年龄组计算劳动者某一年龄的收入损失，然后再将各年龄的收入损失汇总，得出因环境问题而导致的劳动者一生的收入损失。人力资本法的步骤与方法[①]包括：①识别环境中可致病的特征因素（致病动因），即识别出环境中包含哪些可导致疾病或死亡的物质。以 PM_{10} 为例，PM_{10} 指总悬浮颗粒物中粒径小于 10 微米的部分，是具有肺动力学活性的组分。PM_{10} 的来源包括直接排放的烟尘和 SO_2、NO_x 生成的二次污染物。PM_{10} 对人体健康的损害包括导致呼吸系统疾病，并造成过早死亡。②确定致病动因与疾病发生率和过早死亡率之间的关系。识别致病动因及其与疾病发生率和过早死亡率之间的关系，一般来说属于医学范畴，它建立在病例分析、实验室实验和流行病数据分析的基础上。在许多情况下，致病动因在环境中的临界水平是不确定的。③评价处于风险之中的人口规模。评价处于风险之中的人口规模，也就是要定义致病动因的影响区域，它涉及建立污染扩散模式（在空气与水污染的情况下），特别是要界定总暴露人口中对风险特别敏感的人群（如孕妇、幼儿、老人、哮喘病患者等）。④估算由于疾病导致缺勤所引起的收入损失和医疗费用，即对疾病所消耗的时间与资源赋予经济价值。其计算公式为

---

① 梅纳德·M. 哈弗斯密特 . 1988. 环境、自然系统和发展：经济评价指南 . 北京：烃加工出版社：630～741

$$I_c = \sum_{i=1}^{k}(L_i + M_i)$$

式中，I_c 表示由于环境质量变化所导致的疾病损失成本；L_i 表示 i 类人由于生病不能工作所带来的平均工资损失；M_i 表示 i 类人的医疗费用。如果实际的医疗费用存在严重的价格扭曲现象，则需要通过影子价格进行调整。

在估算由过早死亡带来的影响时，常用人力资本法来计算由于过早死亡所带来的损失，则年龄为 t 的人由于环境变化而过早死亡的经济损失等于他在余下的正常寿命期间内的收入损失的现值，即

$$\text{Value} = \sum_{i=1}^{T-t} \frac{\pi_{t+i} \cdot E_{t+i}}{(1+r)^i}$$

式中，π_{t+i}表示年龄为 t 的人活到 $t+i$ 年的概率；E_{t+i}表示在年龄为 $t+i$ 时的预期收入；r 表示贴现率；T 表示从劳动力市场上退休的年龄。

利用疾病成本法或人力资本法对环境损害或效益进行价值评价所需要的数据与信息有：①致病动因的水平（F）；②可致病的环境质量阈值（S）；③超过阈值的强度（X）；④与强度相对应的持续时间（Y）；⑤与上述因素相对应的发病率（N，每百万人口 n 例）；⑥暴露人群的评价：分布规律、敏感人群统计等；⑦剂量-反应关系为：$N=N(F)$，$F=(S, X, Y\cdots)$；⑧与上述发病率对应的工时损失数和医疗费用耗费；⑨单位工时工资、医生工资、设备折旧、药品价格等。

利用疾病成本法或人力资本法需要注意的问题包括：第一，一些致病环境动因难以辨认，剂量-反应关系更难以建立；致病动因在环境中的作用强度的分布与人口分布及敏感人群分布的关系十分复杂；发病率结果由多种因素导致，难以区分。第二，对处于风险中的人群的评价受到个体差异的干扰。第三，这两种方法是建立在把人看做是一个资本单元的基础上来计算由于疾病和过早死亡所带来的损失，这会引发一些如何评价那些没有生产能力或不参加生产活动的人的损失问题。例如，如何评价儿童、家庭妇女、退休和残疾人的损失。由于人力资本法用劳动者的收入来衡量其生命的价值，其中隐含的推论是收入小于支出的人的死亡对社会有利，因此会引发伦理学上的争论。第四，价格扭曲的现象也是一个普遍存在的问题，特别是医生工资、药品的价格等。

其四，机会成本法。用于满足人们各种各样欲望的资源是有限的，因此，人们每一个时期都必须做出选择，以决定将稀缺的资源配置于哪一类产品和劳务的生产，或者满足人们哪一方面的欲望。由资源的稀缺性及由此而限定的选择引出了经济学中的一个重要概念：机会成本。在某种资源稀缺的条件下，该资源一旦用于某种商品的生产就不能同时用于另一种商品的生产，即选择了一种机会成本就意味着放弃了另一种机会成本。使用一种资源的机会成本是指把该资源投入某

一特定用途后所放弃的它在其他用途中所能够获得的最大收益。在评价无价格的自然资源方面，运用机会成本法估算保护无价格的自然资源（如保护自然保护区、保护热带森林资源）的机会成本，可以用该资源作为其他用途（如农业开发、林业）时可能获得的收益来表征。

机会成本法特别适用于对自然保护区或具有唯一特征的自然资源的开发项目的评价。对于某些具有唯一特征或不可逆特征的自然资源而言，某些开发方案与自然系统的延续性是有矛盾的，其后果是不可逆的。开发工程可能使一个地区发生巨大的变化，以至于破坏了它原有的自然系统，并且使这个自然系统不能重新建立和恢复。在这种情况下，开发工程的机会成本是在未来一段时期内保护自然系统的得到的净效益的现值。因为自然资源的无市场价格特征，所以这些效益很难计量。但反过来，保护自然系统的机会成本可以看做是失去的开发效益的现值。

一般情况下，人们都是估算资源保护和机会成本，然后让决策者或公众来决定自然资源是否具有这样的价值或者是否值得为保护该资源而放弃这些收益。例如，我国著名的三江平原的发展规划有不同的方案，其中一种方案是要严格保护其湿地资源而不进行任何开发，另一种方案是把三江湿地完全用于农业开发项目。假设经计算得出农业开发所获收益的净现值为50亿元人民币(假设是50年)，则保护三江湿地不被开发的机会成本为50亿元人民币。那么，政府和公众就需要决定是否为了获得这50亿元人民币的净现值而放弃保护三江湿地。需要特别注意的是，50亿元人民币是农业开发50年的净效益，但是，开发活动的影响是不可逆的，因此，50亿元人民币应该视做三江湿地的最低价值。同时，除了农业开发之外，三江湿地还会有其他的选择方案，如生态旅游等，因此，还可以通过其他方案对三江湿地保护的机会成本进行测算。

用机会成本法计算由于环境污染引起的经济损失也是一种简便可行的方法。当某一项目的开发或建设导致严重的环境污染时，人们可以同时设计另一个作为原有环境质量替代品的补充项目，以使环境质量变化对经济发展和人民生活水平的影响保持不变。同一个项目（包括补充项目）通常有若干个方案，这些可供选择但不可能同时实施的项目方案都可以看做是其他项目方案的机会成本。当难以直接评价环境污染造成的损失时，人们常常用这种能够保持经济发展和人民生活水平不受环境污染影响的项目的费用来估算环境质量变动的货币价值。

9.2.3 直接市场评价法的适用范围与条件

直接市场评价法因其具有比较直观、易于计算、易于调整等优点而被广泛应用，它是最常见的价值评价方法。直接市场评价法主要适用于解决以下问题：

①土壤侵蚀对农作物产量的影响，以及泥沙沉积对流域下游地区的使用者造成的影响；②酸雨对农作物和森林的影响，以及它对材料和设备造成的腐蚀等的影响；③空气污染通过大气中的微粒和其他有害物质对人体健康产生的影响；④水污染对人体健康造成的影响；⑤由于排水不畅和渗漏问题，造成受灌地的盐碱化，从而形成对作物的产量的影响；⑥砍伐森林对气候和生态的影响。

采用直接市场评价法所需要具备的条件包括：①环境质量变化直接增加或减少商品或服务的产出，这种商品或服务是市场化的，或者是潜在的和可交易的，甚至它们有市场化的替代物；②环境影响的物理效果明显，而且可以观察出来，或者能够用实证方法获得；③市场运行良好时，价格是一个产品或服务的经济价值的良好指标。

9.2.4　直接市场评价法存在的问题和局限性

虽然直接市场评价法有许多优点，但同时也存在一定的局限性，主要有：①一般来说，很难估计出对环境造成影响的活动与产出、成本或损害之间的物理关系。原因和后果之间的联系并不像我们看到的那么简单。确定环境质量变化与受体变化（原因和后果）之间的关系常常需要依靠假设，或者从其他地区建立的剂量-反应关系中获取信息，或者从大量的方法和资料中建立这种关系，因此，可能会因为处理方式的问题，导致误差的出现。②在确定对受体的影响时，通常很难把环境因素从其他因素中分离出来。环境质量变化及其最终对产品或服务的影响可能有一个或多个原因，而要把某一个原因造成的后果同其他原因造成的后果区分开则是非常困难的。③当环境质量变化对市场产生明显的影响时，就需要对市场结构、弹性、供给与需求反应进行比较深入的观察，且需要对生产者和消费者的行为进行分析，同时也要联系到生产者与消费者的适应性反应。④当确定一项活动对产出的影响时，需要预测“某个环境变化”存在与否的后果，即建立一个假设存在或假设不存在的后果序列。如果这种假设离现实情况太远，就可能会对某个原则造成的损害估计得过大或过小。⑤价格问题。即便取自于有效的和没有扭曲的市场，如果存在显著的消费者剩余，仍然可能导致过低估计环境的经济价值，而且通常的市场价格中并没有包含外部性，因此，在必要的情况下，必须对所采用的价格进行调整。

9.3　揭示偏好法

9.3.1　基本概念

揭示偏好法（revealed preference approach）是通过考察人们与市场相关的行为，特别是在与环境联系紧密的市场中所支付的价格或他们获得的利益，间接推断出人们对环境的偏好，以此来估算环境质量变化的经济价值的一种价值评估方法。在本部分内容中，我们将着重介绍内涵资产定价法、防护支出法与重置成本法、旅行费用法等。因为防护支出法与重置成本法的分析非常相似，所以，我们也在这里做讨论。这些方法都是通过观察人们的市场行为，来估计人们对环境“表现出来的偏好”，它们有别于通过直接调查而获得的偏好。

9.3.2 主要方法

其一，内涵资产定价法。内涵资产定价法（hedonic property pricing）又称内涵价格法（hedonic price method），它基于这样的一种理论：人们赋予环境的价值可以从他们购买的具有环境属性的商品的价格中推断出来。资产具有多种特性，资产的价格体现着人们对它的各种特定的综合评价，其中包括当地的环境质量。我们的任务就是根据这些特性所蕴含的价格信息，确定某一个特性所隐含的供给和需求曲线。内涵资产定价法通常选用房地产市场进行分析，它通过揭示不同的房地产价格与不同的房地产环境属性，采用多重回归的方法来研究房地产价格与可能影响房价的许多变量之间的关系。房地产价格既反映了房产本身的特性（如面积、房间数量、放进布局、朝向、建筑结构、附属设施、楼层等），也反映了房产所在地区的生活条件（如交通、商业网点、绿化条件等），还反映了房产周围的环境质量（如空气质量、噪音高低、绿化条件等）。在其他条件相同的情况下，环境质量的差异将影响消费者的支付意愿，进而影响这些房产的价格。因此，当其他条件相同时，可以用因周围环境质量的不同而导致同类房产的价格差异，来衡量环境质量变动的货币价值。内涵资产定价法采取的步骤与方法[①]如下：

假设：买主了解决定房价的各种信息；所有变量都是连续的；这些变量的变化都影响房产价格；房地产市场处于或接近于均衡状态。我们可以通过下述步骤和方法来进行价值评价。

第一，建立房产价格与其各种特性的函数关系，即

$$P_h = f(h_1, h_2, \cdots, h_k)$$

式中，P_h 表示房产价格；h_1，h_2，…表示住房的各种内部特性和住房的周边环境特性；h_k 表示住房附近的环境质量。

假设上述函数是线性的，则其函数形式为

$$P_h = \alpha_0 + \alpha_1 h_1 + \alpha_2 h_2 + \cdots + \alpha_k h_k$$

---

① 梅纳德·M. 哈弗斯密特 . 1988. 环境、自然系统和发展：经济评价指南 . 北京：烃加工出版社：630～741；Cropper，Oates. 1992. Environmental economics：a survey. Journal of Economic Literature（3）：675～740.

图 9-1 表示当其他特性不变时房产价格和空气质量的关系。它表明买主在接受市场价格的情况下，有一系列的房产价格和空气质量的组合（购买方案）可供选择。当沿曲线移动，直到边际支付意愿等于边际购买成本（边际购买价格）时，空气质量使买主的效用最大。

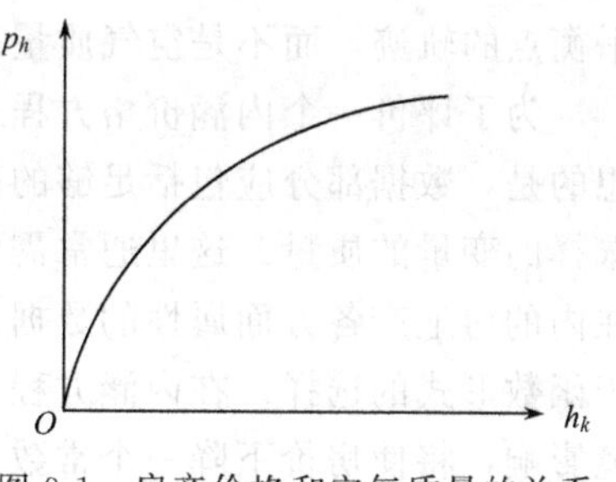

图 9-1　房产价格和空气质量的关系

第二，求出边际隐价格：在房产价格函数中对特定的使用特性求导，可以求得每种特性的边际隐价格。边际隐价格表示在其他特性不变的情况下，特性 i 增加 1 个单位，房产价格变动的幅度。其公式如下：

$$p_{h_i} = \frac{\partial P_h}{\partial h_i} \tag{9-1}$$

对空气污染而言，假设空气污染的边际隐价格是常数 $\alpha_k = \frac{\partial P_h}{\partial h_k}$，其含义是房产特性的每一边际增加的隐价格是固定不变的。

图 9-2 表示空气质量的边际隐价格曲线。该曲线也表示买主的需求曲线或支付意愿函数。现假设通过调查已知两个或两个以上的买主购买 h_k 的数量，通过式（9-1）可以求出相应的隐价格，h_k 和隐价格的组合可以看做该买主的最大效用平衡点，即边际支付意愿等于边际机会成本时的购买量及其隐价格的交点。

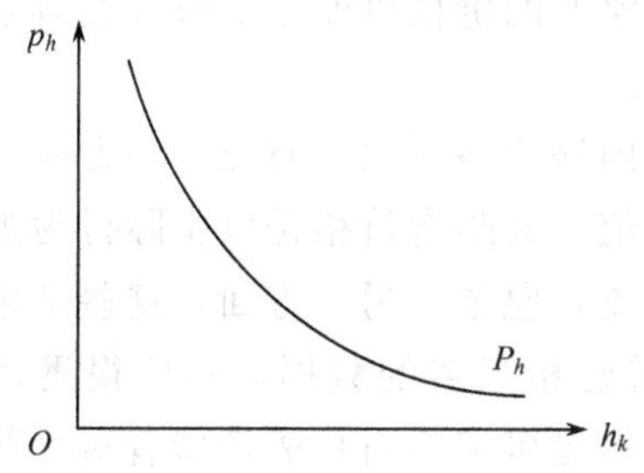

图 9-2　空气质量的边际隐价格曲线

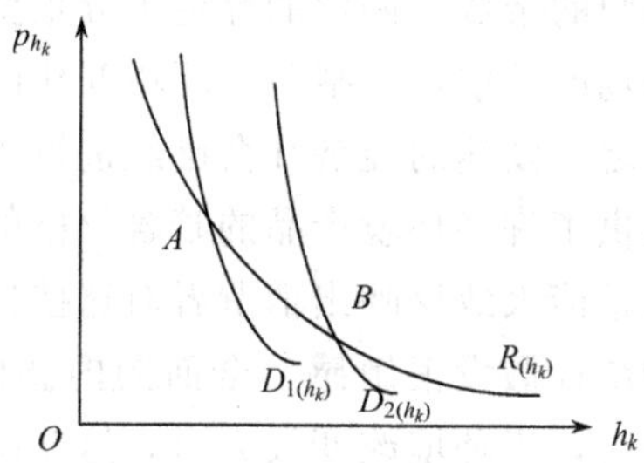

图 9-3　房产买主的最大效用平衡点

图 9-3 表示已知两个买主的最大效用平衡点的情况。曲线 D_1 和 D_2 分别表示买主 1 和买主 2 的需求曲线或边际支付意愿曲线；R 表示边际机会成本曲线；A 和 B 是买主 1 和买主 2 的最大效用平衡点，它可以通过调查获得。

在已知若干买主的最大效用平衡点的情况下，能否评价出空气质量变化所带来的福利变化呢？对于边际变化来说，回答是肯定的；对于非边际变化，回答是否定的（除非做出进一步的假设）。这是因为我们得到的只是边际价格值，R 是平衡点的轨迹，而不是空气质量的边际效益函数（因为 D 是未知的）。

为了评价一个内涵价格方程式，必须解决三个问题：①变量的选择。较为理想的是，数据部分应包括足够的范围和变化程度，且已包含所有相关变量。②所选择的变量的质量。这里通常需要进行一个专门的调查，用以收集包括环境方面在内的房地产各方面属性的数据。③函数的形式。每种属性暗含的价格可能取决于函数形式的选择。在内涵方程式中，一个线性关系暗含着每增加一个单位的环境影响，将使房价下降一个常数。而一个凸的（或凹的）函数关系，则暗示着房价随着污染的增加将以渐减（或渐增）的速度下降。

内涵资产定价法适合评价下述的环境变化问题：①局地空气和水质量的变化；②噪声特别是飞机和交通噪声；③舒适性对社区福利的影响；④工厂选址（如污水处理厂、电站等）、铁路及高速公路的选线规划；⑤评价城市中比较贫困的地区改善项目的影响。

采用内涵资产定价法，应该具备以下条件：①房地产市场比较活跃；②人们认识到而且认为环境质量是财产价值的相关因素；③买主比较清楚地了解当地的环境质量或环境随着时间变化的情况；④房地产市场不存在扭曲的现象，交易是明显而清晰的。

内涵资产定价技术比较复杂，需要大量的数据。在使用时主要存在以下几个问题：①由于房地产市场并不是十分活跃和顺利运转的，所以难以得到可靠的数据；②需要收集和处理大量的数据，运用大量的统计和计量经济方法；③环境变量可能难以度量；④价格评价的结果依赖于函数形式和估算技术，因为环境因子等于回归的余数，函数的界定十分重要；⑤财产的价格可能会反映人们对未来房地产市场的预期，包括各个环境变化的情况。

总之，发达的经济社会已经进行了很多内涵价格方面的研究。一方面，这些研究提供了许多环境产品的暗含价格的评价值。其暗含价格是以实际行为为基础的，通常能大致反映出消费者对这些价值的支付愿望。另一方面，这些结果对所应用的统计假设很敏感。全面的内涵研究需要相当多的数据，不能很迅速地完成。同时，当环境改变较大时，这些暗含价格也可能不再代表消费者对这些价值的支付愿望。使用内涵定价法必须特别谨慎，因为它需要大量的数据及要求很高的经济和统计技巧，运用它的前提条件是房地产市场运行良好且是透明的，个体资产所有者在市场中能够清晰地理解和评价环境因素的作用。计算结果随函数形式的选择和估算程序的不同而变化明显。

所有上述原因都限制了这个方法的使用。在实际应用中，它常常运用于研究大范围的空气污染、飞机噪声、财产价值的舒适性价值等。由于这个方法不能估算非使用价值，所以会低估总的环境价值。

其二，防护支出法与重置成本法。防护支出法（preventive expenditure approach）也称防务支出法（defensive expenditure approach）或防护行为法（preventive behavior approach），它根据人们防止环境退化所准备支出的费用的多少判断出人们对环境价值的估价，属于揭示偏好法。而重置成本法（replacement cost approach）则是估算环境被破坏后将其恢复原状所要支出的费用，属于直接市场评价法。面对环境的变化，人们可能会采取各种各样的防护行为，主要包括采取防护措施、购买环境替代品和迁移或“影子/补偿”项目。防护支出法的具体步骤与方法[①]包括：①识别环境危害。这是该方法最重要的一步，然而由于防护行为经常针对多个目的，所以，指出最基本的环境危害是很重要的。由于存在多个行为动机和多个环境目标，所以通过防护行为来表征人们的环境偏好就变得极其复杂。在这种情况下，防护支出的大小将夸大个人所受的环境危害的价值。尽管我们不可能把某个防护行为所针对的环境影响同其他影响完全分开，在研究时仍需要把环境问题划分为首要的和次要的，并把针对主要环境问题的防护行为作为估算的依据。②界定受影响的人群。对于某个给定的环境危害，应该确定受到威胁的人群范围，并区分出受到重要影响的人群和受影响相对较小的人群。防护行为法研究的取样工作应该在第一类人群中进行。如果使用过多的只受到边际影响的人群的数据，就会低估环境损害的价值。

防护支出法的信息来源有：①直接观察。通过直接观察可以获得为免遭环境损害影响的实际支出。②对所有受到危害的人进行广泛地调查。在影响范围较小时，该方法是可行的。③对感兴趣的人进行抽样调查。它主要适用于对空气和水环境质量下降，或者对噪声采取预防措施的个别家庭，以及用化肥代替土壤流失养分或者采取了防止土壤流失的措施的农民等。④专家意见。对预防和保护措施的费用、对损害进行恢复及购买环境替代品所需的成本，都可以采用征询专家意见的方法。要求专家对人们为使自身有效地避免环境损害或避免预计的环境质量损失所需的成本做出客观的、专业的估计。需要注意的是，专家的意见虽然可以作为信息资料来源的一个补充，并且能够对其他技术获得的数据进行核查，但是专家的意见会动摇这个评价技术的基础，因为专家的意见不是从观察到的人们的行为中获得数据的，而是从具有理论水平且对事件又有了解的人们的看法中获取数据的。

防护支出法适用于以下几个方面：①空气污染、水污染和噪声污染；②土壤侵蚀、滑坡及洪水风险；③土壤肥力降低和土地退化；④海洋和沿海海岸的污染和侵蚀。防护支出法在实际应用时，应该满足以下条件：①人们能够了解和理解来自环境的威胁；②人们能够采取措施保护自己免受影响；③人们能够估算并支

---

① 具体实例参见 Harrington et al. 1989. The economic losses of waterborne disease outbreak. Journal of Urban Economics，(25)：116～137.

付这些保护措施的费用。

防护支出法存在的问题与局限性有：

(1) 防护支出法假设“防护支出”是必然发生的。一些私人厂商及个人对他们的有关费用-效益的行为有着良好的认识，他们信息灵通。在此情况下，以上假设是合理的。这种假设意味着这些私人厂商及个人将一直（继续）进行预防性开支，直至防护开支及减轻环境损害程度的费用之和等于所观察到的损害费用的原有水平。然而，当风险是新的或者风险程度增加时，仍假设完善的预测和合理的预防性支出水平就无效了。

(2) 当防护支出与减轻损害的费用之和少于所观察到的损害费用时，部分消费者将享受某种消费者剩余，而防护支出法忽视了这个消费者剩余。因此，除非消费者在环境质量上支出甚多，否则，防护支出法仅对环境质量的价值给出一个最低的估计值。

(3) 环境替代品购买并不一定是环境损害程度的恰当体现。许多人会忍受一定的危害或者困境，直到他们认为有必要采取行动，也有许多人一旦认为自己的投资对后代具有重要的价值，他们就会加大投资的力度。对于前者，根据防护费用的数据对损害进行估计的结果会偏低，而对于后者，所估计的损害费用会夸大损害的价值。

(4) 采用防护支出法的另一个假设是不存在与防护支出法或重置成本法有关的第二个效益。在许多情况下，这并不符合实际。合理的环境价值应当是防护支出与重置成本的实际发生额减去次级效益的部分。因此，如果不考虑防护行为的次级效益，将会过高估计环境的价值。

(5) 寻求环境质量的完美替代品是根本不可能的。有些物品能够部分替代环境，而一些物品却会产生额外的非环境的属性。例如，安装双层玻璃一方面并不能完全消除噪声污染，另一方面却改善了房间的保暖条件和安全状况。重置成本法假设环境在受损之后可能得到完全的恢复，也就是说没有不可补偿的损失。然而，有许多环境影响是未被充分认识的、长期存在的或不能被完全恢复的。从这方面看，重置成本法将对环境质量估计不足。

(6) 防护支出与重置成本都是基于处在特定的威胁环境之中的社区人群的反应。它们通常无法考虑到那些因预感问题的存在而业已迁走的人们。因此，它们得出的防护费用将偏低。

(7) 防护支出法的有效性要求人们对自身受到损害的程度比较了解，并能相应计算出防护费用的大小。然而，这些假设条件并不能总得到保证，特别是对于想象中的风险，或者那些随着时间增长的风险，人们会过高或过低地估计所想要得到的补偿。

(8) 即使人们知道应该采取的保护措施及由此消耗的防护费用，但由于市场不完善，他们采取措施的想法会受到限制，特别是处于风险中的人口的支付能力会限制防护支出法与重置成本法的应用。

总之，一方面，防护支出法相对简单，具有很强的直觉感。他们利用观察到的行为，从各种经验素材中获得数据资料，其中包括抽样调查和专家意见法；另一方面，防护行为有不可靠和难以说明的缺点，特别是防护行为假定人们了解自身遇到的环境风险，并能够做出相应的反应，以及人们不受条件（如贫困、市场不完善等）的限制。当人们直接受到环境威胁，并且能够采取有效的保护措施时，防护支出法对评价环境资产的使用价值来说是很直接的方法。然而，这个方法不能评价存在价值，或者公共物品的价值。把防护支出法同其他技术获得的数据进行比较，有助于进行诸如是采取措施预防环境损害还是让环境损害存在、是补偿受害者还是尽力恢复以前的环境质量等方面的决策。

其三，旅行费用法。旅行费用法（travel cost approach）常常被用来评价那些没有市场价格的自然景点或者环境资源的价值。它要评价的是旅游者通过消费这些环境商品或服务所获得的效益，或者说对这些旅游场所的支付意愿（旅游者对这些环境商品或服务的价值认同）。旅行费用法隐含的原则是：尽管这些自然景点可能并不需要旅游者支付门票费等，但是旅游者为了进行参观、使用或消费这类环境商品或服务，需要承担交通费用，包括要花费他们的时间，旅游者为此而付出的代价可以看做是对这些环境商品或服务的实际支付。同时我们还必须注意到，旅游者对环境商品或服务的需求并不是无限的，要受到从出发地到景点的旅行费用的制约。旅行费用法假设所有旅游者消费该环境商品或服务所获得的总效益是相等的，它等于边际旅游者（距离评价地点最远的旅游者）的旅行费用。离评价地点最远的旅游者，其消费者剩余最小；反之，消费者剩余最大。需要注意的是，旅行费用法针对的是具体场所的环境价值，而不是娱乐本身的收益。

旅行费用法的步骤与方法[①]如下：

（1）定义和划分旅游者的出发地区。以评价场所为圆心，把场所四周的地区按距离远近分成若干个区域，距离的不断增大意味着旅行费用的不断增加。

（2）在评价地点对旅游者进行抽样调查，收集相关信息，以便确定旅游者的出发地区、旅游率、旅行费用和调查者的其他社会经济特征。

（3）计算每一区域内到此地点旅游的人次（旅游率）。

（4）求出旅行费用对旅游率的影响。根据对旅游者调查的样本资料，用分析

---

① Mendelsohn. 1987. Modeling the demand for outdoor recreation. Water Resources Research，23(5)：961～967；Braden J B，Kolstad C D. 1991. Measuring the Demand for Environmental Quality. New York：Elsevier.

出的数据，对不同区域的旅游率和旅行费用及各种社会经济的变动进行回归，求出第一阶段的旅行费用对旅游率的影响，即

$$Q_i = f(C_{Ti}, X_1, X_2, \cdots, X_n) \tag{9-2}$$

$$Q_i = \alpha_0 + \alpha_1 C_{Ti} + \alpha_2 X_i \tag{9-3}$$

式中，Q_i 表示旅游率，$Q_i = V_i / P_i$；V_i 表示根据抽样调查的结构推算出的 i 区域中到评价地点的总旅游人数；P_i 表示 i 区域的人口总数；C_{Ti} 表示从 i 区域到评价地点的旅行费用；X_i 表示包括 i 区域旅游者的收入、受教育水平和其他有关的一系列社会经济变量，$X_i = (X_1, \cdots, X_n)$。

通过回归式（9-2）和式（9-3）确定的是一条所谓的“全经验”需求曲线，它是基于旅游率而不是基于在该场所的实际旅游者数目。利用这条需求曲线来估计不同区域中旅游者的实际数量，以及这个数量将如何随着门票费（或入场费）的增加而发生的变化情况，来获得一条实际的需求曲线。

(5) 确定对该场所的实际需求曲线。根据第一步的信息，对每一个出发地区第一阶段的需求函数进行校正，求出每个区域旅游率与旅行费用的关系。

$$C_{Ti} = \beta_{0i} + \beta_{1i} V_i \tag{9-4}$$

$$\beta_{0i} = -\frac{\alpha_0 + \alpha_2 X_i}{\alpha_1}, \beta_{1i} = \frac{1}{\alpha_1 P_i}, i = 1, 2, \cdots, k$$

与式（9-3）不同，式（9-4）共有 k 个等式，每个等式中的 β 值不同，每个区域有一个等式。

(6) 计算每个区域的消费者剩余。假设评价景点的门票费为 0，则旅游者的实际支付就是他的旅行费用，然后通过门票费的不断增加来确定旅游人数的变化，可以求得来自不同区域的旅游者的消费者剩余（具体算法见相关链接）。

(7) 将每个区域的旅游费用及消费者剩余加总，得出总的支付意愿，即得到评价景点的价值。

旅行费用法适用于评价以下场所：①休闲娱乐场地；②自然保护区、国家公园及用于娱乐的森林和湿地；③水库、大坝、森林等兼有休闲娱乐及其他用途的地方。

旅行费用法要求满足以下条件：①这些地点是可以到达的，至少在一定的时间范围内可以到达；②所涉及的场所没有直接的门票及其他费用，或者收费很低；③人们到达这样的地点，要花费大量的时间或者有其他开销。

旅行费用法需要注意的问题有：①关于参观的多目的性问题。对某个地方的参观可能只是某次多景点旅游的一部分，因此，要划分整个费用，并根据可能的旅游的多目的性，估算出到评价地点的实际费用。②旅行的效用或负效用问题。在许多情况下，旅行本身就是一个乐趣。但是，当人们不喜欢旅行，或者交通状

况不好时，客观的旅行费用可能无法反映出不喜欢旅游的人对该景点的实际价值判断。③评价闲暇时间的价值问题。对旅行者来说，利用闲暇时间旅行从某种意义上是一种获得愉悦的方式，而不一定是时间的浪费，即不一定意味着是一种成本。④取样偏差问题。在通过询问收集数据时，取样样本的多少及调查时间的长短常受到经费的限制。因此，仅对到旅游地点的人进行调查，而不对评价区的家庭进行访谈，可能会产生偏差。⑤关于非使用者和非当地效益的问题。通过旅行费用法获得的是某个景点的直接使用者（即参观者）的效益，它不涉及非当地的使用价值（如分水岭的保护、生物多样性），或者给当地居民提供的商品或服务的价值，它也没有包括资源的存在价值和选择价值。因此，旅行费用法会低估总的效益。如果可能，应该把旅行费用法与其他的评价技术结合起来使用。

总体而言，旅行费用法是个比较成熟的方法，主要用于估计对休闲设施的需求及对休闲地的保护和改善所产生的效益。在发达国家特别是美国，开展了大量的旅行费用法的研究。旅行费用法要求从询问调查中收集大量的数据，并且需要精心地选择估算程序。而对于交通费用很低的城市景点及旅行本身就是参观的一种效益时，这种方法就比较难以适用。旅行费用法有助于制定某些政策。例如，可以为确定国家公园和休闲地门票费提供基础；在不同地区分配国家景点（或自然保护区）的保护投资的预算；等等。

案例 9-1　如何利用旅行费用法确定自然保护区的价值

（1）确定旅行人次与旅行费用之间的关系。为了获得有关旅行出发地区、旅行费用及其他有关的社会经济特征的资料，首先要对该保护区的游客进行访问，然后把所访问的旅游者的出发地区按距离远近划分为 4 个旅行费用不断增加的区域，再确定每个区域的人口总数。所获得的有关数据见表 9-1。

表 9-1　某自然保护区的旅游人数与旅行费用的有关信息

区域	人口（人）	平均旅行费用（元）	总旅游人数（人）	旅游率（‰）
1	1 000	1	400	400
2	2 000	3	400	200
3	4 000	4	400	100
远于 3			0	
总计			1 200	

如果该保护区不收取门票费，在一个特定时间范围内（如 1 年），每个地区的旅游人次是旅行费用和社会经济变量的函数。旅行费用包括交通费用、住宿费用、比不旅行时多消耗的食品费用等。

设对每一单位人群的旅游人次为 V（在本例中为每千人的旅游人数，即 $V/1000$）。对每次旅行的平均费用做图，或者用统计方法确定每千人的旅游人次与旅行费用之间的关系。本例假设一个关系为线性，并由下式决定：

$$V/1000 = 500 - 100C$$

这条曲线为“全经验曲线”，它表明旅游者达到保护区的实际支付部分。

(2) 确定消费者剩余：通过逐步增加门票费来确定。

① 当保护区门票费为 0 元时，1 年中来此游览的总人数为 1200 人，得到图 9-4 中的 A 点。

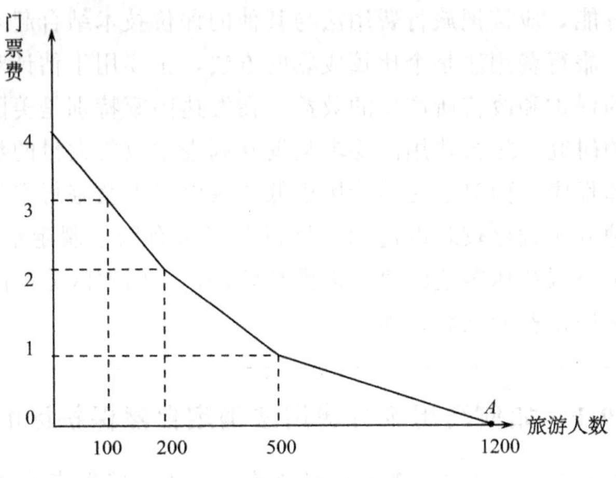

图 9-4 保护区的全经验需求曲线

② 设门票费为 1 元，把门票费加到旅行费用上，来自第 1 区域的旅游者每次旅游的费用变成 2 元。根据上面的函数关系式，可以对每一个区域计算新的旅游率。如表 9-2 所示，现在的旅游人数下降到 500 人。

表 9-2 门票费为 1 元时，旅游人数与旅游费用的有关信息

区域	人口（人）	旅行费用（元）	总旅游人数（人）	旅游率‰
1	1 000	2	300	300
2	2 000	4	100	200
3	4 000	5	0	0
远于 3			0	
总计			500	

③ 分别设门票费为 2、3、4 元，利用旅游率与旅行费用之间的关系计算出总旅游人数（表 9-3）。

表 9-3　门票费改变时，总旅游人数的变化

因门票费用增加的费用（元）	总旅游人数（人）
0	1 200
1	500
2	200
3	100
4	0

④ 根据表 9-3 绘制图 9-4 所示的需求曲线，并计算出总消费者剩余（需求曲线以下的面积），则

(1200－500)/2×1 元＝350（元）

(500－200)/2×1 元＝150（元）

(500－200)×1 元＝300（元）

(200－100)/2×1 元＝50（元）

(200－100) ×1 元＝100（元）

(200－0)/2×1 元＝100（元）

(100－0) ×3 元＝300（元）

总计：1350 元。

或：1350/1200＝1.125（元/每次游览）。

把消费者剩余与旅行费用相加，就可以得到旅游者的支付意愿总和，即通过旅行费用法计算的该保护区的价值。

9.4　陈述偏好法

9.4.1　基本概念

意愿调查价值评估法（contingent valuation method，CVM）是典型的陈述偏好法。意愿调查价值评估法通过调查，推导出人们对环境资源的假想变化的评价。当缺乏真实的市场数据，甚至无法通过间接地观察市场行为来赋予环境资源以价值时，只能依靠建立一个假想的市场来解决。意愿调查价值评估法试图通过直接提问有关人群样本来发现人们是如何给一定的环境变化定价的。由于这些环境变化及反映它们价值的市场都是假设的，故意愿调查价值评估法又被称为假想评价法（hypothetical valuation method）。

在意愿调查价值评估法中有两个广泛应用的概念，即对某一环境改善效益的支付意愿和对环境质量损失的接受赔偿意愿。意愿调查价值评估通常将一些家庭或个人作为样本，询问他们对于一项环境改善措施或一项防止环境恶化措施的支

付愿望，或者要求家庭或个人给出一个对忍受环境恶化而接受赔偿的愿望。与直接市场评价法和揭示偏好法不同，意愿调查价值评估法不是基于可观察到的或间接的市场行为，而是基于调查对象及其回答。他们的回答告诉我们，在假设的情况下，他们将采取什么行为。调查过程一般通过问卷或面对面询问的方式进行。直接询问调查对象的支付意愿或接受赔偿意愿是意愿调查价值评估法的特点。为了得到准确的答案，意愿调查应建立在两个条件之上，即环境收益具有“可支付性”特征和“投标竞争”特征。

9.4.2 价值评估技术①

意愿调查价值评估法所采用的评估方法大致可以分为3类：①直接询问调查对象的支付意愿或接受赔偿的意愿；②询问调查对象对表示上述意愿的商品或服务的需求量，并从询问结果中推断出支付意愿或接受赔偿意愿；③通过对有关专家进行调查的方式来评定环境资产的价值。表9-4概括了其中常用的意愿调查价值评估方法。

表9-4 意愿调查价值评估法的分类

直接询问支付意愿	投标博弈法
	比较博弈法
询问选择的数量	无费用选择法
	优先评价法
征询专家意见	专家调查法（Delphi法）

我们主要介绍投标博弈法、比较博弈法和无费用选择法。

其一，投标博弈法。投标博弈法（bidding game approach）要求调查对象根据假设的情况，说出他对不同水平的环境物品或服务的支付意愿或接受赔偿意愿。投标博弈法被广泛地应用于对公共物品的价值评估方面。投标博弈法又可分为单次投标博弈和收敛投标博弈。在单次投标博弈中，调查者首先要向被调查者解释要估价的环境物品或服务的特征及其变动的影响（如河水污染所可能带来的影响），以及保护这些环境物品或服务（或者说解决环境问题）的具体办法，然后询问被调查者为了改善或保护该水体不受污染，他最多愿意支付多少钱（即最大支付意愿），或者反过来询问被调查者他最少需要多少钱才愿意接受该水体污

① Munasinghe. 1990. Electric Power Economics. London：Butterworths Press：78～121；Strand，Taraldset. 1991. The valuation of environmental goods in Norway：a contingent valuation study with multiple bias testing. Natural Resources Research，54（3）：135～151；张帆，李东. 2007. 环境与自然资源经济学. 上海：上海人民出版社：237～321.

染的事实（即最小接受赔偿意愿）。在收敛投标中，被调查者不必自行说出一个确定的支付意愿或接受赔偿意愿的数额，而是被问及是否愿意对某一环境物品或服务制度给定的金额，调查者根据被调查者的回答，不断改变这一数额，直至得到最大支付意愿或最小接受赔偿意愿。通过上述调查得来的信息将被用于建立总的支付意愿函数或接受赔偿意愿函数。

其二，比较博弈法。比较博弈法（trade-off game）又称权衡博弈法，它要求被调查者在不同的物品与相应数量的货币之间进行选择。在环境资源的价值评估中，通常给出一定数额的货币和一定水平的环境物品或服务的不同组合。该组合中的货币值实际上代表了一定量的环境物品或服务的价格。给定被调查者一组环境物品或服务及相应价格的初始值，然后询问被调查者愿意选择哪一项，被调查者要对二者进行取舍。根据被调查者的反应，调查者不断提高（或降低）价格水平，直至被调查者认为选择二者中的任意一个为止。此时，再给出另一组组合，比如环境质量提高了，价格也提高了，然后重复上述的步骤。经过几轮询问，根据被调查者对不同环境质量水平的选择情况进行分析，就可估算出他对边际环境质量变化的支付意愿。

案例 9-2　小区居民对公园扩建计划的支付意愿

假设公园的现有面积为 1 平方千米，小区居民总人数为 20 000 人。

第一步，选定被调查者。被调查者必须具有代表性。为了简化起见，假设我们选择了 6 个具有代表性的人。

第二步，详细介绍要评价的环境物品或服务的属性（此处略）。

第三步，向被调查者提供两套选择方案：一是公园仍然保持 1 平方千米的面积，因而居民也不需要付钱；二是扩大公园面积，但居民要支付若干数额的货币。

表 9-5　利用比较博弈法估算小区居民对公园扩建的支付意愿

	支出方案Ⅰ	支出方案Ⅱ
捐赠金额（元）	0	10
公园面积（平方千米）	1	2

在表 9-5 中的支出方案Ⅱ中任意给出一个捐赠的钱数（如 10 元），询问被调查者愿意选择哪一种支出方案：如果被调查者选择了方案Ⅱ，就逐步提高捐赠水平（如 11 元）；如果选择了方案Ⅰ，就逐步降低捐赠水平（如 9 元）。反复询问被调查者直到他认为两种支出方案没有差异为止。假设在捐赠水平为 15 元时，被调查者对支出方案Ⅰ和Ⅱ的选择无差异，则可以把它解释

为被调查者对公园面积扩大1平方千米的支付意愿为15元。

表9-6为被调查者对扩大公园面积的不同方案的支付意愿。在表9-6中，保持表9-5中的支出方案Ⅰ不变，只改变支出方案Ⅱ中公园面积和相应的捐赠金额。

假设对6个被调查者都重复进行了上述过程，并获得了相应的信息，其结果见表9-6。

表9-6 被调查者对扩大公园面积的不同方案的支付意愿

公园面积（平方千米）	被调查者的支付意愿/元							总支付意愿（万元）	扩建成本（万元）	净效益（万元）
	被调查者1	被调查者2	被调查者3	被调查者4	被调查者5	被调查者6	平均			
1	0	0	0	0	0	0	0	0	0	0
2	15	18	11	8	22	13	14.5	29.0	2.0	27.0
3	22	27	15	12	33	20	21.5	43.0	4.0	39.0
4	26	32	18	15	40	26	26.2	52.4	6.0	46.4
5	20	36	20	17	45	31	29.7	59.4	8.0	51.4
6	31	39	21	18	48	34	31.8	63.6	10.0	53.6
7	32	40	21	18	50	35	32.7	65.4	12.0	53.4

第四步，选择净效益最大的扩建方案。假设被调查者的支付意愿的平均值可以代表该小区每个居民的支付意愿，则该小区居民对公园扩建的不同方案的总支付意愿为某一个方案的平均支付意愿乘以20 000人。同时我们假设公园扩建的成本随着公园面积的增加而线性增加，则把每一个方案的支付意愿总值减去相应的扩建成本，就可以获得每一个扩建方案的净效益。由表9-6可知，当公园面积为6平方千米时，或者说再扩建5平方千米时，其净效益最大，为536 000元。

其三，无费用选择法。无费用选择法（costless choice）通过询问个人在不同的环境物品或服务之间的选择来估算环境物品或服务的价值。该方法模拟市场上购买商品或服务的选择方式，给被调查者两个或多个方案，每一个方案都不用被调查者付钱。从这个意义上说，这些方案的选择对被调查者而言是无费用的。

在含有两个方案的调查中，需要被调查者在接受一笔赠款（或被调查者熟悉的商品）和一定数量的环境物品或服务之间做出选择。如果某个人选择了环境物品或服务，那么该环境物品或服务的价值至少等于被放弃的那笔赠款（或商品）的数值，也就是可以把放弃的赠款（或商品）作为该环境物品或服务的最低估价。如果改变上述赠款（或商品）的数值，而环境质量不变，这个方法就变成一种投标博弈法了。但是，其主要区别在于被调查者不必支付任何东西。如果被调查者选择了接受赠款（或商品），则表明被评价的环境物品或服务的价值低于设定的接受赠款额。

9.4.3　需要注意的问题

在设计意愿调查方案时，需要特别注意三个统计方面的问题。

第一，样本数目。一般要求样本数目足够多，以便能反映出被调查区域的人群情况。实际数目是由所预期的反应多样性程度、希望的准确性等级及估计不回答的比率来确定的。通常情况下，要在进行正式调查之前进行预调查，以便最终确定样本的数目和调查问题或问卷的设计。

第二，对偏差较大的答案（或答卷）的处理。通常情况下，要把那些特别极端的答案从有效问卷中剔除，因为这些出价可能是不真实的或是对问题的错误回答。可以用诸如 5%～10%的中心剔除点等方法来剔除那些极端的回答，或者用回归技术评估出一个出价曲线[①]。

第三，与汇总有关的问题。用估计出的平均支付意愿（或接受赔偿意愿）乘以相关的人群，即可得出支付意愿（或接受赔偿意愿）。但是，如果作为样本的人群不能代表总人群的情况，那么就要建立起支付意愿（或接受赔偿意愿）的出价与一系列独立变量（诸如收入、教育程度等）之间的关系式，用以估算总人口的支付意愿值。

9.4.4　意愿调查价值评估法的局限性

意愿调查价值评估法的根本弱点在于，它并未对实际的市场进行观察，也未通过要求消费者以现金支付的方式来表征支付意愿或接受赔偿意愿来验证其有效需求。意愿调查评估法主要的缺点或局限性具体体现在以下几个方面：

其一，各种偏差的存在：一是信息偏差。当被调查者的回答取决于所提供的环境信息，且调查者有可能向被调查者提供太少或错误的信息时，便会产生信息偏差（information bias）。二是支付方式偏差。支付方式偏差（instrument bias）是指因假设的支付方式不同而导致的偏差。用什么样的方式收取人们支付的货币，可能会影响到被调查者所表明的支付意愿的大小。Rowe 等[②]发现，同样为了保护风景区的质量，与支付门票相比，人们更愿意支付更多的所得税。因此，调查中采用不同的支付手段（如税收、门票、使用费等），可能会得到不同的支

---

① Desvousges et al. 1987. Option price estimates for water quality improvements: a contingent valuation study for the Monongahela River. Journal of Environmental Economics and Management, (14): 76～248.

② Rowe et al. 1980. An experiment on the economic value of visibility. Journal of Environmental Economics and Management, 7 (1): 1～19.

付意愿。三是起点偏差。起点偏差（starting point bias）是由于调查者在设计问卷或问题时，所建议的支付意愿或接受赔偿意愿的出价起点的高低所引起的回答范围的偏离。例如，在收敛投标中，调查者给出的初始价值的高低，会直接影响被调查者的回答。四是假想偏差。假想偏差（hypothetical bias）是使用意愿调查价值评估法中普遍出现的问题。假想偏差发生的原因很简单，就是在意愿调查中，被调查者对假想市场问题的反应（回答）与真实问题的反应不一样。当被调查者要求评估一个不熟悉的和不在市场上交换的产品的价值时，不准确程度将明显上升。在意愿调查价值评估法中，无论被调查者是否愿意，都必须接受这样一个基本前提：被调查者可能要求支付一定数额的金钱来改善环境质量或防止环境恶化。即便在发达的市场经济中，人们有时也不情愿接受这样一个基本前提。五是部分-整体偏差。部分-整体偏差是在被调查者没有正确区别一个特殊环境的价值和当它只作为更广泛群体环境的其中一部分的价值时所产生的偏差。例如，Kahneman 和 Knetsch（1992）的研究发现，人们对安大略州小数量的湖泊的平均支付意愿与对这个州所有湖泊的平均支付意愿几乎没有明显的差别。六是策略性偏差。当被调查者对他们关于环境变化的支付意愿或接受赔偿意愿说谎时便产生了策略性偏差（strategic bias）。被调查者也许认为通过他们的答案（或在答案中适当包含一定的误差），就可以影响到实际的决策进程，所以可能会故意提供错误的答案。在出现这类问题时，Mitchell 和 Carson 建议①，可以通过抛开那些过分撒谎的人、不暴露其他被调查者的出价、强调其他人的支付是可以保证的及环境变化取决于每个人的出价等方法来减小策略性偏差。

其二，支付意愿与接受赔偿意愿的不一致性。在支付意愿与接受赔偿意愿之间存在着极大的不对称性。意愿调查价值评估法研究的结果一直表明：支付意愿比接受赔偿意愿的数量低几倍（通常为 1/3）。这可能是因为同人们对获得其尚未拥有的某物的评价相比，人们对其已有之物的损失会有更高的估价②。

其三，抽样结果的汇总问题。在处理诸如选择价值或存在价值这类非使用价值时，由抽样结果预测有关真实结果的技术非常复杂。正确定义适合的人群范围，包括现存的非使用者、未出生者或所有潜在的未来使用者，对于总价值的水平及其可信程度至关重要。但就这些人群的固有属性而言，这是一个很难解决的问题。如果是针对互不相关的问题对样本人口的支付意愿进行调查，则

---

① Mitchell，Carson. 1989. Using Surveys to Value Public Goods：the Contingent Valuation Method. Washington，D. C.：Resources for the Future：326～385.

② Pearce D W，Markandya A. 1989. The Benefits of Environmental Policy：Monetary Valuation. Paris：OECD：342～389.

需要解决不同种类的支付意愿加总的问题。因为并未要求实际的现金支出，所以人们对特定环境的出价也可能不会受其现金拥有量的约束。现实状况是：当某种资源可以做出不同用途而且稀缺时，人们的实际预算和对支出的估算将受到收入的约束。我们可以通过合理的设计并结合预算约束的调查来解决这一问题。

9.4.5　意愿调查价值评估法的适用范围与条件

意愿调查价值评估法适用于评价下述物品或服务：①空气和水的质量；②休闲娱乐（包括钓鱼、狩猎、公园和野生生物）；③无价格的自然资产的保护，如森林和原始区域；④生物多样性的选择价值和存在价值；⑤生命和健康的影响或风险；⑥交通条件改善；⑦供水、卫生设施和污水处理。当具备以下条件时，可以采用意愿调查价值评估法：①环境变化对市场产出没有直接的影响；②难以直接通过市场获取人们对环境物品或服务的偏好信息；③样本人群对所调查的问题感兴趣并且有相当程度的了解；④有充足的资金、人力和时间进行研究。

总之，意愿调查价值评估法的优势在于可以用于解决其他许多方法无法解决的问题，它是一个很有效的方法。但它需要精心的设计，而且由于需要的数据信息较多，严格的调查需要花费大量的时间和金钱，并要对这些调查的结果进行专门地解释和研究。意愿调查价值评估法的缺陷在于它依赖于人们的看法，而不是他们的市场行为。回答中会有大量的偏差，而这些偏差又是不可避免的。意愿调查价值评估法的评估结果还依赖于被调查者如何理解环境所处的危机及这些危机对他们可能产生的影响。因此，这种方法更适合于评估区域性的环境问题，而不适合于评估全球性的环境问题。

9.5　评价方法的选择

9.5.1　方法选择的规律

我们可以把环境影响的方面分为四大类：生产力、健康、舒适性和环境的存在价值。针对不同的影响，我们需要采用不同的方法进行价值评估。当环境变化对生产力产生影响时，首选的方法是直接市场评价法，它能够对因环境变化而导致对生产力的影响赋予一个市场价值。如果这些影响会引致采用一些防护措施时，也可以采用机会成本法、防护支出法与重置成本法。对健康影响（包括安全）而言，由于人力资本法和疾病费用法是基于收入的减少及直接的医疗费用进行估算的，所得的数值是环境质量变化价值的最低限值。防护行为和防护支出也可以用来评估健康影响。目前，对健康影响的研究越来越多地采用意愿调查价值评估法，它度量人们对减少或避免伤害及经济损失的支付意愿和人们每年对生命价值的认同。对于舒适性的影响，旅行费用法和内涵资产定价法分别基于达到某地的旅行费用及因环境原因造成的财产价值的差别来进行平复。意愿调查价值评估法也可以用于评估人们对舒适性的偏好。意愿调查价值评估法是唯一能够揭示环境资源的存在价值的方法，因为其他方法考虑的都是使用者的各种直接或间接成本与效益（表 9-7）。

表 9-7 环境影响及其价值评估技术选择

环境影响	评价技术选择
生产力	直接市场价值评估法 机会成本法 防护支出法 重置成本法
健康影响	人力资本法 疾病费用法 防护支出法 意愿调查价值评估法
舒适性	旅行费用法 内涵资产定价法 意愿调查价值评估法
存在价值	意愿调查价值评估法

9.5.2 方法选择的依据

在选择评估方法时，主要应考虑以下几个方面：

其一，影响的相对重要性。以砍伐森林为例，假设农业开发、木材加工和出口等导致了对热带原始森林的砍伐。根据当地情况，主要的环境影响有：①非木材类的森林价值的损失；②从长期看来，木材可持续产出的损失；③土地暴露引起的土壤侵蚀给下游造成的泥沙沉积和洪水风险；④生物多样性和野生生物的丧失。对于影响①和②而言，可以用直接市场评价法评估，对于影响③则可以通过防护支出法与重置成本法解决。当影响到生态旅游和环境的存在价值时，可以采用直接市场价值评估法和意愿调查价值评估法进行评估。

其二，信息的可得性。选择价值评估方法的第二个因素是考虑信息的类型和可获得的信息的量，以及获得信息的可行性和费用。对于可交易的环境物品或服务来说，获得数据相对容易，可以采用直接市场价值评估法；对于缺乏市场或者市场发育不完善的环境物品或服务，尽管也可以采用直接市场评价法，但需要进行必要的调查以获得评估所必需的数据，如所涉及的产品的种类和使用情况及它们的替代品和替代品的市场价格等。当难以获得环境影响的数据信息时，人们往往用历史上记载的有关数据及有关专家的意见代替。此时，宜采用防护支出法与重置成本法。对于那些不在市场上交换的环境物品或服务，或者在直接信息非常缺乏的情况下，适于采用意愿调查价值评估法。意愿调查价值评估法和旅行费用法都是以调查为基础，要求调查者具有较高的调查和统计技巧。内涵资产定价法在所有方法中的数据需求量最大，因此它仅能用于少数的价值评估案例。

其三，研究的经费和时间。当资金和时间有限时，可以借用其他项目（或研究成果）的数据、具有可比性的其他国家或地区的数据、当地专家的意见和历史记录及对有关人群进行调查获得比较粗略的数据，并运用一些比较简单的方法进行评估；当资金供应充足、项目时间比较宽裕时，可以采用一些复杂的方法，如意愿调查价值评估法、旅行费用法和内涵资产价值法等。

本章小结

环境经济评价的基础是人们对于环境改善的支付意愿，或是忍受环境损失的接受赔偿意愿（willingness to accept，WTA）。因此，环境经济评价方法大多从估计人们的支付意愿或接受赔偿意愿入手。获得人们的偏好和支付意愿或接受赔偿意愿的途径主要有三个：一是从直接受到影响的物品的相关市场信息中获得；二是从其他事物中所蕴涵的相关信息中获得；三是通过直接调查个人的支付意愿或接受赔偿意愿获得。

对环境价值的经济评价方法可以分为三种类型：一是直接市场评价法，包括剂量-反应法、生产率变动法、疾病成本法和人力资本法、机会成本法、损害函数法、生产函数法等；二是揭示偏好法，包括内涵资产定价法、防护支出法与重置成本法、旅行费用法等；三是陈述偏好法，包括意愿调查价值评价法等。

环境影响可以分为四大类：生产力、健康、舒适性和环境的存在价值。针对不同的影响，需要采用不同的方法进行价值评估。在选择评估方法时，应主要考虑影响的相对重要性、信息的可得性及研究的经费和时间。

➤关键概念

直接市场评价法　剂量-反应法　损害函数法　生产率变动法　生产函数法　人力资本法　机会成本法　重置成本法　揭示偏好法　内涵资产定价法　旅行费用法　防护支出法　陈述偏好法

➢思考题

1. 环境资源价值评估所遵循的框架是什么？
2. 直接市场评价法包括哪些具体评价方法？它的适用范围和条件有哪些？
3. 揭示偏好价值评价法包括哪些具体评价方法？它的适用范围和条件有哪些？
4. 意愿调查价值评估法的分类有哪些？它的适用范围和条件有哪些？
5. 环境价值评估方法选择的依据是什么？
6. 以你生活的环境为例，进行一次环境价值评估。

第10章 环境污染控制

环境污染一般是由于人类的生产、生活等人为因素对环境产生的破坏，具体是指人类活动产生并排入环境的污染物或污染因素超过了环境容量和环境的自净能力，使环境的组成或状态发生了改变，环境质量恶化影响和破坏了人类正常的生产和生活。环境污染对人类生产和生活造成了损害，为了减少环境污染对人类福利的影响，人类通过确立可行的污染控制目标，并采取适合的手段对环境污染进行控制，使经济发展与环境保护相协调，最终实现经济、社会与环境的可持续发展。

10.1 环境污染及污染损害

10.1.1 环境污染损害

1. 环境污染的流量和存量

大量生活实践表明，人类的经济活动必然带来一定程度的污染。在给定的条件下，一定规模的生产会带来一定程度的污染。人类的生产和消费行为通常从环境中获取原材料和能源，然后通过一定的工艺进行加工或制造，进而生产出经济主体所需要的产品，如建筑物、机械、电子产品等。但是，在生产过程中通常会产生一定的生产残余物，如加工制造业中的废气、废水、废渣、废料等，这些生产过程中的废弃物如果不经过妥善地处理，会返回到环境中。在一段时间内，返回自然环境的物质小于从自然环境中获取的物质，但从长远来看，根据物质平衡的原理，流入和流出自然环境的物质在总量上应该相等。

尽管流入和流出自然环境的物质在总量上相等，但返回自然环境的物质流的物理形态及其返回的地方都与最初流出的环境不尽相同。生产过程中形成的残余物通常会给环境造成一定的负荷，而这种负荷可能造成有害的影响。废弃物对环境造成危害性后果的程度取决于环境的吸收能力、环境本身的自然承载力、环境所处位置及由此决定的居民数量和受影响的生态系统特点、受影响人群的偏好等多方面因素①。通常我们可以看到，经济活动中产生的污染物中的一部分可以被环境吸收并转化为无害的物质。在一定的污染程度或范围内，环境自身所具有的同化能力在一般情况下都能够将一定量的废弃物吸收并转化为无害的形式，但是不能完全吸收或转化所有的污染物。而且，环境在吸收或转化污染物时需要经历较长的时间才能完全转化为环境承载力所承担的范围，或者污染物存量会逐渐衰变成无害的形式，但通常衰变的速度非常慢。在某些极端的情况下，当污染物的排放量超过环境的自我净化负荷时，环境的自身承载力将变得非常脆弱。在这种情况下，排放的污染物中有一部分必然不能被环境吸收或转化，这样就会对环境造成一定的损害。

从动态的角度来看，污染造成的损害具有流量型污染和存量型污染之分。流量损害型污染通常意味着污染的结果只取决于排放的污染物的流量，即污染物排放到环境中的速率。就其含义来讲，对于流量型污染物的损害，如果污染物排放量下降为0，污染损害也将同时降为0。流量损害型污染只是理论上的近似，在现实中很少有这样的情况，它只在近似的情况下出现，通常指那些污染物从有害物转化为无害物形式所用的时间很短的情况下可以被看做是流量损害型污染。流量损害型污染可以用以下函数来表示：

$$D = D(M) \tag{10.1}$$

式中，M 表示污染流量；A 表示污染存量；D 表示污染损害。

存量损害型污染指的是污染损害只取决于当时环境中污染物的存量。存量污染损害隐含着污染物的累积要求排放的污染物在环境中有一个较长的存在周期，污染物排放的速度或排放量超过环境吸收的速度或转化的数量。这种类型的污染物在日常的生产和生活中非常普遍，比如为人们所熟知的无法生物降解的垃圾、放射性元素及大量的石油化工产品。通常来说，大多数污染物都具有存量损害型污染的特点，存量污染损害会对自然环境、人体健康和生态系统造成不同程度的损害。存量损害污染的严重程度一方面取决于自然环境的自我净化和同化能力，另一方面取决于污染物排放的数量和危害程度。存量损害型污染可以用函数来表示：

---

① 罗杰·珀曼等.2002.自然资源与环境经济学.北京：中国经济出版社：311.

$$D = D(A) \tag{10.2}$$

式中，M表示污染流量；A表示污染存量；D表示污染损害。

2. 环境污染损害函数

环境污染给人类带来的福利影响是显而易见的。我们通常用污染损害函数(damage function）来对环境污染给人类造成的影响进行度量。污染损害函数反映一种污染物与其对社会产生的损害度之间的函数关系。污染损害给人们带来的负面影响有多种类型，由于环境资产不同，环境污染产生的负面影响的形式也不同。

损害函数有两种不同的类型：排放损害函数和周边损害函数。排放损害函数反映的是一个或多个污染源排放的污染物数量与产生的损害之间的关系；周边损害函数反映的是周边环境中，特定污染物的浓度与产生的损害之间的关系。其中，通常用边际损害函数来反映排放量或污染程度增加或减少一个单位所引起的损害变化量[①]。一般来说，边际损害起初上升得非常缓慢，但随着排放量的增多，边际损害开始迅速上升。虽然不是所有污染物的边际损害都具有这一特征，但多数污染物的边际损害和排放量之间的关系均符合图 10-1 中的规律。

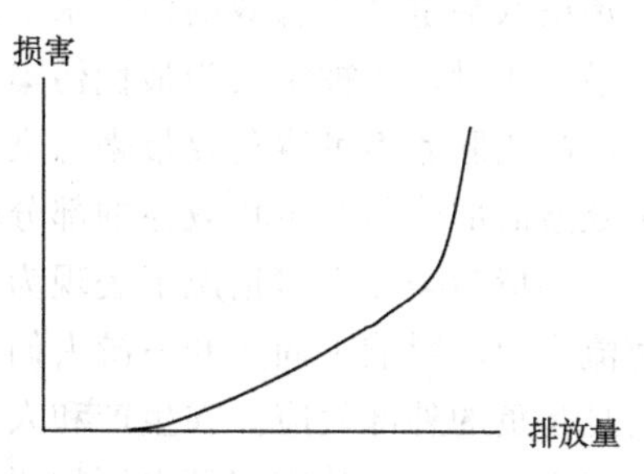

图 10-1 边际损害函数

在低排放水平的情况下，由于环境污染的浓度很低，只有人群中最敏感的人才会受到影响，所以，边际损害相对较小；随着排放水平的上升，边际损害相应提高，当排放水平高到一定程度时，环境污染的浓度上升，将造成严重的影响，此时边际损害将变得非常高。需要说明的是，边际损害函数具有一个阀值，即当排放量或污染度低于这个值时，边际损害为0。只要污染排放量不超过阀值，就不会造成损害。

10.1.2 最优污染与有效污染

经济学是研究在资源约束条件下进行资源配置的学科。配置的选择就是根据“两利相比取其重，两弊相权取其轻”的原则，在不同的方案之间进行选择权衡。经济主体根据不同选择之间的成本-收益大小来选择使其效用最大化或利润最大化的方案。理论和实践都表明，人类的经济活动必然带来一定程度的污染。在给定的条件下，一定规模的生产带来一定程度的污染，而且随着经济规模的扩大，污染的机会会增加。但是人类为了生存必须从事生产活动，这样就面临着环境污

---

① 过建春．2007．自然资源与环境经济学．北京：中国林业出版社：178.

染。因此，在经济发展和环境污染之间，经济主体必须进行取舍和权衡。在这种情况下，尽管污染是有害的，但根据经济主体的经济目标，污染将必然存在，只是存在的污染程度高低不同。从这个角度来讲，污染存在最优污染水平问题。我们如何才能知道哪种情况属于最优污染水平呢？

对于任何社会问题来说，社会最优的解决方案都要求相关的社会福利函数最大化。如果能实现这一点，方案就会产生最优污染控制水平。污染控制目标就是要使污染的净收益最大化，亦即社会从污染中得到的收益与污染带来的损害之差最大。但经济学通常用有效的污染来更精确地解释污染水平，即把净收益最大化的污染水平定义为有效的污染水平。而只有通过资源的适当利用，使社会福利函数最大化时，才被定义为最优污染水平。人们并不希望产生污染，但生产有价值的产品或服务不可避免要带来污染。有效的产出水平应使净收益最大化，使产生正效益的部分与产生负效益的部分的价值之差最大。

环境污染在很多情况下表现为一种外部效应。化工厂把废水等有毒物质排入河流当中，影响了周边和下游人们的生产和生活。这个例子就体现为外部效应，而且是负的外部效应。在生产和人口集中的城市区域，经济主体之间的相互影响更加突出，外部效应问题也更加明显。经济学通常用福利损失来衡量人们面临的外部效应。外部效应是指一个经济主体的行为影响了其他经济主体的福利，但是不存在激励机制使产生影响的经济主体在决策时考虑到其对别人的影响。

环境污染可以从物理属性和经济属性两个角度进行分析。对于经济主体来说，物理性污染的存在不一定意味着经济性污染就一定存在，所以经济性污染即使存在，也不一定要完全消除。其原因在于经济主体总的成本-收益分析。环境容量作为一种资源，对它的利用不足或者不利用，是资源配置的低效率。但是，由于环境容量是有限的，对它的过度利用或损害，同样是资源配置的低效率或无效率。决定环境容量的有效利用或者污染物有效排放的决定因素是边际治理成本和边际损害成本[①]。社会有效的最优污染量并不一定是经济活动为 0 时的污染量，除非在零经济活动量时的边际外部成本超过了边际似然净效益，那么要完全消除污染只能是停止进行生产活动，把产量降为 0。事实上，自然界对污染有一定的吸收和自我净化能力，当污染量小于某一个值时，自然界可以通过自身的循环与净化系统将污染物转化为无害物质；当污染量超过一定限度时，自然界就难以通过自身系统吸收或转化污染，从而会产生负的外部效应。

如图 10-2 所示，边际损害曲线和边际治理成本曲线分别用 MD 和 MAC 来表示，污染排放量 E_1 表示边际损害的阀值，未治理之前的污染排放水平表示为 E_2。边际治理成本曲线向右下方倾斜表明治理成本随着排放水平的提高而减少；

---

① 马中 . 2002. 环境与资源经济学概论 . 北京：高等教育出版社：161.

边际损害成本曲线向右上方倾斜表明损害成本随着排放水平的提高而增加。有效率的污染排放水平是在这个排放水平上，边际损害成本与边际治理成本相等，有效率的污染排放量为 E_0。所以，有效率的污染排放水平应当是边际损害成本等于边际治理成本时的污染排放量①。

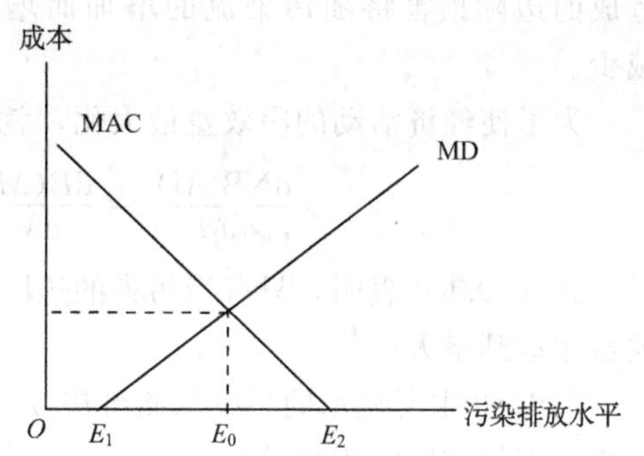

图 10-2　有效率的污染排放水平

需要注意的是，以上分析只是在比较静态的情况下进行的，若要考虑到现实世界，需要从动态的角度来更完整地对最优环境污染排放水平进行分析。在不同的时间阶段，影响边际损害成本和边际治理成本的因素会发生变化，影响因素的变化也会使边际损害成本和边际治理成本发生变化，进而使得有效率的污染排放水平发生改变，特别是随着环境治理技术的不断进步和人类控制污染水平的不断提高，最优污染排放量的值也在不断提高。因此，需要根据不同发展阶段的特点来确定最优污染排放量。

10.1.3　社会有效率的污染排放水平

我们利用一个静态的模型来说明流量损害型污染的有效水平和存量损害型污染水平。

1. 流量损害型污染分析

对于流量损害型污染，其损害的大小（即经济活动的外部性）只与排放流量的大小有关，即

$$D = D(M) \tag{10.3}$$

式中，M 表示排放的污染流量；D 表示污染损害值。

用 B 表示总效益，其是污染流量 M 的函数，则污染的总效益可以表示为

$$B = B(M) \tag{10.4}$$

用 NB 表示社会净效益，则一定污染水平的社会净效益为

$$\mathrm{NB} = B(M) - D(M) \tag{10.5}$$

一般来说，边际损害函数和边际效益函数比总量函数更便于分析。因此，用 $\mathrm{d}B/\mathrm{d}M$ 表示污染的边际效益，用 $\mathrm{d}D/\mathrm{d}M$ 表示污染的边际损害。经济学家们通常假设污染的边际损害和边际效益也具有式（10.5）的一般函数形式。污染

---

① 过建春．2007．自然资源与环境经济学．北京：中国林业出版社：187．

造成的边际损害将随污染流的增加而增加，而边际效益则随污染流的增加而减少。

为了使经济活动的净效益最大化，就要求污染流 M 的确定符合式（10.6）：

$$\frac{\mathrm{dNB}(M)}{\mathrm{d}M}=\frac{\mathrm{d}B(M)}{\mathrm{d}M}-\frac{\mathrm{d}D(M)}{\mathrm{d}M}=0 \tag{10.6}$$

式（10.6）表明，只有当污染的边际效益等于污染的边际损害时，污染的净效益才达到最大。

图 10-3 中所显示的污染均衡价格 μ^* 为影子价格。由于不存在污染市场，该价格并不是实际的市场价格，而是我们研究的方案所要求的假想价格或隐含价格。本例中，μ^* 表示在社会有效率的污染排放水平下单位污染的隐含价格，其大小等于该污染水平下的边际损害。换一种说法，我们也可以把 μ^* 看做污染外部性的影子价格。但如果存在污染市场，企业就得购买排放单位污染物的权利，此时，μ^* 就是有效的市场价格。

图 10-3 中所显示的有效污染排放水平为 M^*。如果污染量少于 M^*，则污染的边际效益大于边际损害，此时增加污染能够产生额外的净效益。反之，如果污染量超过 M^*，则污染的边际效益小于边际损害，此时减少污染将增加净效益。

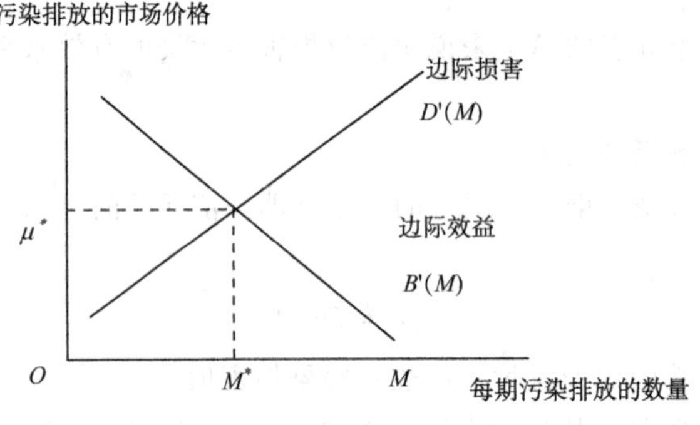

图 10-3 流量污染的有效水平

2. 存量损害型污染的稳态分析①

一般来说，在存量损害型污染的情况下，损害是由环境介质中污染物存量的规模或浓度决定的。对于存量损害型污染，有

$$D=D(A) \tag{10.7}$$

仍然假定总效益 B 是污染流量 M 的函数，则

① 罗杰·珀曼等. 2002. 自然资源与环境经济学. 北京：中国经济出版社：318～320.

$$B = B(M) \tag{10.8}$$

存量污染物有持久性的特点，所以污染流将随时间而不断积累。存量污染物有效水平的分析远比流量污染物有效水平的分析复杂。就流量污染物而言，任何时间段的损害只与该时段的排放水平有关，也就是说，可以相对独立地分析每个时间段。但是，存量污染的基本属性破坏了这种不同时间段的独立性。存量污染随着时间的推移能够留存，所以当前的排放对当前和未来的存量都有贡献，也就是说，即便排放立刻停止，当前排放造成的损害不会随时间而消失。在极端的情况下，污染物具有非常强的持久性，污染物的存量将是以往所有排放流量之和，其所造成的损害也将一直无法消失。

因此，在确定存量损害型污染的有效水平时，我们必须考虑污染物随着时间而不断积累的特点。即便污染物排放的流量是连续均匀的，其所造成的损害也会增加。要想完整确切地描述这类污染的有效水平，就应该定义污染物流量随时间变化的方式，而不是仅仅描述单期的流量情况。当然，为了避免描述过于复杂而不利于分析，我们可以在稳态情况下分析污染的有效水平。所谓“稳态”，即要求污染物存量不变，同时污染物流量也不变。那么，对于一种随时间而不断积累的污染物怎么能做到这一点呢？唯一的可能性就是污染物流入量和流出量的平衡，也就是说，只要每一期污染物衰减的量等于同期污染物的流量，就可以保证污染物的存量不变。

假定污染物存量随时间变化的速率由微分方程来定义，即

$$\dot{A}_t = M_t - \alpha A_t \tag{10.9}$$

变量上面的点表示变量对时间的微分，则 $\dot{A}_t = \frac{\mathrm{d}A}{\mathrm{d}t}$。也就是说，部分污染物存量在削减，削减量用 αA_t 表示。

在稳态情况下，环境中污染存量的变化率为 0，因此有

$$0 = M - \alpha A \Rightarrow A = \frac{M}{\alpha} \tag{10.10}$$

同时，污染排放水平 M 不随时间而变化，排放对增加存量的贡献与各期中存量的衰减量 αA_t 相抵消。关于污染排放水平 M，还有两点值得注意：第一，对任意给定的污染排放水平 M，α 的值越小，环境污染水平 A 越高。第二，如果 $\alpha=0$，即衰减率为 0，污染物完全持续，则只要 M 为正，环境污染的水平必然随时间而增加。任意时点的污染存量等于所有当前排放量和以往排放量之和。

我们已经限定在稳态和各期污染物流量 M 相同等条件下寻求最优污染水平，因此问题的目标就是求 M，以使下式最大化：

$$\int_{t=0}^{t=\infty} (B(M_t) - D(A_t))\mathrm{e}^{-rt}\,\mathrm{d}t \tag{10.11}$$

对于任一时期，净效益 NB 等于污染效益 B 与污染损害 D 之差，即

$$\mathrm{NB} = B(M) - D(A) \tag{10.12}$$

式（10.12）右边是两个变量的函数，但我们已经知道，在稳态时，有 $A=\frac{M}{\alpha}$，因此可以写成

$$\mathrm{NB}(M) = B(M) - D(\frac{M}{\alpha}) \tag{10.13}$$

最大化的必要条件包括

$$\frac{\mathrm{d}B_t}{\mathrm{d}M_t} = -\mu_t \tag{10.14}$$

$$\gamma\mu_t = -\frac{\mathrm{d}\mu_t}{\mathrm{d}t} + \frac{\mathrm{d}D_t}{\mathrm{d}A_t} + \alpha\mu_t \tag{10.15}$$

由于稳态下所有变量都是时间的常数，则式（10.14）和式（10.15）可以写成

$$\frac{\mathrm{d}B}{\mathrm{d}M} = -\mu \tag{10.16}$$

$$-\mu = \frac{\frac{\mathrm{d}D}{\mathrm{d}A}}{\gamma + \alpha} \tag{10.17}$$

式中，μ 的含义为价格，表示单位污染物排放的价格。但它是一种特殊的价格，即影子价格。影子价格是在方案优化的过程中产生的，所以 μ 可以看做是在社会净效益最大化时，单位排放的均衡价格或边际社会价值。因为污染通常被认为是不好的，所以影子价格也为负值。

式（10.15）和式（10.17）说明净效益最大化要求有两部分应与 $-\mu$ 相等，因此这两部分也应彼此相等，合并式（10.15）与式（10.17）可得

$$\frac{\mathrm{d}B}{\mathrm{d}M} = \frac{\frac{\mathrm{d}D}{\mathrm{d}A}}{\gamma + \alpha} \tag{10.18}$$

式（10.18）是我们所熟悉的效率边际条件，效率边际条件要求每增加一单位污染的边际净效益的现值等于增加该污染导致的未来净效益损失的现值。式（10.17）左边部分表示排放率增加一单位带来的当前净效益的增加，这个边际效益只发生在当期。相反，式（10.18）的右边部分表示污染物增加一单位带来的未来净效益损失的现值。注意，$\mathrm{d}D/\mathrm{d}A$ 一直都将存在，它是一种永久性年金的形式（只不过该年金对效用产生的是负影响）。为了得到年金的现值，我们用每年的流量 $\mathrm{d}D/\mathrm{d}A$ 除以贴现率 γ。同时由于污染物每年在不断衰

减，除数部分还应加上 α。如果允许增加污染物存量，稳态下衰减的数量也应按存量规模增加的 α 倍增加，从而减小损害的程度。注意，α 与贴现率的作用和意义相同，污染物衰减的速率越大，适用于年金的有效贴现率也越大，而它的现值就越小。

10.1.4　环境污染控制的成本与收益

从成本角度来看，环境污染给经济主体的福利造成的损失表现为环境污染给经济主体带来了损害成本。要控制或降低环境污染，必然会发生控制或降低环境污染的成本。环境污染控制的成本是指为维护环境质量而支付的污染控制费用与污染造成的社会损害费用的总和。

损害成本表现为对社会的负的外部性。在环境管制不严的情况下，经济主体出于利润最大化的动机，有可能提高排放水平，降低其边际治理成本，此时会出现比较高的损害成本。而如果对厂商实行严格的环境管制，其排放水平会下降，但是治理成本会提高，也造成比较高的社会总成本。因此，理想的排放水平必须在污染成本和治理成本之间进行权衡比较。要达到较低的治理成本，污染排放量水平就会提高，环境损害给社会造成的损害成本也就增加；要实现较低的污染排放量水平，治理污染耗费的成本就会增加。

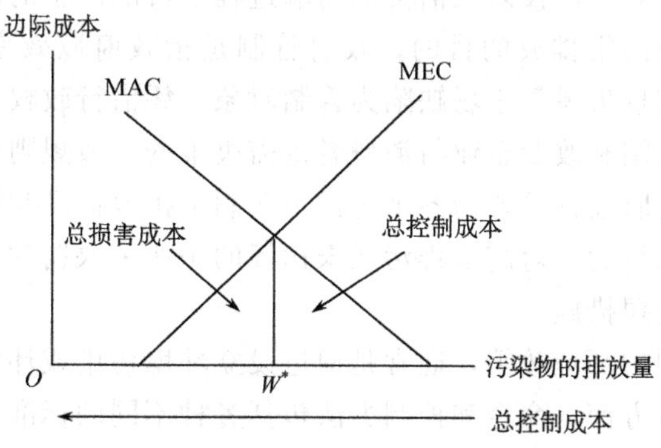

图 10-4　边际控制成本与边际损害成本

图 10-4 中，MAC 表示边际控制成本，MEC 表示边际外部成本。从左向右表示更多的污染排放，从右向左则表示更多的控制成本和更少的污染排放量。最有效率的污染控制水平或污染排放量是总成本（总损害成本加总控制成本）最低的污染控制水平或污染排放量。W^* 表示有效配置。当边际污染物所造成的边际外部损失等于避免这些损失所带来的边际成本，即 MAC＝MEC 时达到最优污染。W^* 左面的点不是最有效率的，因为控制成本的增加超过了损害的降低，因此，总成本上升。同样，W^* 右边的点使控制成本降低，但增加的损害成本会更

高，从而也使总成本上升。所以，只有当边际控制成本等于边际损害成本时，总成本才最低，即 W^* 是最有效率的[①]。

10.2 环境污染控制的手段

污染问题会导致外部成本的存在，使得个人最优和社会最优不一致。为了实现个人最优与社会最优相一致，从而使污染的外部性能够内部化，即克服市场失灵，目前在实践中采取的环境污染控制的手段主要分为两大类：管制手段和经济激励手段。政府管制污染的政策工具大体可以分为三类：排污标准、排污费和排污权交易。

10.2.1 管制与排污标准

管制是指有关行政当局根据相关的法律、规章条例、标准等，直接规定污染排放的标准和违反标准的惩罚，并运用行政和法律手段，直接作用于政策对象，强制其执行环境标准的方法。

管制型的环境政策包括各种环境标准、必须执行的命令和不可交易的配额。管制可以分为直接管制和间接管制两种，前者是直接对污染物的排放进行规定，而后者一般是通过对生产投入或消费的前端过程中可能产生的污染物数量进行规定，最终达到控制污染排放的目的。政府管制是指政府以效率和社会公平为目标，以外部性、信息失灵等市场缺陷为管制对象，凭借行政权力做出并直接执行的直接干预市场机制和改变企业与消费者供需决策的一般规则或特殊行为。具体到环境问题时，政府通常采取为各个排污企业制定排放标准和设备标准，并适时监控各排污企业的行为，对超量排污或未达标的企业采取罚款、停业整顿甚至关闭等一系列行政处罚措施。

政府实行管制的环境政策，通常是通过设立环境污染或环境保护的标准来实施的。在环境政策方面，命令和控制方法包括各种不同的标准，政府依靠这些标准来改善环境的质量。排放标准作为一种环境管理手段，规定了法律所允许的最大排污量，限制了企业排污行为的随意性，具有一定的法律效力。环境标准主要包括三种类型：周边环境标准、排放标准和技术标准。

第一，周边环境标准。周边环境标准就是法律上限定的一定地理范围内的最高污染水平。该最高污染水平既可以是某一地理范围内的空气质量，也可以是某一河流的水源质量。但是政府不能直接实施周边环境标准，其能够实施的是决定周边环境质量的各种污染源。周边环境标准通常以一段时间内的物质的平均浓度

---

① 张帆，李东．2007．环境与自然资源经济学．上海：上海人民出版社：204～205．

来表示。

第二，排放标准。排放标准就是由政府环保部门制定并强制实施的，要求每一企业规定污染物排放的最高限度，超过这一限度，污染物的排放者将受到处罚。排放标准通常以单位时间内排放的污染物数量来表示，对于持续的污染物排放量，政府通常会把瞬时排放率的上限作为排放标准。排放标准一般从排放率、排放浓度、总废料排放量、单位产出产生的废料、单位投入产生的废料及污染物排放前的清除率等几个方面来确定。但是政府通过制定排污标准来控制环境质量，会由于信息的不对称及污染情况的异质性特征，导致排放标准的制定存在不足：一是因为政府难以获得所有企业的成本和效益信息，很难制定一个统一的排污标准；二是因为在有多个污染源的情况下，不同企业或不同污染源的污染控制成本是不同的，对每一个企业或污染源制定不同的排污标准的成本太高，而对不同企业或污染源采取同样的排污标准采取“一刀切”的办法同样难以达到最优①。

图 10-5 中，排污标准 S 对应于排污量 W_S 和经济活动水平 Q_S。为了监督排污标准的实施，设立罚款 F。企业如果遵守排污标准，其经济活动水平会被限制在 Q_S 以内。然而，Q_S 并不是最优的，因为最优经济活动水平是 Q^*，它是由边际私人净效益和边际外部成本的交点决定的。只有把排污标准设立在 W^* 才是最优的，而这需要有关 MNPB 和 MEC 的详细信息，在缺乏这类信息时，难以确定最优的排污标准。在这种情况下，不仅排污标准不是最优的，罚款也不是最优的。在罚款为 F 的情况下，排污者有动力排放 W_P 污染物。这是因为从原点向右到 W_P 点为止私人净效益大于罚款，在点右 W_P 侧边际罚款超过边际私人净效益。排放 W_P 污染物使企业的私人净效益最大。由于政府获得企业的信息及监督企业排污标准执行情况存在一定的困难和成本，企业超标排污不一定被抓住排污者要比较罚款乘以被抓住的概率和排污的私人净效益。由此，排污标准可能偏离最优的污染水平②。

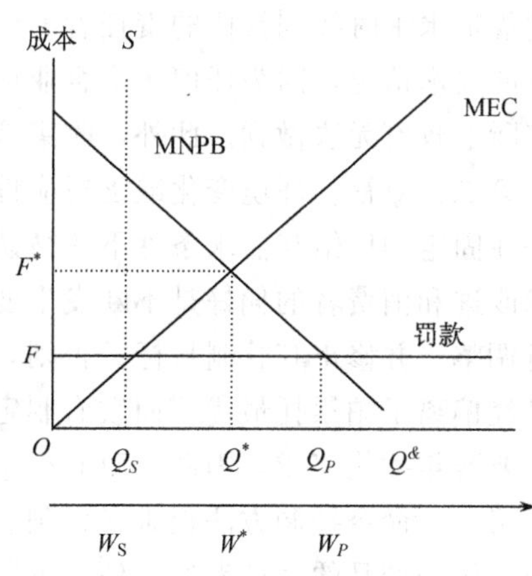

图 10-5　排污标准对最优污染水平的偏离

第三，技术标准。在实际应用中，有很多的标准没有对最终结果进行硬性规

① 张帆，李东 . 2007. 环境与自然资源经济学，上海：上海人民出版社：216.

② 张帆，李东 . 2007. 环境与自然资源经济学 . 上海：上海人民出版社：217.

定，而是要求污染者必须采用一定的生产工艺、技术或措施，我们将这些称为技术标准。技术标准要求且必须采纳政府的一些建议，或者采用某项技术，如购买某种设备进行操作实践。

命令控制方法本质上是一种强制管理调整方法，主要通过政府的强制命令迫使污染者将污染的费用（成本）内部化来减少污染，如设立环境标准及推广某一种低污染环境技术的应用。具体表现为污染者在排污前必须进行净化处理，迫使污染者将原先转嫁给社会承担的污染治理费用转化为污染者自身的生产成本，从而消除污染物排放的外部不经济性。命令控制方法具有较大的确定性，因此人们能够预测全部的废物量。它在很长一段时间内及很大程度上良性地影响和指导了环境政策的方向，并在实践中对环境质量的改善做出了重大贡献。但是这种方法也存在很多不可克服的缺点，影响了其实际效果。其缺点如下：

第一，信息需求量太大，实际上难以支持。命令控制方法不仅需要政府规定污染产品的社会总量，而且还要为每一个企业规定个别的限量，这样才能在总量超过规定水平时找到具体的责任者。要做到这一点就需要具体地了解每一个相关企业的成本情况，因为任何一个企业成本曲线的变动都会影响到管制的有效性，但实际上政府无法做到。此外，收集信息的成本巨大。

第二，对社会环境变化缺乏适应性，存在政策时滞。政府所规定的产出水平只是在固定的供给与需求条件下才被认为是符合效率的。而在实践中，生产者的技术改进和消费者的偏好是不断发生变化的，政府的限制水平必须根据这些变化进行调整，并修正其管制目标。否则，经过一段时间后，其所确定的管制目标往往已经偏离了帕累托最优。而政府制定详细的规定需要大量经济方面的数据，一般需要数年才能完成，因此，政府很难对社会环境的变化做出及时的反应。

第三，命令控制方法很难考虑到企业间的技术差异和污染物处理的边际费用差异。污染产品的生产者通常使用不同的生产技术和原材料，对某一企业是有效的控制技术可能对其他企业是无效的。命令控制方法把一种单一的、减少污染的技术指定给所有的企业，很可能不是最有效的，不具有针对性。

第四，命令控制方法的约束机制远强于激励机制。政府的命令通常只是规定每个企业生产的最大废物量，仅仅限制了污染的水平，并没有将外部成本转变为企业的内部成本。这就不能建立促使企业将废物量降低到规定的最大废物量以下的激励机制，使消费者和企业成了制度的被动遵守者，从而减弱了企业对开发更有效的控制污染技术的动力。

综上所述，如果要达到短期内的环境治理目标，命令控制方法由于其确定性能发挥较好的作用。但从长远的环境治理目标来看，命令控制方法由于其灵活性不够，激励作用较弱，控制成本较高，所以它并不是一个有效的办法。

10.2.2　庇古税

管制手段尽管有优点，但也存在许多不足，所以经济学家通常主张通过市场机制中的经济手段来对污染进行控制。经济控制手段又分为侧重于政府干预的庇古税和侧重于市场机制的排污权交易两大类。

1. 最优庇古税

征收排污税的理论基础源于“福利经济学”之父庇古的外部性经济中因为自然环境提供的服务不能由市场进行交易，所以市场经济的运行主体在生产和消费过程中产生的副产品——环境污染。经济活动的外部性产生了社会成本，但价格机制难以真正地反映使用环境资源的社会边际成本。为解决市场失灵，政府应当采取适当的经济干预政策来消除这种背离。庇古建议对边际私人成本小于边际社会成本的部门征税，税额的大小等于这一差额。通过征税，可以使公民增加环境保护责任，使企业改变生产技术和流程或投入预防性的措施来减少污染物的排放，促使企业发展新的环境技术，从而使得环境外部性通过征收庇古税而内部化。

图 10-6 为庇古税的示意图。图中，MNPB 为企业的边际私人纯收益，MEC 为边际外部成本，这两条曲线相交于 E 点，与 E 点相对应的污染物排放量 Q 就是有效率的污染水平。出于利润最大化的目的，企业将生产规模扩大到线与横轴的交点 Q'。社会最优要求当 MEC>MNPC 时停止继续扩大生产，即生产 Q。但是，随着生产规模的扩大，污染物的排放量也增加到 W'。如果政府向造成环境污染的厂商征收排污税 t，在 t>MNPB 时，税款大于企业的边际净效益，排污税厂商的私人收益就会减少 t，即 t 把 MNPB 向左下方移动到 MNPB-t。该线与横轴相交于 Q，表示厂商将根据其对利润最大化的追求，把生产规模和污染物的排放量控制在有效率的污染水平上。因此，t 是最优排污税率，它使有效率的污染水平等于 Q。这样，最优庇古税就可以定义为：使排污量等于最优污染水平时的排污税。此时，边际外部成本等于边际私人收益[①]。

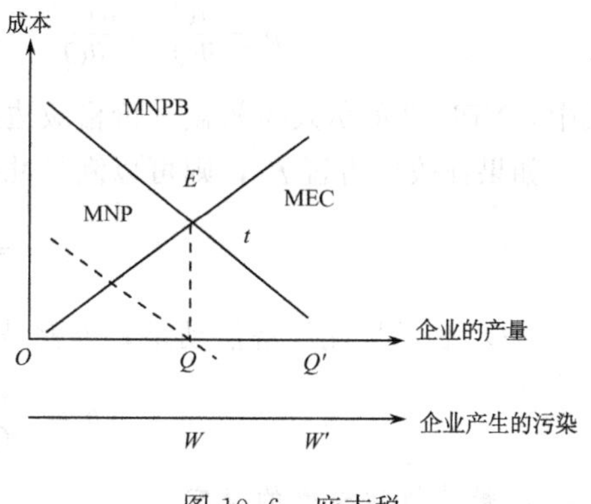

图 10-6　庇古税

① Pearce D, Turner R. 1990. Economics of Natural Resources and the Environment. London: Harvester Wheatsheaf: 85～86

2. 最优庇古税的数学推导

在市场完全竞争的假设条件下，社会净收益 NSB 等于产生污染的经济活动的总效益减去私人成本 C，再减去外部成本 EC，即

$$\mathrm{NSB}=pQ\text{-}C(Q)\text{-}\mathrm{EC}(Q)$$

式中，p 表示产品价格，Q 表示产生污染的经济活动的产量。在完全竞争的假设下，p 值不依赖于 Q。

社会净效益 NSB 最大化的一阶条件为

$$\frac{\partial \mathrm{NSB}}{\partial Q}=p-\frac{\partial C}{\partial Q}-\frac{\partial \mathrm{EC}}{\partial Q}=0$$

因此，

$$p=\frac{\partial C}{\partial Q}+\frac{\partial \mathrm{EC}}{\partial Q}=\frac{\partial \mathrm{SC}}{\partial Q}$$

式中，SC 表示社会成本，等于 C 加 EC。这里效益和成本的导数就是边际效益和边际成本。社会净效益最大化要求满足上式。社会净效益的最大化也可表示为边际私人净效益等于边际外部成本，即

$$p-\frac{\partial C}{\partial Q}=\frac{\partial \mathrm{EC}}{\partial Q}\quad \text{或} \quad \frac{\partial \mathrm{NPB}}{\partial Q}=\frac{\partial \mathrm{EC}}{\partial Q}$$

式中，NPB 表示私人净效益（价格减边际私人成本）。

如果征收庇古税 t^*，则可以满足社会净效益最大化的条件式为

$$t^*=\frac{\partial \mathrm{EC}}{\partial Q^*}$$

式中，Q^* 表示最优经济活动量，也就是

$$p=\frac{\partial C}{\partial Q^*}+t^*$$

3. 最优排污税率的确定

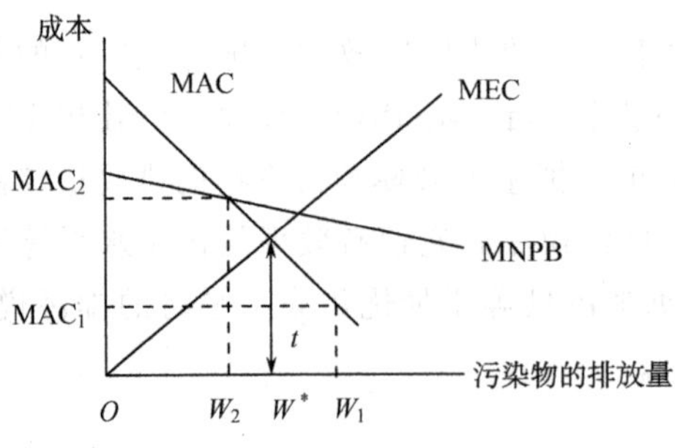

图 10-7 三种可能性存在时的厂商决策

当政府征收排污税费时，厂商面临着三种选择：缴纳排污税费、减产或者是追加投资购买和安装处理污染物的设备。厂商面对上述三种可能性时的最优选择可以用图 10-7 来表示。

图 10-7 中的纵轴代表成本 C。由于厂商可以通过购买和安装环保设备来减少污染物的排放量，因而污染物的排放量不再随着生产规模的变动而

同比例变动。所以，横轴中的 W 仅仅代表污染物的排放量，污染物存排放量越大，相应的点就离原点 O 越远。MEC 线是边际外部成本曲线，MNPB 线代表着在厂商没有安装环保设备，其污染物的排放量随着生产规模的扩大而同比例增加的条件下，厂商的边际私人纯收益曲线，MAC 线则是污染治理的边际成本曲线。MAC_1 和 MAC_2 分别代表不同的污染物的排放量和环境污染程度在 W_1 和 W_2 条件下的边际治理成本。由于污染物的排放量越少，环境污染的程度越低，进一步治理污染的难度就越大，相应的边际治理成本也就越高，所以，在图 10-7 中，MAC 曲线从左上方向右下方延伸，MAC_2 大于 $MAC_1$①。

由于存在通过治理污染来减少污染物排放的可能，厂商的决策和排污税费的征收标准都会发生变化。对厂商来说，排污税费的征收标准是无法控制的。在只有减产或缴纳排污税费这两种可能性的时候，如果政府对某一特定污染物的排放量的排污税费的征收标准高于厂商的边际私人纯利益，厂商就只有缩小生产规模这一种办法。而当存在三种可能性的时候，如果政府对某一特定污染物的排放量的排污税费征收标准高于厂商的边际私人纯收益，又高于其边际治理成本，厂商就可以在减产或购买和安装环保设备区两者中做出选择。

10.2.3　排污权交易

排污权交易是指管制当局制定总排污量的上限，并按此上限发放排污许可，而且排污许可可以在市场上买卖。排污权交易提供了激励机制来降低污染控制的成本。排污权交易的主要思想就是在满足生态环境保护要求的条件下，建立合法的污染物排放权利即排污权，并允许这种排污权进行市场交易，以此控制污染物的排放总量和降低污染物治理的总体费用，使环境资源得到优化配置。

一般做法是首先由政府部门确定出一定区域的环境质量目标，并据此评估该区域的环境容量，然后推算出污染物的最大允许排放量，并将最大允许排放量分割成若干规定的排放量，即若干排污权。政府可以选择不同的方式分配这些权利，如公开竞价拍卖、定价出售或无偿分配等，并通过建立排污权交易市场使这种权利能够合法地买卖。在排污权市场上，排污者从其利益出发，自主地决定其污染治理程度，从而买入或卖出排污权②。

1. 排污权交易的微观效应

通常情况下，企业间控制污染的费用差别很大，如果排污权可以有偿转让，那些治理费用最低的企业就愿意通过治理来大幅度地减少排污，然后通过卖出多余的排污权而受益。只要对某些企业来说，安装治理设备比购买排污权花费更

---

① 刘传江，侯伟丽．2006．环境经济学．武汉：武汉大学出版社：189.

② 刘传江，侯伟丽．2006．环境经济学．武汉：武汉大学出版社：199.

多，就肯定存在排污权的买方。只要治理责任费用效果的分配没有达到最佳的程度，交易机会总是存在的。也就是说，进行排污权交易会促使边际污染治理成本较低的企业更多地削减污染物排放量，以便产生排污权余额供出售；而边际污染治理成本较高的企业则会减少对污染的治理，代之以购买相应的排污权，直至边际治理成本与排污权价格相等为止。排污权交易的实施，可将污染治理的任务进行优化分配，使得污染物排放量的削减主要集中在边际治理成本最低的排污者身上，从而降低全社会污染治理的总体费用，同时提高经济效益①。图 10-8 给出了排污权交易的基本思想。

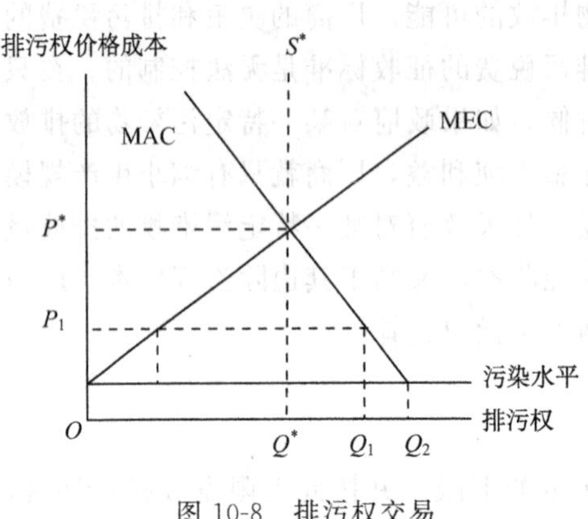

图 10-8 排污权交易

在图 10-8 中，横轴表示污染水平和排污权。MAC 表示边际控制成本，它向右下方倾斜，是因为排污量越多(控制量越少)，边际控制成本越低。如果控制污染的唯一方法是减少产量，则 MAC 可以用 MNPB 来代替。MEC 表示边际外部成本。最优排污权的数量为 Q^*，排污权的最优价格为 P^*。如果管制当局希望达到帕累托最优，应当发放 Q^* 排污权。S^* 是排污权的供给曲线。由于其发放是被政府管制的，它不受价格变动的影响，所以，S^* 是一条垂直线。边际控制成本 MAC 表示每一污染量对应的控制成本，实际上是排污权的需求曲线。当排污权的价格为 P_1 时，排污者将购买 Q_1 排污权，因为当排污量小于 Q_1 的时候，购买排污权比控制污染便宜。在 Q_1 右侧，通过控制把污染量减少到比购买排污权便宜，企业就会选择控制污染。因此，MAC 是排污权的需求曲线②。

通过排污权交易而产生的微观效应如图 10-9 所示。在图 10-9 中，一家排污企业不受任何控制的自发排放量为 Q^*，此时企业不承担任何控制污染的成本。P^* 为排污权市场形成的均衡价格，在模型中是外生变量。现假定

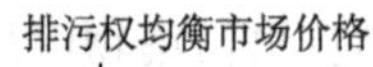

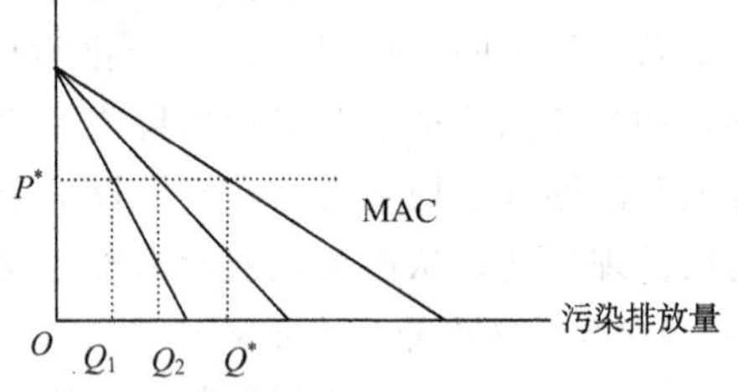

图 10-9 排污权交易形成的均衡统一价格对排污企业的影响

① 过建春 . 2007. 自然资源与环境经济学 . 北京：中国林业出版社：93.

② 张帆，李东 . 2007. 环境与自然资源经济学 . 上海：上海人民出版社：233～234.

环境保护部门采取排污权交易制度，规定企业必须购买一单位排污权才能排放一单位污染物。在这一制度的作用下，企业出于降低私人成本的动机，将污染排放量由 Q^* 减至 Q_1。因为当排放量高于 Q_1 时，减少单位污染物的收益大于增加单位污染物的控制费用，此时企业倾向于治理污染；而当排放量低于 Q_1 时，单位污染物的控制费用高于购买排污权的支出，此时企业倾向于购买排污权。只有在 Q^* 点，企业治理污染的总成本才达到最小。在 Q^* 排放量上，企业的边际控制成本恰好等于排污权的市场价格。因此，在排污权交易制度下，出于利益最大化的动机，各排污企业自动将污染水平控制在其边际控制成本与排污权均衡市场价格相等的水平上，此时等边际原则自动满足。

排污权交易的效率结果可以通过图 10-10 来说明[①]。如右图，企业 1 和企业 2 的允许排放总量是一定的，即 Q_1Q_2，初始的排污权分配为企业 1 允许排放 Q_1Q'，企业 2 允许排放 Q_2Q'。这种初始配置使得两家企业的边际控制成本不同，企业 1 的边际控制成本高于企业 2。在排污权交易体系下，通过排污权在企业 1 和企业 2 之间进行交易。治理成本较低的企业 2 会多削减排放量，产生的排污权出售给企业 1；企业 1 因购买新的排污权而减少削减，从而降低治理成本。这一过程一直会持续到两家企业的最后一单位治理成本相等时，交易才会停止。通过交易，两家企业的排放总量没变，但实现了资源配置的效率条件，即边际成本的均等化。总治理成本比不交易时减少了面积 AE^*B 部分，容量资源 Q_1Q_2 实现了更高效率的配置。

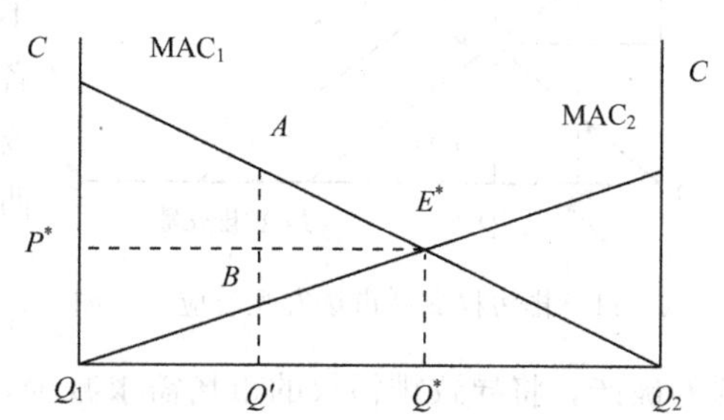

图 10-10　排污权交易的均衡效率

事实上，排污权交易是把环境系统的净化能力这种原本免费使用的资源变成了有偿使用的生产要素，借此纠正市场失灵。在产权充分界定的前提下，排污许可证作为一种特殊的、有价值的资源进入厂商的生产函数。只要排污权交易市场是充分竞争的，污染权最终会配置到最珍惜且最能有效使用它的厂商手中，即环境容量资源的配置达到帕累托最优。

2. 排污权交易的宏观效应

排污权的供给曲线 S 是一条弹性为 0 的垂直线，排污权的需求方为各排污企业，企业的 MAC 线实际上也是其排污权的需求曲线。将某一污染控制区所有排污企业的边际控制成本曲线横向加总，得到排污权的需求曲线，两条曲线

① 吴健. 2005. 排污权交易——环境容量制度创新. 北京：中国人民大学出版社：149.

相交于 B 点，排污权的供给与需求达到均衡，此时形成的价格为市场均衡价格。通过排污权交易产生的宏观效应如图 10-11 所示。在图 10-11 中，横轴代表污染物排放量，纵轴代表成本和价格。S 线和 D 线分别表示排污权供给曲线和需求曲线；MAC 线和 MEC 线分别表示边际治理成本和边际外部成本[①]。

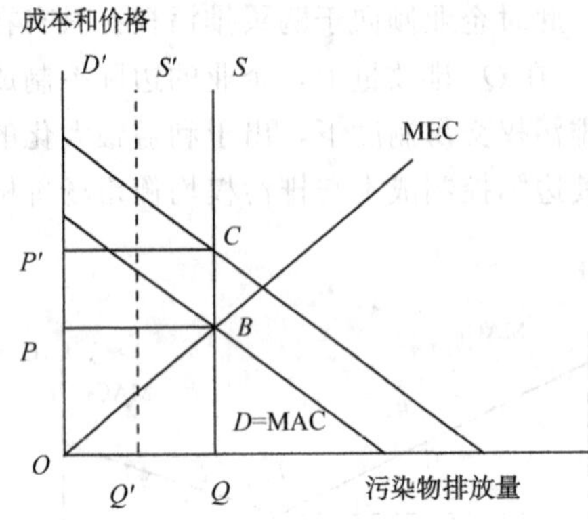

图 10-11　排污权交易市场宏观效应示意图

从图 10-11 中可以看出排污权供给曲线和需求曲线的特点：由于政府发放排污权的目的是保护环境而不是赢利，因而排污权的总供给曲线 S 是一条垂直于横轴的线，它表示排污权的发放数量不会随着价格的变化而变化。由于污染者对排污权的需求取决于他的边际治理成本，所以可以将图中的边际治理成本曲线 MAC 看成是总需求曲线 D。

市场调节将使排污权的总供求在市场主体发生变化时重新达到平衡：污染源的破产，将导致排污权的市场需求减少，则需求曲线左移，市场价格下降，其他污染者将多购买排污权和少削减污染物排放量，在保证总排放量不变的前提下，尽量地减少过度治理，节省控制环境质量的总费用；新污染源的加入，将导致排污权的市场需求增加，需求曲线 D 移动到 D'，总供给曲线保持不变，因而每一单位污染权的市场价格也就上升到 P'。如果新污染者的经济效益高，边际治理成本低，只需要购买少量排污权就足以使其生产规模达到合理的水平并赢利，那么，该污染者就会以 P' 的价格购买排污权。而那些感到得不偿失的污染者则不会购买。显然，这对于优化资源配置是有利的。

10.3　环境污染控制的设计

10.3.1　不完全竞争和污染控制

前边章节讨论的污染控制，基本是在市场完全竞争的假定条件下对其进行分析的，企业是价格和排污费的被动接受者，即企业在决定其选择时，价格和排污费是给定的。但在实践中，多数市场并不是完全竞争的，很多企业具有不同程度的市场势力，使其可以在一定程度上影响价格。因此，在市场不完全竞争条件下对污染控制的情况进行分析将变得更加复杂。

---

① 马中．2000．环境与资源经济学概论．北京：高等教育出版社：189～190．

1. 不完全竞争条件下的庇古税效率

图 10-12 给出了不完全竞争条件下企业的成本曲线和需求曲线。图 10-12 中，不完全竞争企业的需求曲线向右下方倾斜，边际收益曲线 MR 在需求曲线的内侧向右下方倾斜。企业要面对边际私人成本曲线 MPC 和边际社会成本曲线 MSC，两者之间的垂直距离为边际外部成本 MEC。企业为使利润最大化，使 MPC＝MR，垄断产量为 Q_m，价格为 P_M。而 $Q_M < Q^*$，偏离最优产量。但如果在 Q_M 设立排污费，会使企业的边际私人成本曲线由 MPC 上升为 MPC′。企业为了使利润最大化，结果使产量为 Q'，价格为 P'，从而进一步偏离了最优产量和价格，导致社会由于产量减少所受到的福利损失增加。如果我们想得到 Q^*，需要把 MPC 下置到 MPC′，此时，MR 与 MPC′相交得到 Q' 和 P'。但这样做需要设置补贴而不是收费，而补贴 S^* 等于 MPC 与 MPC′间的垂直距离。

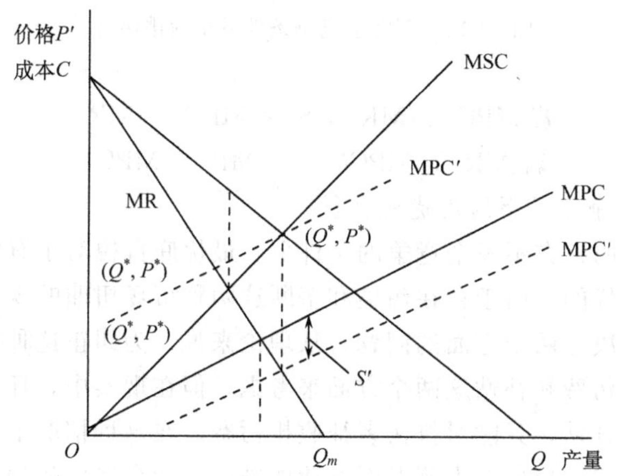

图 10-12　不完全竞争条件下的庇古税或补贴

如果改变 MPC 和 MSC 的形状，就可以得到正的排污费。图 10-13 中，MSC 和 MPC 的差别很大，为达到 Q^*，需将 MPC 上移到 MPC′，MPC′和 MR 的交点给出 Q^* 和 P'。这时，排污费 t 是正的[①]。

但是，无论排污费为正还是为负，最优排污费都不等于最优产量上的 MEC。原因在于我们同时在解决两个问题：外部效应和垄断。如果首先改正垄断问题，使 p＝MPC，那么排污费就会等于 MEC^*。以上结果可以总结为：

完全竞争条件下：

$$t = p - MPC = MR^* - MPC^* = MEC^*$$

不完全竞争条件下：

① 马中．2000．环境与资源经济学概论．北京：高等教育出版社：189～190．

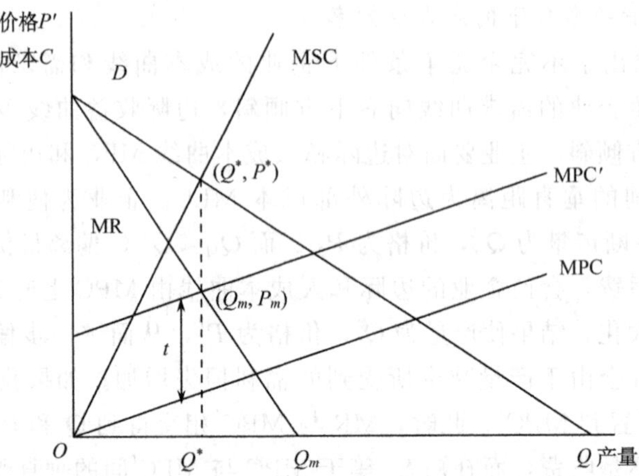

图 10-13 不完全竞争条件下正的排污费

$$若\ MPC^* > MR^*,\ S^* = MPC^* - MR^*$$

$$若\ MR^* > MPC^*,\ t = MR^* - MPC^*$$

2. 不完全竞争条件下的次优庇古税

上述分析说明，在不完全竞争的条件下，最优庇古税对于有污染的垄断行业来说，并不是最优的。由于存在污染和垄断这两种市场扭曲的现象，有效的政策设计必须同时解决这两个方面的问题。从理论来说，为纠正这种市场扭曲的政策手段可以通过排污费和补贴这两个方面来考虑。但在现实中，环保部门通常不能对垄断企业给予补贴，只能对排污者征收排污费。在这种情况下，既要考虑到污染造成的外部效应，也要考虑到垄断企业的减产对社会造成的损害。社会福利的最大化要求实现垄断企业的产品的价值和提供这一产量的完全社会成本之差的最大化。次优庇古税可表示为

$$t^* = t_c - \left|(p - \mathrm{MPC})\frac{\mathrm{d}Q}{\mathrm{d}s}\right|$$

式中，t^* 表示次优庇古税；t_c 表示完全竞争条件下的庇古税；P 表示产品价格；MPC 表示边际私人成本；s 表示排污水平。式右边的第一项为完全竞争条件下的庇古税，第二项为产量减少所引起的福利损失，该损失是用边际产品价值和边际私人成本之差乘以因单位排污量减少所引起的产量的减少来表示的。因此，对垄断企业征收的次优庇古税应低于对完全竞争企业征收的最优庇古税[①]。

3. 庇古税对社会福利的影响

在排污控制实践中，由于信息不对称及出于成本的考虑，对完全竞争企业和

① 张帆，李东. 2007. 环境与自然资源经济学. 上海：上海人民出版社：257～258.

不完全竞争企业收取不同的庇古税难以行得通。而对垄断企业收取一般的庇古税会对社会福利产生不同的影响。图 10-14 反映了对垄断企业收取一般的庇古税对社会福利产生的影响。

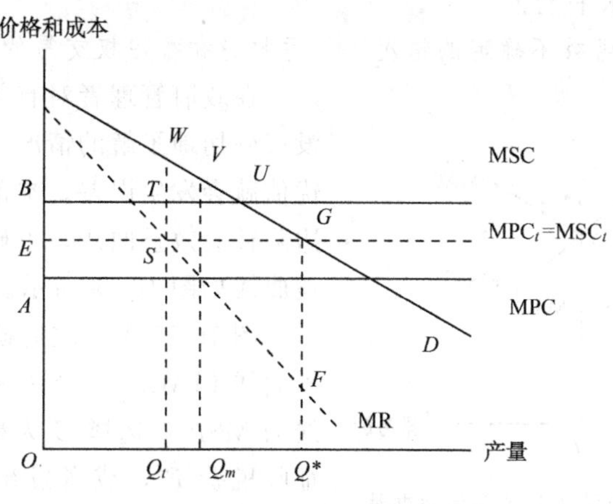

图 10-14　产品市场垄断条件下的福利

为了简化分析，假定垄断企业的边际私人成本曲线是水平线 MPC，每一单位生产所造成的外部成本为 AB，从而社会边际成本曲线为 MSC。按照利润最大化原则，边际收益等于边际私人成本，企业的产量为 Q_m（MR＝MPC）。假设向企业征收庇古税将提高边际私人成本 MPC，这将迫使企业采用降低成本的技术，使边际社会成本 MSC 有所降低。当全部污染成本被内化时，边际私人成本等于边际社会成本，即 $MPC_t＝MSC_t$，此时，最优产量为 Q^*，产品以最低的社会成本生产。这是完全竞争市场加庇古税所得到的最优产量。这时，垄断企业为了使利润最大化，使边际收益 MR 等于边际私人成本 MPC_t，产量为 Q_t。但要达到最优产量，需要庇古税加补贴 GF①。

10.3.2　不确定性和控制手段的选择

以上分析都是在比较理想的市场环境下进行的。在现实世界中，不确定性会对排污者的行为和污染控制手段的选择产生影响。本节将考虑存在不确定性条件下控制手段的选择。

我们首先讨论在确定情况下的排污控制手段。如果追求社会福利最大化的政府明确地知道有关函数，则排污收费和排污权交易会得到完全一样的排污量，尽管两者的信息成本和控制成本可能不同。政府如果能得到所有信息，就可以确定

① 张帆，李东．2007．环境与自然资源经济学．上海：上海人民出版社：258～259．

庇古税的水平，然后向企业征收。政府也可以向企业分发排污权，因为排污权的自由交易将排污权的价格抬高到庇古税的水平。这时，对排污者整体来说，向政府交排污费和在市场上购买排污权的效果是相同的。排污收费和排污权交易把排污限制在同样的水平上。

1. 社会效益函数不确定的情况下排污收费和排污权交易的比较

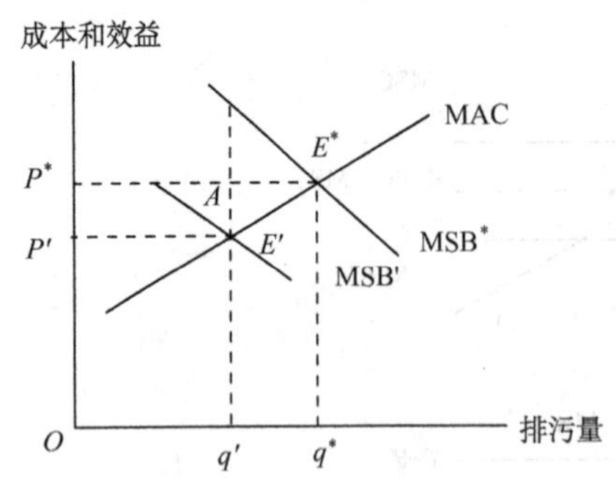

图 10-15 不确定的边际社会效益曲线

在政府管理者对有关函数的曲线位置没有确切地了解的情况下，计算污染的最优值就会发生误差。本部分讨论不确定的边际社会效益曲线。不确定的边际社会效益曲线如图 10-15 所示。

图 10-15 中，政府确切地了解控制成本曲线 MAC。政府认为边际社会效益曲线为 MSB'，选择 E'为最优解。政府或者征收税费 P'，或者发出 q'排污权。如果政府管理者的判断是正确的，且排污权市场是完全竞争的，那么这两种政策的效果是一样的，排污量均为 q'。

如果政府管理者的收益为边际社会效益曲线 MSB'，而实际上边际社会效益曲线是 MSB^*，即实际上的边际社会效益高于政府管理者的想象，因此减少排污的效益更高，而减少 q'单位排污就不够了。实际上的最优解是 E^*，相应的最优排污量是 q^*。由于选择 q'而不是 q^* 所造成的社会损失在图中为三角形 A。

我们所关心的是在社会效益曲线不确定的情况下，两种基本的排污控制手段的效果有何不同。给定任何边际控制成本函数 $MAC(q)$，如果把价格定为 $P^*=MAC(q^*)$，那么在竞争市场上的排污减少量为 q^*。如果排污权定为 q^*，那么排污权的均衡价格就是 P^*。也就是说，这些价格和数量仅仅依赖于控制成本函数，完全不依赖于社会效益函数的形状或位置。因此，政府既可以分发排污权直接设定 q^*，也可以通过设定 P^* 来间接设定 q^*。这两种方法的效果是一样的。总之，对社会效益曲线的估计错误会造成社会损失，但是无论管理者选择排污收费还是排污权交易，其结果都一样，即效益曲线位置的不确定性对于排污控制手段的选择并没有影响。

2. 控制成本不确定的情况下排污收费和排污权交易的比较

如上所述，排污收费和排污权交易在某些方面是不同的：一方面，排污权交易要保证一个排污量的上限，不论保持这一排污量的成本有多高；另一方面，假设企业使成本最小化，征收排污费时要保证边际排污控制成本等于排污费，不管相应的排污量有多少。因此，实行排污权交易可以确保达到某一排污减少量，但对达到这一减少量的成本没有完全的把握；而征收排污费可以把握控制成本，但对排污减少量没有完全的把握。

如果管理者错误地估计了控制成本函数，那么他所估计的最优排污减少量和最优排污成本将可能也是错误的。在现实中，由于企业虚报排污控制成本，政府预期的边际控制成本可能会高于实际的边际控制成本。当实际的边际控制成本曲线低于预期的边际控制成本曲线时，如果事先把目标定在预期的最优水平，则实行排污权交易时排污减少量不足，而征收排污费时减少量过多（图 10-16）。

在图 10-16 中，假设边际社会效益曲线是确定的，而边际控制成本曲线存在不确定性。政府估计的控制成本曲线为 MAC′，相应的最优解为 E'。然而，实际的控制成本曲线为 MAC*，位于估计的控制成本曲线的下方，即实际的控制成本低于估计的控制成本。相应地，真实的最优解为 E^*。这种情况下，真实的最优解 E^* 位于估计的最优解 E' 的右下方，估计的最优排污减少量 q_t 一定小于实际的最优排污减少量 q^*。而由征收排污费得到的排污减少量 q_f 则一定大于 q^*。也就是说，如果 MSB 曲线和 MAC 曲线向右上方倾斜，则我们有 $q_t < q^* < q_f$。

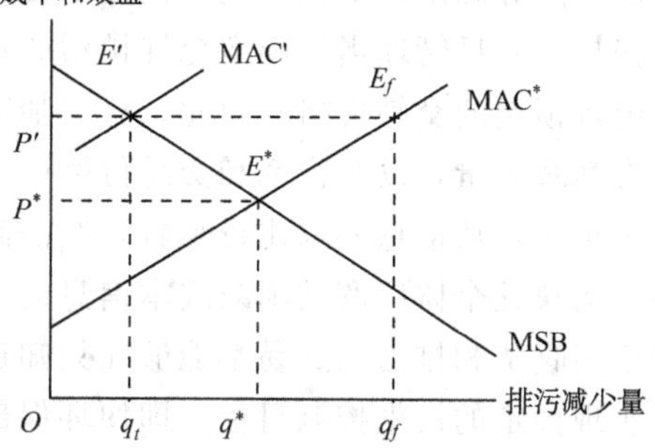

图 10-16 不确定的控制成本曲线

采取排污权交易得到的 q_t 不足，这是因为高估了控制成本。而排污费得到的 q_f 比最优排污减少量大，也是因为制定排污费时高估了控制成本[①]。

10.3.3 污染控制手段的比较和设计

从前面的分析可知，污染控制的排污标准、排污费和排污权交易都可以以最低的成本实现任何污染控制目标，但是各个控制手段在费用效率和控制手段的可靠性、信息要求、不确定性等方面存在一定的差异。所以，在实际操作过程中，需要比较各个手段的优劣，从而选出比较合适的控制手段或控制手段组合。

1. 污染控制手段的比较

各类污染控制手段在控制污染的有效性上的差异主要体现在控制的费用效率、控制手段的可靠性、信息要求、不确定性等方面。

首先，从控制的费用效率比较来看，命令控制手段可以实现有效的污染控制，但费用较高。为了降低命令控制过程中的过高费用，政府环境保护部门需要

① 张帆，李东．2007．环境与自然资源经济学．上海：上海人民出版社：244～246．

了解每个污染者的边际削减成本函数，然后才能计算出每个企业应削减的量，以使所有企业的边际削减成本相等。但在实践中，获取每个污染者的边际削减成本函数或污染信息是很难做到的。因此，相对于其他控制手段来说，命令控制型的数量管制手段是无效率的，其实现特定目标的成本相对较高。

其次，从控制手段的可靠性比较来看，控制手段的可靠性在很大程度上依赖于政府环境保护部门所掌握的信息的多少。例如，如果能够确定地掌握总削减成本函数，管理当局就能够确定为实现给定的削减目标应采取何种税率或补贴。一旦税率能够确定，削减就能够被控制在期望的水平上。同样的结论也适用于排污权交易。一旦管理当局确定允许排污的数量，市场的交易将产生一个可以被政策制定者预期的交易价格。因此，有关削减成本的信息就成为决定税和交易体系的污染削减数量，以及税率和交易价格可靠性的关键因素①。

再次，从信息要求比较来看，经济激励手段比命令控制手段更具有根本的优势。当缺乏个体厂商的削减成本信息时，命令控制手段一般无法做到非常有效。但排污收费和排污权交易都能够在只知道总体削减成本的情况下，以最低的总成本实现预定的污染控制目标。即便环保部门不知道总体削减成本，采用这些经济手段也能够以最低的成本实现部分目标。

最后，从不确定性比较来看，当存在不确定性或不断出现新信息时，排放数量控制、规定技术和标准控制等方法的控制效果较差。相反，实行排污权交易时，管理当局可以通过公开市场业务对市场上的许可证数量加以灵活调整。另一个重要的不确定性情形是，要考虑使用错误信息时不同的手段可能带来的效率损失。在确定的情况下，决策者了解污染削减成本函数和污染损害函数，从而能够确定有效率的污染削减水平。一般来说，在这种情况下，基于市场的控制手段是实现控制目标的最佳手段。但是，当决策者对这些函数的了解都存在不确定性时，市场手段就不一定是最佳的了。在不确定的情况下，政府可能高估或低估了边际削减成本或效益。

2. 污染控制手段设计

从各类政策工具来看，排污标准等政府命令控制的政策工具具有简单易行和见效快的特点，但经济学通常认为这种方法的效率较低，原因在于由于信息不对称，政府获取企业污染控制信息的成本过高。政府在制定污染控制标准时，不仅需要得到排污者的具体信息，而且需要知道各类及各个企业不同的技术和不同的污染控制成本，这都会产生大量的费用。因此，命令控制方法比市场激励方法的控制成本更高。通过对排污者征收庇古税的方式，可以使外部效应内部化，实现资源的最优配置，达到经济效益和环境效益的双重最优化。而且庇古手段使不同

---

① 罗杰·珀曼等．2002. 自然资源与环境经济学．北京：中国经济出版社：371.

的企业根据自身的控制成本选择控制量，使得各个经济主体都有更大的选择空间。但是庇古税存在的缺点是：在实践中难以准确地了解边际外部成本，环境保护当局不容易了解企业的边际私人净收益曲线，庇古手段没有考虑税收的分担问题，特别是庇古税分析的前提是要在完全竞争市场中进行。由于上述原因，庇古税方法在实践中的操作性较差。

与前两种思路都需要政府不同程度的干预相比，排污权交易不需要政府干预，其完全通过市场就能达到最优。与排污费的庇古税方法相比，排污权交易方法在达到同样的污染控制量时，能够以更低的成本实现这一目标，而且不需要实现确定税额，也不需要对税额进行调整。最明显的是，排污权交易给市场主体提供了表达意见的机会，避免了政府环境保护部门因对控制成本估计错误而造成的企业不愿意投资的问题。但是排污权交易方法同样存在一系列问题：一是需要在充分竞争的条件下才能实现；二是在交易成本过高的情况下，排污权交易难以实施；三是其要求实施排污权交易的前提是产权明晰。

上述三种方法各有优缺点及使用的环境和前提条件，所以在实施过程中需要按照一定的选择标准来对政策进行组合和设计。政府对污染控制手段的选择标准主要包括以下几个方面：

一是经济效率，即以最小的社会成本得到最大的经济利益。

二是低的信息需要量，即执行政策所需要的信息尽可能的少。

三是公平性。在选择污染控制政策手段时，手段的分配效应是一个非常重要的因素。不同的污染控制手段对收入在经济体系中的分配的影响是不同的，不同手段导致的直接财务收益和损失对社会整体的收入和财富分配产生影响，所以控制手段的采用需兼顾社会各群体的利益。

四是可靠性和协调性，即政策的结果比较确定，风险较小，环保政策对其他各方面的变化应具有较好的适应性。

五是可实施性，即政策实施的步骤和做法切实可行。由于任何控制计划的可实施性将在很大程度上依赖于当地的具体情况及计划设计的细节，所以很难就此做出一般性的判断，因而控制手段的可实施性非常重要。

六是政治上的可接受性。但通常在实践中，要同时满足以上所有条件是不可能的，因此需要根据实际情况进行权衡取舍，并通过各方利益的博弈以达成一致。

七是政策效果的长期性。污染控制手段的长期影响主要取决于两个方面：一方面是手段的净收入影响，它会影响到企业的规模；另一方面是手段所能提供的动态激励。因此，控制手段的选取需要考虑到控制手段实施的政策效果的长期效应。

在实践中，各国通常是使用组合的政策工具来实现污染的有效控制。组合的政策工具通过提供三种激励机制来实现对污染的最优控制：一是直接改变价格或成本水平。当征收排污费时，对企业的生产过程产生了影响。一方面，成本的变动使污染造成的社会成本得到反映，企业在生产过程中必须考虑社会成本的大小，进而使社会成本内部化；另一方面，产品价格的变化也迫使消费者在做消费决策时，考虑产品的社会成本，以减少对污染严重的产品的消费。二是政府通过金融和财务手段间接改变产品的价格或成本。政府通过补贴、低息贷款等方式促进保护环境技术的发展和执行环保政策的激励机制。这些手段的目的是使价格或成本能够反映出产品对社会的全部成本和收益。三是市场创建、市场发育和市场支持。政府通过制度创新人为地建立与环保有关的新市场，或者通过立法、改变管制等方法实现市场发育，进而为污染控制创造良好的外部环境和制度环境。

专栏 10-1　碳排放权交易

碳排放权交易的概念源于20世纪70年代经济学家提出的排污权交易概念。排污权交易是市场经济国家重要的环境经济政策，美国国家环保局首先将其运用于大气污染和河流污染的管理。此后，德国、澳大利亚、英国等也相继实施了排污权交易的政策措施。排污权交易的一般做法是：政府机构评估出一定区域内满足环境容量的污染物最大排放量，并将其分成若干排放份额，每个份额为一份排污权。政府在排污权一级市场上，采取招标、拍卖等方式将排污权有偿出让给排污者，排污者购买到排污权后，可在二级市场上进行排污权买入或卖出。

荷兰和世界银行率先开展碳排放权交易，其交易方式是：按照《京都议定书》的规定，协议国家承诺在一定时期内实现一定的碳排放减排目标，各国再将自己的减排目标分配给国内不同的企业。当某国不能按期实现减排目标时，可以从拥有超额配额或排放许可证的国家（主要是发展中国家）购买一定数量的配额或排放许可证以完成自己的减排目标。同样的，在一国内部，不能按期实现减排目标的企业也可以从拥有超额配额或排放许可证的企业那里购买一定数量的配额或排放许可证以完成自己的减排目标。碳排放权交易市场由此而形成。

目前，在推动碳排放权交易方面，欧盟走在世界前列。欧盟已经制定了在欧盟地区适用的欧盟气体排放交易方案，通过对特定领域的万套装置的温室气体排放量进行认定，允许减排补贴进入市场，从而实现减少温室气体排放的目标。欧盟碳排放市场开始交易以来，交易量和成交金额稳步上升。

资料来源：碳排放权交易 . http：//baike. baidu. com/view/3134204. htm. [2010-1-3] .

相关链接 10-1　中国排污权交易发展历程

排污权交易是由美国经济学家戴尔斯于 20 世纪 70 年代提出的。从那时起，美国环保局尝试将排污权交易用于大气污染源和水污染源管理，逐步建立起了以补偿、储存和容量节余等为核心内容的排污权交易政策体系。根据美国总会计师事务所的研究，排污权交易制度自 1990 年被用于二氧化硫排放总量控制以来，已获得了巨大的经济效益和社会效益。

美国环保协会及其首席经济学家丹尼尔·杜丹德博士最早在 1991 年将这个概念带到中国，介绍了美国正在进行革新的环保管理制度即排污权交易。

1985 年，上海市颁布了《上海市黄浦江上游水源保护条例》，确定在黄浦江上游水源保护区内实行污染物排放总量与浓度控制相结合的管理办法。同时期在上海率先尝试了大气污染控制方面的排污权交易试点工作。

1994 年 12 月，上海市人大通过了《上海市环境保护》第 31 条："……排污单位污染物排放必须达到规定的排放标准和总量控制指标……有关单位可以有偿转让部分排污指标。"

1996 年，国务院批复同意原国家环境保护局提出的《国家环境保护"九五"计划和 2010 年远景目标》。对其中的《"九五"期间全国主要污染物排放总量控制计划》，国务院要求，要根据不同时期、不同地区的情况，指定相应的控制指标；要抓紧制定污染物排放总量控制体系和管理办法，建立定期公布制度。从此，污染物排放总量控制开始在全国范围内推行，它为排污权交易在中国落地生根提供了土壤。

2001 年 9 月，在美国环保协会及江苏省南通市环保局的积极配合下，江苏省南通市实现了中国首例二氧化硫排污权的成功交易。

2002 年 3 月，原国家环境保护总局正式下发"环办函［2002］51 号文"，决定与美国环保协会一起，在山东省、山西省、江苏省、河南省、上海市、天津市、柳州市及中国华能集团公司，开展"推动中国二氧化硫排放总量控制及排污交易政策实施的研究项目"（简称"4＋3＋1"项目）。

2007 年 7 月 4 日，国家发改委会同国家环境保护总局印发了《关于开展烟气脱硫特许经营试点工作的通知》及《火电厂烟气脱硫特许经营试点工作方案》，要求在国电等五大发电集团公司火电厂进行烟气脱硫过程中引入特许经营模式，试行排污权交易制度。

2007 年 11 月 10 日，国内首个排污权交易平台——浙江省嘉兴市排污权储备交易中心揭牌成立。该平台的成立，意味着国内的排污权交易开始实现规模化和制度化。排污权储备交易中心成立后，嘉兴任何市场主体新增的排污权必须从交易中心获得。

资料来源：浙江林学院环境法治与社会发展研究中心．2009. 中国排污权交易考察. 浙江环境法制网．http：//www. zjenlaw. com/articledetails. php? ArtileID=283 [2009-11-7].

本章小结

环境污染作为一种负外部性，会对经济主体的福利造成影响。从经济发展与环境保护的权衡来看，存在有效率的最优污染水平。而将环境污染外部性内部化的手段通常包括命令控制手段和市场激励手段，后者主要包括征收庇古税和排污权交易这两种途径。庇古税和排污权交易各有利弊，二者的实施在不同的市场环境下及不同的不确定程度条件下效果不同。在实践中，需要根据客观环境的不同，使用组合的政策工具来实现污染的有效控制。

➢关键概念

流量损害型污染　存量损害型污染　污染损害函数　最优污染　有效污染　环境污染控制成本　边际控制成本　边际外部成本　排污标准　排污费　排污权交易　最优庇古税　排污权交易　环境污染控制

➢思考题

1. 如何确定最优污染水平？这种排污水平在现实中可以达到吗？

2. 论述排污权交易的微观效应分析。

3. 论述庇古税与排污权交易的主要观点，并比较二者之间的异同。

4. 两个空气污染源的边际控制成本函数分别为 $MC_1=0.3q_1(i)$ 和 $MC_2=0.5q_2(i)$，式中 q_1、q_2 分别为排污控制量。两个空气污染源的排污量与实际污染强度［单位：百万分率(parts per million，ppm)］的转换系数（即排污量/实际污染强度之比）分别为 $a_1=1.5$ 和 $a_2=1.0$。如果不进行任何控制，它们将分别产生 20 吨污染。环境标准为 12ppm。

(1) 如果建立排污许可制度，需要发放多少排污许可？价格是多少？

(2) 如果将排污许可拍卖，每个污染源将花费多少钱来购买排污许可？

(3) 如果开始时给两个污染源各免费分配一般排污许可，每个污染源最终将花费多少钱来购买排污许可或出售多少钱的排污许可？

第11章 灾害经济问题

灾害与经济发展密切相关：一方面，灾害直接阻碍和破坏社会经济的发展，是经济发展中的减值因素；另一方面，不合理的经济活动与生产力布局又加剧了灾害的发生和发展。因此，必须改变以资源高投入、环境大破坏和灾害事故频发为代价的传统经济发展模式，将防灾减灾与可持续发展目标协调起来，以寻求经济发展进程中灾害损失的最小化，实现防灾减灾与社会经济及生态系统的协调发展。

11.1 灾害及其社会经济特性

11.1.1 灾害的严重性

地球上的灾害既广泛又频繁，已成为制约人类社会经济发展的严重障碍。随着社会经济发展和科技进步，人类的防灾抗灾能力在逐步提高，但令人遗憾的是，由于人类不合理的经济活动对环境的过度干预或破坏，加上人口的恶性膨胀和财富资本的高度集中及生态环境的严重恶化，导致了灾害世界范围内的加剧。根据研究人员将经济损失超过50亿美元和人员死亡超过10万人作为大灾的标准，得出20世纪的前50年有大灾16次，后50年有大灾30次，可见大灾次数明显上升。在大灾中，干旱16次，洪涝10次，飓风7次，地震9次，冻害2次，森林火灾2次。除地震外，这46次大灾中的80%以上都同因全球升温引起的气候变化有直接或间接的关系。而全球升温则与人类大量使用化石能源、向大气超量排放二氧化碳等温室气体引起的大气温室效应的增加紧密相关。

从全球范围来看，发展中国家是自然灾害频发的地区，灾害对社会经济发展的制约和危害作用远比发达国家严重。据统计，在近年发生的灾害中，发展中国家的受灾人数和灾难中的死亡人数均高于发达国家的20倍以上。发展中国家因自然灾害造成的经济损失与国民收入之比要比发达国家大20～30倍，且全球因各种自然灾害造成的死亡人口绝大部分在发展中国家。

我国是最大的发展中国家，也是世界上自然灾害最严重的少数几个国家之一。我国的灾害种类多，发生频率高，分布地域广，损失程度大。20世纪发生的大灾多达15次，接近世界大灾的1/3，已远超我国在世界中陆地面积与人口的百分比。洪涝、干旱、地震、生物等各种灾害，侵袭着中国约1/3的国土。随着我国经济的快速发展，自然灾害造成的经济损失呈明显上升趋势，并已成为影响我国经济发展和社会安定的重要因素。据中华人民共和国减灾规划（1998～2010年）中的统计，按1990年的不变价格计算，自然灾害造成的年均直接经济损失约为：20世纪50年代480亿元，60年代570亿元，70年代590亿元，80年代690亿元；据国务院新闻办公室2009年5月发布的政府白皮书《中国的减灾行动》中的统计数据：1990～2008年的19年间，我国平均每年因各类自然灾害造成约3亿人次受灾，倒塌房屋300多万间，紧急转移安置人口900多万人次，直接经济损失达2000多亿元。特别是1998年发生在长江、松花江和嫩江流域的特大洪涝，2006年发生在四川和重庆的特大干旱，2007年发生在淮河流域的特大洪涝，2008年发生在中国南方地区的特大低温雨雪冰冻灾害，以及2008年5月12日发生在四川、甘肃、陕西等地的汶川特大地震灾害等，均造成了重大损失。2008年，自然灾害造成的直接经济损失更是达到了11 752亿元。灾害造成的年均损失已由相当于国家财政收入的1/6增至1/4，甚至1/3。而平均每年的直接经济损失约占国民生产总值的3%～6%。

可以看出，无论是全世界还是我国国内，自然灾害均对社会经济发展产生了严重的影响。因此，在社会经济发展的进程中，如何最大限度地减轻自然灾害造成的威胁和损失，已成为当今世界面临的一个极为紧迫和严峻的问题。发达国家由于对自然灾害的研究和防治开展的较早，研究成果相对发展中国家而言也较成熟，防灾减灾的投入也较大，所以其灾损率比其他的发展中国家要低得多。为此，联合国早在1987年就决定把1990～2000年的十年定为“国际减轻自然灾害十年”，旨在通过一致的国际行动，特别是在发展中国家，减轻自然灾害所造成的生命财产损失和社会经济失调。这表明，减轻各种灾害及其危害的后果已经成为国际社会的一个共同主题。

相关链接 11-1 国际减灾日

1987年12月，第42届联合国大会通过第169号决议，将从1990年开始的20世纪的最后十年定为国际减灾十年。1989年12月，第44届联合国大会通过决议，指定每年10月的第二个星期三为国际减灾日。国际减灾十年活动结束后，第54届联合国大会于1999年11月通过决议，决定从2000年开始，在全球范围内开展“国际减灾战略”行动，将减灾作为一项长期的、战略性的行动开展下去，并继续开展“国际减灾日”活动。确立国际减灾十年和国际减灾日的目的，是唤起人们对防灾减灾工作的重视，敦促各国把减轻自然灾害列入工作计划，推动各国采取措施减轻自然灾害的影响。历年国际减灾日主题是：

1991年10月9日是国际减灾日，主题是“减灾、发展、环境——为了一个目标”。

1992年10月14日是国际减灾日，主题是“减轻自然灾害与持续发展”。

1993年10月6日是国际减灾日，主题是“减轻自然灾害的损失，要特别注意学校和医院”。

1994年10月12日是国际减灾日，主题是“确定受灾害威胁的地区和易受灾害损失的地区——为了更加安全的21世纪”。

1995年10月11日是国际减灾日，主题是“妇女和儿童——预防的关键”。

1996年10月9日是国际减灾日，主题是“城市化与灾害”。

1997年10月8日是国际减灾日，主题是“水：太多、太少——都会造成自然灾害”。

1998年10月14日是国际减灾日，主题是“防灾与媒体——防灾从信息开始”。

1999年10月13日是国际减灾日，主题是“减灾的效益——科学技术在灾害防御中保护了生命和财产安全”。

2000年10月11日是国际减灾日，主题是“防灾、教育和青年——特别关注森林火灾”。

2001年10月10日是国际减灾日，主题是“抵御灾害，减轻易损性”。

2002年10月9日是国际减灾日，主题是“山区减灾与可持续发展”。

2003年10月8日是国际减灾日，主题是“与灾害共存——面对灾害，更加关注可持续发展”。

2004年10月13日是国际减灾日，主题是“总结今日经验、减轻未来灾害”。

2005 年 10 月 12 日是国际减灾日，主题是“利用小额信贷和安全网络，提高抗灾能力”。

2006 年 10 月 11 日是国际减灾日，主题是“减少灾害从学校抓起”。

2007 年 10 月 10 日是国际减灾日，主题是“减灾始于学校”。

2008 年 10 月 8 日是国际减灾日，主题是“减少灾害风险，确保医院安全”。

2009 年 10 月 14 日是国际减灾日，主题是“让灾害远离医院”。

11.1.2 灾害与灾害经济

在众多的现代文献中，对灾害的定义和解释千差万别。根据灾害产生和发展的特征，我们把灾害定义为：由于某种不可控制或未能预料的破坏性因素的作用，使人类赖以生存的环境产生突发性或累积性的破坏或恶化，并超越当地社会经济系统的容忍限度而引起社会财富灭失或人员伤亡的现象和过程。这个定义包含了以下几层含义：

首先，就其本质而言，灾害是一种威胁人类生存和发展的现象和过程，其发生的后果会导致社会财富的灭失或人员的伤亡。因此，衡量是否成灾，仅以灾害的强度或级别而论是不够的，必须强调灾害的最终结果，要具体到某一地区，即是否对该地区造成损失和危害是判断某种现象是否成灾的最终依据。其次，对于这一现象产生的原因，早期的研究着重强调自然因素，而当代学者认为灾害的产生源于自然因素、人为因素或二者的叠加。一些因素的出现可能无法控制，如由于自然力的作用而导致的火山喷发、地震等；而另一些因素的产生则是由于人们事先未能充分预料到其后果导致的，如人力与自然力共同影响的土地沙化、水土流失等灾害。因此，灾害是一种自然-社会现象。再次，灾害的发生和发展具有一定的规律性，可能是突发性的也可能是累积性的。前者如地震、暴雨、洪水、火灾等，它们在人们未曾预料到或难以预料的情况下突然发生；后者如干旱、环境污染灾害等，其发生的过程比较缓慢，需要一定的时间。最后，灾害的最终结果与发生地区的社会经济系统的承灾能力有关，如果该地区的社会经济系统的承灾能力较强，某事件的发生未对当地造成危害，则该事件就不构成灾害。因此，灾害又是一个相对的概念。例如，由于某城市建立了完备的排水系统及有效的暴雨预警应急机制，其承灾能力较强，同样强度的特大暴雨给一些地区带来洪涝、泥石流等灾害，而对该城市可能并不构成灾害，则在该城市就不称其为灾害。

灾害一般由灾害体和承灾体两部分组成。灾害体是指灾害动力活动及其参与灾害活动的物质，如洪水、沙尘暴、滑坡、水土流失及发生异常运动的水、土壤、岩石、空气等。承灾体是指遭受灾害威胁或破坏的人类社会经济系统。在一般情况下，灾害体作用于承灾体，从而产生各种灾害后果。但随着社会经济的发展，人类活动对多种灾害及其产生的基础条件形成了日益广泛的影响；一方面，不当的人类活动可能强化灾害的后果或诱发新的灾害，此时人类活动既是承灾体，同时又构成了灾害体的组成部分甚至灾害体的影响因素；另一方面，人类合理的行为则会在很大程度上减轻灾害造成的损失或避免其发生。可见，灾害体与承灾体相互作用，从而使灾害具有自然和社会双重属性。

有关灾害分类的依据和方法很多，由于侧重面不同和分类的目的不同，所以很难达到统一。最基本的划分方式是按照灾害的基本成因将其分为纯自然型灾害、纯人为型灾害和自然-人为复合型灾害。所谓纯自然型灾害是指人力所不能支配操纵的各种自然力在一定时间内积聚后暴发所致的灾害，它包括：①气象灾害，指由大气的各种物理现象和运动变化引起的灾害，如暴雨、雹灾、风灾、旱灾、酷热、寒流等；②地质地貌灾害，指地壳内部或地表上的各种自然物的变化引起的灾害，如破坏性地震、火山爆发、洪水、海啸、泥石流、滑坡、地陷、地裂等；生物灾害，指自然界中的有害生物或生物的有害排泄物大量繁殖或扩散对人畜和植物造成破坏，如病害、虫害、鼠害等；天文灾害，指天文系统中发生的现象对人类产生的有害影响，如太阳辐射能源灾害、电磁异爆、新星爆炸、小行星碰撞地球等。所谓纯人为型灾害是指主要或者完全是由经济活动中的人为因素造成的灾害，包括战争、生产性事故（如爆炸、毒气泄漏、桥梁垮塌等）、交通事故（如沉船、翻车、飞机失事等）等。所谓自然-人为复合型灾害又称人为自然灾害或环境灾害，指在一定的自然环境背景下由于人类的社会活动引起的灾害，如乱砍滥伐、盲目开荒造成植被破坏、水土流失、沙漠化、环境污染等灾害。

无论什么灾害，一旦发生，必然会给人们的生命财产带来不同程度的损失，而且灾后的恢复和重建还要投入大量的人力、物力和财力。所谓灾害经济，是指在灾害系统与经济系统的相互联系及相互作用中，灾害给人类社会造成的可以计量的经济损失及人类防灾减灾的经济活动，如防灾的投入与产出、灾害的损失与补偿等。可见，灾害经济包括两方面：一是灾害对经济的影响，通常表现为可以计量的经济损失，其中既包括直接影响和间接影响，也包括即期影响和长远影响；二是经济对灾害的影响，包括积极影响和消极影响。积极影响可以减轻灾害，成为灾害恶化的有效制约因素，如植树造林不仅能够生产木材，而且可以防止水土流失和土壤沙化，进而有效地遏制水、旱、风灾；消极影响则会加重灾害，成为灾害恶化的助长因素，如不考虑灾害因子的经济增长方式，它虽然能够产生短期的经济效益，却必然会带来严重的灾难后果。而我国的一些地区已经出现了这样的局面。灾害经济的研究目的就是寻求减少灾害损失的经济规律与方法，其着眼点是“灾害损失的最小化”。

11.1.3 灾害的社会经济特性与实质

灾害是在一定的自然地理背景和环境、人口等社会经济背景下发生的，因而具有自然和社会双重属性。其中，自然地理背景的不稳定性及脆弱性，在很大程度上决定了灾害的易发性和致灾力源的强度；而社会经济背景，不仅仅是人为灾害发生的条件因素，同时也影响到社会经济系统的承灾能力，决定了灾害成灾损失的大小。灾害作为影响经济资源和生产的重要外部因素，概括起来具有以下几个经济特性：

一是非稀缺性。从客观上讲，自然灾害是一种自然灾变过程，是自然力的一种运动形式，具有发生的必然性和永久性；从社会意义上讲，灾害又是相对于人类社会特有的异常现象，它不仅与人类社会的产生和发展进程相始终，而且随着人类社会活动范围的扩大而发展。因此，灾害作为影响人类社会经济系统正常运行的重大负面因素，与促进社会经济发展的各种稀缺性要素相比，具有非稀缺性。

二是危害性与减值性。任何灾害都是以破坏人类社会经济系统并造成社会生产力和环境资源的损失为后果的，因此，从经济意义上讲，灾害是可以计量的经济损失；从社会意义上讲，灾害的影响是负面的。由于灾害的社会后果是造成既得社会经济效益的破坏和损失，所以从社会财富增长的角度来看，灾害起的是消极的或负的作用，具有减值（负值）性。

三是风险性。自然界的孕灾过程是一个非线性的过程，蕴含着突变与混沌。特别是当各种社会因素掺杂其中之后，其发生就更具有不确定性（或多或少的意外性），从而增加了人类对灾害预见和预防的难度。灾害的危害性和发生的不确定性构成了人类生存和社会经济发展的风险。

四是区域性。自然灾害的发生具有显著的区域性规律，而社会经济发展也具有区域性，二者的交互作用就形成了灾害-社会经济系统的区域性。灾害-社会经济系统的区域性是制定区域社会经济发展战略和进行综合经济区域规划的重要依据。

五是动态性。自然灾害是一个动态系统，具有各种尺度的准周期性和非周期性变化规律。随着自然灾害的变化，各项人类经济活动也相对呈现出各种尺度的时间变化过程，并渗透在人类社会经济活动的各个方面，从而形成灾害-社会经济系统的动态演变。

六是可防救性。各种灾害事故是不可避免的客观现象，但随着科学技术的进步，各种灾害是可以预见和预防的，而且灾害发生后，通过及时合理的救援和补偿，也是可以挽回一定的损失并有效地控制灾害链的扩展的。防灾救灾均需要一定量的经济投入，因此，一个国家或地区防灾救灾能力的大小主要取决于其经济实力的强弱。

综上分析，从社会意义上讲，灾害是相对于人类社会特有的异常现象，它随着人类社会的发展而不断扩展演变，是人类面临的重大负面因素；从经济意义上讲，灾害是可以计量的经济损失，是各种自然资源的破坏、各种社会财富的毁灭、人员的伤亡、生产的中断和生活秩序的失常，它与社会经济发展存在着密切的互馈关系；从解决灾害问题的角度上讲，解决灾害问题的目标是尽可能地降低灾害造成的经济损失，其基本手段是经济手段，因而其效果在很大程度上取决于经济因素。因此，从经济学角度来说，灾害问题的实质是经济问题。

11.2　中国灾害的基本特征

11.2.1　中国自古多灾难

中国在五千多年的生存与发展历程中，曾遭受了各种各样自然灾害的侵袭，几乎囊括了世界自然灾害的主要类型，且自然灾害的发生频率和强度居世界首位。中国素有“三岁一饥，六岁一荒”之说。根据历史资料，得出自公元前 206 年起至 1949 年这两千一百多年中，中国共发生水灾 1029 次，较大的旱灾 1056 次，且水、旱灾害几乎每年都发生。死亡万人以上的旱涝灾害平均每 10～20 年就出现一次，常常是旱涝先后交替或同时异地出现。而且，历史上许多重大灾害的强度和灾情的严重程度在世界上也是罕见的。我国是地震比较活跃的国家，位于环太平洋地震带及喜马拉雅山和阿尔卑斯山两个地震带的包围中。据统计，20 世纪死亡人数大于 20 万人的两次大地震都发生在中国：一次是唐山大地震，死亡 24.2 万人；一次是宁夏海原大地震，死亡 23.4 万人。全球 7 级以上的陆源地震中，有 30％发生在中国。在中国历史上，不仅自然灾害发生的频率相当高，而且随着人口数量的不断增长，自然生态环境加速遭受破坏，自然灾害发生的次数也不断增多，且时间间隔不断缩短。根据历史资料统计，历史上各朝代每年的平均受灾（指旱涝灾害）频数为：隋朝 0.6 次，唐朝 1.6 次，两宋 1.8 次，元朝 3.2 次，明朝 3.7 次，清朝 3.8 次，都呈明显的上升趋势①。从 20 世纪 50 年代到现在，中国自然灾害造成的损失由 50 年代的 76 亿元快速增加到 90 年代以后的 2000 亿元以上。

中国历史上自然灾害的一个重要特征，是自然灾害造成的人员伤亡大于财产损失，“大灾之后必有大疫和饥荒”，次生灾害的灾情不亚于原生灾害的灾情，而且灾情蔓延造成的间接后果往往比直接的灾害损失更为严重。这是造成中国历史

① 胡鞍钢等. 1997. 中国自然灾害与经济发展. 武汉：湖北科学技术出版社：3～4.

上灾区人口大量减少的重要原因。根据梁鸿光对中国自然灾害人数的统计，从公元前 180 至 1949 年因旱灾及其导致的饥灾造成的死亡人数远远高于现代自然灾害造成的死亡人数。即使像唐山大地震这样的巨灾造成的 24.2 万人的死亡，也不及一次饥灾造成的 36 万余人死亡的历史记录，更不及三年自然灾害约 1500 万人因饥饿而死亡的现代记录。

总之，中国历史上是一个多灾的国家，其灾害类型齐全，发生频繁，强度大且影响面广，是世界上自然灾害最严重的少数国家之一。严重的自然灾害一直是中华民族生存与发展的大敌，始终对中国的社会、政治和经济发展产生着深刻的影响。

11.2.2 灾害分布广，区域性强

我国的灾害类型多且广泛存在，全国每一个地区几乎都有发生灾害的可能，只是不同的地区有不同的灾害。灾害的分布横贯东西，纵穿南北，或点状、带状，集中突发，或面状（流域），迅速蔓延，威胁着大部分国土。我国的灾害在空间上具有集中性和不平衡性、时间上呈周期性和不稳定性的特点。中国自然灾害的区域分异主要受制于自然环境的地域分异规律，即地质、地貌和第一气候要素（主要为水和热两项）的空间分异，呈现东西分区，南北分带，区内、带内集中分布于生态环境脆弱带的特点，如受季风影响造成降水条件变化而产生的灾害（洪涝、暴雨等）主要分布于东部季风区等。地震灾害主要分布于新构造运动活跃的板块缝合线附近及地质构造带上，如东部环太平洋地震带和喜马拉雅山地震带，以及华北、西北和川西地震带等。

生态环境脆弱带是两类不同生态系统的过渡带，处于能量、物质、结构和功能的非均衡状态。其变化速率快，空间移动能力强，被替代概率大，恢复原状机会小，抗干扰能力差，同时也是自然灾害多发重发区。据研究，中国的生态环境脆弱带主要分布在 7 个地区：北方半干旱-半湿润脆弱区、西北半干旱脆弱区、西南山地脆弱区、西南石灰岩山地脆弱区、青藏高原脆弱区、南方丘陵地区和华北平原区。我国主要自然灾害多发、重发地区的分布及特点见表 11-1。

表 11-1 中国主要自然灾害类型多发、重发地区及其分布特点

灾害类型	主要分布地区	分布特点
旱灾	东部平原地区，以黄淮海平原、东北平原最为严重，其次内蒙古高原、黄土高原、四川盆地	大范围面状分布
洪涝灾	主要江河的中、下游平原，包括长江中下游平原、黄淮海平原、松花江、辽河、珠江流域及东南沿海地区	集中于平原、河套地区，以面状或带状分布

续表

灾害类型	主要分布地区	分布特点
地震	华北、西北、东部沿海地区，以及喜马拉雅地震带	呈带状分布于新构造运动活跃的板块缝合线附近及其他地质构造带上
暴雨、风暴潮	东部沿海地区，尤其以东南沿海为重	带状或集中点状分布
水土流失	黄土高原、四川盆地和江南丘陵	面状、带状分布
沙漠	西北塔里木盆地、鄂尔多斯高原、河西走廊等盆地、绿洲边缘或农牧交错带	呈现面状、带状蔓延

资料来源：胡鞍钢等 . 1997. 中国自然灾害与经济发展 . 武汉：湖北科学技术出版：9.

根据我国自然灾害的特点及灾害管理的实际情况，现阶段自然灾害地区可分为三种类型：

第一类地区主要分布在西部，少数在北部。此类地区自然灾害的直接经济损失的绝对值较小，但由于经济欠发达，所以直接经济损失率（即灾害直接经济损失与国内生产总值之比）为中等或较大，抗灾能力较弱。此类地区大部分是我国的严重干旱区。此类地区人口密度较低，主要灾害是干旱、雪灾和地震，其次为沙尘暴、滑坡、泥石流及山洪。这些灾害对农牧业生产的影响较大。

第二类地区主要分布在中部，少数在东北、华北、西南等地。此类地区的经济发展状况、自然灾害的直接经济损失和抗灾能力均为中等水平。北部受极地反气旋的影响较大，南部为亚热带多雨区，是我国大江大河的中游地区。此类地区人口密度中等或较大，主要灾害是干旱、洪涝、地震、冻害、风雹和农业病虫害，其次为滑坡、泥石流和森林自然灾害。这些灾害对农业、工业和交通运输业的影响较大。

第三类地区主要分布在东南沿海地区。此类地区自然灾害的直接经济损失的绝对值较大，但因为经济较发达，所以直接经济损失率为中等或较小，抗灾能力较强。受副热带高压与热带气旋的影响最大，是我国大江大河的下游地区。此类地区人口密度大，主要灾害是洪涝、干旱、台风和风暴潮，其次为地震、冰雹和地面沉降。这些灾害对农业、工业、交通运输业和城市基础设施都有影响。

11.2.3　灾损严重，长期制约经济发展

灾害造成的损失既包括直接的人员财产损失，也包括间接的灾害损失，而且后者的损失常常大于前者，且又容易被人们所忽视。随着人口数量的迅速增长和在地域上的相对集中，经济发展带来的财产密度加大和价格上升，以及自然生态环境的恶化和不合理的人类行为等因素，使灾害造成的经济损失随时间而迅速加

大并已成为一个全球性的现象。新中国成立以来，国民经济和社会都有了长足的发展，但在“天灾”与“人祸”的双重袭击下，我国自然灾害发生的次数不断增多，受灾和成灾的面积不断增大，灾害损失也呈不断加重的趋势。据初步统计，20 世纪 50 年代出现中灾以上灾害的频率为 12.5%，60 年代为 42.9%，70 年代为 60%，80 年代为 70%，90 年代以后为 100%。农作物受灾面积和成灾面积也随之不断扩大。这表明我国自然灾害发生的频率不断加快，且危害程度不断加重。

目前，随着我国经济的快速发展，灾害损失也在逐年增加。据国家统计局和民政部统计，1950～1989 年的 40 年间，我国由于自然灾害造成的直接经济损失约占国民生产总值的 3%～6%，占财政收入的 30%。与发达国家相比，我们的年均灾损高出几十倍（表 11-2），且每种灾害造成的损失及总灾害损失，占世界很大比重。

表 11-2　美、日、中三国灾损比例比较

灾损比例＼国别	美国	日本	中国
直接经济损失（GNP）	0.27%	0.5%	6%左右
直接经济损失（财政收入）	0.78%	—	30%左右

如此严重的自然灾害损失，意味着国民财产和社会资产的极大损失，直接影响着国民经济的持续发展。一方面，严重的灾害是出现贫困区的基本原因之一。中国的贫困区集中出现在中、西部地区。这里是地质灾害最严重的地带，也是中国水土流失灾害、土地荒漠化灾害和干旱灾害最严重的地区，由此造成的自然环境恶化和生态脆弱是出现贫困的基本原因之一。另一方面，越是经济发达的地区，灾害损失的程度就越大。由于人口不断增长、社会财富不断积累及财产密度不断增大，即使是同样强度和规模的灾害，经济发达地区的损失将大于不发达地区。这是现代社会自然灾害的普遍特点。

未来时期，自然灾害造成的经济损失将越来越大，对经济发展的制约作用也将越来越强。频繁发生的灾害已经成为我国国民经济发展的长期性制约因素。

11.2.4　生态破坏、环境污染等人为自然灾害不断加剧

我国人口基数大，虽然近些年伴随着经济的快速增长，人们的收入水平迅速提高，但庞大的人口对粮食和燃料的巨大需求，迫使人们采取了毁林开荒、围湖造田、乱采滥挖、过度放牧等一系列不合理行为，导致生态失衡和环境恶化。而由此造成的自然因子的异常变化，加剧了自然灾害发生的可能性。植被、水面和

土壤是自然过程的巨大调节系统，对维护自然界生态的平衡和环境系统的稳定有重要的作用。破坏植被、缩小水面和土壤退化会削弱生态的平衡和环境系统的稳定，降低其调节和抵御自然灾害的能力。例如，森林和草原的破坏，会导致水土流失、山洪暴发和泥石流的发生，而水土流失、泥石流又造成江、河、库、渠的淤积，加上围湖造田使湖泊的面积大幅度减少，蓄洪能力大大下降，从而加重洪涝灾害。我国是世界上生物多样性最丰富的国家之一，但目前我国的生物多样性遭到严重破坏；珍奇物种处于濒危状态，有些甚至已经绝迹，品种资源锐减，野生种源大量流失，外来物种危害加剧。中国 21 世纪议程管理中心的一项研究表明，虽然我国在经济发展中总体没有超出自然资源承载力所允许的限度，但生态赤字区在不断扩大，生态盈余区在不断缩小①。

自 1970 年环境监测开始以来，就整体而言，我国的环境状况一直处在恶化的过程。虽然近年来出现了一些局部的改善，但是伴随着工业化进程的加快，我国的环境形势依然十分严峻，主要污染物的排放总量很大，远远超过了环境的自净能力。目前新的环境问题已经凸现，环境污染呈现复合型和压缩型，从而增加了解决的难度。我国江河湖海的有机污染依然严重，同时湖泊和海域又出现了以氮、磷为主要污染物的富营养化问题；大城市中由于机动车的大范围使用，大气中氮氧化物及其带来的光化学烟雾污染明显加重；废旧汽车和家电造成的污染也成为新的环境问题；放射性污染对公众安全的威胁也在增加。环境污染一方面降低了生态系统的稳定性，从而降低了其对灾害的缓冲力和恢复力，另一方面使次生灾害或衍生灾害发生的可能性大大增加。这些问题与自然灾害相互促进、同步增长，对社会经济可持续发展造成了深刻而又深远的影响。

11.3　中国灾害经济成因分析

11.3.1　灾害形成的自然背景

灾害是一种自然灾变过程，是自然力的一种运动形式，具有发生的必然性和永久性。在一般情况下，自然生态系统都处于一定的状态，并进行着有规律的运动。这种正常状态和运动维系着系统的相对稳定，使之能够正常地行使功能。但是，任何系统的稳定都是相对的，由于系统的复杂性，其中任何一个元素的变化都可以引起其他元素的相应变化，从而引起整个系统的变化。当其中的某个或某些元素处于异常状态或发生异常运动时，整个系统也可能呈现出异常状态或运

① 王伟中，周海林．2004．机遇与挑战：21 世纪中国可持续发展的取向．中国人口·资源与环境，(2)：1～7

动。当这种异常达到一定程度时，就有可能改变系统的结构，使之不能正常地行使功能，于是就有可能产生灾害。自然生态系统的异常可以在能量和物质的聚散、分布、运动与状态等方面表现出多种形式，但在本质上都标志着系统由平衡态走向远离平衡态。而只有灾害的发生使不平衡态的“紧张状态”解除，系统才有可能回到新的平衡态。因此，灾害的发生可以说是使系统由不平衡态恢复到平衡态的途径。

总之，自然生态系统的异常状态或运动是灾害发生的最根本原因。一个国家或地区复杂的自然条件和脆弱的生态环境必然对灾害的形成产生深刻的影响。从我国来看，我国的自然生态地理条件极其复杂，突出表现在以下几个方面：

一是不稳定的季风气候。中国地处东亚季风区，是典型的大陆季风性气候，季风影响十分明显，其影响区域约占全国面积的 46%，是世界上最严重的气候脆弱区之一。季风进退异常和年际变化使旱涝、高温、冷害等气候灾害时有发生，同时它也是水资源短缺和土地沙漠化长期存在的根由。一方面季风带来丰沛的雨量，为农业发展提供条件，另一方面季风引起的降水变率较大，而且雨量的空间分布很不均衡，结果造成中国东部季风区域旱涝灾害交替频繁发生。例如，华北地区冬春的干旱和盛夏的洪涝及长江中下游地区盛夏的伏旱和夏秋的洪涝几乎年年发生，只是各年程度不同而已。据统计，我国每年因各种气象灾害造成农田的受灾面积达 5 亿多亩，受干旱、暴雨、洪涝、热带风暴等极端天气和气候事件影响的人口达 6 亿多人。

二是复杂的地形和地质条件。中国的地形和地质条件十分复杂，面积很大的山地和高原（约占国土面积的 66%）及西高东低的三大台阶，使水力侵蚀与冲刷、重力侵蚀都非常严重。加上大部分山地表层土层瘠薄，植被覆盖率低，使水土流失的面积逐年扩大，滑坡和泥石流有增无减。水土流失造成的危害包括：使耕层中水分、土壤和养分大量流失，导致土地生产力降低，致使农业生产环境日趋恶劣；河道淤积，河床抬高，加剧水、旱灾害；造成土地资源的破坏和损失，使资源短缺的危机日益严重，而资源短缺又制约着当地经济的持续发展。在水土流失最严重的黄土高原地区，水土流失面积占全区总面积的 90%，其中严重水土流失的地区占 1/2 以上。中国泥石流灾害波及全国 23 个省区，有近百座县城处于泥石流的包围之中。滑坡几乎遍及各省区，已受到其威胁和可能受到其威胁的地区约占全国土地面积的 24.4%。水土流失和泥石流往往导致河道和湖泊淤积、水库破坏及流域生态失衡，从而可能诱发更大的自然灾害（如洪涝灾害）。

三是活跃的地质构造运动。中国地处欧亚、太平洋和印度洋三大板块的交汇地带，不但位于环太平洋地震带上，而且还地处地中海-喜马拉雅地震带经过的地方，因此地质构造运动活跃，地震、山崩、滑坡和海啸频频发生。中国有史以来就是地震频发的国家，大陆地震占全球陆地破坏性地震的 1/3，是世界上大陆地震最多的国家。各省（自治区、直辖市）均发生过 5 级以上的破坏性地震。据研究，在过去两千多年里我国曾发生了 800 多次破坏性的大地震，有里氏 7 级以上地震史的地区面积达 312 万平方千米，占国土面积的 32.5%，45%的大中城市有坐落在地震带上。且中国的地震大多为浅源地震，危害更显严重。新中国成立以来，我国先后发生了邢台地震、海城地震、唐山地震等多次强烈地震。其中，唐山 7.8 级地震就造成 24 万余人的死亡，直接经济损失达 100 亿元以上，间接损失更严重。

四是漫长的海陆交界地带。中国位于太平洋的西海岸，拥有的管辖海域约 300 万平方千米，纵跨热带、亚热带和温带 3 个气候区。沿着中国 18 000 千米的海岸线，共有 12 个省市区及 3 亿多人口。目前，中国沿海地区的国民生产总值约占全国的 60%，人口约占全国的 40%，是中国经济文化最发达的地区。但是，这一地区的海陆交界地带遭受着来自陆地灾害和海洋灾害的双重侵袭，因而是易灾重灾带。沿海地区主要遭受洪涝、干旱、地震、台风、风暴潮、地面沉降、海水入侵等自然灾害的侵袭。以台风为例，生成在西太平洋的台风，平均每年 30 多个，占全球的 1/3 以上，而影响中国的台风，平均每年就有约 20 个，其中在中国登陆的台风，平均每年就有七八个，因此我国是世界上受台风影响最严重的国家之一。其他如风暴潮、巨浪等灾害，也经常袭击中国沿海一带。台风及由此引起的狂风、暴雨、风暴潮等灾害对中国人口最密集、经济最发达的沿海地带构成了严重的威胁，其造成的经济损失和死亡人数在全国灾害经济损失和人员死亡数中都占较大比例。

五是复杂多样的自然生态条件。中国的自然生态条件复杂多样，具有多种病、虫、草、鼠害滋生和繁衍的条件，在全国绝大部分地区都会发生生物灾害。生物灾害是农业生产上仅次于气象灾害的第二大灾害，也是制约农业生产高产、优质、高效的重大障碍。中国农作物复种及间套面积大，各种病、虫、草、鼠害种类繁多。据统计，在我国农业生产上造成过严重危害的病、虫、草、鼠害就有 1648 种，其中病害 724 种，害虫 838 种，恶性杂草 64 种，害鼠 22 种。多数生物灾害易于暴发或复发，经常造成大面积和大幅度的农作物减产，这对农业的生产构成了严重的威胁。据统计，我国农业每年因生物灾害损失的粮食达 200 亿斤，损失的棉花达 400 万担。因病虫害造成的损失大约占农业总产值的 20%～25%。我国森林的病虫害也很严重，三北防护林建设工程中每年受病虫害侵蚀的面积达 65 万公顷左右，约占该工程人工造林面积的 70%。

11.3.2 灾害形成的社会经济背景

自然现象与社会现象从来都是相互关联、相互影响的。任何社会生态环境问题的形成，绝非“一日之寒”，而是始于当代，实由积渐所致，有其深厚的历史根源。

1. 长期过度的国土开发对生态环境的破坏

中国是世界上著名的文明古国，悠久的开发历史创造了五千多年灿烂辉煌的文化。但是长期的过度开发也导致了生态环境的破坏和退化。中国一直是个农业国家，自古“以农为本，工商为末”，农业被看成是一切财富的来源和基础，是保障人民生存的基本手段，更是国家稳定的根本保证。农业特别是农耕是社会稳定的唯一产业这一观念在人们的思想中根深蒂固。围绕着重农思想，国家实行了一整套有利于农业开发的经济政策，并建立了相应的管理体制。值得指出的是，重农政策的重要体现之一就是旧中国的封建统治者普遍采取一系列社会措施，以稳定农业人口和农业劳动力，将农民与土地紧密结合。但是，由于生产技术条件的限制及思想认识的不足，农业发展往往走外延式粗放型的发展道路。只要是荒地，不管条件适不适合种粮食，就盲目开荒，甚至用放火烧山的方式进行开荒，这对土地是一种近乎掠夺式的利用，“寸寸而夺之，日夜以望之”。广种薄收的结果导致了水土流失，许多地区的生态环境被破坏，土壤质量严重下降。而人们为了满足生活的需要，就要更广泛地开荒，从而生态环境受到更严重地破坏，最终导致地力衰竭，形成恶性循环。

据史料记载，自秦始皇开始，封建国家多次有组织地向西北边郡大规模地移民开荒；从西汉起，为进一步充实边陲，巩固政权，军屯的触角也达到了边陲，带动了当地农业的迅速发展；汉武帝曾迁移 70 万人开发黄土高原，使该地牧区变成了农区。然而，中国西北干旱-半干旱地区的生态环境十分脆弱，是不适合大规模的农业耕作的。而历史上的这种屯田开荒无不以牺牲生态环境为代价，它既是对林草植被的破坏，又是对地表土层的破坏，造成了地下粉沙出露，从而产生风沙活动和流沙堆积。因此，这种拓展生存空间的初衷都是不可持续的，无不造成自毁家园和土地荒漠化的悲剧性结局。

隋唐是我国古代封建社会的鼎盛时期，其耕地面积大量增加，山地开发速度加快，农业更为发达，手工业和商业也比较活跃。由于生产的发展，人口也逐渐增多，唐朝长安的人口就超过 100 万。农业的开垦和人口的增加，充分说明了隋唐的农业是继秦汉以后出现的又一次高潮。农业大发展，特别是大规模的屯垦，使生态环境遭到了破坏。盛唐以后，民族纷争不断，战火摧残了农业，灌溉兴废无常，从而加剧了水资源的耗竭。

明清时期，人口的急速增加及大规模的移民和屯垦戍边，对生态环境造成了进一步的破坏。清乾隆六年以后取消了人头税，实行“摊丁入亩”政策，人口开始加速增殖。据统计，清代人口于 1762 年突破 2 亿大关，1790 年突破 3 亿大关，1834 年突破 4 亿大关，至 1840 年已达 4.13 亿。与清初的 0.8 亿相比，二百年中人口增长了整整 4 倍，其增幅之高、绝对数量之大和增长趋势延续时间之长，在中国人口史上是罕见的。过度的人口增长和巨大的人口压力，使人们闯关东、走西口，开荒种地。至清代中叶以后，许多生态环境恶劣的地方也挤进了不少人。1858年，清政府正式宣布实行移民戍边、开垦荒地的政策，更大规模的“屯垦”使农耕面积进一步扩展。据统计，在近两千年来的人类活动的影响下，我国的森林覆盖率由原始状况的64%左右下降到清代初期的21%左右，到20世纪中期更下降到8.6%左右。

2. 众多的人口对生态环境的巨大压力

巨大的人口压力对生态环境造成的压力表现在两个方面：一是生态系统的良性循环受到干扰和破坏；二是环境污染加剧。一方面，随着人口的急剧增长，人们对土地、淡水、森林、矿产等自然资源进行了掠夺性地开发，造成了森林萎缩、草原退化、土壤侵蚀、土地沙化、生态失调、自然灾害加剧、野生动植物灭绝等一系列问题；另一方面，人类的生产和生活活动所排放的大量废弃物也造成了严重的环境污染，有人估算，现代工业社会中，若按人口平均计算，则每年从地下挖掘出的各种矿物重达25吨。各种矿物通过生产、加工、炼制、燃烧等过程向大气、水体和土壤排出大量的污染物，使人类赖以生存的环境更加恶化。

两千多年来，中国的人口总量成倍地增长，而耕地总量却没有增长多少，且近代以来还因城市化、工业化、交通现代化等使耕地面积缩小。目前，中国以占世界总量不到7%的耕地养活着世界上约22%的人口。中国在相当长时期内都将处于人口负荷过重的临界状态，并有可能超过资源的承载极限。据中国科学院国情分析小组的学者研究，目前中国土地资源生产力的合理承载量为11.5亿人，若按照温饱标准计算，中国土地资源的最大承载能力为15亿～16亿人口。面对人口膨胀与经济高速发展对资源的需求日益增加的压力，中国正处于历史上最严峻的资源状况承载着历史上最大人口数的危急时刻。“在‘人与水争地’、‘人与林争地’之后，必然出现人与灾害常相伴的现象。可怕的是，往往近期内的‘争地’现象与远期的灾害结果呼应，造成前人‘争地’，后人‘遭殃’的局面，形成典型的不可持续发展”。目前，我国的人口已超过13亿，人口对资源的巨大压力在相当长时期内难以扭转。面对巨大的人口负荷和极为有限的人均资源，协调人口、资源和环境的平衡，制定可持续的社会经济发展政策，从而减少或避免灾害的发生，是摆在我们面前的紧迫问题。

3. 社会政治制度及文化和消费习惯引发环境灾害

中国生态环境的不断恶化，除了恶劣脆弱的自然条件外，历代统治阶级的掠夺破坏及不利于环境资源保护的文化和消费习惯也是重要的原因。几千年来，中国的统治阶级实行的都是“赤字经济”，这里的赤字包括生态赤字和社会政治赤字两方面。从自然生态来看，中国的生态环境历来总是破坏大于恢复，逐步恶化的趋势一直在持续着；从社会政治来看，中国几千年一直是君主专制制度，没有民主监督，社会矛盾不能及时解决，累计的社会不公正现象和冤假错案越来越多，直到危机的总爆发来临的那一天为止。生态赤字和社会政治赤字都是矛盾积累和激化的过程，当天灾人祸交织在一起时，表面稳定的“太平盛世”就必然崩溃。

中国传统的文化和生活消费习惯无疑也是推动和加速生态环境破坏的因素。例如，中国历代的人居文化是森林破坏的一个重要原因。中国建筑是“土木建筑”，“土”是需要大量地表土壤来制造砖瓦，会毁掉许多宜耕土地；“木”需要砍伐大量森林。几千年来，在中原地区，作为建筑材料和燃料的木材的需求量总是远远超过木材的生长量，这就使得森林面积越来越小。中国古代的城市，特别是首都，总是屡毁屡建，城市多次重建而大量砍伐森林造成了生态的破坏。在大部分农村地区，农民由于生活用能的需要，则砍伐树木用做薪柴，樵柴的方式通常是大片的连根挖掘，使地表植被和土壤遭到彻底破坏，在风力作用下，大面积固定和半固定沙地顷刻之间变成流沙。另外，许多村庄把饲料以外的剩余秸秆，以及大量牲畜粪便用做燃料，使其不能还田，造成土壤的有机质含量下降和土壤盐碱化。又如，中国的饮食文化和传统中医理论中均认为食野味有增加营养和滋补的作用。近年来，随着生活水平的提高，出现了一些不良的饮食行为，滥食野生动物现象十分严重。据中国野生动物保护协会公布的一项调查问卷表明，被调查者中46.6%的人吃过野生动物。据有关专家研究，滥食野生动物不仅容易患狂犬病等15种野生动物和人类共患的疾病，而且由于环境污染对野生动物的毒害和动物体内的内源型毒性物质，均会对人体造成危害，严重者甚至可以导致死亡。滥食野生动物还会破坏生物的多样性，最终危害生态环境。研究表明，我国2003年爆发的SARS疫病与人们滥食果子狸等野生动物直接相关。

11.4 “灾害风险最小化”的经济发展模式

11.4.1 “灾害风险最小化”的经济发展模式的含义

在人类的经济演化史上，从一种经济模式向另一种经济模式的演化总是沿着最经济的路径进行。尽管在某些时期和地区往往存在着对不经济的路径的依赖，但从整体和长远来看，不断从不经济的发展模式向经济的发展模式演化是人类经济演化的主要方向。现代工业化经济模式的演进之所以遇到困境，是因为工业经济出现了外部不经济。从表面上看，只要对外部不经济进行治理，整个经济就会变得经济起来。但事实上并非如此，现代工业化经济出现外部不经济，在本质上是工业经济本身运行不经济的表现。由于流行于全球的工业化经济形成的初期，并没有遇到严重的人为灾害，如环境污染、资源耗竭等问题，所以在整个工业经济系统中，不论是在技术和资本的投入上，还是在工艺流程的设计上，都没有考虑灾害风险的问题。在这种生产系统之上形成的城市化居住系统和生活方式，也同样具有传统生产系统的特征，也同样是一种建立在高消耗基础上的不经济的居住系统和生活方式。因此，传统工业化模式的不经济是包括生产、居住和生活三大系统在内的整个工业文明的不经济。

所谓“灾害风险最小化”的经济发展模式，就是在将灾害风险纳入整个经济系统要素的前提下，按照可持续发展的本质要求，在人与自然制衡统一的生态观的指导下，以技术和知识创新为动力，以制度创新为核心，以产业结构、居住方式、生活方式和经济形态重建为内容，在新的生产运行系统、居住系统和生活方式中充分考虑灾害风险因素，把防灾减灾纳入经济活动的全过程，使生产力在一个更加经济的模式中持续性地发展。与灾害的概念相对应，这里所说的灾害风险包括三个方面的内容：一是自然灾害风险，如地震、台风等；二是经济活动导致环境生态破坏的环境灾害风险，如环境污染、沙漠化、水土流失等；三是由技术事故等引起的人为灾害风险，如核泄漏、战争等。根据“灾害风险最小化”的经济发展模式的内在要求，构建“灾害风险最小化”的中国经济发展模式的基本构思具体包括以下几个方面：

第一，观念转变和理论创新是构建“灾害风险最小化”的经济发展模式的先导。在灾害问题日益严重的今天，人们必须重新审视人类对待自然界的传统态度，对自己的生产和生活方式进行反思。长期以来，人们所习惯的思维方式一直把自然界视为征服的对象，最典型的是所谓的“人定胜天”。如果我们仍以对立的态度处理人与自然的关系，必将危及人与自然的协调。从根本上说，人与自然的关系是人类同自身的关系。人类依赖于自然而生存和发展，自然生态代表着人类的根本利益，破坏自然生态就意味着破坏了人类生存和发展的基础。因此，人必须从自身与自然生态统一的“天人合一”的立场去认识自然和改造自然，摒弃过激化的“人定胜天”观念，改变对自然的掠夺，确立人与自然协调的伦理尺度，即按照生态伦理学的道德标准，使人类的活动限制在生态许可的承载能力范围内，并以人与自然协调发展的新观念指导我们的发展实践，在发展中珍惜一切自然资源，既满足人类的需要，又保护生物圈，自觉地调解人与自然的关系，从而实现人与自然的和谐发展。

第二，科技创新体系的建立是构建“灾害风险最小化”的经济发展模式的首要条件。传统的经济发展也伴随着技术创新，但这是在“外部治理模式”中的创新。传统技术是在最大限度地开发自然资源、最大限度地获取利润的经济指导思想下开发出来的技术。围绕“灾害风险最小化”的经济发展模式建立的新技术创新体系与传统的技术创新体系相比，具有以下几个特点：一是由以非再生能源的开发为主转向可再生能源的开发与节约利用；二是由对生产和消费的废弃物的治理利用，转向在产品设计、原料选择、工艺改革、技术管理、生产过程内部控制等环节的清洁生产；三是由“资源—产品—废弃物”的生产模式设计转向在生态学原理指导下的“资源—产品—再生资源”的物质能量闭路循环的生产模式的设计与开发；四是由传统的非再生能源与化学、物理相结合的科技开发模式向可再生能源与生命科学、新材料技术、有益于环境的高新技术、电子信息技术和各种灾害观测和监测技术相结合的科技开发模式转变。总之，新的技术创新就是将原先重在治理的技术转到新能源、新工艺、新流程的技术创新上来，大力开发和推广节约能源和资源及资源综合利用、回收利用的技术，发展循环经济。

第三，建立低能耗和适度消费的可持续消费方式和居住方式是模式构建的主要内容之一。追求生活水平的提高与生活质量的不断改善是刺激生产、交换、分配与消费的动力基础，但享乐型生活方式也是促使人类过度掠夺自然资源和恶化生态环境的经济根源，因为奢华型消费需要消耗更多的资源，必定会产生更多垃圾或废物，也必定会对现有的环境产生更严重的危害。中国是一个人口大国，在未来将经济规模控制在资源与环境支撑的限度内，避免陷入规模不经济的陷阱，是21世纪中国发展面临的难题之一。因此，一切享乐型产品的问世及普及，都标志着我国朝灾害性的后果又走近了一步。尽管灾难性后果只是部分地报复在当代人身上，但它会加倍地报复在下一代人甚至下几代人身上。因此，在生态环境不断恶化的今天，人们应反思自己的思维方式和生活方式，并使物质需求和精神需求、消费特征与生活习惯等不断理智化和科学化，将人类生活对环境的破坏和污染减轻到最低限度，将人类的生产与生活都纳入生态环境系统中重新加以审视与调整。要树立消费新观念，指导人们适度消费，倡导无废或少废生活；动员社会力量消除与环境保护明显相违背的生活方式与行为习惯，大力提倡“清洁生活”。建立低能耗、多元化、健康型的可持续消费方式，将人们的消费欲望从畸形的、无穷的和超过生理需求的物质消费欲望，转向多元化的文化、艺术、知识等精神追求上来，在物质、精神、文化多元消费中实现更高质量的新生活。

第四，调整产业结构，建立“灾害风险最小化”的新经济体系。要调整经济政策，运用经济手段和市场机制推进产业结构调整。一是大力发展有市场潜力且能节约资源与能源、减少废弃物排放的产业领域，限制污染严重和资源浪费严重的产业发展，促进工业由数量扩张转向质量提高和技术升级，促进传统产业的技术改造，加快发展清洁生产。二是引导现代农业向可持续农业发展。现代农业以高资本投入、低劳动投入和高单位面积产出为特点，其为了提高单位产出，使用人工对大自然进行大规模地干预。现代农业的发展也存在着投资大、能耗高、污染严重、破坏生态环境等弊端，可持续农业的发展要求农业在保持高产出的同时，遵循农业生态系统中的自然规律，加快发展生态农业、绿色农业和可持续农业，保持农业稳定、高产和可持续发展的能力。三是第三产业具有自然资源消耗和环境污染排放都相对较少的优点，所以要大力发展。特别是以知识资源和人力资本为基础的产业，如为生产和生活服务的服务业、满足人们精神需求的文化产业及为整个社会服务的电子信息产业。

第五，制度创新是发展模式构建的关键。环境的破坏和灾害的加剧往往是由于人们不合理的行为造成的，而人们产生不合理的行为的原因在于制度缺陷。目前我国存在的制度体系是一种有利于传统经济、传统技术和传统消费方式发展的制度。为适应“灾害风险最小化”的模式重构建的需要，激励新技术、新经济、新产业和新生活的成长，我们应探讨有利于减轻灾害与经济社会协调发展的有效组织制度及激励机制，积极进行制度创新。要对减灾行为做出制度上的合理安排，对现有有关减灾的制度进行取舍性的合理评价，并落实富有成效的制度变迁，从而解决传统模式带来的生态环境恶化和灾害频发的问题。合理的制度安排包括正式制度安排和非正式制度安排两部分。正式制度安排包括建立健全各种有利于环境改善与可持续发展的法律法规；加强我国产权制度，尤其是主要自然资源产权制度的建设，通过明晰产权关系，实现资源尤其是可再生资源的持续利用；规范政府的宏观调控行为，完善资源环境市场；充分发挥市场机制作用。非正式制度安排包括观念的转变、环境伦理道德的建设等。总之，新发展模式提出的技术、经济、生活等方面的创新内容和目标，只有在其成为一种稳定的制度体系时，重构的创新才能从理论走向社会。

第六，构建综合减灾体系是实现“灾害风险最小化”的根本保证。灾害的发生往往是自然因素和人为因素共同作用的结果。自然界的孕灾过程是一个非线性过程，其发生具有不确定性和风险性。因此，应积极构建综合减灾体系，开展灾害监测、风险评估与预测，加强防灾、抗灾、救灾及保险与援助、宣传与立法等项工作，并通过采取多种途径及多种措施，相互配合、相互衔接，统筹安排，形成结构完整、运作有序的减灾系统工程；同时，将减灾与经济建设作为一个统一的系统考虑，制定社会经济与减灾同步发展规划，建立有效的城市减灾、企业减灾、农业减灾及科学减灾的法规，最大限度地减轻灾害风险，为经济可持续发展提供根本保证。

专栏 11-1　“浅绿色”发展与深绿色发展

20 世纪 70 年代起，西方环境运动风起云涌，一方面，发达国家制定了许多环境法规，在一定程度上改善了区域性生态环境；另一方面，全球性的资源浪费和生态环境恶化无法从根本上解决，这就促使环保主义者、生态学家、哲学家、经济学家和国际组织对环境问题进行进一步的思考。这种思考有不同的深度或绿色程度，由此形成了“浅绿色环境观念”与“深绿色环境观念”[①]。“浅绿色环境观念”较多地关注描述各种环境问题和渲染它们的严重影响，偏重于从技术层面讨论问题，就环境论环境，较少探究工业化运动以来的人类发展方式是否存在问题，其结果是对旧的工业文明方式的调整或补充；“深绿色环境观念”重在探究环境问题产生的经济社会原因及在此基础上的解决途径，强调从技术、体制和文化开展全方位的透视和多学科的研究，认为环境问题的病因藏匿于工业文明的发展理念和生活方式之中，要求从发展的机制上防止和堵截环境问题的发生，它更崇尚人类文明的创新与变革。

针对现行经济增长模式的缺陷，一些经济学家和国际组织提出了考虑环境保护的“绿色的发展”，即把由于经济增长带来的对环境资源的消耗和破坏所造成的影响及其对生态系统功能和环境状况的损害考虑在内。其基本思路是尽可能保留现有统计体系的概念和原则，将自然资源和环境因素纳入国民经济核算体系，用环境资源价值的增加或减少来修正传统意义上的国民生产总值和国民生产净值，使有关统计指标和宏观评价体系准确地反映经济活动所造成的资源和环境变化。绿色 GDP 的计算可表示为：绿色 GDP＝ GDP－$D_1-D_2-D_3$。其中，D_1 表示人造资本折旧；D_2 表示环境资源的折旧。另外，因为在 GDP 的计算中包含了对环境损失计量的一些扭曲，所以，为了矫正这种扭曲，还应在 GDP 中减去由在经济增长总过程中环境资源过分开采所引起的包括所有环保活动的成本及环境损坏治理的开支 D_3。绿色 GDP 是基于“深绿色环境观念”提出的，它综合考虑了自然资源损耗和环境损失，从而与原有指标相比，能较准确地反映出国民的福利状况。

但是，由于全球范围的各种灾害不断加剧，人类每年创造的财富当中有相当大一部分被灾害所吞噬。即使不考虑发展中带来的灾害风险，其发展的可持续性仍值得怀疑。因此，在经济发展的同时必须考虑减灾问题，把减灾纳入政府的发展指标中，把环境、灾害等不利因素扣除之后的 GDP 作为可持续发展的一项指标。所以，笔者将上述“绿色的发展”称为“浅绿色”发展，而将综合考虑各种灾害风险的发展称为“深绿色”发展。其计算公式可表示为：深绿色 GDP＝ GDP$-D_1-D_2-D_3-D_4$。其中，D_4 是指各种自然灾害损失及人为灾害损失。

资料来源：何爱平．2006．区域灾害经济研究．北京：中国社会科学出版社：147～149.

---

① 罗伯特·艾尔斯．2001．转折点——增长范式的终结．上海：上海译文出版社

11.4.2　我国综合减灾体系存在的问题

我国作为一个多灾的国家，历来重视减灾工作。因此，政府制定了一系列符合中国国情的减灾方针和政策，投入了大量的人力、物力和财力，兴建了大批减灾工程项目，使减灾工作具备了一定的基础，也取得了多方面的成效。但减灾工作仍存在着多方面的问题：

第一，社会综合减灾能力比较低。我国是一个发展中国家，虽然近20年来社会经济以前所未有的速度持续增长，但经济实力和科技水平还是十分有限，特别是人均水平不但远远落后于发达国家，而且低于世界平均水平。基于上述情况，我国的减灾工作从总体上看仍处于较低水平，不但落后于发达国家，而且也远远不能适应中国社会经济发展的需要。

我国目前的防洪标准远低于发达国家的。例如，美国本土河流年径流量约1.7万亿立方米，已建水库总库容达1万亿立方米，可控制河流年径流量的60%；中国河流年径流量约2.7亿立方米，已建水库总库容达4571亿立方米，仅占河流年径流量的17%。密西西比河的防洪标准达到150～500年一遇，超过历史上发生过的最大洪水水平；在其他河流的城市和重要经济区的防洪标准达到100年一遇标准；一般农田保护区则采用50年一遇标准。其他多数发达国家采用历史上最大洪水或100年一遇的防洪标准。我国目前大江大河的防洪能力一般只能防御一二十年一遇的洪水，高者也仅能抗御五六十年一遇的洪水；一般中小河流的防灾标准更低。我国现有的生产和生活工程的抗灾能力普遍较弱，许多位于严重灾泛区的人工生态系统在设计建造中根本就没有考虑防灾要求。现有防灾兴利工程标准较低，病险较多。此外，中国的减灾科技能力、管理水平及民众的减灾意识与知识水平比较低，加上社会经济尚不发达，生产总值、人均产值、政府财政收入和城乡居民收入都比较低，农民人口和农业产值比较大，救灾能力也比较差，所以，我国的综合救灾能力比较低。

我国现有的减灾能力不但明显低于发达国家，而且很不适应社会经济发展的需要。由于减灾投入不足，减灾能力的增长中度滞后于经济的增长速度。近20年来，我国社会经济持续快速发展，但在这一进程中，减灾投入却增长缓慢。这与中国严重的自然灾害灾情及不断增大的减灾需求相比，既有的减灾投入明显不足。广泛而频繁的自然灾害不仅每年造成巨大的经济损失，直接对经济发展和社会稳定造成破坏，而且加剧了资源的破坏和环境的恶化，对人民生活和社会经济造成了深远的影响。

第二，单纯从灾害发生的角度出发，而不是从灾害问题与经济增长方式和经济发展相结合的角度出发来减灾。这是减灾工作的重大缺陷，它阻碍了减灾事业的发展。几十年来，中国一方面坚持不懈地进行生态环境治理与防灾抗灾工作，另一方面由于对导致灾害问题严重化的经济原因的忽略，伴随着人口增长和社会经济发展，许多地区过度开发或掠夺式地开发利用水资源、土地资源、森林资源、草地资源及进行一些不合理的工程建设，不仅加剧了水土流失、土地沙漠化及泥石流、大风、沙尘暴等环境灾害，而且引发了日益严重的地面沉降、海水入侵等灾害。

中国水土流失历史已久，在其发展历程中，有几个急剧发展的时期，其中近几十年是发展最快的时期。[据水利部统计，1995 年我国水土流失面积为 153 万平方千米，2009 年已增加到 336.92 万平方千米，占国土面积 37.2%。] 中国沙漠化的发展也极其迅速：平均每年扩展的速度超过了 10 万公顷。由于水资源的长期超强度开发利用及污染的日益严重，使江河湖泊等地表水不断萎缩，许多地区地下水位大幅度下降、水质恶化。例如，号称“千湖之省”的湖北，1949 年有大小湖泊 1066 个，几十年来不断萎缩干涸，目前所余不足 300 个，而且水域面积和水深也在不断减小，继续向消亡趋势发展。超强度开采地下水使全国 60 多个城市发生地面沉降，其中，在辽东半岛、山东半岛等地区的 29 个县市，因地下水位下降发生海水入侵的面积累计达 1400 多平方千米。

水土流失、土地沙漠化及地面沉降、海水入侵等环境灾害不如地震、洪水那样猛烈，一般不会造成人员伤亡，但它们具有顽固的持久效应，并对其他突发性灾害具有强烈的诱发推动作用，如水土流失除直接破坏土地资源外，还大大加剧了洪水灾害和泥石流灾害；土地沙漠化除直接破坏土地资源和生物资源外，还加剧了风灾和沙尘暴灾害；地面沉降除直接破坏工程设施外，还加剧了洪涝和风暴潮灾害；海水入侵除破坏淡水资源外，还进一步加剧生物资源的破坏。在自然状态下，资源的再生过程和环境的良化过程非常缓慢，因此各种环境灾害的危害程度和治理难度往往超过多数突发性灾害。过度的资源开发和其他不合理的经济活动增大了减灾的困难，在很大程度上抵消了减灾效果，使减灾措施常常事倍功半，甚至停滞不前。

第三，减灾管理不适应社会主义市场经济和减灾实践的需要。首先，减灾系统不完善，综合减灾能力薄弱。减灾管理单纯从自然灾害出发而未将人为事故纳入其中，对环境灾害问题关注的力度明显不够。这存在多方面的原因：一是自然灾害较人为灾害更易直接引起人员伤亡，社会影响大，从而更容易受到社会关注和政府的重视；二是自然灾害大多是爆发式的，其迅速发生，迅猛产生后果，具有爆发性“震动效应”，而人为灾害的影响往往是隐蔽性和长期性的，一时一地很难看出来；三是自然灾害在我国自古就有，历史上形成了较丰富的防灾抗灾经验，而人为灾害的“历史”较短，在工农业生产不够发达的地区也不是很突出。但事实上，因为人为灾害的后果具有较强的累积性，所以对它的轻视必然会导致重大灾难的发生。由此表明，过去以救灾和工程预防为主题的传统减灾模式远不能适应现代减灾实践的需要。

其次，缺乏减灾的整体观念，重“救”轻“防”。面对灾害的威胁，我国虽然制定了“以防为主，防救结合”的总方针，但这一方针并没有一定的组织和措施做保证，没有落到实处。在组织上，所有的灾害都缺少一个统管的部门，如旱灾抗旱是由水利部管，但发生蝗灾了就要农业部处理了；水灾也是一样，防汛是由水利部管，但洪涝引发了泥石流就是国土资源部的事情了。而这些分散在各部门的减灾工作落实到下一级又是集中的——都是由地、县政府承担，所以当来自各方面的政令不一致的时候，基层政府往往不知所措。灾害发生前，很少有部门真正关心灾害的防治；灾害发生后，多家机构出面，而且进行的工作只停留在救人和抗荒的层面上，工作手段则是我国历代相传的粮食救济、补助、贷款等。等到灾害事件的影响特别是政治和社会影响大体消除后，灾害防治工作也宣告完成。这样的减灾措施治标不治本，因而灾害仍不断发生，且不断增多、增强。

再次，传统救灾管理单纯强调减灾的政府行为，忽视减灾的社会化和产业化特点。在长期计划经济体制下，作为一项纯粹的公益性事业，政府包揽了防灾、救灾、重建等一切工作。这种体制虽然高度体现了政府对人民充分关心和负责的精神，并且可以集中人力、物力和财力实施减灾工程，但它同时也造成了严重的弊病。其中最突出的表现是造就了地方、企业和民众的依赖思想，难以发挥各方面的减灾积极性，难以形成广泛的社会化行动。这种机制除了导致社会减灾意识薄弱外，还造成了减灾能力严重不足。中国地域辽阔，灾害频发，单纯依靠政府投入，使日益沉重的减灾工作显得越来越力不从心。此外，单纯的政府行为往往忽视了减灾的经济效益和产业性质，抑制了中国减灾产业的形成与发展。

11.4.3 灾害风险最小化的合理途径

第一，降低经济发展的灾害风险，谋求区域经济-生态系统的可持续发展。要转变经济发展方式，尽可能地降低人类经济活动对环境资源的负面效应。传统的经济发展模式是以资源高投入、环境大破坏和灾害事故频发为代价来换取社会经济发展的。据联合国人道主义事务部的统计，20世纪60年代以来，世界上各种自然灾害造成的经济损失翻了四番。如此快速的增长，绝不仅仅是自然的力量，非可持续发展的做法也是导致自然灾害增加的主要因素。1997年国际减灾活动主题的说明指出，降低灾害易损失性的关键是把自然灾害的问题同可持续发展联系起来，走可持续发展之路。2004年12月26日，发生在印度洋沿岸的一场突如其来的地震海啸灾害造成了超过15万人的死亡。表面上看，这好像是一场天灾，但据世界环境保护联盟（IUCN）研究得知，人类活动诸如在沿海地带建造度假胜地，破坏了自然保护设施，使得许多本来可以防御海啸的海洋树木和植物、珊瑚礁石逐步退化或消失，因此，不恰当的人类活动加剧和强化了自然灾害，是这次印度洋海啸灾难空前的主要原因。

一是分析与评价区域灾害现状，包括对传统减灾措施的失误分析及评价；运用灾害评价指标体系对自然、人为、工业、高新技术等灾害源进行灾度的评价，分析区域社会经济系统的易损性。二是大力开展灾害经济区划工作。灾害与环境恶变的发生和分布具有显著的地域性规律，因此灾害不仅影响区域经济发展水平，还影响地区生产力布局和产业结构。而生产力布局一旦形成，一般难以易地搬迁。为了避免因各种灾害造成的损失，应尽快进行灾害普查，分析区域灾种、差异对工农业生产布置及各生产部门的区域合理配套的影响，划分我国各类灾害不同等级的灾害经济区，据此制定各级防灾规划；新建重点工程要远离严重灾害区；对严重灾害威胁地段的居民及其贵重财物应有计划地组织搬迁或进行临灾前的安全撤离。要协调各方面的力量，并在研究灾害系统发展演化规律的基础上，制定一个包括生态环境变异因子在内的区域经济发展战略规划。三是建立健全各种减灾法规，加强全民防灾教育，做到依法减灾。加强执法力度，纠正和惩戒违反减灾防灾等法规的行为，以减少、控制或避免不合理和不适度的经济行为，从而加强自然资源的依法管理和保护，促进经济可持续发展。目前，我国群众大多缺乏灾害避险知识，一旦出现重大意外灾害，往往伤亡惨重。因此，我们必须借鉴发达国家的经验，高度重视全民防灾减灾指导，在各级学校、村镇和社区，将防灾减灾知识列入教育内容，提高广大群众在发生灾害时的自救能力和施救能力。

第二，经济发展中必须考虑保护生态环境和减轻灾害问题，努力提高社会经济系统的承灾能力。灾害只有在致灾力源的作用超过作为承灾体的社会经济系统的抗御能力时才会发生。减灾实际上是限制和削弱灾害源，保护易损性的承灾体并提高其承灾能力的过程。由于灾害的频繁及其巨大的破坏力，目前及未来相当长一段时间内人类对灾害的应付和驾驭能力还不能完全控制灾害源及其致灾介质，所以通过对承灾体的保护来减少社会经济系统的易损性，是减轻灾害损失的有效途径。因此，人类社会在获得经济发展的同时，应当将减灾纳入国民经济的中、长期发展规划，为减轻灾害问题做更多的工作，即在经济发展的投入当中应当计入用于减灾的支出，从而使灾害减轻与经济发展相结合。提高我国社会经济系统承灾能力的主要措施有：

首先，增加防灾投入，提高有形抗灾能力。要保护和修缮现有的防灾工程，尽量做到工程配套，充分发挥各种防灾兴利工程的防灾效益；根据国家的需要与可能，有计划地兴建一批必要的骨干防灾工程，增加有形抗灾能力；不断改善居住环境和条件，对严重灾泛区，尤其是大、中城市的生活生产工程实施加固，凡新建工程都要按防灾的要求修建。其次，提高对重大灾害的测报能力。要逐步建立完整的灾害测报体系和灾害情报信息中心；探索重大灾害预测预报的理论与方法，从总体上提高我国对重大灾害预测预报的科技水平和综合防御能力及对灾害快速应急响应的能力和抗灾能力。既要研制应用新一代的灾害监测技术设备，又要注意群众的经验，提倡专家与群众相结合的防灾治理体系，群测群防。

第三，成立减灾综合管理机构，推动减灾工作的社会化和产业化。目前，我国的减灾工作缺乏统一领导。例如，旱灾归水利部管，蝗灾归农业部管；水利部负责防汛工作，但洪涝引发的泥石流就由国土资源部管理。当多种灾害同时发生时，多头领导就会导致下级基层部门不知防措。因此，应建立一个有效的、综合的减灾管理机构，由一位国务院副总理负责，统一协调各部门的抗灾救灾工作，气象、水利、农业、国土资源部等各部门要相互配合，协调行动，促进减灾工作的有效开展。要将减灾工作渗透到社会发展和经济建设的各个方面，各级政府均将减灾作为一项重要的职责，制定切实可行的减灾系统计划，并纳入社会发展与经济建设总体计划，大力推行与完善减灾系统工程，发展减灾产业，使各个环节逐步走向产业化，成为新的经济增长点。同时，要加强公众的防灾教育，使减灾成为一项社会公众事业，使公众在生产和生活的各个环节都有减灾的意识和责任，树立“减灾就是效益，减灾就是保护经济发展”的思想；提高全社会合理利用资源和自觉保护环境的意识；提高防灾抗灾的技术水平，懂得在危急时刻采取相应的自救行动抗御灾害；提高全民对灾害的心理承受能力，居安思危，有备无患。

第四，建立以灾害保险为主体的综合救灾保障体系。灾害是一种自然变异过程，目前我们尚无法控制其发生。及时有效的救灾能迅速切断或控制灾害链的扩展，能帮助灾区重建家园、恢复生产，从而将灾害损失降到最低限度。因此，救灾既是减灾的有效手段，也是发展经济的一个重要组成部分。救灾作为一种经济活动，在经济社会里就必然受经济规律的制约。传统的救灾方式以人道主义援助和政府无偿救助为主，这不仅导致一些政府部门和非受灾地区把救灾看成是一个影响经济发展的负担，影响救助者的积极性，而且也在客观上助长了一些灾民和基层组织中存在的消极对待灾害的行为。大力开展有偿救灾，建立以灾害保险为主，以国家财政后备为辅，以自保自救及社会捐赠等其他多种形式为补充的综合救灾保障体系，是解决上述矛盾的有效途径。具体表现如下：

首先，逐步完善灾害保险制度。灾害保险是通过收取一定的保险费建立起来的一种有偿救灾手段。它通过广泛征集社会各界的资金，化分散为集中，建立雄厚的资金后备，保障灾区尽快恢复生产，维持正常的生活秩序，提高社会的抗灾能力。我国保险业起步较晚，目前灾害保险范围还很有限，巨灾准备金也不足，远远不能适应我国防灾减灾的需要，因此灾害保险急待大力发展和完善。其次，建立专项救灾基金，有偿使用国家财政后备。将每年用于救灾的一部分财政后备转化为基金形式，在灾害发生后以投资的形式支持灾区企业，帮助灾区摆脱困境，发展经济，而投资所得的盈利用于进一步充实基金，逐年累积，滚动发展。这不仅有助于克服灾区的依赖心理，提高减灾的主动性，而且随着基金的增值，灾泛区的抗灾能力也逐渐提高，反过来促进经济发展，从而实现良性循环。

第五，建立与完善灾害预警应急机制。一般意义上的灾害预警，是指某一灾害发生的地点和时间基本确定，在尚未威胁到要预警的地区时向该地区预先发出警报。在一般概念上，狭义的预警就是指警报，而广义的预警则包括了从预测到警报的全过程，它在时间精度上包括预测、预报、临报、警报等多个层次，每个层次都是一个由政府机构、科学研究、工程技术与公众社会共同参与的综合体系。灾害预警系统的建立，能主动监控可能发生的各种灾害，能及时发现灾害并进行超前预报，使对灾害的防治由被动减灾转为主动减灾，从而最大限度地减少灾害造成的损失，为主管部门的决策提供依据。首先，要加强灾害基础研究，对各种可能发生的灾害都应有一套预警和应急预案，防患于未然。其次，已建立的预警应急系统必须做到科学可靠和高效运转。要建立公共信息监测网，保证在最短的时间内，通过多种传播手段，将预警信息传递给公众；要有应对机制和危机处理机制，建立一支训练有素、装备优良的危机处理专业队伍，一旦发生重大灾害预警，能很快地做出应对决策，确保对灾害进行有效地监测预报，能够最大限度地减小自然灾害造成的损失和威胁，从而维护经济的可持续发展。

本 章 小 结

灾害是由于某种不可控制或未能预料的破坏性因素的作用，使人类赖以生存的环境产生突发性或累积性的破坏或恶化，并超越当地社会经济系统容忍限度而引起人员伤亡和社会财富灭失的现象和过程。灾害具有非稀缺性、危害性与减值性、风险性、区域性、动态性、可防救性等特征，因此灾害问题的实质是经济问题。

中国历史上就是一个多灾的国家，其灾害类型齐全，发生频繁，强度大且影响面广，是世界上自然灾害最严重的少数国家之一。目前，随着我国经济的快速发展，灾害损失也在逐年增加。未来时期，自然灾害的经济损失将越来越大，生态破坏、环境污染等人为自然灾害的不断加剧对经济发展的制约作用将越来越强。频繁发生的灾害已经成为阻碍国民经济发展的长期性制约因素。

中国灾害的成因既有自然背景也有社会经济背景，必须采取“灾害风险最小化”的经济发展模式，即将灾害风险纳入整个经济系统要素前提下，按照可持续发展的本质要求，在人与自然制衡统一生态观的指导下，以技术和知识创新为动力，以制度创新为核心，以产业结构、居住方式和生活方式、经济形态重建为内容，在新的生产运行系统、居住系统和生活方式中充分考虑灾害风险因素，把减灾防灾纳入经济活动的全过程，使生产力在一个更加经济的模式中持续性地发展。

➢关键概念

灾害　灾害经济　非稀缺性　减值性　风险性　区域性　动态性　可防救性　灾害风险　灾害体　承灾体　纯自然型灾害　纯人为型灾害　自然-人为复合型灾害

➢思考题

1. 为什么说灾害问题的实质是经济问题？
2. 中国灾害经济的基本特征是什么？试简述其形成的自然背景和社会经济背景。
3. 结合实际谈谈我国综合减灾体系存在的问题。
4. 如何实现“灾害风险最小化”的经济发展？

第12章 可持续发展的人口资源与环境战略

可持续发展是21世纪全人类普遍关注的议题。本章通过对可持续发展理论的发展进程和研究现状的研究，阐述了该理论的产生和发展对人类社会的重要性。我国实施可持续发展战略的指导思想是：坚持以人为本，以人与自然和谐为主线，以经济发展为核心，以提高人民群众的生活质量为根本出发点，以科技和体制创新为突破口，坚持不懈地全面推进经济社会与人口、资源和生态环境的协调，不断提高我国的综合国力和竞争力，为实现第三步战略目标奠定坚实的基础。本章主要介绍可持续发展的理论及其政策。

12.1 可持续发展的提出及其含义

12.1.1 可持续发展的思想渊源

按照西方经济学的新古典理论和凯恩斯理论，只要知识不断地增长，技术就可以不断地进步，经济就可以不断地增长。但是，第二次世界大战后的现实是经济的增长受到了资源环境问题的约束，产生了严重的环境问题。在这种背景下，人们对经济增长理论进行反思，形成了反增长理论，为可持续发展提供了思想渊源。

第一，增长极限理论。经济增长的极限理论又被称为零增长理论，这一理论面对资源环境的形势，鼓吹经济增长应当停止。1069年意大利菲亚特公司的董事长帕塞伊邀请西方30多位知名经济学家、科学家和实业家在罗马定期讨论人类目前和将来的处境问题，形成了罗马俱乐部。罗马俱乐部委托美国麻省理工学院麦多斯教授把探讨的结果整理成《经济增长的极限》一书，建立了一个世纪末日模型。书中指出：由于世界粮食的短缺、污染的严重和能源的耗竭，在两千一百年以后，世界人口和工业生产能力将会发生非常突然和无法控制的崩溃。要避免世界经济体系的崩溃，就要采取一系列的措施：到 1975 年人口不再增长；到 1980 年停止资本增长，将经济的重心转移到不消耗资源的服务业上。这一理论的提出在西方学术界引起了极大的反响，唤起了人们对资源环境问题的关注。

第二，经济增长的怀疑理论。其代表人物是美国经济学家米香，他认为经济增长不一定带来生活质量的提高，人们为经济增长付出的代价太高，以至于不能接近更为美好的生活。其原因有三个：一是经济增长带来的仅仅是物质的享受，但除此之外，还需要美好的环境；二是持续的经济增长使人们失去了美好的环境；三是经济增长只给人们带来了收入的增加，不会带来真正意义上的幸福。因此，应当停止经济增长，恢复到中世纪那种田园牧歌般的生活中去。

第三，生态学理论。它是指根据生态系统的可持续性要求，人类的社会经济发展要遵循生态学三个定律：一是高效原理，即能源的高效利用和废弃物的循环再生产；二是和谐原理，即系统中各个组成部分之间的和睦共生和协同进化；三是自我调节原理，即协同的演化着眼于其内部各组织自我调节功能的完善性和持续性，而非外部的控制或结构的单纯增长。

第四，人地关系理论。它是指人类社会是地球系统的一个组成部分，是生物圈的重要组成部分，是地球系统的主要子系统。它是由地球系统产生的，同时又与地球系统的各个子系统之间存在相互联系、相互制约、相互影响的密切关系。人类社会的一切活动，包括经济活动，都受到地球系统的气候（大气圈）、水文与海洋（水圈）、土地与矿产资源（岩石圈）及生物资源（生物圈）的影响。地球系统是人类赖以生存和社会经济可持续发展的物质基础和必要条件，而人类的社会活动和经济活动，又直接或间接地影响了大气圈（大气污染、温室效应、臭氧洞）、岩石圈（矿产资源枯竭、沙漠化、土壤退化）及生物圈（森林减少、物种灭绝）的状态。人地系统理论是地球系统科学理论的核心，是陆地系统科学理论的重要组成部分，是可持续发展的理论基础。

第五，外部性理论。外部性理论流派的认识论基础是：认为环境日益恶化和人类社会出现不可持续发展现象和趋势的根源，是人类迄今为止一直把自然（资源和环境）视为可以免费享用的“公共物品”，不承认自然资源具有经济学意义上的价值，并在经济生活中把对自然的投入排除在经济核算体系之外。基于这一认识，该流派致力于从经济学的角度探讨把自然资源纳入经济核算体系的理论与方法。

12.1.2 可持续发展思想的历史回顾

1. 可持续发展思想的初步提出

可持续发展思想源于人们对环境问题的逐步认识和关注。1962 年，美国女生物学家卡尔逊出版了科普著作《寂静的春天》，它描绘了由于农药的使用而带来的可怕景象，从而引发了人们关于发展观念的争论。此后，沃德和杜博斯出版了《只有一个地球》一书，将人类对生存与环境的认识推向了新的境界。1968 年，麦多斯的《增长极限》进一步推进了人类关于环境问题的认识。可持续发展的概念最先是 1972 年在斯德哥尔摩举行的联合国人类环境研讨会上正式讨论的。这次研讨会云集了全球的工业化国家和发展中国家的代表，共同界定了人类在缔造一个健康和富有生机的环境上所享有的权利。自此以后，各国致力于界定"可持续发展"的含义，现时拟出的定义已有几百个之多，涵盖范围包括国际、区域、地方及特定界别的层面。1980 年国际自然保护同盟的"世界自然资源保护大纲"指出："必须研究自然的、社会的、生态的、经济的及利用自然资源过程中的基本关系，以确保全球的可持续发展。"1981 年，美国布朗（Lester R. Brown）出版了《建设一个可持续发展的社会》一书，提出以控制人口增长、保护资源基础和开发再生能源来实现可持续发展的观点。

2. 可持续发展思想的成熟

1987 年，布伦特兰夫人发表了《我们共同的未来》，使可持续发展得到了世界的普遍关注。同年，世界环境与发展委员会出版《我们共同的未来》的报告，将可持续发展定义为："既能满足当代人的需要，又不对后代人满足其需要的能力构成危害的发展。"它系统地阐述了可持续发展的思想。1992 年 6 月，联合国在里约热内卢召开的环境与发展大会，通过了以可持续发展为核心的《里约环境与发展宣言》、《全球 21 世纪议程》等文件，[确定了可持续发展道路，标志了可持续发展成为了人们的共识。] 随后，中国政府编制了《中国 21 世纪人口、资源、环境与发展白皮书》，首次把可持续发展战略纳入我国经济和社会发展的长远规划。1997 年，中共十五大把可持续发展战略确定为我国"现代化建设中必须实施"的战略。

12.1.3 可持续发展的含义

提到"可持续发展"的含义，人们首先想到的自然是布伦特兰夫人在《我们共同的未来》中的定义："可持续发展是既满足当代人的需要，又不对后代人满足其需要的能力构成危害的发展。"这是被广泛引用的定义，简称为"布伦特兰定义"。

第一，生态属性上的可持续发展。即实现所谓的生态持续性，说明要保持自然资源及其开发利用程度间的生态平衡，以满足社会经济发展所带来的对生态环境不断增长的需求，使人类的生态环境得以持续。"持续性"一词首先是生态学家提出来的，即所谓"生态持续性"（ecological sustainability）、意在说明自然资源及其开发利用程度间的平衡。1991 年 11 月，国际生态学联合会和国际生物科学联合会联合举行了关于可持续发展问题的专题研讨会。该研讨会的成果发展并深化了可持续发展概念的自然属性，将可持续发展定义为"保护和加强环境系统的生产和更新能力"，其含义为可持续发展是不超越环境系统更新能力的发展。

第二，社会属性上的可持续发展。即改善人类的生活质量，创造美好的生活环境。1991 年，世界自然保护同盟、联合国环境规划署和世界野生生物基金会共同出版了《保护地球——可持续生存战略》（*Caring For the Earth：A strategy For Sustainable Living*）（简称《生存战略》）。《生存战略》提出的可持续发展定义为"在生存于不超出维持生态系统涵容能力的情况下，提高人类的生活质量"，并且提出可持续生存的九条基本原则。在这九条基本原则中，既强调了人类的生产方式和生活方式要与地球承载能力保持平衡，保护地球的生命力和生物多样性，同时又提出了人类可持续发展的价值观和 130 个行动方案，着重论述了可持续发展的最终落脚点是人类社会，即改善人类的生活质量，创造美好的生活环境。该书认为，各国可以根据自己的国情制定各自的发展目标。但是，只有在"发展"的内涵中包括有提高人类健康水平、改善人类生活质量和获得必需资源的途径，并创造一个保证人们平等、自由和拥有人权的环境，使我们的生活在所有这些方面都得到改善，才是真正的发展。

第三，经济属性上的可持续发展。即不仅要追求经济增长的数量，而且要追求经济增长的质量。布伦特兰夫人认为："可持续发展就是今天的资源使用不应减少未来的实际收入。"经济属性的定义突出强调四个方面：一是突出发展的主题，发展与经济增长有根本的区别，发展是集社会、科技、文化、环境等多项因素于一体的完整现象，是人类共同的和普遍的权利，发达国家和发展中国家都享有平等的、不容剥夺的发展权利；二是突出发展的可持续性，人类经济社会的发展不能超越资源和环境的承载能力；三是突出人与人之间关系的公平性，当代人在发展与消费时应努力做到使后代人有同样的发展机会，同一代人中一部分人的发展不应当损害另一部分人的利益；四是突出人与自然的协调共生，人类必须建立新的道德观念和价值标准，学会尊重自然、师法自然和保护自然，与之和谐相处。

第四，科技属性上的可持续发展。实施可持续发展，除了政策和管理国家之外，科技进步也起着重大的作用。没有科学技术的支持，人类的可持续发展便无从谈起。因此，有的学者从技术选择的角度扩展了可持续发展的定义，认为"可持续发展就是转向更清洁、更有效的技术，尽可能接近‘零排放’或‘密闭式’的工艺方法，尽可能减少能源和其他自然资源的消耗”。还有的学者提出，“可持续发展就是建立极少产生废料和污染物的工艺或技术系统”。他们认为，污染并不是工业活动不可避免的结果，而是技术差和效益低的表现。

综合上述各个角度，可将可持续发展的定义表述为：可持续发展是以保护自然资源环境为基础，以激励经济发展为条件，以改善和提高人类生活质量为目标的发展理论和战略。它是一种新的发展观、道德观和文明观。

12.1.4 可持续发展的原则

一是共同发展原则。地球是一个复杂的巨系统，每个国家或地区都是这个巨系统中不可分割的子系统。系统的最根本特征是整体性，每个子系统都和其他子系统相互联系并发生作用，只要有一个系统发生问题，都会直接或间接导致其他系统的紊乱，甚至会诱发系统的整体突变，这在地球生态系统中表现得最为突出。因此，可持续发展追求的是整体发展和协调发展，即共同发展。

二是协调发展原则。协调发展既包括经济、社会和环境三大系统的整体协调，也包括世界、国家和地区三个空间层面的协调，还包括一个国家或地区的经济与人口、资源、环境、社会及内部各个阶层的协调。持续发展源于协调发展。

三是公平发展原则。世界经济的发展因水平差异而呈现出层次性，这是发展过程中始终存在的问题。但是这种发展水平的层次性若因不公平和不平等加剧，就会从局部上升到整体，并最终影响到整个世界的可持续发展。可持续发展思想的公平发展包含两个纬度：第一是时间纬度上的公平，即当代人的发展不能以损害后代人的发展为代价；第二是空间纬度上的公平，即一个国家或地区的发展不能以损害其他国家或地区的发展为代价。

四是高效发展原则。公平和效率是可持续发展的两个轮子。可持续发展的效率不同于经济学的效率，可持续发展的效率既包括经济意义上的效率，也包含着自然资源和环境的损益的成分。因此，可持续发展思想的高效发展是指经济、社会、资源、环境、人口等协调下的高效率发展。

五是多维发展原则。人类社会的发展表现出全球化的趋势，但是不同国家或地区的发展水平是不同的，而且不同国家或地区又有着异质性的文化、体制、地理环境、国际环境等发展背景。此外，可持续发展是一个综合性、全球性的概念，要考虑到不同地域实体的可接受性，因此，可持续发展本身包含了多样性、多模式的多维度选择的内涵。因此，在可持续发展这个全球性目标的约束和指导下，各国与各地区在实施可持续发展战略时，应该从国情或区情出发，走符合本国或本地区实际的多样性、多模式的可持续发展道路。

六是持续性原则。持续性原则的核心思想是人类的经济建设和社会发展不能超越自然资源与生态环境的承载能力。这意味着可持续发展不仅要求人与人之间的公平，还要顾及人与自然之间的公平。资源和环境是人类生存与发展的基础，离开了资源和环境，就无从谈及人类的生存和发展。可持续发展是主张建立在保护地球自然系统基础上的发展，因此发展必须有一定的限制因素。人类发展对自然资源的耗竭速率应充分顾及资源的临界性，应以不损害支持地球生命的大气、水、土壤、生物等自然系统为前提。换句话说，人类需要根据持续性原则调整自己的生活方式，确定自己的消耗标准，而不是过度生产和过度消费。发展一旦破坏了人类生存的物质基础，发展本身也就衰退了。

12.2　可持续发展的模型

关于可持续发展的理论模型，经济学界提出了四种：①梁言顺提出了低代价的经济增长模型[①]，认为可持续发展就是降低经济发展的代价；②刘思华提出了三维资本的循环模型[②]，认为可持续发展就是自然资本、人力资本和物质资本的有效循环周转；③焦必方提出了环保型的经济增长模型[③]，采用消费的效益函数来说明环境成本；④我们认为经济发展成本是可持续发展的基本问题，“经济发展成本的分析是可持续发展的理论基础”[④]。从这一理论基础出发，可持续发展的主体是经济发展，但在经济发展中要使其对生态环境损害和自然资源利用所形成的经济发展成本达到最小状态。因此，可持续发展就是要实现经济发展成本的最小化。依据这一基本思想，本节建立经济发展成本分析视角的可持续发展的模型。

12.2.1　可持续发展就是实现经济发展成本的最小化

经济发展成本是适应可持续发展的需要而提出的，广义的经济发展成本是从一个国家或地区谋求发展和进步的高度考察成本问题，即衡量为获得发展而支付的全部成本费用。具体来说，广义的经济发展成本是把社会、经济、人口、资源和环境之间的协调发展和良性循环作为一个有机整体，综合研究人类社会发展进步的成本支出。它不仅要研究微观生产活动中的物化劳动和活劳动消耗，而且要研究因生产和消费所造成的环境污染成本和环境质量退化成本，还要研究自然资源消耗成本及因人类活动造成的生态成本（不包括不可控或纯自然生态成本）、

---

① 梁言顺．1999. 低代价的经济增长．北京：人民出版社：126～127.

② 刘思华．1997. 可持续发展经济学．湖北：湖北人民出版社：127.

③ 焦必方．2000. 环保型经济增长．上海：复旦大学出版社：16～17.

④ 任保平．2003. 经济发展成本分析：可持续发展经济学的理论基础．中国人口·资源与环境，(2)：1～5.

人类健康损失成本及由于体制原因而形成的寻租成本等，实现可持续发展，最终解决人类发展与资源、环境、生态之间的矛盾和冲突。因为本教材作者所研究的经济发展成本是以狭义的经济发展成本的含义为基础的，也就是经济发展的成本是从生态成本、环境成本和资源资本这几部分去研究的，所以有

经济发展成本 ＝ 生态成本 ＋ 环境成本 ＋ 资源成本

由于生态成本、环境成本和资源成本从量上来看，具有计量上的困难，但是它们作为经济发展的代价或成本损失，当出现生态破坏、环境污染和资源耗竭时，需要从国民收入中支付一定的费用去治理，因此经济发展成本可以转化为预防和治理的费用，即生态成本是指治理生态破坏方面的费用支出，环境成本是指防止环境污染的费用支出和治理污染的费用支出，资源成本是指降低资源耗竭的费用支出和资源浪费的价值计量。假如用 C_d 表示经济发展成本，C_s 表示生态成本，C_e 表示环境成本，C_r 表示资源成本，则经济发展成本可以表示为

$$C_d = C_s + C_e + C_r$$

经济发展成本的最小化即为 C_d 值的最小化，而 C_d 值的最小化则要求 C_s、C_e 和 C_r 都要实现最小化，其实质是生态环境和资源利用折现率的合理化。在这种折现率的基础上，要使生态环境与自然资源的分配使用在代际之间维技均等状态。折现率是由市场确定的，而依据市场确定的折现率仅仅是根据当代人的偏好或不存在未来资本生产力决定的。折现率过高，意味着大部分生态环境和自然资源被当代人使用，而留给未来人的存量和机会很小，未来人就会受到不公正的待遇；折现率过低，则意味着当代人使用的生态环境与自然资源的存量小而且机会少，而留给未来人消耗的存量多，机会也多。因此，可持续发展就是要实现经济发展成本的最小化。

12.2.2 经济发展成本分析视角的可持续发展模型的构造

在可持续发展的研究中，理论界已经有人研究了可持续发展的模型化问题，梁言顺采用柯布-道格拉斯生产函数构建的包含经济增长代价的增长模型为 $Y(t)=AK^{\alpha}(t)L^{\beta}(t)\cdot P(-1)^{-\gamma}(t)e^{\lambda t}$ 和 $GY=\alpha GK+\beta GL+\gamma GP+\lambda$ 。在其启发下，本教材作者也采用 C-D 函数作为总量生产函数。焦必方建立了环保型经济增长模型，其模型的方程式为 $U(Y\cdot\alpha)=AK^{\alpha}H^{\beta}(UL)^{1-\alpha-\beta}-C(\alpha)$，模型中采用消费的效用函数来说明环境成本。而本教材作者研究的是可持续发展问题，因而采用的是经济发展的净收益函数，并在考虑资源浪费、生态破坏和环境污染的基础上，将资源成本、生态成本和环境成本纳入模型分析中，构建了经济发展成本分析视角的可持续发展模型。

1. 经济发展成本分析视角的可持续发展模型的构造的前提假定

经济发展成本分析视角的可持续发展模型的构造有以下四个前提假定：

第一，经济发展与经济增长是有联系的，经济发展是在经济增长的基础上形成的，因此我们仍然用国民生产总值GNP作为衡量经济发展的主要指标。经济增长的长期动态增长变化的结果是经济发展，因而用经济长期的动态增长变化来说明经济发展。

第二，经济发展是经济长期的动态增长变化，对经济长期的动态变化起决定作用的是总供给，而总供给是由总量生产函数来决定的，因此，我们假定生产函数为新古典生产函数，即 $Y=f(k, L)$，而且其规模收益不变，运用柯布-道格拉斯生产函数这一特殊的形式作为总量生产函数。

第三，假定经济发展成本形成的先后顺序为：先是产出的增加，引起资源消耗速度的加快，形成资源成本。经济增长与经济发展的加快又引起环境污染，形成环境成本。随着时间的延长，生态的破坏情况日益严重，这种破坏性影响逐步扩大并在代际之间转移，形成代际转移和累积的生态成本。这样，经济发展成本的顺序可以简单地描述为：资源成本→环境成本→生态成本。

第四，在经济发展中，资源利用中的耗竭性资源对经济发展起着决定作用，如果耗竭性资源为0，则经济增长停滞，经济发展便产生有增长无发展的结果，从而出现不可持续性的经济发展。环境的污染行为是生产性消费的结果，我们可以通过构建生产性消费的效用函数来说明。生态破坏是代际累积形成的，因而生态成本是代际转移的累积成本，具有时间性质。同时，生态成本是一种引致成本，是由于自然资源过度利用、生态破坏和环境污染引发形成的，因而生态成本取决于资源成本和环境成本。

2. 经济发展成本分析视角的可持续发展模型的构造

经济发展成本分析视角的可持续发展模型是借用新古典经济增长模型和新古典生产函数来建立的，是对新古典生产函数进行修正与改造之后得到的，因而模型构造的过程如下：

第一，经济发展成本分析的基本模型。

经济发展成本的最小化即 C_d 值的最小化，而 C_d 值的最小则要求 C_s、C_e 和 C_r 都要实现最小化，“其实质是生态、环境和资源利用折现率的合理化”，在这种折现率的基础上，使生态环境与自然资源的分配使用在代际之间维持均等状态。折现率是由市场确定的，而依据市场确定的折现率仅仅是根据当代人的偏好或不存在未来资本生产力决定的。折现率过高，意味着大部分生态环境与自然资源被当代人使用，而留给未来人的存量和机会很小，未来人就会受到不公正的待遇；折现率过低，则意味着当代人使用的生态环境与自然资源的存量小而且机会少，而留给未来人消耗的存量多，机会也多。因此要达到经济发展成本最小，就要使生态环境与自然资源利用的折现率达到一个合理的度，而这个度可依据边际收益等于边际成本的微观经济效益最大化原则来确定。经济发展成本最小化的理论实质是资源配置的均衡。资源配置是经济学的核心，也是经济发展的关键，资源配置的均衡表示两层含义：一是资源配置在经济系统内部的均衡。资源配置在经济系统内部的均衡是指在经济系统内各项经济活动的边际要素投入所得到的边际收益相等的状态，即在经济活动中将各类资源按照边际投入所产生的边际收益相等的原则配置到经济系统内部的各个产业活动中去的，实现资源收益最大化。二是经济活动与其外部条件之间的均衡。因为经济活动的外部系统是经济系统内部经济活动的必要条件，所以在经济发展的过程中也需要向外部配置资源，以维护其外部系统。由于外部条件也需要配置资源来维护，所以它就应满足边际投入与所得的边际收益相等的经济原则。

如果用 NR_d 表示经济发展的净收益，用 M 表示中间投入，用 R（d）表示经济发展收益，用 C_d 表示经济发展成本，则有

$$\mathrm{NR}_d = R(\mathrm{d}) - M(Q) - C_d$$

这样，经济发展的净收益函数为

$$\mathrm{NR}_d = R(Q) - M(Q) - C(Q)$$

经济发展净收益最大化的必要条件为

$$\frac{\mathrm{dNR}_d}{\mathrm{d}Q} = 0, \quad 即\frac{\mathrm{d}R}{\mathrm{d}Q} = \frac{\mathrm{d}C}{\mathrm{d}Q}$$

$\frac{\mathrm{d}R}{\mathrm{d}Q}$是经济发展的边际收益，$\frac{\mathrm{d}C}{\mathrm{d}Q}$是经济发展的边际成本。

经济发展收益最大化的充分条件是

$$\frac{\mathrm{d}^2\,\mathrm{NR}_d}{\mathrm{d}Q^2} > 0，即\frac{\mathrm{d}^2\,\mathrm{NR}_d}{\mathrm{d}Q^2} < 0, \frac{\mathrm{d}^2 R_d}{\mathrm{d}Q^2} < \frac{\mathrm{d}^2 C_d}{\mathrm{d}Q^2},或者\frac{\mathrm{dMR}_d}{\mathrm{d}Q} < \frac{\mathrm{dMC}_d}{\mathrm{d}Q}$$

经济发展成本的不可避免性决定了可持续发展并不是无代价的发展，可持续发展只是将经济发展成本降低到最小范围内，而不能完全消除经济发展成本。因此，可持续发展就是低成本的经济发展。依据这一思路可以建立低成本经济发展的模型。

新古典经济增长理论认为，经济增长表现为产量的增加，而产量取决于资本的投入水平。在资本的投入问题上，经济增长理论大师 Solow 强调资本、资源和人力资本三者的可替代性，由于三者之间的可替代性，而且资本总量 k 为物质资本 k_m、自然资本 k_n 和人力资本 k_h 之和，即 $k=k_m+k_n+k_h$，“只要保持 k 不变，经济发展便可以持续”。新古典经济学允许一定程度的生态破坏、环境污染和自然资源的耗竭，只要人造资本和人力资本的增长能充分补偿总资本中其他资本的减少，就能保持总资本不随时间推移下降。这是新古典经济增长理论的前提条件，他们在此条件的基础上构建了经济增长模型。

柯布-道格拉斯生产函数是 $Y=AK^{\alpha}L^{1-\alpha}$，当 $A>0$ 和 $0<a<1$ 时就是新古典

的生产函数。新古典的生产函数是一个不考虑资源环境约束的生产函数，但是在可持续发展的视角下，生产函数就必须引入资源环境约束。在经济发展过程中，合理的资源使用方式能使生态系统自动得到恢复，从而形成持续性的经济发展。如果资源利用不合理，资源的使用不能使生态系统恢复，则经济发展是不可持续的。引入资源环境约束之后，新古典的生产函数变为

$$Y = AK^{\alpha}E^{\beta}L^{1-\alpha-\beta}$$

式中，Y 表示长期产出，A 表示技术进步，K^{α} 表示资本投入，E 表示资源约束，L 表示人力资本投入，且 $0<\alpha<1$，$0<\beta<1$，$1-\alpha-\beta>0$。

第二，经济发展成本分析模型的扩展。

经济发展成本分析模型的扩展是基于：生态成本是一种引致成本，是由于自然资源过度利用、生态破坏和环境污染引发形成的，因而生态成本取决于资源成本和环境成本，且具有时间性质。因此，可以假定经济发展成本形成的先后顺序为：先是由于产出的增加，引起资源消耗速度的加快，形成资源成本；随着资源的使用，经济增长与经济发展的加快又引起环境污染严重，形成环境成本；随着时间的延长，资源的消耗加大，环境污染严重，引起了生态破坏，这种破坏性的影响逐步扩大并在代际之间转移而累积形成生态成本。这样，经济发展成本的顺序可以简单地描述为：资源成本→环境成本→生态成本。

(1) 引入资源成本之后模型的扩展。

将自然资源的利用纳入新古典的柯布-道格拉斯生产函数，给其加上资源的限制条件，将经济发展中的资源成本引入新古典模型便可以得到

$$Y = AK^{\alpha}E^{\beta}L^{1-\alpha-\beta} - M - C_r \tag{12.1}$$

该模型表示，经济增长和经济发展要受到资源的约束，如果要保持产出 Y 的持续增长，必须使 E^{β} 保持不变或不断增加，而且长期的产出是去掉资源成本之后所形成的。如果要保持长期产出水平的增加达到最大，在不考虑技术进步的情况下，必须使资源成本达到最小。在长期的经济发展过程中，如果不合理地利用资源，资源的枯竭会使经济增长停止，甚至当 $E=0$ 时，$Y=-Cn$，则会出现有增长无发展的结果。

(2) 引入环境成本之后模型的扩展。

依据前提假定四，环境成本是由生产性消费引起的，是与生产过程相伴随的，从生产的收益中减去环境成本便成为生产的净收益，这样便有

$$\mathrm{NR}_d = R(d) - C(e),\quad 因\ R(d) = Y,\quad 故\ \mathrm{NR}_d = Y - C(e) \tag{12.2}$$

式中，NR_d 表示生产净收益，$R(d)$ 表示经济发展的长期收益，且 $R(d)=Y$，同时 $C'(e)>0$，$C''(e)>0$，即环境成本的一阶导数与二阶导数都大于 0，说明在经济的长期发展过程中，环境污染越严重，相应的环境成本越高。将式 (12.1)

代入式（12.2）便可以得到

$$NR_d = (AK^\alpha E^\beta L^{1-\alpha-\beta} - M - C_r) - C_e$$
$$= AK^\alpha E^\beta L^{1-\alpha-\beta} - M - C_r - C_e \tag{12.3}$$

式（12.3）是一个考虑资源成本和环境成本的长期经济发展模型，这一模型将资源成本和环境成本纳入新古典经济增长模型中，它表明在长期的经济增长与经济发展中要注意在合理利用人类现有自然资源的基础上，防止环境污染，采取有力措施对 C_r 和 C_e 进行有效的控制，使 C_r 和 C_e 达到最小，NR_d 才能达到最大。

(2) 引入生态成本模型之后的扩展。

依据前提假定四，生态破坏是在资源过度消耗、环境污染达到一定程度并超过生态阀值和生态系统遭到巨大破坏的前提下产生的，因此生态成本是代际转移累积而成，是在资源成本和环境成本超过一定界限之后产生的，具有时间效应，表示为 $Cs(t)$。将生态成本纳入到经济发展模型之中便可以得到

$$NR_d = (AK^\alpha E^\beta L^{1-\alpha-\beta} - M - C_n - C_e) - C_s(t)$$

即

$$NR_d = AK^\alpha E^\beta L^{1-\alpha-\beta} - M - C_n - C_e - C_s(t) \tag{12.4}$$

式（12.4）表明在长期的经济增长和经济发展过程中，要使 NR_d 最大化，不仅要对资源成本 C_n 和环境成本 Ce 进行控制，而且还要对生态成本 $Cs(t)$ 进行有效的控制。因而当 C_d 最小时，式（12.4）可以看做一个低成本经济发展模型：

$$NR_d = AK^\alpha E^\beta L^{1-\alpha-\beta} - M - C_n - C_e - C_s(t) \tag{12.5}$$
$$= AK^\alpha E^\beta L^{1-\alpha-\beta} - M - C_d \tag{12.6}$$

当式（12.6）满足 $\frac{dR_d}{dQ} = \frac{dC_d}{dQ}$ 时，C_d 达到最小，NR_d 达到最大，式（12.6）便成为一个反映经济发展成本的扩展模型。当 C_d 达到最小时，这一模型就是低成本的经济发展模型。

12.2.3 经济发展成本分析视角的可持续发展模型的含义

低成本经济发展模型不仅具有一定的理论含义，而且还具有一定的政策含义。研究模型的理论含义有助于我们理解经济发展成本的不可避免性，加深追求低成本经济发展的现实意义，从而在经济发展的过程中对经济发展的成本进行有效的控制。研究模型的政策含义有助于我们寻找低成本经济发展的实现思路和途径。

1. 经济发展成本分析视角的可持续发展模型的理论含义

$$NR_d = AK^\alpha L^\beta E^{1-\alpha-\beta} - M - C_n - C_e - C_s(t) \tag{12.5}$$

$$= AK^{\alpha}H^{\beta}(UL)^{1-\alpha-\beta} - M - C_d \tag{12.6}$$

当式(12.6)满足$\frac{dR_d}{dQ}=\frac{dC_d}{dQ}$时，$C_d$ 达到最小，NR_d达到最大，式（12.6）便成为一个反映经济发展成本分析视角的可持续发展模型。当 C_d 达到最小时，这一模型就是经济发展成本分析视角的可持续发展的模型。这一模型的理论意义有以下几点：

第一，建立质量型的经济发展理论。以低成本经济发展为核心建立质量型的经济发展理论：一是在长期的经济发展过程中，需要将资源成本纳入总量生产函数中，体现出资源、环境、生态等问题的重要性，以及对长期经济发展的制约，这是实现经济可持续发展的关键。经济发展的直接目标是实现经济发展净收益的最大化，最终目标是人民生活水平的提高。经济发展的过程本质上是消费资源和提高物质财富生产的过程，这个过程不仅仅是带来物质财富的增加。如果在经济发展的过程中忽视保护生态环境、经济发展成本会不断上升。这种以牺牲生态环境、靠资源要素的高投入获得的经济发展结果只是暂时的，难以在长期中得到维持。随着资源消耗的加剧、生态破坏的严重和环境污染的超标，经济发展的成本会超过其收益，形成有增长无发展的结果或经济发展的不可持续。二是在经济的长期发展过程中，为了使经济发展的净收益达到最大，必须对经济发展的成本进行有效的控制，只有将经济发展的成本 C_d 控制在最小，经济发展的净收益才能达到最大。而要使经济发展的成本 C_d 达到最小，资源成本、环境成本和生态成本就要达到最小。因而在长期的经济发展过程中，要从资源利用、环境污染治理、生态保护和生态防治多方面入手采取综合的措施，努力提高资源利用的效果，防止环境污染和生态破坏，使经济发展中的各种负面效应降到最低。三是经济发展是硬道理。虽然经济发展成本是不可避免的，但是经济发展的成本又是可以控制的。经济发展是确定不移的，任何一个国家在任何时期都必须努力实现经济发展。尤其是发展中国家，要改变贫穷落后的面貌，解决好现存的各种问题，都必须从经济发展入手，只要经济能不断发展，一切问题都会得到解决。但是在经济发展中要注意保护生态环境，实现合理的经济发展，处理好经济发展与生态环境保护之间的关系。在发展与生态环境保护的关系上，过去存在两种极端的认识：一种是只求发展而不顾生态环境保护；另一种是以环境保护为重点，忽视经济发展。这两种都是极端的认识，第一种认识不符合可持续发展，第二种符合可持续发展，但难以操作。低成本的经济发展模型告诉我们：经济发展是有成本的，经济发展的成本具有不可避免性。在可持续发展中，只要能将经济发展的成本降到最小，就可以实现可持续发展。据此，我们可以将可持续发展理解为经济发展成本的最小化和经济发展净收益的最大化。四是经济发展成本最小化的关键是资源与环境利用的折现率必须保持合理的度。折现率是一种比较不同时间点上经济资源和服务价值的机制。折现率的选择对自然资源的耗竭有特别的效应。对于耗竭性的资源，当折现率越高时，人们注重现期消费而忽视未来的消费，当时资源的耗竭速度就越快，资源成本会越多，经济发展的成本就越高；当折现率越低时，人们注重未来的消费而忽视现期消费，当时资源的耗竭速度会降低，资源成本会越少，经济发展的成本越低。因此，要使经济发展成本达到最小，就必须使资源利用过程中的折现率保持合理的度。这个度可依据微观经济学中的效益最大化原则来确定。

第二，建立新型的发展经济学。通过总结传统发展经济学的理论缺陷，以实现低成本的质量型经济发展为目标，建立新型的发展经济学。其一，更新发展经济学的理论基础，建立以和谐与合作为基础的发展经济学。这种和谐与合作主要表现在四个方面：一是人类经济系统与自然生态系统的和谐，在经济发展的过程中储存和保护自然系统；二是经济增长政策、环境保护政策和社会公平政策的和谐，使经济增长所要求的物质吸收和累积所表现的数量性增加与发展所要求的质量改进与潜在力的实现相和谐；三是各个经济主体之间的合作与和谐，把经济主体的经济理性与环境理性相结合，使经济主体在环境和谐的基础上达到合作与和谐，以减少资源配置的浪费；四是物质资本、人力资本和自然资本三维资本的和谐循环。传统的马克思主义经济学主要研究的是物质资本的循环，认为物质资本只要在时间上能前后继起，在空间上能同时并存，资本就能实现有效循环。传统的发展经济学中的人力资本论者认为在经济发展过程中要重视人力资本的研究；质量型的经济发展理论认为在经济发展的过程中要注意研究自然资本的运营，而且在经济发展的过程中还要实现物质资本、人力资本和自然资本的和谐运营，才能提高经济发展的质量，降低经济发展成本。其二，更新经济发展的衡量指标体系。传统经济发展的衡量指标体系是 GNP 指标，此后发展经济学经过反思，提出了生活质量指标体系等，但是这些指标体系仍然考虑的是经济发展的结果，而且这些经济发展的结果是在经济系统之中考虑的，未能考虑经济发展的过程和经济发展的外部条件及经济发展的投入部分，因此这是一种数量型的指标体系。质量型的经济发展衡量指标体系则要求，既用产出指标衡量经济发展的结果，又从经济发展的成本来衡量经济发展的投入和经济发展的成本。其三，进行发展观念的革命。树立适应低成本经济发展和质量型经济发展的经济发展观，拓宽经济发展的内涵，并在经济发展的内涵上，运用成本-收益方法把经济发展中的成本最小和质量目标纳入经济发展内涵中。其四，转换发展经济学的目标。传统的发展经济学是以物的关怀为目标的，主要着眼于经济发展中物的增长，较少关注人的发展问题，因此在构建质量型发展经济学的过程中，要把发展经济学的终极关怀由物的方面转到对人的方面，把实现人的全面发展作为质量型发展经济学的终极关怀。其五，拓宽发展经济学的研究视野，把发展经济学的研究视野由经济系统转向人类经济发展的外部自然系统，在经济-自然生态相协调的大经济系统中来探讨资源配置问题，并注重对经济发展的自然限制因素的研究，通过对自然限制因素的经济化来研究经济发展。其六，转换发展经济学的研究方法。传统的发展经济学是在制度不变的情况下研究经济发展问题的，这是发展经济学的新古典经济学研究方法。在新的发展经济学的建立和研究中，要注重在制度变化情况下的经济发展问题的研究。要研究制度在经济发展中的作用和功能，尤其是要在可持续发展的研究中重视制度分析方法的使用。

2. 经济发展成本分析视角的可持续发展模型的政策含义

在低成本经济发展模型中，$\mathrm{NR}_d = AK^{\alpha}L^{\beta}E^{1-\alpha-\beta} - C_d$。要保持 NR_d 最大，则必须使 C_d 达到最小，而 C_d 最小化的基本约束条件为三个，即国民收入核算体系的改变、制度安排和政策引导。因而低成本经济发展模型的政策含义为：

第一，建立绿色国民账户体系。要实现低成本的经济发展，就必须改变传统的国民收入核算体系，建立绿色国民收入账户，使经济发展过程中的各种成本能在国民收入核算体系中显示出来。由于现行的国民收入核算体系是以国民生产总体作为指标的，它只记录支出的费用而不考虑成本与收益的区别，不能反映生产和消费中的经济性及经济福利的净变化量。同时国民生产总值是以市场价值为基础的，它不能反映那些不通过市场的商品量和服务量的变动情况，自然资源和环境的价值也不能在市场上反映出来。因此，为了实现低成本的经济发展，就必须完善国民收入核算体系，建立绿色国民收入账户。

第二，强化低成本经济发展的制度安排。在经济发展成本分析视角的可持续发展的模型中，$\mathrm{NY} = Y - M - C_d$。可持续发展就是要实现 NY 的最大化及 M 和 C_d 的最小，而 M 的最小取决于技术水平和消费方式，C_d 的最小则取决于制度安排。可见，生态环境问题是由人的行为造成的。现代行为科学表明，人的行为是一定制度的表象和反映，不能简单地说人的某种行为不合理，要看这种行为背后的制度合理不合理，也就是说没有不合理的行为，只有不合理的制度。减少经济发展成本，从而实现可持续发展的关键在于强化经济发展的制度安排，因为制度安排的激励性与约束性可以对人的行为起到规范作用。因此，可以通过强化制度安排的激励与约束作用，解决生态问题及代际之间生态成本的累积和转移。制度安排的强化可以从正式制度安排与非正式制度安排这两方面着眼。正式制度安排主要着眼于三个方面：一是发挥市场机制的作用，在资源利用中引入价格机制，通过市场机制作用的有效发挥来实现资源的合理利用；二是加强政府的宏观经济管理职能，在维护市场秩序性的同时，建立健全法制和行政法规方面的制度安排，强制性地促使经济主体在经济活动中保护生态环境；三是完善市场制度，建立健全资源环境市场，为市场机制作用的发挥创造条件。非正式制度安排主要着眼于三个方面：一是要加强观念的转变和伦理道德的建设；二是树立环境与经济协调发展的可持续发展观；三是用社会、政治、经济、文化、生活、环境等多项指标的协同来衡量经济发展。总之，要改变传统对待自然的态度，在保护自然、尊重自然并与自然和谐相处的过程中实现经济的发展。

12.3 发展中国家的可持续发展

12.3.1 发展中国家面临的可持续发展问题

发展问题一直是世界各国普遍关注的问题。大部分发展中国家在取得独立后，在发展民族经济、改变贫穷落后面貌、缩小同西方发达国家的经济差距等方面取得了巨大的成绩。为了避免有增长、无发展的现象，世界各国都把可持续发展作为国家宏观经济发展战略的一个重要选择。在实现可持续发展的艰巨任务中，发展中国家面临的形势十分严峻，存在的问题也较为严重。

一是土壤严重退化。据联合国环境规划署报告，全球69%的农田遭到侵蚀或退化，相当于地球陆地面积的1/4，其中3/4的土壤退化发生在发展中国家，而且土壤退化（包括土壤侵蚀、盐碱化、酸化及物理和生物性变劣）的现象还在扩大。在北非和中东的干旱地区，以及南亚、东亚和拉美的部分地区，土壤风蚀尤为严重。赤道以北非洲全部土地的11.5%受到水的侵蚀，22.4%受到风的侵蚀；中东全部土地的17.1%受到水的侵蚀，35.5%受到风的侵蚀。土地退化很大程度是因使用不当和种植结构不合理导致。全球有4000万公顷的灌溉面积由于排灌不当，造成的结果不是水涝就是盐碱化，或者两者兼有。在亚洲和非洲，由于无控制地抽取地下水，导致蓄水层水量减少，地下水位下降，一些牧场和耕地荒芜。

二是全球温室效应升高。21世纪末全球气温平均将升高3℃。全球温度升高，可能导致海平面升高、大片陆地被淹没、土地干旱和荒漠化、疾病蔓延和生物物种减少等严重的问题，从而给全球的生态及人类的社会经济活动带来重大影响。全球变暖的主要原因是人类在生产和生活活动中产生的大量二氧化碳、甲烷、氯氟烷烃等气体，其被释放到包围地球的大气层后形成了一层类似“温室玻璃”的气体层，阻碍了地球的有效散热，从而使地球气温升高。世界上绝大多数发展中国家分布在热带和亚热带地区。此外，在发展中国家实现工业化的过程中，一些最依赖于环境资源和污染严重的工业（如化工）发展最快，但它们减少或防止破坏的能力较低。

三是森林面积锐减。森林是陆地生态系统的主体，是有保持水土、防风固沙、调节气候和改善生态环境的功能和效益。据史料记载，地球上2/3的陆地曾被森林所覆盖，森林面积达76亿公顷。估计到20世纪末，世界森林面积已下降到陆地面积的 1/6，到 2020 年将下降到 1/7。如果任其发展下去，170 年后全世界的森林将消失殆尽，人类将陷入巨大的灾难。制止乱砍滥伐，植树造林，为农业发展筑起绿色屏障，从而推动可持续发展已成为发展中国家的头等紧迫任务。

四是水资源面临危机。保护水资源已刻不容缓，目前世界上有 80 个国家（20 多亿人口）正面临淡水资源不足的问题，其中 26 个国家（11 个在非洲，9 个在中东，6 个在其他地区）的 3 亿余人生活在缺水状态中，到 2010 年还将增加 8 个国家。据世界银行预测，在今后的 30 年中，中东和北非地区的水源供应量将比 60 年代下降 80%。更为严重的是，水源污染日趋严重。现在，发展中国家约有 10 亿人喝不到清洁水，17 亿人没有充足的卫生设备。估计在发展中国家，95%的城市污水未经任何处理即排入江河湖泊；80%的疾病是由于饮用了不净水而引发的，水中的病菌和污染每年造成 250 万人死亡。缺水问题还将严重制约 21 世纪发展中国家的经济社会发展。对于相当一部分发展中国家来说，制约其农业未来发展的主要因素是缺水，而现在全世界每年用水量的 80%用于水利灌溉。

五是生物物种减少。人类的生存与动植物的命运密切相连。生物多样性为人类的生存和发展提供了基本条件，被认为是与人类社会持续发展息息相关的最重要因素。世界上到底有多少种动物和植物，目前人类尚不知详。据世界银行《1992 年世界发展报告》的粗略估计，世界已识别的物种（包括各类动物、鸟类、鱼类、植物、昆虫及其他无脊椎动物和微生物）共计 139 万种，加上尚未命名和识别的，总计超过 3352 万种。联合国环境规划署曾预测，20 世纪 90 年代世界生物物种的 5%～15%将消失，每天可能有 40～140 个物种灭绝；未来 20～30 年内将有 25%的物种有灭绝的危险。

六是能源消耗增长迅速。随着发展中国家经济的高速发展，世界能源消费的形势发生了变化：发达国家的能源消费比重逐渐下降，而亚洲等发展中国家的比重大幅上升。1995 年世界能源消费量达 36 490 万亿热单位，比 15 年前增长了将近 77%，其中发展中国家整体能源消费量增长了近 252%，而亚洲国家或地区的增幅高达 268%。与此同时，发达国家的能源消费增长率仅为 48%。石油、天然气和煤是发展中国家目前和今后相当长一个时期内的三大主要能源。国际能源机构预计，今后 15 年内由于发展中国家大力发展钢铁、化工及火力发电等高能耗工业，其能源消耗将超过发达国家。到 2010 年，发展中国家石油消费量可达到每天 3100 万～4300万桶，发展中国家消耗的原油量占世界总量的比例将从目前的 1/3 上升到约 1/2。

七是自然灾害频繁。随着科技的发展，人类目前已经有一定抵御自然灾害的能力。尽管如此，自 20 世纪 60 年代以来，自然灾害愈加频繁，给人类造成的损失非但没有减少，反而有上升趋势。据统计，60 年代有大型灾害 16 起，70 年代有 19 起，80 年代则有 70 起。而造成的经济损失，60 年代估计为 100 亿美元，70 年代为 300 亿美元，80 年代则高达 930 亿美元。世界气象组织认为，厄尔尼诺-拉尼娜的影响已超过温室气体排放，成为全球气候异常的主要因素。环境保护专家认为，厄尔尼诺现象实际上是人类长期破坏地球自然环境造成的，是人类咎由自取的恶果，并且祸害到无辜的下一代。

八是人口压力巨大。人口是经济社会发展的主体，发展必须要有一定的人口作为基础。1994 年在开罗举行的联合国第三次人口与发展大会提出的口号是：人口、持续的经济增长和可持续发展，把人口、发展和环境三者之间的关系紧密联系起来。目前，世界上大约 80%的人口居住在发展中国家，而有 74 个发展中国家正面临着今后 30 年内人口翻一番的局面。联合国估计，到 2025 年，世界人口将达到 85 亿，其中新增人口的 90%将出生在发展中国家。人口增长虽不是导致发展中国家贫困化的根本原因，却是生态环境恶化的重要因素之一，它会导致贫困化问题更加严重。人口的增长虽然增加了对商品和服务的需求，但也对自然资源形成了额外的压力。尤其在城市地区，人口增长的速度超过了其承受能力，出现了住房、医院和其他基础设施的紧缺等问题。更多的人还将产生更多的废弃物，导致生活环境更加恶化，传染性疾病更易流行。联合国人口委员会预测，到 2006 年，世界城市人口的一半将生活在城市中；2015 年，全世界将有 26 个城市跃入特大城市行列，其中的 22 个在发展中国家。人口增长和城市扩展加重了地球环境的污染。

12.3.2 发展中国家可持续发展的制约因素

一是工业化模式的制约。从世界经济发展的历史过程来看，一个国家在工业化阶段，往往采取粗放型的经济增长模式，其经济发展的速度比较快，但往往伴随着经济发展的高成本。当工业化实现以后，就需要转换经济发展模式和转变经济增长方式。但由于多种原因，发展中国家未能实现经济发展模式的转换，使这种经济发展模式被强化了。这样的情况一直持续到 20 世纪 80 年代末，甚至到 90 年代。这种模式所留下的隐患一直在持续着，经济发展成本的相对数量虽然在逐渐降低，但绝对数量却在不断上升。

二是制度缺位或制度执行不力。从 20 世纪 80 年代后期到 90 年代初期，发展中国家着手建立了一系列环境管理制度，如环境影响评价制度、排污收费制度、环境保护责任制度、污染集中控制制度、限期治理污染制度等。但是这些制度主要适用于环境污染的事后治理方面，生态保护方面的制度和资源利用方面至今还没有探索出一些有效的制度安排。在这种情况下，土地荒漠化、水土流失、水资源浪费等现象仍不能得到有效地治理。即使在有些方面建立了制度，但制度执行不力，制度功能不能有效发挥：①从环境污染的治理制度来看，发展中国家虽然制定并实施了一套较为完整的环境保护法律，并形成了一系列制度，但由于有些制度本身失效或制度实施效果不好，使环境污染带来的成本得不到有效地控制；②在资源利用方面，资源价格扭曲和要素价格扭曲未能得到有效改正，使原材料价格过低，产品价格偏高，助长了资源的浪费。资源核算制度的不健全，使资源利用等经济发展成本不能在国民收入的核算体系中显示出来，也反映不出资源耗竭状况，使人们无法进行经济发展成本与经济发展收益的对比，造成人们忽视资源的浪费和短缺。

三是政策的不合理或失效。在发展中国家现行的环境保护政策中，政策的不合理性或失效对生态环境破坏的形成起到了推波助澜的作用。发展中国家现行的生态环境保护和资源利用政策的不合理主要表现在：①在环境保护方面，强调行政手段和计划手段多于符合市场经济的经济手段，造成了不好政策效果。其主要表现在两方面：一是容易造成人们的思想误解，把治理污染和保护生态看成是非经济活动，认为这仅仅是政府的责任，而不是经济主体的责任；二是政策不符合市场经济规律的客观要求，暴露出了政策的不合理性。②政策的外部效应大。一些政策在实施中产生外部负效应。例如，在污染治理中我们一直坚持“谁污染、谁治理”的政策，这主要强调排污者要对自己行为的后果负责。但这种政策对“谁治理”界定不清，使其演化成了“谁排污、谁交费”。由于排污费标准低，企业愿意交费，但其将所交的费用加入成本中，通过销售过程转嫁给了消费者，形成了“谁消费、谁交费”，使政策产生了很大的负外部性。③政策的强制力和约束力弱。其一是政策多为部门政策，政策的法律效力弱，调控的范围小，使政策在具体的操作上缺乏应有的强制力和约束力，造成了许多政策执行不到位；其二是在政策内容上，义务性规定多于责任性规定，这导致政策界线不明晰，政策的弹性大；其三是政策之间相互冲突，缺少协调和配套。从一般意义上来看，制定和实施政策的目的有两方面：一方面是引导和保护经济主体的合理行为；另一方面是限制经济主体的不合理行为。但是政策本身所存在的不合理性，使政策的实施效果大打折扣，常常造成政策执行中的扭曲行为。

四是缺乏制度实施的文化环境。“制度为人类提供了一个基本结构，它已为人们创造出秩序，并试图降低交换中的不确定性”①，但是制度这种作用的发挥受到了制度环境的制约。从发展中国家生态环境保护的实践来看，环境意识的低下使一些具有正式约束的制度缺乏良好的文化环境，影响了制度功能的有效发挥。环境意识主要是对自然界及其发展规律的认识与对人和自然、生态环境关系的理解程度。我国的环境意识较差主要表现在：缺乏自然资本的观念。在经济发展过程中，人们没有把生态和环境而仅仅把物质和货币形态的东西看做资本，在

---

① 道格拉斯·诺斯．1993．制度、制度变迁与经济绩效．中译本．上海：上海人民出版社：118.

经济发展的资本积累过程中仅仅强调物质资本与金融资本的积累，没有树立起自然资本的观念。经济发展中的短期意识导致了短期行为。对一般的经济主体来说，在眼前利益的驱动下，形成了各种掠夺式的经济开发行为，如乱砍滥伐、乱垦乱采等，而不考虑其行为的长远后果，对地方政府来说，则是以经济指标作为考核标准，只管上项目，不考虑环境影响，“先发展，后治理”，将环境保护和资源的合理利用置之度外。同时，缺乏应有的环境意识和环境法律意识，消极被动地对待有关环境保护和法律、法规，从而导致许多环保方面的法律在执行过程中出现了有法不依和知法犯法的现象。

12.4 可持续发展的人口、资源与环境战略

12.4.1 人口发展战略

人口问题是制约可持续发展的首要问题，是影响经济社会发展的关键因素。要从战略和全局的高度，充分认识人口问题的重要性、长期性和艰巨性，始终坚持发展经济与控制人口两手抓。大量的研究成果和越来越多的事实证明：人口对经济社会发展确实有影响，而且在特定条件下人口的作用会更为突出，尤其是在许多发展中国家，财富、政治势力、分配不公平、管理和组织不善及资源浪费于军事活动等因素都在不同程度上阻碍了经济社会发展。而人口的迅速增长使由以上诸因素产生的问题更加恶化，激化了人口增长与经济社会发展的矛盾。应该看到的是，如果没有积极的改革措施，即使人口增长缓慢也不能彻底根除这种状况。

适度人口的概念是建立在人口容量概念的基础上，前者是后者的主要组成部分。人口容量，即人口承载量，是指地球及其各个部分在一定时期、一定条件下所能容纳和抚养的最多人口数量。而适度人口是一个国家或地区最适宜的人口数量，它实际上是一种理想的人口数量。适度人口理论于19世纪中叶后期形成并流行于西方世界，尤其在20世纪二三十年代尤为盛行，研究者们旨在寻求一种处于“人口过剩”和“人口不足”状态之间的理想人口状态。适度人口有经济适度人口和实力适度人口之别。前者指在最有利的条件下达到最高生活水平（即按人口平均的最高产量和最高收入）的人口，即获得最大经济福利的人口；后者指一个国家达到最大实力时的人口，即除了考虑每人平均的最高生活水平外还要考虑国家的政治和军事所需要的人口。因此，实力适度人口在数量上要高于经济适度人口。

就国家的人口战略和人口政策而言，适度人口的确定是制定国家人口战略的基础和出发点，它有利于更好地执行人口政策，有助于认识人口政策的科学性、

稳定性和连续性，避免对现行人口政策的误解。对于发展中国家的人口转变来说，适度人口的确定也有着重要的意义。但发达国家的人口转变基本上都是在经济发达的条件下顺其自然地实现的，而发展中国家则完全不同，它们不仅经济落后，而且大多数国家的实际人口已远远超过其适度人口。所以，只有及早确定科学合理的适度人口，才能采取有效的政策手段来促使人口转变，并使人口增长与经济增长相适应，以持续增长的经济实力来保障人口转变的完成。

12.4.2　综合国力战略

可持续发展综合国力是指一个国家在可持续发展理论的指导下具有可持续性的综合国力。可持续发展综合国力是一个国家的经济能力、科技创新能力、社会发展能力、政府调控能力、生态系统服务能力等各方面的综合体现。从可持续发展意义上考察一个国家的综合国力，不仅需要分析当前该国所拥有的政治、经济和社会方面的能力，而且需要研究支撑该国经济社会发展的生态系统服务能力的变化趋势。

从可持续发展的高度出发，要用可持续发展的理论去衡量综合国力，使综合国力竞争统一于可持续发展的宏观框架内，从而适应社会、经济和自然协调发展的需要，就必须从观念、作用、评价标准等方面对综合国力进行全面的再认识。可持续发展综合国力的价值准则是国家在保持其生态系统学可持续性的基础上，推动包括社会效益和生态效益在内的广义综合国力的不断提升，最终实现国家可持续发展的过程。显然，可持续发展综合国力的内涵决定了在提升可持续发展综合国力的过程中，科技创新是手段，生态系统的可持续性是基础，经济系统的健康发展是条件，社会系统的持续进步是保障。

当代资源和生态环境问题日益突出，这向人类提出了严峻的挑战。这些问题既对科技、经济和社会发展提出了更高目标，也使日益受到人们重视的综合国力研究达到前所未有的难度。在目前情况下，任何一个国家要增强本国的综合国力，都无法回避科技、经济、资源、生态环境同社会的协调与整合。因此，详细地考察这些要素在综合国力系统中的功能及其相互适应机制，进而为国家制订和实施可持续发展战略决策提供理论支撑，就显得尤为迫切和重要。

随着社会知识化、科技信息化和经济全球化的不断推进，人类世界将进入可持续发展综合国力激烈竞争的时代。谁在可持续发展综合国力上占据优势，谁便能为自身的生存与发展奠定更为牢固的基础与保障，创造更大的时空与机遇。可持续发展综合国力将成为争取未来国际地位的重要基础和为人类发展做出重要贡献的主要标志之一。在这样的重要历史时刻，我们需要把握决定可持续发展综合国力竞争的关键，清楚自身的地位和处境、优势和不足，检验已有的同时制定新的竞争和发展战略，以迅速提升实现可持续发展综合国力的总体战略目标。

12.4.3 环保型产业发展战略

一是在制定产业政策与产业规划时，要把各种产业和各种产品的资源消耗及环境影响作为重要的考虑因素。严格限制能源消耗大、资源浪费大、污染严重的企业的发展；积极扶助质量效益型、科技先导型和资源节约型产业的发展。对于现有的污染危害较大的企业进行限期治理和关闭；重视科技进步在企业技术升级和治理污染中的作用，并大力发展环保产业。把可持续发展战略纳入国民经济和地区布局规划，促进资源的合理配置和地区经济的协调发展，使工业布局和产业布局在更高层次上合理分工，协调发展。

二是推行清洁生产工艺，实现工业增长方式的转变。在国家宏观经济政策中引入资源环境因素，避免以生态环境为代价追求经济增长，遵循市场经济规律和生态经济规律，以最小的经济发展成本来改进环境质量。积极推行清洁生产工艺，从根本上解决生产污染问题。加强清洁生产技术和科研成果的推广和使用，并把清洁生产技术和科研成果及时转化为现实的污染治理能力，是经济增长方式的突破口。

三是加大产业结构调整中的环境管理力度。要将经济规律与生态规律相结合，在产业结构调整中实现生态经济系统的整合，并在技术系统的连接下，将经济系统与生态系统的功能对接起来，在保持生态环境系统容纳能力的基础上，让生态系统提供最合理的环境支持，从而实现经济系统与生态环境系统的协调发展。要利用政策倾斜驱动和政府推动来加速消除工业结构性矛盾：研究新的鼓励和扶持政策，充分运用税收、信贷、折旧等经济手段来限制粗放经营，鼓励集约经营，对因从事环境保护活动而造成利益缺损的工业产业，要制定优惠政策和补偿机制，鼓励污染企业搬迁，建立少污染或无污染示范区；对兼并、组建规模化的企业集团，除了保持原排污总量指标外，还应优先增拨剩余总量，重点用于新改扩建工程。

四是大力发展环保型工业产业。对那些有害于环境质量的产业，要采取强制性措施，如责令限期改造、冻结投资、禁止发放新增贷款、扣回贷款等，限制其生产和发展，促使环境资源的配置朝有利于产业结构调整的方向发展。要重点攻克符合国情的污染治理技术、生态破坏恢复技术和综合利用技术；要积极发展性能先进且高效经济的污染治理设备、资源综合利用设备及节能节水设备，实施环保工程、农业生态工程等，形成环保支柱主产业，从而发挥技术市场的规模优势，增强治污技术装备和能力。

12.4.4 完善可持续发展的经济政策体系

可持续发展的工业化政策的实质是要通过对经济行为的激励和对经济活动的

有效组织来实现可持续发展的目标——促进社会经济发展和生态环境保护，奠定经济发展所必需的资源和环境基础，从而实现环境与经济目标的统一，降低工业化发展的成本，提高工业经济发展的质量。可持续发展的宏观环境政策的选择需要在市场经济条件下，根据世界各国的经验及我国的具体情况，“把环境问题纳入政策、规划和管理各级进程之中，通过改进或改变决策程序，将经济、社会和环境加以综合”①。因此，建立环境与发展的综合决策将是一种对传统决策思维方式及其决策体系的变革或创新。其政策体系应涉及产业组织、区域发展、投资体制、财税关系、价格、贸易结构及技术进步等方面。中国 21 世纪工业可持续发展政策体系完善的重点包括以下几个：

一是可持续发展的产业政策。产业政策是指一个国家或地区为实现一定时期的工业化发展目标而制定的发展或限制工业产业的目标及保证实现这些目标的各项政策所组成的政策体系，主要包括工业产业结构政策和工业产业组织政策。新型工业化的产业政策是在可持续发展战略的指导下，将保护可持续发展所需要的资源与环境基础的思想结合到工业产业结构优化和工业产业组织等政策环节之中，从而使工业产业政策的制定与执行能服务于可持续发展目标。可持续发展的工业产业结构政策的核心在于将各种产业和各种产品的资源消耗和环境影响作为确定产业发展优先序列的重要参考，鼓励质量效益型、资源节约型和对环境无害或有益的产业的发展，同时严格限制乃至禁止能源消耗大、资源浪费大、污染严重的产业的发展，取消对资源密集型产业的扶持和保护，大力支持环保产业，并将其列入优先发展领域。

二是可持续发展的区域经济政策。可持续发展的区域经济政策的主要内容包括：第一，区域资源合理开发利用的工业经济政策。在对一个区域的自然资源和社会经济条件的正确分析和评价的基础上，合理确定该区域资源开发与利用的方向，以充分发挥地区优势，尤其是优先安排欠发达地区的优势资源开发项目，从而带动该区域的发展。第二，区域产业结构优化政策。在正确分析区域资源条件的基础上，对本区域产业的结构进行优化，以适应本区域内自然条件与社会经济可持续发展的要求。在生态较为脆弱的地区，鼓励有关林草产业的发展；在缺水地区，通过限制水资源消耗量大的产业的发展而鼓励水资源消耗量小的产业的发展，来实现资源持续利用、维持生态环境基础和可持续发展的目标。第三，区域产业布局政策。通过合理确定或调整有关产业的布局，在发挥区域比较优势的同时，减轻或避免环境污染和生态退化，尤其是对于在生态环境敏感区域布局不合理的产业。

三是可持续发展的税收政策。中国可持续发展税收政策的主要内容包括：第

① 王小鲁．2000．中国经济增长的可持续性与制度变革．经济研究，(7)：3～15．

一，建立和完善环境与资源税收体系。环境税实质上是环境污染者的付费原则在法律上的体现，其目的是通过由于外部不经济而引起的社会成本内部化，来使企业积极治理污染，实现资源和能源的综合利用。要在环境税的基础上建立一个税种齐全、范围广泛和征收力度强的环境资源税体系。我国政府尽管推行了一些资源开发利用的税收政策，如耕地占用税、矿产资源税等，但其计算方法仍不适应资源的保护与合理利用的需要。今后应加快起征 CO_2 等温室气体的燃料环境税、森林资源税、渔业资源税等，逐步把有关部门现行的资源补偿纳入资源税范围。第二，根据企业的经营或产品生产与环境保护和资源可持续利用的关系及程度，制定具体的税收条件或减免政策来鼓励有利于可持续发展项目的发展与产品生产。

四是可持续发展的价格政策。为了有效地保护环境和维持资源的可持续利用，要建立一个较为完善的自然资源有偿使用制度和符合低成本发展原则的自然资源价格体系。将各种资源环境直接投入市场，依据价格规律和供需关系来确定和体现资源环境要素的价值，将资源环境的开发、利用、保护、再生和补偿纳入工业经济运行过程中的价值运动和资金运动中，从而真实地反映市场经济运行的状况和价值运动的全貌。一方面，改变现行的资源价格只计资源开发成本的做法，使自然资源价格至少要包括自然资源开发成本、环境退化成本及资源利用者成本；另一方面，修正与环境有关的产品的价格政策。不计环境成本的产品价格政策会鼓励厂商大量无代价地利用自然资源与环境要素，从而不可避免地引起环境退化。根据污染者付费原则，这类产品的价格应包括污染者必须支付清理环境污染的成本或支付由于产品生产而造成的环境损失费用，通过这种定价政策，降低工业化对环境资源的损耗和破坏，从而在资源环境持续利用的基础上实现新型工业化。

12.4.5 完善可持续发展的制度安排

一是建立绿色工业经济制度。绿色工业经济制度是“随着全球环境革命在经济再生产各领域的渗透而逐渐形成的经济与环境协调发展的经济行为的初步制度框架，亦是目前实施生态环境政策与经济政策决策一体化的创新结果”①。它包括以下几个方面：其一，绿色环境制度。可持续发展的绿色环境制度包括绿色资源制度、绿色产权制度、绿色市场制度、生态购买制度、绿色产业制度、绿色技术制度和绿色产品设计制度。其二，绿色规范制度。可持续发展的绿色规范制度包括绿色生产制度和绿色消费制度、绿色贸易制度、绿色营销制度、绿色包装制度、绿色标志制度、绿色管理制度。其三，绿色激励制度。可持续发展的绿色激

---

① 明月霞．2000. 成本、资源、效益．山西财经大学学报，(6)：11.

励制度包括绿色财政制度、绿色金融制度、绿色税收制度和绿色投资制度。这些激励性制度安排，必将为生态环境资源的利用和保护的经济动力提供一种有效的制度保障。其四，绿色考核制度。可持续发展的绿色考核制度包括计制度、绿色审计制度和绿色国民经济核算制度。这些制度安排将生态环境资源的存量消耗与折旧及保护与损失费用纳入经济绩效的考核之中。只有这些经济考核制度才能较好地反映出人类经济行为的真实经济绩效，并能够对经济个体的经济行为实行有效地定量考核与监督。

二是完善可持续工业发展的正式制度供给。在可持续工业发展的正式制度供给中，要着重解决制度缺位的问题，并提高已有制度的实施效果。要达到这个目标，必须：第一，建立可持续发展的国民收入核算制度，把工业化发展过程中的生态环境损失核算进国民收入之中，以反映工业化的真实运动。第二，在工业化资源的利用方面，建立和完善资源的资产化管理制度。遵循自愿的自然规律和经济规律，把自然资源当成商品进行投入产出管理，并在此基础之上，进一步完善资源的价格制度，建立和完善自然资源市场。第三，在工业环境保护方面，建立和完善环境税收制度和排污权交易制度。在工业化发展中的环境保护方面，要实现经济系统与生态环境系统的整合，建立我国的生态工业模式，把生态系统与工业产业结构、工业开发方式相对接。一方面把生态环境保护与工业化经济主体的利益结合起来；另一方面提高制度的实施效果：优化政府行为和制度环境，建立制度创新机制。在生态环境保护和治理中，把被动式治理转变为主动式治理，变计划机制为市场机制，变过程管理为目标管理，在新型工业化的实现过程中进一步提高已有的关于可持续发展制度的实施效果。

三是提高工业化发展中的环境意识。环境污染状况严重，它与民众对环境问题重视程度的高低有很大的关系。为此，要积极开展与环保有关的各种宣传教育工作，加强环境教育。环境教育有两个根本任务：第一，提高全民族的环境意识；第二，培养环保专业人才。因为可持续发展的根本是人，所以人力资源质量是可持续经济发展的根本因素。因为国民文化教育总体水平不高，群众的环境意识还较低，所以环境教育仍然不能满足经济社会发展和环保事业发展的要求，其仍面临着新的挑战，发展任务还很艰巨。因此，21 世纪我国环境教育的主要目标是：有计划、有步骤、全方位和多层次地发展环境教育事业，提高国民的环境意识；调整、充实和提高环境专业教育，大力发展在职教育、基础教育和社会教育。为适应新的形势，环境教育要调整结构、突出重点、加强规范和面向未来，逐步建立起具有中国特色的环境教育体系，提高国民的整体素质。

四是树立自然资本的观念。自然资本作为一个新概念，代表了下一步工业革命的方向。由于其提出的时间不长，目前国内外学者对它的解说及对其内涵的认识尚存在很大歧义。我国有经济学家提出：“自然资本是存在于自然界可用于人类社会活动的自然资产。它包括四个方面：一是能够直接进入当前社会生产与再生产过程的环境资源，即自然资源的总量和环境销纳并转化物的能力；二是自然资源和环境的质量变化和再生量变化即生态潜力；三是生态环境质量，这是指生态系统的水环境质量、大气环境质量等各种生态因素为人类生命和社会生产消费所必需的环境资源；四是生态系统作为一个整体的使用价值，这是呈现出来的各种环境要素的总体状态对人类社会生存与发展的有用性。”① 现代经济社会越发展，人类对生态环境质量的要求越高，生态系统的整体有用性也就越重要。因此，在中国工业可持续发展和新型工业化的实现过程中必须树立自然资本的观念，纠正以破坏生态、污染环境和资源高消耗为代价的经济发展观，自觉维护生态平衡，降低工业化经济发展的成本，从而提高工业化发展质量，实现工业化发展的可持续性。

本章小结

可持续发展是21世纪全人类普遍关注的议题，可持续发展的思想渊源来自增长极限理论、经济增长的怀疑理论、生态学理论、人地关系理论和外部性理论。1987年布伦特兰夫人发表了《我们共同的未来》，使可持续发展得到了世界的普遍关注。1992年联合国在里约热内卢召开了环境与发展大会，通过了《里约环境与发展宣言》、《全球21世纪议程》，确定了可持续发展道路，标志了可持续发展成为了人们的共识。

可持续发展具有生态属性、社会属性、经济属性、科技属性等多重含义。可持续发展是以保护自然资源环境为基础，以激励经济发展为条件，以改善和提高人类生活质量为目标的发展理论和战略。它是一种新的发展观、道德观和文明观。可持续发展的原则有：共同发展原则、协调发展原则、公平发展原则、高效发展原则、多维发展原则和持续性原则。

关于可持续发展的理论模型经济学界提出了低代价的经济增长模型、三维资本的循环模型和环保型的经济增长模型。我们认为经济发展成本是可持续发展的基本问题，经济发展成本的分析是可持续发展的理论基础。从这一理论基础出发，可持续发展的主体是经济发展，但在经济发展中要使其对生态环境损害和自然资源利用所形成的经济发展成本达到最小状态。因此，可持续发展就是要实现经济发展成本的最小化。

发展中国家面临的可持续发展问题有：土壤严重退化、全球温室效应升高、森林面积锐减、水资源面临危机、生物物种减少、能源消耗增长迅速、自然灾害

---

① 刘思华．1997. 可持续发展经济学．武汉：湖北人民出版社：478.

频繁和人口压力巨大。发展中国家可持续发展的制约因素有：工业化模式的制约、制度缺位或制度执行不力、政策的不合理或失效和缺乏制度实施的文化环境。

可持续发展的人口、资源与环境战略包括：人口发展战略、综合国力战略、环保型产业发展战略、完善可持续发展的经济政策体系和完善可持续发展的制度安排。

➢关键概念

增长极限理论 经济增长的怀疑理论 外部性理论 可持续发展 自然资本 共同发展原则 协调发展原则 公平发展原则 高效发展原则 多维发展原则 持续性原则 经济发展成本 生态成本 环境成本 资源资本 绿色国民账户体系 绿色工业经济制度

➢思考题

1. 简述可持续发展的理论基础。
2. 简述可持续发展的制度创新。
3. 简述可持续发展目标下经济结构调整的思路。
4. 简述可持续发展与经济增长方式转变的关系。
5. 简述可持续发展与发展观的创新。
6. 简述中国可持续发展模式的选择。

主要参考文献

阿瑟·刘易斯. 1999. 经济增长理论. 北京：商务印书馆

埃尔斯. 2001. 转折点——增长范式的终结. 上海：译文出版社

白永秀，惠宁. 2005. 论人力资本理论的三次飞跃. 经济评论，(2)

白永秀，任保平，吴振磊. 2009. 长期困扰我国经济改革与发展的“十个滞后”问题. 福建论坛（人文社会科学版），(1)

白永秀. 2008. 西部大开发应坚持“九个一”. 西部大开发，(12)

包雷平. 2009. 中国计划生育政策 50 年评估及未来方向. 社会科学，(6)

保罗·萨缪尔森，威廉·诺德豪斯. 1999. 经济学 . 16 版. 北京：华夏出版社

贝克尔. 2007. 人力资本理论：关于教育的理论和实证分析. 北京：中信出版社

曹建华，王红英，严成. 2008. 森林资源经济利用的政策模拟模型应用研究. 中国人口·资源与环境，(6)

曹利军. 1999. 可持续发展评价理论与方法. 北京：科学出版社

查尔斯·P. 金德尔伯格. 1986. 经济发展. 上海：上海译文出版社

陈诗一. 2009. 能源消耗、二氧化碳排放与中国工业的可持续发展. 经济研究，(4)

陈卫. 2009. 人口与经济发展关系的理论回顾. 中国经济时报，(7)

陈晓红，宋玉祥，满强. 2009. 城市化与生态环境协调发展机制研究. 世界地理研究，(6)

成德宁. 2004. 城市化与经济发展——理论、模式与政策. 北京：科学出版社

储中志. 2005. 人力资本投资对中国经济增长作用的实证分析. 云南社会科学，(3)

邓宏兵，张毅. 2005. 人口、资源与环境经济学. 北京：科学出版社

丁栋虹. 1999. 从人力资本到异质型人力资本. 生产力研究，(3)

冯金华等. 1997. 后凯恩斯主义理论的发展. 武汉：武汉大学出版社

高佩义. 2004. 中外城市化比较研究. 天津：南开大学出版社

谷书堂. 2002. 社会主义经济学通论：中国转型经济问题研究. 北京：高等教育出版社

郭庆松. 2006. 人力资本理论研究的最新进展及其现实启示. 上海行政学院学报，(11)

过建春. 2007. 自然资源与环境经济学. 北京：中国林业出版社

哈弗斯密特. 1988. 环境、自然系统和发展：经济评价指南. 过孝民译. 北京：烃加工出版社

何爱平. 2006. 区域灾害经济研究. 北京：中国社会科学出版社

何欣. 2004 . 城市化与经济发展. 农村经济，(1)

赫尔曼·E. 戴利. 2001. 超越增长——可持续发展的经济学. 上海：上海译文出版社

亨利·威廉·斯皮格尔. 1999. 经济思想的成长. 晏志杰等译. 北京：中国社会科学出版社

亨特. 2007. 经济思想史——一种批判性的视角. 颜鹏飞译. 上海：上海财经大学出版社

洪银兴. 1998. 可持续发展经济学. 北京：商务印书馆

侯风云. 2005. 中国城镇人力资本收益率研究. 山东大学学报，(2)

胡鞍钢等. 1997. 中国自然灾害与经济发展. 武汉：湖北科学技术出版社

黄乾. 2000. 人力资本产权的概念、结构与特征. 经济学家，(5)

黄亚钧等. 2000. 微观经济学. 北京：高等教育出版社

吉里斯等. 1998. 发展经济学. 黄卫平译 . 北京：中国人民大学出版社

江永红. 2004. 可持续发展实现的路径选择与理论丰富. 求实，(8)

姜彩楼，李永浮．2007．OECD国家环境经济手段分析．软科学，(2)
蒋自强等．1999．经济思想通史．杭州：浙江大学出版社
库兹涅茨．1981．现代经济增长：发现和反应//外国经济学说研究会．现代国外经济学论文选．第1辑．北京：商务印书馆
匡素勋．2005．人力资本投资与中国经济增长．当代经济研究，(4)
魁奈．1983．魁奈经济著作选集．吴斐丹选译．北京：商务印书馆
李成英．2005．西部地区环境问题成因的理论与现实思考．新疆大学学报，(5)
李福柱．2005．国内人力资本理论研究进展．生产力研究，(6)
李汉通．2005．人力资本按贡献参与分配的制度创新研究．管理现代化，(2)
李嘉图．1962．李嘉图著作和书信集．郭大力等译．北京：商务印书馆
李嘉图．2005．政治经济学及赋税原理．周洁译．北京：华夏出版社
李建民．1999．人力资本通论．上海：上海三联出版社
李竞能．2004．现代西方人口理论．上海：复旦大学出版社
李通屏．2008．人口经济学．北京：清华大学出版社
李晓峰．2004．征税，还是补贴——对当前环境经济政策的反思．中国人口·资源与环境，(4)
李玉文等．2005．环境库兹涅茨曲线研究进展．中国人口·资源与环境，(5)
李云齐，宗斌，李征宇．2007．最优环境税：庇古法则与税制协调．中国人口·资源与环境，(6)
李仲生．2006．人口经济学．北京：清华大学出版社
李周．2000．中国环境问题．郑州：河南人民出版社
梁旭峰．2009．能源安全中的政府责任．中外企业家，(3)
梁言顺．1999．低代价的经济增长．北京：人民出版社
林友苏．1987．人口迁移理论简介．人口研究，(2)
刘传江，侯伟丽．2006．环境经济学．武汉：武汉大学出版社
刘金龙等．2002．中国南方集体林区林业税费问题与改革．北京：中国林业出版社
刘婧，赵民．2008．论城市化发展的影响因素．城市规划，(5)
刘明．2003．伊拉克战争对世界石油市场的影响及我国的能源安全战略．世界经济调研，(18)
刘平，马履，段劼．2007．森林动态计算机模拟模型研究．世界林业研究，(6)
刘琪，黄明勇．2005．对我国人力资本价值评估的理论探讨．中南财经政法大学学报，(3)
刘思华．1997．可持续发展经济学．武汉：湖北人民出版社
刘学敏．2008．资源经济学．北京：高等教育出版社
刘耀彬，李仁东，张守忠．2005．城市化与生态环境协调标准及其评价模型研究．中国软科学，(5)
刘艺书．1999．关于我国城市发展模式的争论．城市问题，(4)
刘铮等．2003．人口理论教程．北京：中国人民大学出版社
鲁传一．2004．资源与环境经济学．北京：清华大学出版社
吕红平，王金营．2001．关于人口资源与环境经济学的思考．人口研究，(5)
罗杰·珀曼．2002．自然资源与环境经济学．侯元兆译．北京：中国经济出版社
麻彦春，魏益华，刘艺莹．2007．人口、资源与环境经济学．长春：吉林大学出版社
马尔萨斯．1992．人口原理．朱泱等译．北京：商务印书馆
马克思．资本论．2009．郭大力等译．上海：上海三联出版社
马涛．2007．中国对外贸易中的生态要素流分析——从生态经济学视角看贸易与环境问题．上海：复旦大学出版社

马中. 2007. 环境与资源经济学概论. 北京：高等教育出版社
迈克尔·P. 托达罗等. 2009. 发展经济学. 余向华等译. 北京：机械工业出版社
尼古拉斯·乔治斯库-罗根. 2001. "熵定律和经济问题" //赫尔曼·E. 戴利，肯尔思·N. 杨森. 珍惜地球——经济学、生态学、伦理学. 北京：商务印书馆
尼斯，斯威尼. 2009. 自然资源与能源经济学手册. 第1卷. 李晓西等译. 北京：经济科学出版社
皮尔斯·沃富得. 1996. 世界无末日. 张世秋等译. 北京：中国财经出版社
曲福田. 2001. 资源经济学. 北京：中国农业出版社
任保平. 2003. 低成本经济发展的制度阐释. 北京：中国社会科学出版社
沈满洪，何灵巧. 2001. 环境经济手段的比较分析. 浙江学刊，(6)
沈满洪. 2007. 资源与环境经济学. 北京：中国环境科学出版社
宋杰鲲等. 2008. 我国能源安全状况分析. 工业技术经济，(4)
谭崇台等. 2006. 发展经济学概论. 武汉：武汉大学出版社
汤敏，茅于轼. 1993. 现代经济学前沿问题·第二集. 北京：商务印书馆
唐建荣. 2005. 生态经济学. 北京：化学工业出版社
泰坦伯格. 2003. 环境与自然资源经济学. 严旭阳等译. 北京：经济科学出版社
佟新. 2000. 人口社会学. 北京：北京大学出版社
万建忠. 1992. 农业自然资源经济学. 北京：中国农业出版社
汪段泳，朱农. 2007. 中国城市化发展决定因素的地区差异. 中国人口·资源与环境，(17)
王金凤，纪晓丽. 2005. 论我国人力资本定价. 经济体制改革，(3)
王金营. 2005. 西部地区人力资本在经济增长中的作用核算. 中国人口科学，(3)
王新新. 2009. 我国能源安全存在的问题及战略选择. 经济纵横，(3)
王迎春，王谦. 2006. 押金制度：促进我国循环经济发展的一种有效手段. 科技进步与对策，(5)
威廉·布雷特等. 2004. 经济学家的学术思想. 孙琳等译. 北京：中国人民大学出版社
魏丽萍. 2005. 异质型人力资本与经济增长理论及实证研究. 北京：中国财政经济出版社
吴易风. 2006. 当代西方经济学流派与思潮. 北京：首都经济贸易大学出版社
徐迎春. 2005. 中国人力资本与经济增长关系的实证研究. 中国成人教育，(4)
亚当·斯密. 2004. 国富论. 唐日松等译. 北京：华夏出版社
杨坚白等. 2007. 人口经济论. 北京：社会科学文献出版社
杨明洪. 2001. 论西方人力资本理论的研究主线与思路. 经济评论，(1)
杨树旺，肖坤，冯兵. 2006. 收入分配与环境质量演化关系研究. 湖北社会科学，(12)
杨永华. 2007. 发展经济学流派研究. 北京：人民出版社
杨云彦. 1999. 人口、资源与环境经济学. 北京：中国经济出版社
姚志勇等. 2002. 环境经济学. 北京：中国发展出版社
于桂兰，袁宁. 2005. 人力资本分享剩余索取权与控制权——基于制度演化的知识分析. 吉林大学学报，(2)
原新，唐家龙. 2000. 四种竞争与环境可持续性. 中国人口·资源与环境，(1)
臧传琴. 2009. 环境规制工具的比较与选择——基于对税费规制与可交易许可证规制的分析. 云南社会科学，(6)
张帆，李东. 2007. 环境与自然资源经济学. 上海：上海人民出版社
张凤林. 2006. 人力资本理论及其应用研究. 北京：商务印书馆

张锦高，吴巧生．2004．论全球化与环境治理．中国地质大学学报，(12)
张汝根．2009．我国能源安全及国际战略选择．生态经济，(8)
张象枢．2004．人口、资源与环境经济学．北京：化学工业出版社
郑功成．1998．灾害经济学．长沙：湖南人民出版社
中华人民共和国国家统计局．2009．中国发展报告 2009．北京：中国统计出版社
钟水映，简新华．2005．人口、资源与环境经济学．北京：科学出版社
周德禄．2005．基于人口指标的群体人力资本核算理论与实证．中国人口科学，(3)
周静，杨桂山，戴胡爽．2007．经济发展与环境退化的动态演进——环境库兹涅茨曲线研究进展．长江流域资源与环境，(7)
周坤．1997．论人力资本的特征及其价值实现．中国科技论坛，(3)
周其仁．1996．市场里的企业：一个人力资本与非人力资本的特别合约．经济研究，(6)
2050 中国能源和碳排放研究课题组．2009．2050 中国能源和碳排放报告．北京：科学出版社
Amacher G，Brazee R．1997．Designing forest taxes with varying government preferences and budget targets．Journal of Environmental Economics and Management，(3)
Boylanda，Nelsonb．2005．A test for robustness in harvest scheduling models．Forest Ecology and Management，(207)
Braden J B，Kolstad C D．1991．Measuring the Demand for Environmental Quality．New York：Elsevier
Brazee N，Wick R．2009．Armillaria species distribution on symptomatic hosts in northern hardwood and mixed oak forests in Western Massachusetts．Forest Ecology and Management，(9)
Bulte E，van Kooten C V．1999．Metapopulation dynamics and stochastic bioeconomic modeling．Ecological Economics，(8)
Christine，Overdevestand，Rickenbach M G．2006．Forest certification and institutional governance：an empirical study of forest stewardship council certificate holders in the United States．Forest Policy and Economics，(11)
Desvousges，et al．1987．Option price estimates for water quality improvements：a contingent valuation study for the Monongahela River．Journal of Environmental Economics and Management，(14)
Dixon，Hufschmidt．1988．Economic Valuation Techniques for the Environment：a Case Study Workbook．Baltinore．Baltimore：Johns Hopkins University Press
Freeman．1993．The Measurement of Environmental and Resources Value：Theory and Methods．Washington，D. C.：Resources for the Future Press
Greenwood M J．1997．Internal Migration in Developed Countries // Rosenzweig M R，Stark O．Handbook of Population and Family Economics．2．Amsterdam：Elsevier Science
Hanemann．1991．Willingness to pay and willness to accept：how much can they differ．American Economic Review，(3)
Harrington et al．1989．The economic losses of waterborne disease outbreak．Journal of Urban Economics，(25)
Hillary R，Thorsen N．1999．Regulatory and self-regulatory measures as routes to promote cleaner production．Journal of Cleaner Production，(2)
Janaki，et al．2005．Wildland-urban interface：challenges and opportunities．Forest Policy and Economics，(7)
Lua F，Gong P．2003．Optimal stocking level and final harvest age with stochastic prices．Journal of Forest

Economics，(9)

Luyssaert S，et al. 2008. Old-growth forests as global carbon sinks. Nature，(9)

Markanday. 1991. The Economic Appraisal of Projects：the Environmental Dimension. Washington，D. C.：Inter-American Development Bank

Mendelsohn. 1987. Modeling the demand for outdoor recreation. Water Resources Research，23 (5)

Mitchell，Carson. 1989. Using Surveys to Value Public Goods：The Contingent Valuation Method. Washington，D. C.：Resources for the Future Press

Newman. 2002. Forestry's golden rule and the development of the optimal forest rotation literature . Journal of Forest Economics，(8)

Pearce D W，Markandya A. 1989. The Benefits of Environmental Policy：Monetary Valuation. Paris：OECD

Rowe，et al. 1980. An experiment on the economic value of visibility. Journal of Environmental Economics and Management，7 (1)

Salo S，Tahvonen O. 2002. On equilibrium cycles and normal forests in optimal harvesting of tree vintages. Journal of Environmental Economics and Management，(7)

Sedjo R. 1991. Climate，forests，and fire：a North American perspective. Environment International，(17)

Selden T，Song D. 1994. Environmental quality and development：is there a kuznets curve for air pollution emission. Journal of Environmental Economics and Management，(27)

Tahvonen O，Salo S，Kuuluvainen J. 2001. Optimal forest rotation and land values under a borrowing constraint. Journal of Economic Dynamics and Control，(10)

Vokoun M，et al. 2009. Examining incentives for adjacent non-industrial private forest landowners to cooperate. Forest Policy and Economics，(9)

World Bank. 1991. World Development Report 1991. New York：Oxford University